许海云◎著

百家廊文丛

BAIJIALANG WENCONG

冷战时期北约的政治与安全战略

本书受中国人民大学科学研究基金项目暨中央高校基本科研业务费专项资金支持

中国社会科学出版社

图书在版编目（CIP）数据

冷战时期北约的政治与安全战略／许海云著 . —北京：中国社会科学
出版社，2023.10

（百家廊文丛）

ISBN 978 – 7 – 5227 – 2351 – 8

Ⅰ.①冷…　Ⅱ.①许…　Ⅲ.①北大西洋公约组织—研究　Ⅳ.①E161

中国国家版本馆 CIP 数据核字（2023）第 168929 号

出 版 人	赵剑英
责任编辑	马　明
特约编辑	邰淑波
责任校对	孟繁粟
责任印制	王　超

出　　版	中国社会科学出版社
社　　址	北京鼓楼西大街甲 158 号
邮　　编	100720
网　　址	http：//www.csspw.cn
发 行 部	010 – 84083685
门 市 部	010 – 84029450
经　　销	新华书店及其他书店

印刷装订	三河市华骏印务包装有限公司
版　　次	2023 年 10 月第 1 版
印　　次	2023 年 10 月第 1 次印刷

开　　本	710×1000　1/16
印　　张	25.5
插　　页	2
字　　数	354 千字
定　　价	118.00 元

凡购买中国社会科学出版社图书，如有质量问题请与本社营销中心联系调换
电话：010 – 84083683

目　　录

导　言

　　作为"二战"后全世界最大的区域性军事组织，"北约组织一直被（欧美）描述为历史上'最成功的联盟'，或者偶尔被颂扬"①。在许多美欧国家领导人看来，北约既是军事联盟，更重要的还是政治联盟。北约前欧洲盟军最高司令卫斯理·克拉克上将（Wesley Clark）就曾公开撰文，高调声称："北约首先是一个政治联盟，并非只是一个军事联盟。"② 克拉克提出上述论调的基本依据在于，北约不仅战胜了冷战时期的强大对手——华约，③ 而且还实现了美欧各国空前的政治团结与协作，并且就此确立了北约在东西双方冷战斗争中的强势地位。不论与历史上所有安全联盟对比，还是与冷战时期美欧等国其他政治、经济或者军事联盟对比，北约的联盟体制、政治方针、安全战略、行为规则等，似乎都独树一帜，特立独行。用北约自己的话来

---

　　① George W. Bush, "Presentation of the Medal of Freedom to Lord Robertson", 12 November 2003, www. whitehouse. gov/news/releases/2003/11/20031112 – 1. htm. 2016 年 1 月 26 日。同见于 Barack Obama, "Europe and America, Aligned for the Future", *International Herald Tribune*, 19 November 2010. 转引自 Mark Webber, James Sperling and Martin A. Smith, *NATO's Post-Cold War Trajectory, Decline or Regeneration?* New York：Palgrave Macmillan, 2012, p. 1.
　　② General（Ret.）Wesley Clark, "NATO's Future", in Yonh Alexander and Richard Prosen, eds., *NATO, From Regional to Global Security Provider*, New York and London：Lexington Books, 2015, ⅩⅤ.
　　③ 1955 年 5 月 14 日，苏联与民主德国、保加利亚、阿尔巴尼亚、匈牙利、罗马尼亚、捷克斯洛伐克、波兰共八国订立《华沙公约》。该条约组织共有八个成员国、三个观察员国，其最高权力机构是政治协商委员会，在政治与军事权力运行上有别于北约。华约作为苏联与东欧七国的政治军事联盟，华约与北约长期处于军事对峙状态，该组织在 1991 年 7 月 1 日正式宣布解散，欧洲军事对峙局面最终以华约解散宣告结束。

说，就是：“在冷战结束后的头十年中，北约联盟证明其价值所在……历史上并无其他联盟能够打造自身，多次应对冷战时期和当今迥然不同的（各种）挑战，以便构建一个'完整和自由的欧洲'。”①

就北约自夸的“成功之处”而言，其最引人注目的地方当属其政治与安全战略，而并非北约所拥有的战略或战术武装力量，亦非北约所展开的各种军事部署行动、军事演习以及战略威慑行动；与北约的联盟机制、决策程序、行为规则相比，政治与安全战略的影响似乎更突出，其作用似乎无处不在。政治与安全战略既是北约集体安全精神（Collective Security Principle）的集中体现，又是北约对外扩展影响、实施政治与军事行动的凭据，同时它还是北约深化和完善机制建设的重要指导。不仅如此，北约政治与安全战略一直扮演了一个枢纽角色，将北约体系、制度、规则、话语、行动等各项关键内容连接在一起，不论北约承认与否，北约的所有相关重大事项实际上都与其政治与安全战略直接或间接联系在一起。而且，与北约的联盟机制、安全体系、决策程序等相对凝固、少有变化的内容相比，政治与安全战略的可塑性与不确定性非常大；虽然其预期取得的成就可能会很大，但是在客观上所要承担的风险也非常大，其潜在的破坏性可能也很大，这从北约政治与安全战略在冷战时期的不断调整和变化中可见一斑。因此，深入研究其政治与安全战略，对于全面揭示北约的结构、体制、方针、政策、行动、手段等具有重大意义。

然而，要想全面、深入研究北约政治与安全战略，我们首先需要深入了解北约政治与安全战略所涉及的一些基本问题。即政治与安全战略缘何能够连接北约各大要素？其路径、方法、程序、特点究竟如何？进言之，虽然北约在冷战时期欧洲安全体系建构中发挥了重要作用，但是这种作用究竟源于北约政治与安全战略，抑或源于其他政治或安全元素？如果确实是北约政治与安全战略在其中发挥了作用，又

---

① Robert E. Hunter, "Maximizing NATO, A Relevant Alliance Knows How to Reach", *Foreign Affairs*, May/June 1999, 190–203.

是采取了何种方式、路径以及程序？进言之，北约政治与安全战略的
功用存在积极和消极之分，那么，该战略的积极功效究竟体现在何
处？其消极功用的底线究竟何在？如何抗拒和抵御北约政治与安全战
略中存在的巨大风险？如何抑制和消除北约政治与安全战略潜在的破
坏性？等等。对上述问题展开研讨，将有助于深化学界对北约政治与
安全战略的理解，更加准确地总结北约政治与安全战略的发展轨迹、
规律以及特点，并且在此基础上，进一步探寻后冷战时期北约政治与
安全战略的发展趋向、作用及其构想。

　　那么，北约政治与安全战略究竟包含了哪些内容？事实上，这是
一个外延简单、但内涵却很复杂的问题，它似乎具有某种特殊的专属
性，但又好像无所不包，无所不在。美国战略学家科林·格雷（Colin
Gray）曾尝试着对战略这个概念做出某种解释："战略是一个实际话
题，战略执行者总处于不值得羡慕的无知状态，就像历史学家的'历
史话题'一样。战略家们从来无法以某种事后对其选择进行批评的后
知后觉，来决策行动的过程……与战略历史学家甚至优秀的战略历史
学家不同，战略家们以及向其提出建议的人们，都生活在一个未来尚
未展开的世界，其中，信息常常是完全不确定，而且克劳塞维茨的所
有支持者为解决摩擦都要超时工作。"① 如果按照这一逻辑展开推导，
北约政治与安全战略似乎是在某种无知无意的状态中产生的，其错误
与风险似乎也只是北约战略制定者的无知之错，不仅不可控制，而且
未来似乎也不可确定和把握。很显然，上述认识或者结论并未深及北
约政治与安全战略的内里，亦不足以揭示北约政治与安全战略的全
部，因此无法让人信服。

　　事实上，北约政治与安全战略绝非美欧各国的即兴之作，而是集
欧洲历史上地缘战略、区域安全主张、多边安全联合、大西洋主义
（Atlanticism）等多种思想于一身，而且在现实中凝聚了北约作为区域

---

① Colin Gray, *Modern Strategy*, Oxford：Oxford University Press, 1999, p. 309.

3

防御安全组织的各项安全方针、政策以及策略，会聚了北约及其成员国的多种政治主张与安全实践。在我们看来，北约政治与安全战略首先是以北大西洋区域集体安全思想为纽带的多种政治与安全思想元素的凝聚，其次是北约共同政治理念、思维模式、话语逻辑以及意识形态的产物，最后是北约及其成员国个性化安全政策及其实践的集中。在欧美 12 个国家当初签订《北大西洋公约》时，法国将军安德烈·博福尔（André Beaufre）就曾一再强调："尽管不怎么好，《北大西洋公约》必须承认，它表达了非常宽泛、非常模糊的安全原则，北约的架构将会应《北大西洋公约》的要求、按照其实践而非理论，逐渐加以充实。"① 然而，不容否认的一个事实就是，北约的联盟架构、政治与安全战略以及军事实践，既是北约在实践层面的一种总结，也是北约在思想与理论层面的一种归纳和提升。

在思想层面，北约一直奉行"一国即全部，全部即一国"（One is All，All is One）的集体安全防御方针，强调所有成员国共同面对侵略威胁，采取相同的政治立场，实施协调一致的安全政策。在《北大西洋公约》第 4 条款中，各缔约国公开宣称："缔约国一致认为，只要缔约国中任何一国的领土完整、政治独立或安全遭受威胁，不论何时，各缔约国都应展开共同协商。"② 因此，北约政治与安全战略在理论上既要顾及北约的整体安全需要，也要考虑各成员国形形色色的安全需要，但这一战略在现实中却表现为一个统一的目标、一种共同的安全需要、一种协调一致的安全政策。"在冷战时期，北约的主要任务是获得一个共同防御战略，能够使西欧免遭东方的攻击，这一点毋庸置疑。"③ 北约

---

① André Beaufre, *NATO and Europe*, New York：Vintage Books, 1966, p. 19. 转引自 Timothy P. Ireland, *Creating the Entangling Alliance, The Origins of the North Atlantic Treaty Organization*, Westport, CT：Greenwood Press, 1981, p. 114.

② "The Treaty of North Atlantic", Washington, D. C., 4 April 1949, https：//www. nato. int/cps/en/natohq/official_ texts_ 17120. htm. 2019 年 1 月 6 日。

③ Linda Risso, *Propaganda and Intelligence in the Cold War, The NATO Information Service*, London and New York：Routledge, 2014, p. 4.

的政治与安全战略很难从政治与军事上截然分开，因为几乎所有的北约重大安全战略都会表现出强烈的政治倾向与意识形态偏好，显示出固有的政治特性与思想归属。反过来，几乎所有的北约政治决策则都起步于与北约及其成员国相关的各类安全问题，并且直接服务于现实性很强的北约防御安全政策及其实践，这一点在冷战时期表现尤为明显，在冷战结束后亦如此。

除去其政治思想基础外，北约政治与安全战略还有其他许多思想理念与理论支撑，它们在形成北约特殊价值观、世界观与安全观的过程中同样发挥了重要作用。伴随欧洲乃至国际政治与安全形势持续变幻，自由主义、权威主义、现实主义、理想主义、实用主义等思想理念，被更多贯穿并渗透于北约的政治实践中；而多边主义、集体主义、超国家主义以及区域主义等观念与概念，则被施用于北约的安全实践，北约的政治实践与安全实践常常交叉进行，其思想理念亦兼而有之，互相作用。上述思想与理论为推动北约政治与安全战略提供了必要的政治理念、指导方针、思想方法以及文化背景，确保北约政治与安全战略不会过于空泛或者流于形式，不会成为无本之木，始终拥有明确的思想与理论指导。

贯穿整个冷战时期，北约政治与安全战略之所以能够保持其延续性和完整性，并非完全出自冷战化的政治与安全需要，在很大程度上亦出自思想、文化以及意识形态需要。"由于北约的共同价值观包括诸如个人自由、法治和文官治军等民主价值观，也可以认为北约成员国就是民主和平理论的例证，这种理论认为民主政府不太可能相互开战。"① 这种历史惯性不仅横贯冷战时期，甚至一直延续到冷战结束，并且在冷战后北约政治与安全战略中进一步彰显，更大程度释放了其

---

① ［美］布莱恩·J. 柯林斯：《北约概览》，唐永胜、李志君译，世界知识出版社2013年版，第6页。

中所蕴含的思想与文化内涵。① 不仅如此，共同的价值观、世界观、道德观以及意识形态等，甚至还成为北约在冷战后全球范围内大肆谋求对外扩张的一项重要依据。

在实践层面，北约政治与安全战略的形成，并非各种冷战政治思想与安全理论的简单组合，而是落实为非常具体的冷战指导方针、军事计划以及行动方案等，这些具体内容并非始自天然，而是伴随着冷战发展进程，由少到多，由小到大，由点到面，累积而成。按照北约创立者的设计，北约在名义上一直自我标榜为一个"天然的非冷战对抗组织"，自我定位为防御安全组织，其集体安全精神不仅强调非进攻性和非对抗性，还强调防御性和威慑性，这一直是被北约引以为豪、以其政治与安全战略而自我标榜的一种重要属性。"北约从诞生之日起就是而且一直是致力于集体防御一群国家的联盟，目的是保护成员国免受侵略国渗透，对于现存的成员国以及预期的新成员国而言，集体防御的核心功能仍然是最重要的。"② 但是事实并非如此，北约最终成为东西方冷战对峙的主角，既反映了国际冷战格局不断变化趋势，也反映了美西方国家对国际政治与安全事务的肆意操弄。伴随着国际冷战形势不断趋向恶化，北约逐渐从自我强调以防御安全功能为主导的发展指向，转向集冷战政治与安全威慑于一体的综合功用为主导的新指向，由强调北大西洋区域安全防御，转向干预与欧洲—大西洋区域以及周边地区安全有威胁的危机与挑战，等等。这些变化既可以视为北约政治与安全战略发展的推手，也构成该战略的延续。

---

① 冷战结束后，北约发动多次反恐战争，均打出"意愿联盟"（Coalition of the Willing）的大旗，将北约各成员国与伙伴国、合作国等所谓共同价值观与意识形态，提升到实现新式政治与安全联合必要前提这一高度。"在伊拉克的意愿联盟，并没有得到联合国或者北约的官方支持；不仅不同于联合国支持的波斯湾战争，或者也有别于北约深度介入的阿富汗战争，意愿联盟代表了一种完全不同的任务。"James W. Peterson, *American Foreign Policy, Alliance Politics in a Century of War, 1914 – 2014*, New York：Bloomsbury Publishing Inc., 2014，p. 150.

② David S. Yost, *NATO Transformed, The Alliance's New Roles in International Security*, Washington, D. C.：United States Institute of Peace Press, 1998, p. 3.

进言之，北约在冷战时期曾遭遇许多政治、经济、军事以及安全危机，它们或者来自各成员国，或者来自大西洋联盟以外，有的危机相当凶险，它们给北约的存在与发展造成极大困难。例如，希腊与土耳其曾围绕塞浦路斯主权展开激烈竞争，法国曾为争夺北约军事领导权而退出北约军事一体化组织，北约曾在第二次柏林危机与古巴导弹危机中进退维谷，其政治与安全战备尽显臃肿拖沓之迹象，等等。针对第二次柏林危机，北约的应对方法似乎只是建立了一个内部磋商小组，加强内部磋商协作，仅此而已。同样，北约在古巴导弹危机中也不过制定了 n 个应急计划。"1962 年 10 月，北大西洋理事会同意了北约主要指挥官拟定的'柏林紧急计划'（Berlin Contingency Plan，简称 BERCON）与'海上紧急计划'（Maritime Contingency Plan，简称 MARCON）等军事计划，它们代表一个名录，旨在支持美、英、法三国的'槲树机构'（Live Oak）关于保持自由进出柏林而采取的军事措施。"①

但是，受国际冷战形势及其变化的影响，同样也受北约政治与安全战略的影响，北约不仅安然度过多次安全危机与挑战，而且许多危机与困境最终也都得到缓解，或者最终找到解决之道。这一状况在客观上反映了北约政治与安全战略中的弹性空间，也反映了该战略所拥有的协调与沟通能力，这是北约能够在一定程度上融化和消解各种内外矛盾与冲突的基础。"考虑到适当的外交机制，北约所提供的好处是显而易见的。"② 在北约政治与安全战略中，关于北约处置安全危机的立场、方法以及功能等定位，一直延续到冷战结束，并在后冷战时期得到进一步扩展。

由此可见，北约政治与安全战略的形成与发展，具有一定的思想

①　"Military Planning for Berlin Emergency, 1961 – 1987", http：//www. nato. int/nato_ static/assets/pdf/pdf_ archives/Archival_ Description. pdf. 2017 年 4 月 12 日。

②　Monteagle Stearns, *Entangled Allies*, *U. S. Policy Toward Greece*, *Turkey*, *and Cyprus*, New York：Council on Foreign Relations Press, 1992, p. 147.

与实践基础。不惟如此，北约政治与安全战略经历了半个多世纪的历史积淀，伴随着冷战斗争持续推进，其思想与实践内容、行为方式等亦不断丰富和深化，其发展与变化持续趋向复杂化和多样化。这些变化虽然在一定程度上增加了北约政治与安全实践的难度，但也为冷战后北约持续修正和补充其指导方针奠定了重要基础。因此，虽然北约在冷战后连续推出各种新战略概念，但却始终未能从根本上改变北约战略的基本属性与功用。"作为一个更强壮的伙伴，北约在新的战略环境中对其全体方向并不确定，对俄罗斯也表现出矛盾性，但是北约不会对其所代表的（价值理念）感到困惑。"①

在以往关于北约问题研究中，学术界经常出现两种极端化倾向：其一是将北约问题完全纳入历史研究范畴，只专注于北约历史发展进程中的联盟结构、军事战略、核威慑政策、各成员国关系、北约与成员国关系等专题；其二是将北约问题完全列入当代国际问题研究范畴，专注于北约与欧洲安全关系、北约发展方向、北约东扩、北约应对安全危机、北约与俄罗斯关系、北约与区域性力量、北约对外军事干预等专题。前一种研究尽管极为深入，史料基础扎实，文献利用丰富，但却缺乏足够的学术延展性，对北约的研究缺乏必要的现实关注，研究成果有细碎化和个体化之嫌；而后一种研究则过分倾向于北约遭遇的各种现实问题，强调学术的即时性与实用性，研究成果难免有功利化之嫌，而且在立场与观点上比较容易受政治与安全环境变化的影响。

为避免当前北约问题研究中的上述弊端，本书尝试将对北约的历史研究与对北约的现实问题研究结合在一起，赋予北约历史研究以现实性关注，赋予其更宏大、更宽阔的学术视野，同样也赋予当前北约现实问题研究以更充分的人文情愫，将历史实证方法诉诸对当前北约

---

① Stephen J. Blank, "The NATO-Russia Partnership: A Marriage of Convenience or A Troubled Relationship?" in Eduardo B. Gorman ed., *NATO and The Issue of Russia*, New York: Nova Science Publishers, Inc., 2010, p. 17.

某些现实问题的解读，将归纳分析方法施用于对北约历史的再认识。对北约政治与安全战略展开研究，这是一个非常宏大的课题；仅仅关注过去，或者只聚焦于当前，都不足以深入、系统地揭示北约政治与安全战略的全部。本书将北约政治与安全战略的历史发展轨迹置于国际关系研究平台上，将构成该战略的各种元素从北约的战略体系中剥离出来，单个展开分析和研究；既关注它们在历史上的缘起与发展变化，也关注它们对冷战后北约政治与安全形态的启示和借鉴。本书所要达到的目标就是，对北约政治与安全战略实施精确化研究，避免以往相关研究中存在的相对模糊、含混不清的状况。

对北约来说，政治与安全战略始终是北约存在和发展的关键，因为不论是北约自身的发展、结构、功能、模式、影响，还是北约与欧洲安全秩序建构的关联、与欧洲其他安全行为体的关系等，实际上都离不开北约的政治与安全战略。本书以此为题，就是要在摸清北约政治与安全战略全貌以及每个细节的基础上，进一步探知和明晰未来北约的发展趋向和战略重点，北约在未来欧洲安全框架建构中的定位，乃至北约在未来国际安全格局中的功用。为此，本书不仅将在学理层面系统厘清北约政治与安全战略的起源及其发展历程，而且还将在实践层面完整梳理该战略的每个步骤、程序以及进程。

进言之，本书将在不同章节分别讨论和分析北约政治与安全战略的特点与规律、机制与体系、决策与话语、观念与理论、文化与思想、重心与辅助、发展与困境、利弊与得失等，在此基础上，再对当前北约政治与安全战略中的属性与转换、功效与困境、现状与未来等展开分析，以期深化当前学界对北约基本功用与扩展功能、战略转型预期、未来北约发展走向等予以研究。本书力图将学界针对北约政治与安全战略相关的重大历史问题、各种现实问题所做的种种研判，还原在冷战历史梳理、欧洲地缘政治变迁、美国与欧洲利益关联等学术解析以及逻辑论证当中，既要有学术分析，也要有政治判断；既要有逻辑推理，也要有史料分析；既要有理论建构，也要有历史还原。即通过总结和归纳北约政治与安全战略的发展规律与基本线索，分析并且研判冷战后北约及其战略的发展与变化趋势。

本书力争在北约问题研究中提出中国学者的解读与诠释，从中国文化与思想的视角出发，对与北约政治与安全战略密切相关的区域主义、集体主义、理想主义以及合作主义等思想或理论做出学术总结和归纳，展示中国学者对冷战国际史中安全组织的基本观点、研究方法、学术话语以及研究特色，在此基础上对北约政治与安全战略及其实践做出新的解读，改变国内学界在北约问题研究中受欧美学界研究方法、路径以及手段等影响的种种弊端，改变国内许多学者对西方许多立场和观点经常摇摆不定的积习和流弊，改变国际学界多以既定的政治逻辑或意识形态化思维解读北约的固有模式。本书力争对北约战略问题的研究能够取得新的突破，建立一种视野宏大、兼容并蓄的新解释模式。当然，本书能否达到预设的目标，还需要读者做出客观判断。

第一章 北约政治与安全战略的
缘起与雏形

第一节 第二次世界大战后的欧洲政治与
安全现状

一 战后欧洲陷入衰落

第二次世界大战是近现代国际关系史上的一个重大里程碑，也是新旧国际体系交替变更的一个分水岭。以"二战"为界限，欧洲作为国际政治与安全中心的传统地位一去不复返，作为维系欧洲中心主义支柱的传统欧洲列强，英、法等国进一步陷入衰落，从引领世界的全球顶级大国，开始逐渐沦为在"二战"后国际政治、经济与安全舞台上影响力与话语权都极其有限的二流国家。与之相对应，过去一直由英、法等国维系的凡尔赛体系（Versailles System），早在"二战"前就已经分崩离析，甚至未能延续到"二战"爆发，该体系很快在战后为美苏主导的雅尔塔体系取而代之。雅尔塔体系作为一种两极国际关系体系，不仅改变了凡尔赛体系所确立的欧洲大国政治与安全结构，重新改写了欧洲政治与安全秩序的一些基本规则，而且还确立了一种全新的国际安全秩序与国际政治规则。"第二次世界大战使欧洲陷入分裂，使欧洲暴露在另外一种军事冲突的威胁下，即那个时期正在兴起的

'欧洲大国力量'——苏联和美国之间的军事冲突。"①

尽管英国是战争的胜利者，而且在战争中得以与美苏双方共同设计战后国际秩序，荣列所谓三大国之列，但是战争同样使英国饱受重创，英国本土虽未直接经受德国法西斯军队占领蹂躏之苦，但其大部分城市都遭到法西斯空军的野蛮轰炸，人员和物资损失惨重。战争使英国负债累累，国家财政几近破产，以至于在战后初期很长一段时间，英国只能靠美国的财政和经济援助才能苦渡难关。同样，战争也使英联邦体系遭受重创，英国对其殖民地的统御能力被严重削弱。在英联邦体系中，英国与其自治领的关系进一步淡化。

"二战"期间，出于战争需要，英国和美国签署《英美关于租借地的协定》，又称《驱逐舰换租借地协议》（The Anglo-American destroyers-for-bases Deal），美英双方同意将英国在西半球的纽芬兰、巴哈马、牙买加、圣卢西亚、特立尼达等岛屿，以租借 99 年的方式，交换美国 50 艘逾龄驱逐舰。② 不仅如此，战争还推动了英国在亚洲的殖民地普遍掀起声势浩大的民族独立运动，例如马来亚、印度、巴基斯坦等。与此同时，在中东、地中海地区，许多国家同样提出民族独立要求，迫使英国在上述地区不得不采取全面战略收缩政策。"与丘吉尔不同，艾德礼准备对英国外交政策展开全面检讨，对英国所承担的全球责任实施重大缩减，并且考虑从中东与东地中海实施全面撤退。"③ 正是由于上述种种原因，英联邦体系以前所未有的速度陷入困顿和衰落。因此，战后英国陷入衰落是整体性的，并不限于其在欧洲

---

① Franz Kernic, "European Security in Transition: The European Security Architecture since the End of the Second World War—An Overview", in Gunther Hauser and Franz Kernic, eds., *European Security in Transition*, Burlington, VT: Ashgate Publishing Company, 2006, p. 7.

② Steve High, "The United States and Hemispheric Defence", http://www. bookmetrix. com/detail/chapter/a87b4636 – baa6 – 4c78 – 9b9b – c4d73445e3e1#downloads. 2019 年月 26 日。

③ Klaus Larres, *Churchill's Cold War*, *The Politics of Personal Diplomacy*, New Haven, CT and London: Yale University Press, 2002, p. 100.

的影响力下降，也包括英国作为世界殖民帝国的命运走向终结。

与英国相比，战后初期法国的政治、经济与安全处境更为艰难。众所周知，虽然法国在战前号称是欧洲大陆最强大的国家，拥有悠久的历史和文化传统，但法国在"二战"中却因沦为战败国而声名狼藉。法国战败这一既成事实造成极其严重的后果：其一，在法兰西战役失败后，法国被纳粹德国长期占领，维希傀儡政权不仅要向纳粹德国支付数额巨大的占领军费用，同时还要为纳粹德国军工生产提供劳动力，接受德国的战争管制，其国家资源与经济实力在战争中消耗殆尽。其二，法国不仅在国土资源、人民生活、社会生产等方面饱受蹂躏，而且在政治、文化以及意识形态等领域也陷入全面分裂。维希政府（Vichy Government）的种种丑行使法国在历史上一直引以为傲的民族自信心严重受创，这成为战后法国一个巨大的精神负担，如鲠在喉，挥之不去。自然而然，战争遗留的后遗症也给法国政治生活带来深远影响，加速了法国朝野政治力量迅速分化，同时也加速了法国政党生活趋向多样化。"战争的影响以及被占领，给法兰西留下了一个破碎的政治体系，该体系包含了三个主要政党：共产党（该政党自战后法国首次选举中成为最大的政党）、社会党、天主教运动共和阵线。"①

其三，与英国殖民统治急速瓦解极为相似，法国殖民统治体系也由于法国战时败降而被严重动摇。战后初期，法属殖民地民族解放运动风起云涌，法国在印度支那半岛的殖民统治岌岌可危，在北非的殖民统治亦频频告急，而法国则由于国力疲敝，无力有效应对。虽然法国采取了很多措施，勉力维持旧的殖民统治，但效果却难如人意。例如，"二战"结束后不久，法国为维护其在越南的殖民统治，拉开印度支那战争（Indochina War）的序幕。"法国人已经伤亡50000人，

---

① John Backer, *The Decisions to Divide Germany*, Durham, NC: Duke University Press, 1978, p. 138. 转引自 Timothy P. Ireland, *Creating the Entangling Alliance*, *The Origins of the North Atlantic Treaty Organization*, Westport, CT: Greenwood Press, 1981, p. 16.

每年在印度支那半岛投入 500000000 美元，将 150000 经验丰富的军人一下子派往越南，而这些部队是欧洲急需的。艾奇逊（Dean G. Acheson）害怕法国人会撤军，果真如此，印度支那可能会在一夜间垮掉。"①

事实上，印支战争的最终结果是，法国不得不结束了其在印支半岛的殖民统治。更令法国统治当局忧心忡忡的是，法国在战后国际事务中一直受到美、苏两国的歧视，在战后初期欧洲事务中少有发言权，无缘与美、苏、英等国平起平坐，无法共同参与制定战后欧洲政治与安全秩序的设计与规划。因此，战后初期的法国在物质和精神上可谓遭受双重挫败。

与战后英、法等国国际地位与影响急剧衰落相对应，作为欧洲传统强国的德国与意大利，其处境也难称乐观。虽然德国在战前欧洲事务中拥有巨大影响，但战后却直接沦为战败国，完全失去了大国地位。而意大利在反法西斯战争中长期隶属于轴心国集团，虽然在战争后期凭借对德国法西斯反戈一击而荣列反法西斯盟国之列，从而摆脱了被占领和管制的政治境遇，但战争同样使意大利一蹶不振，使其对欧洲政治与安全问题彻底丧失了话语权与决策权。美、英等国全面控制意大利的政治、经济与外交，它们采取了一系列措施，竭力试图将意大利留在西方阵营。"在为确保其目标而付出的努力中，美国参与意大利的政治与经济（生活），以此确保以共产主义为形式的新极权主义不会统御意大利。"②

与意大利相比，战后德国政治、经济以及安全处境极为悲惨。法西斯德国是发动"二战"的元凶之一，纳粹党领导人希特勒发动侵略战争的目标，就是要建立一个"千年帝国"，确立一种完全由德国日

---

① Melvyn P. Leffler, *A Preponderance of Power*, *National Security*, *the Truman Administration*, *and the Cold War*, Stanford, CA: Stanford University Press, 1992, p. 138.

② Timothy S. Smith, *The United States*, *Italy and NATO*, *1947 – 1952*, New York: St. Martin's Press, 1991, p. 7.

耳曼人统御的国际政治、经济与安全新秩序。但是在全世界反法西斯国家的共同努力下，德国非但未能实现奴役世界各国人民的战争计划，反而在战争中一败涂地。战后德国国民经济一落千丈，国家资源消耗殆尽，国内各种法西斯主义与军国主义机构被全面整肃和清算，各种法西斯与军国主义组织一律被取缔，许多罪大恶极的法西斯分子因战争罪或者反人道罪而受到审判，罪行较轻的法西斯分子也不同程度受到政治甄别，德国政治、经济与社会生活亟待重建。美国驻德高级专员约翰·麦克罗伊（John McCloy）结束在欧洲游历后，描述一个近乎世界末日般的欧洲状况："中欧正处于全面经济、社会、政治崩溃中，其程度在历史上可谓前所未有……"①

与此同时，为了防止德国东山再起，美、苏、英三大国在"二战"后期确立了对德占领与管制方针和原则。战争结束后，美、苏、英、法等国旋即对德国实施分区占领和管制，苏联在德国东部建立占领区，美国在西南部建立占领区，英国在西北部建立占领区，法国则在美占区和英占区之间建立法占区。虽然德国在名义上分为四个占领区，但实际上被分割为东西两部分，此举为日后德国分裂埋下了祸根。鉴于德国地处中欧的特殊地理位置，德国的分治实际上直接影响到冷战时期德国乃至中欧、东欧的发展方向，直至影响到战后欧洲的地缘政治格局。

与英、法、德、意等传统欧洲大国地位普遍衰落相对应，战后欧洲其他地区及国家的政治与安全境遇也发生变化。低地国家虽然地理位置非常重要，但由于国小力微，在战前一直处于德、意法西斯国家与英、法等民主国家的政治夹缝中。在战争期间，低地国家均被德国法西斯占领，其国土饱受法西斯铁蹄的践踏和蹂躏，其人民惨遭法西斯统治的荼毒。"二战"后，低地国家比任何西欧国家都更积极地追求政治、经济以及安全联合，它们试图通过横向联合与合作，弥补自

---

① Melvyn P. Leffler, *A Preponderance of Power*, *National Security*, *the Truman Administration*, *and the Cold War*, Stanford, CA: Stanford University Press, 1992, p. 63.

身力量的种种不足，以集体安全方式保护自身安全。事实上，低地国家早在"二战"前就已尝试订立各种关税与邮政联盟条约，率先开启了西欧国家早期联合实践。"二战"期间，低地国家积极参与订立反法西斯联盟条约，其立场之坚定、态度之积极，远超其他反法西斯国家，因而在欧洲各国政治、经济与安全联合实践中发挥了很好的示范和表率作用。"比利时的中立地位两次被侵犯，比利时在'二战'后明确启动了联盟与统合的战略，将其当作和平的唯一保证。"①

与之相比，北欧国家的战后境况相对复杂，这主要表现在，斯堪的纳维亚国家在历史上素有中立主义传统，但是其政治中立传统在"二战"期间遭到破坏。首先，芬兰在苏芬战争中不得不与苏联对阵，最终因战败而割地求和。苏德战争爆发后，芬兰随德国法西斯入侵苏联，"二战"后期沦为战败国，并且很快和苏联签署和平条约。"芬兰夹在美国与苏联之间呼吸，只是在最后，芬兰模式得到苏联与美国认可。"② 其次，"二战"一爆发冰岛就被丹麦租借给美国，它也由此得以跻身国际反法西斯阵营，成为美国在大西洋海域遏制和防范德国法西斯侵略的一个前沿据点。再次，相比上述两国，丹麦和挪威的运气较差，两国都在德国法西斯发动的北欧登陆作战中被击败，而且均被德军占领。丹麦和挪威在反抗法西斯侵略的同时，也最早加入欧洲反法西斯阵线，因此得以和美、英等国保持密切的合作关系。最后，只有瑞典在战争中保持中立国地位，但却与德国法西斯不得不违心地保持经贸联系。"二战"后，瑞典虽然仍坚持政治中立，但与美、英等国始终保持了良好的政治对话与沟通渠道。

综上所述，北欧各国虽看似地处欧洲政治与安全的边缘地带，但它们却都在"二战"后近距离参与欧洲政治与安全事务，除瑞典、芬

---

① Heiko Biehl, Bastian Giegerich, Alexandra Jonas, eds. , *Strategic Cultures in Europe*, *Security and Defence Policies Across the Continent*, Potsdam, Germany: Springer VS, 2103, p. 33.

② Geir Lundestad, *The American Non-Policy towards Eastern Europe*, *1943 – 1947*, *Universalism in An Area not of Essential Interest to the Unites States*, New York: Humanities Press, 1975, p. 296.

兰外，斯堪的纳维亚半岛其他国家都成为战后欧洲政治与安全秩序的积极构建者，这一状况距北欧国家在历史上主导或者参与欧洲政治与安全事务已有几个世纪之久。以挪威为例，堪称最集中反映了北欧国家的政治与安全立场。"挪威的外交与安全政策着眼于明确的大西洋方针的确定，它植根于历史，在经济和政治上与西方紧密相连，在思想上亦如此，如果出了问题，挪威会得到关键的大西洋国家的帮助。"① 对斯堪的纳维亚国家来说，在欧洲政治与安全事务所坚持的立场，其重要性丝毫不亚于它们在其中所发挥的实际作用。

由此可见，战后初期西欧、中欧、北欧各国经济发展普遍乏力，社会秩序缺乏稳定，国民缺乏安全感；因此，这些国家在客观上需要已成为世界霸主的美国提供支持，不仅需要获得美国的经济援助，而且还需要美国的有效安全保护，它们希冀能够参加战后欧洲乃至世界安全秩序的建构。只有这样，西欧和北欧各国才能战胜各种政治、经济、安全以及社会困难，才能渡过战后初期极其严峻的苦难时期；也唯有如此，它们才能在美国所主导的战后国际秩序中占据一席之地，尤其能够在战后欧洲安全架构中更主动地掌握自身命运。由此可见，战后初期西欧、中欧以及北欧各国身处的客观环境，决定了它们与美国的政治、经济、社会以及安全政策紧紧联系在一起，其中，美欧各国共同拥有的价值观和意识形态，为其不断推进横向联合奠定了重要基础。

与西欧、中欧、北欧在战后政治和安全境遇相似，东欧与东南欧在历史上一直处于英、法等国的传统势力范围内，"二战"前英、法等国在东欧、南欧以及东南欧一直拥有重大影响，但这一状况在"二战"后发生变化。在苏联帮助下，东欧、南欧以及东南欧各国在战后

---

① Rolf Tamnes, "Norwegian Foreign and Security Policy: From the Artic Frontier to the Afghan Battlefield", in Robin Allers, Carlo Massla, Rolf Tamnes, eds., *Common or Divided Security? German and Norwegian Perspectives on Euro-Atlantic Security*, Frankfurt am Main: Peter Lang, 2014, pp. 51 – 52.

相继建立社会主义政权，这些国家都成为社会主义大家庭的一员。不可否认，在"二战"结束后最初几年，社会主义阵营更像是一个理论概念而非客观现实，苏联与东欧、南欧以及东南欧社会主义国家在政治、经济、社会、军事等许多领域实际上一直存在差异，但是这种差异却被欧美学者夸大。"斯大林更多地依赖战后出现一个合适的国际环境而不是战争的变幻莫测来实现它所需要的战后秩序……经过周密盘算，这为苏联统治者宁愿要一个分裂而又百依百顺的东欧，也不要一个共产主义的东欧。"①

社会主义阵营的形成实际上经历了一个长期过程，更多应归功于美苏双方冷战斗争的持续发展，尤其应归功于双方冷战政治逻辑与安全理念持续发酵和深化。"冷战的形成固然是一个逐步发展的历史过程，人们完全可以用冷战起源的概念来描述这一量变的过程……但冷战格局的形成则表明矛盾的本质已经改变，其标志至少有两个方面，即矛盾的双方（而不是任何一方）已经制定出较完整的冷战政策；在这一政策的基础上各自在一定势力范围内组建了国际集团。而这些现象到1947年初尚未出现。"② 但是无论如何，两大阵营分立这一事实，客观上使欧洲断裂为东西两个部分，就像德国分裂为东西两个德国一样，欧洲政治与安全形态也由此进入一个冷战时代。

二 战后初期美苏崛起

与欧洲国家的国力与影响普遍衰落相对应，美国与苏联在"二战"中迅速崛起，并且一跃成为战后并驾齐驱的两个超级大国，双方的国际影响力迅速提升，客观上填补了欧洲列强实力衰落后所留下的地缘政治空间。对美国来说，虽然从19世纪后半期起，其综合实力就已雄踞欧美列强之首，但由于受制于孤立主义传统的禁锢，美国一

---

① ［美］沃捷特克·马斯特尼：《斯大林时期的冷战与苏联的安全观》，郭懋安译，广西师范大学出版社2002年版，第19—20页。

② 沈志华主编：《冷战时期苏联与东欧的关系》，北京大学出版社2006年版，第9页。

直远离欧洲政治与安全事务，因此很少涉足英、法、德、俄等列强为争夺欧洲大陆霸权而展开的角逐，亦未全面陷入世界范围内列强对殖民地与势力范围的争夺战。

众所周知，美国罗斯福（Franklin D. Roosevelt）政府在 1930 年代初推行"新政"（New Deal），使美国逐渐走出经济大危机（Great Depression），但是也使美国政治、经济、社会、军事、文化以及外交等领域出现新变化，尤其是"二战"爆发后，美国开始逐渐改变孤立主义传统，代之以全球主义战略。美国凭借其丰富的资源、先进的科技实力、超强的工业生产能力以及雄厚的国力，全面致力于打造一种全新的国际政治、经济与安全秩序，尤其着力于构建一种能够满足美国政治、经济、文化、社会与安全需要的欧洲安全体系。"美国需要在和平时期做好准备、训练良好的武装力量保护重要战略地区，保护国家动员基地。美国也需要宽泛的研究和发展方案，需要积极的情报工作，以及一系列内容详尽的动员计划。"①

美国在"二战"中提出"先欧后亚"（Europe-First-and-Asia-Second）的战略方针，但是在现实中一直奉行"两洋战略"（From Atlantic to Pacific Strategy），对太平洋战场与大西洋战场采取并重原则。由此可见，在战后美国构建国际政治、经济与安全秩序的一系列设计中，美国政府虽然一直将欧洲作为政治与安全战略及其实践的重点，但同时亦不放弃对亚洲—太平洋地区的战略关注。

与美国在战后世界的崛起相并列，苏联在战后欧洲迅速崛起似乎也顺理成章。这主要表现在以下几个方面：其一，俄罗斯在传统欧洲地缘政治中一直占据着非常特殊的位置，因此在近代欧洲政治与安全舞台上一直扮演着非常重要的角色，对欧洲事务拥有巨大的政治与安全影响力，这种地缘政治惯性在很大程度上为苏联所继承。其二，苏联拥有广袤无边的国土疆域、丰富的自然资源，在"二战"前就已建

---

① Steven T. Ross, *American War Plans*, *1945 – 1950*, *Strategies for Defeating the Soviet Union*, London and Portland, OR: Frank Cass, 1996, pp. 10 – 11.

立比较完备的工农业生产体系，尤其拥有强大的军工生产能力，这成为苏联在"二战"后打造超级军事力量、持续扩大政治影响的重要资本。尽管苏联在苏德战争中损失惨重，但这并未妨碍苏联在战后欧洲政治与安全事务中继续发挥重大作用。其三，苏联奉行社会主义政治、经济以及社会制度、意识形态、价值观念，完全有别于资本主义，因此在 20 世纪世界范围内普遍质疑、批判和否定资本主义的社会思潮及其实践中可谓独树一帜，尤其是苏联在"二战"中战胜了穷凶极恶的德、意、日法西斯国家，更使其获得崇高的国际声誉，对欧洲以及世界其他地区各种进步力量产生了强大的吸引力。"如果苏联在 1941 年前尚未成为全世界强大的工业国之一，它就无法赢得军事胜利；苏联的物质产量和自然资源都高于德国，其人口差不多是德国的三倍；苏联的教育成就与应用技术专长都给人留下深刻印象，苏联拥有能够在战争中利用这些优势的机构、政策以及经验。"①

总之，战后苏联迅速崛起，成为与美国并驾齐驱的超级大国，不可避免会对战后欧洲安全体系构建产生重大影响，进而直接影响战后国际政治与安全秩序建构。

总体而言，"二战"后欧洲百废待兴，旧的欧洲安全结构支离破碎，欧洲客观上亟待重建其政治、经济、社会以及文化生活，尤其亟待重塑一种新型政治与安全体系，确立一种新型政治行为规范与安全标准。美、苏两个超级大国的崛起，客观上为欧洲建构新的政治、经济与安全秩序创造了时机。但必须要说明的是，欧洲各国在战后欧洲安全秩序建构中也许并未占据主导地位，但这并不等于它们完全处于被动或消极状态。事实上，和美、苏两个超级大国的引领作用相比，欧洲各国在这一过程中所发挥的作用同样不可小觑，只是停留在另一个层面而已。

---

① Robert Service, *A History of Modern Russia*, *From Nicholas Ⅱ to Vladimir Putin*, Cambridge, MA: Harvard University Press, 2005, p. 275.

第二节 战后初期美苏双方冷战思想及其实践

一 美苏冷战思想的政治与社会基础

众所周知，冷战思想的缘起具有非常复杂的历史背景，其发展与实践过程充斥着各种矛盾、分歧和误解。从表面上看，冷战的始作俑者是美、苏两个超级大国，但冷战的背后实际上隐含着两国所代表的东西方两种世界文明——两种迥然不同的思想、文化、价值观、社会制度以及意识形态，但是东西方两种文明的较量，实际上并未止步于思想、文化以及意识形态等领域，而是广泛存在于两种文明的每一个角落。"和美国一样，苏维埃国家政权也是建立在人类进步的理念和规划——而非身份认同和民族概念——的基础之上的。这两个国家都被其各自的缔造者视为宏大的实验，认为在它们身上寄托着人类的未来。作为国家，它们看待世界的方法都是普世主义的，而且两国领导人中的大多数都认为，在国际舞台上判断别国是敌是友，要看这些国家与这两大强国各自特定的立国意识形态的前提是亲是疏。"①

然而，许多西方学者却坚持认为，冷战也是一种特殊的"修昔底德陷阱"（Thucydides' Trap），因为冷战的起源与修昔底德（Thucydides）在其《伯罗奔尼撒战争史》（*The History of the Peloponnesian War*）一书所确定的战争原因极其相似，即"雅典国力的增强，以及在斯巴达引发的预警，使战争变得不可避免"。这场战争在古希腊境内爆发，后来在更大范围内爆发了相同的冲突。②

事实上，在战后两极国际格局中，美苏双方并不是为了争夺势力范围或者欧洲大陆霸权的两个普通类型的传统大国，它们分别代表了

---

① ［挪］文安立：《全球冷战：美苏对第三世界的干涉与当代世界的形成》，牛可等译，世界图书出版公司 2012 年版，第 39 页。

② Geoffrey Warner, "The Geopolitics and the Cold War", in Richard H. Immerman and Petra Goedde, eds., *The Oxford Handbook of The Cold War*, Oxford: Oxford University Press, 2013, p. 69.

欧洲乃全世界两种迥然有别、完全对立的文明形态，它们分别凝聚了各自所代表的历史文化、地缘政治、传统观念、思想倾向、意识形态偏好等，在它们的背后，是美苏双方统领的迥然不同的政治、经济以及社会阵营。虽然从历史上看，美苏双方在社会制度、战略利益、思想文化以及意识形态等领域不断发生冲突，确实是战后国际关系体系中不可计数的矛盾与对立的一部分，堪称是 1920 年代至 1930 年代国际分歧与对抗的延续。但从国际政治现实看，美苏双方的分歧与对抗在两极格局中具有特殊性。因为战后国际政治与安全力量全面重组，由此出现巨大的力量落差，这就决定了美苏双方的冷战斗争只能是全局性的矛盾与冲突，完全超越了两个国家有限的或局部的利益冲突。

美苏双方作为战后初期国际政治与安全秩序建构的主导者，其冷战思想及其实践完全影响并左右战后国际政治与安全形势的发展，主导并引领战后欧洲政治与安全秩序的建构方向，而大多数欧洲国家以及其他地区的国家则只能充当参与者，或支持其中任何一方，或对美苏冷战对抗保持沉默，最多只能在某些领域及具体事务上表达自身的利益诉求，因为它们不仅缺乏有效平抑与掣肘美苏双方冷战对抗的协调能力，而且也缺乏能够确保自身利益最大化的自我保障能力，这种状况实际上早在"二战"期间就已初现端倪。"很明确，联盟的政治事务是整个战争时期一个重要的中央装饰物，因为联盟成员国几乎定期召开会议，不仅为战时战略讨论提供了一个明确的框架，而且也为塑造战后和平提供了一个明确的框架。"① 直到 1950 年代中期，伴随着西欧各国在政治、经济与社会等领域逐渐走向复兴，这种状况才有所转变。

正如前文所述，"二战"后初期，由于欧洲列强在战争中被严重削弱，导致欧洲旧的政治权力架构严重失衡。美、苏两国迅速填补了

---

① James W. Peterson, *American Foreign Policy*, *Alliance Politics in a Century of War*, *1914 – 2014*, New York and London: Bloomsbury, 2014, p. 37.

欧洲的力量真空，但它们并未沿用传统的政治与安全路径，而是采取了冷战对抗这种特殊方式，即在追求传统国家利益、地缘政治诉求、世界或区域霸权主张、基本安全需要之外，附着以特定的思想、文化以及意识形态目标。尤其是美国，更是凭借强大的政治、经济、安全等实力，以及文化、思想与意识形态等影响，试图构建一种以美国强大的综合实力为基础，以美国价值观、世界观以及道德观为指导的国际政治新秩序。美国的冷战诉求以及政治、经济安全需要，在很大程度上推动了美国持续更新旧的国际话语体系，并且致力于将欧洲安全秩序建构直接纳入美国所设计的国际安全新体系中。

与美国相比，苏联的情况比较复杂。鉴于自身在"二战"中遭受德国法西斯入侵、损失惨重这一事实，苏联在战后初期试图建立一种能够确保自身免遭外来侵略的欧洲新安全体系。但是，苏联这一指导思想遭到美、英等国的强烈排斥，西方国家将东欧与南欧各国直接斥之苏联的"卫星国"。为此，西方国家认定苏联通过首先建立一个"西部安全地带"（The Western Security Zone），然后再攫取世界霸权。按照美国学者沃捷特克·马斯特尼（Vojtech Mastny）的所谓解读，苏联的上述设想正是导致冷战爆发的重要原因。"第二次世界大战的胜利给了他（斯大林）的国家从未有过的安全，但他仍认为不够。他那无法满足的对安全的追求是东西方关系紧张不断加剧的根本原因，尽管他和他的西方伙伴们都有一种愿望要在双方之间建立起易于相处的但不一定是真诚的关系。尽管即将到来的冷战既不是蓄意制造的也不是意料之中的，它仍然是注定要来的。"①

也有西方学者错误地认定，苏联对东欧实施"占领"和"控制"，其根源在于发展核力量、运用其核战略，美国学者托马斯·里德（Thomas Reed）和阿诺德·卡拉米斯（Arnold Kramish）就是其中的代表。他们认为："莫斯科加强对东欧控制的关键理由是，东德和

---

① ［美］沃捷特克·马斯特尼：《斯大林时期的冷战与苏联的安全观》，广西师范大学出版社 2002 年版，第 21 页。

捷克斯洛伐克是斯大林仅有的可以使用的铀矿来源地，苏联境内的几个重要存放点也已经确定。"①

很明显，与美国立足于构建国际安全新体系这一战略目标相比，苏联确保其在东欧与南欧的影响力，这只是一个战术性目标，两者似乎并不相称，但是放在冷战政治层面上分析，美苏双方的战略意图实际上并无孰轻孰重之分，均为彼此所不能接受。同样，对苏联的冷战政策而言，不论是使东欧以及南欧国家在冷战中紧跟苏联，还是确保其经济与资源能够服务于苏东阵营，苏联实际上更注重维护其在欧洲大陆的政治与安全影响，当然也极为注重获得更多的现实政治、经济与安全利益，以便更好地推动自身战略安全目标。

二　美国遏制思想的酝酿与发展

首先，美国冷战思想的缘起，应该直接归功于美国"遏制政策"（Policy of Containment）的始作俑者乔治·凯南（George F. Kennan）。1946 年 2 月，美国驻苏临时代办乔治·凯南应国务院之命，以分析苏联外交政策与安全战略的意图、基本特征以及美国应对方法等为题，向国务院拍发一份字数达 8000 字的电报——"长电报"（Long Telegram）。该电报明确提出，苏联的外交政策富于攻击性，"（苏联）所有政策均在于发展其相对力量，使之成为国际社会的一个要素。相反，所有能够削弱资本主义国际力量和影响的机会，无论是集体的还是单个的，都必须紧紧抓住……苏联及其全世界朋友的所作所为，都必须致力于利用和加深资本主义国家间的分歧和冲突"②。

事实上，凯南在"长电报"中详尽分析了苏联外交与战略在政府层面以及社会层面的背景，虽未明确提出有效应对之策，但提出美国

---

① Thomas Reed and Arnold Kramish, "Trinity at Dubna", *Physics Today*, 1996, 49 (11)：30 – 32. 转引自 ［美］德瑞克·李波厄特：《50 年伤痕：美国的冷战历史观与世界》，郭学堂、潘忠岐、孙小林译，上海三联书店 2007 年版，第 75 页。

② The Charge in the Soviet Union（Kennan）to the Secretary of State, http：//nsarchive. gwu. edu/coldwar/documents/episode-1/kennan. htm. 2016 年 1 月 30 日。

人民应对苏联及其共产主义要有所了解。在此基础上，凯南又不断丰富和深化其遏制思想。"毫无疑问，我们不可能对苏联发动摧毁性或毁灭性的战争。要与之对抗，我们必须开展一场政治战争，一场为了特定目标而进行的消耗战……我们现在处于一个特殊的位置：既不得不预防自身可能遭受的致命打击，又不希望自己的对手遭受致命打击。我们不能打着'手执复仇利剑'的漂亮幌子走向一个极端。我们必须像豪猪一样，逐渐让那些食肉的猛兽认识到，把我们列为攻击对象绝对不是一个明智的选择。"①

以凯南的遏制思想为开端，美国政府开始以美苏双方冷战斗争为主题，着力于系统而且详细地构织新的外交思想与安全战略。为此，开始有越来越多的国家决策者、政府官僚、高级军官、专家学者、外交人员以及媒体人士等，都加入构建美国遏制思想体系的队伍中，或者在遏制思想的指导下践行新的外交与安全政策，这对于不断凝聚并深化美国冷战思想体系发挥了重要作用。

继凯南之后，总统海军助理、白宫法律特别顾问克拉克·克利福德（Clark M. Clifford）在杜鲁门总统（Harry S. Truman）的授意下，从 1946 年 7 月中旬开始，与国务院西欧司官员乔治·艾尔西（George M. Elsey）合作，两人共同撰写"克利福德—艾尔塞报告"，又称"克利福德报告"（Clifford-Elsey Report），该报告于 9 月 24 日正式提交国家安全委员会。"克利福德报告"就苏联外交政策的起源和方法、美、苏两国分歧以及美国应对之策等做了详尽说明，② 针对今后美国对苏政策提出建议："在遏制苏联的过程中，美国必须做好打核战争和生物战的准备。一支高度机械化的部队，要既能从海上走，也能从空中行，还要能占领并据守战略要地，因此必须有强大的海军和空

---

① ［美］乔治·凯南著，弗兰克·科斯蒂廖拉编：《凯南日记》，曹明玉译，中信出版集团 2016 年版，第 188 页。

② "American Relations with The Soviet Union", September 24, 1946, Reported by Clark Clifford, American Relations with the Soviet Union, Subject File, Conway Files, Truman Papers, pp. 1 – 2. http：//Galegroup. com/servelet/DDRS. 2016 年 1 月 30 日。

军支援。"①

由此可见，对苏联采取积极发展军备、实施全面对抗的政策，已经成为美国冷战思想、方针、策略的一项重要内容。如果说"长电报"只是提出美国遏制思想的"抽象影像"，那么"克利福德报告"则将其从模糊转为具体，由理论转向实践，使之成为一种可以实际操作的政治与军事政策，该报告对杜鲁门政府所产生的政治影响力，实际上远远超出其他类似的文件与信函。

1947 年 3 月，为了回应苏联在希腊、土耳其的"挑衅行动"，杜鲁门在国会发表演说，正式提出"杜鲁门主义"（Truman Doctrine），宣称美国要向全世界所有"民主国家"提供安全保护，全面制止苏联"渗透和染指"。"1947 年 3 月（出台）的杜鲁门主义，不仅仅是传统门户开放战略的'意识形态宣言'，它也是美国获得新的海外市场以及原材料来源计划的政治合理说明。"② 6 月，美国又推出"马歇尔计划"（Marshall Plan），即"欧洲复兴计划"（European Recovery Program，简称 ERP），由美国向处于经济困境的欧洲提供经济援助。"马歇尔计划"非常典型地体现了凯南的对苏遏制思想，尽管该计划并未在字面上直接将苏联与东欧社会主义国家拒之门外，但其实际运作的结果却是，苏联与东欧社会主义国家最终均公开宣布拒绝加入"马歇尔计划"。

"杜鲁门主义"强调，美国的对外援助和支持政策适用于全世界所有"民主国家"，而不止于向希腊与土耳其提供援助，而"马歇尔计划"事实上在经济层面将欧洲一分为二，欧洲就此也在政治上断裂为两大阵营，在思想与文化上破裂为两大体系。正是由于欧洲在政治、经济以及文化等方面被分割为两大板块，开始逐渐形成欧洲两大

---

① ［英］理查德·克罗卡特：《50 年战争》，王振西译，新华出版社 2003 年版，第 112 页。

② Deborah Welch Larson, *Origins of Containment, A Psychological Explanation*, Princeton, NJ: Princeton University Press, 1985, p. 10.

阵营，它们相互竞争与对抗，构成美苏冷战对抗以及东西方冷战斗争的主要内容。

继"长电报"和"克利福德报告"之后，凯南利用其担任国务院政策设计委员会（The Policy Planning Staff）主任的地位，在更高决策层面推进遏制思想。1947 年 7 月，凯南在《外交》季刊（*Foreign Affairs*）以"X"为名、发表《苏联行为根源》（The Sources of Soviet Conduct）一文，在理论层面进一步阐述美国对苏联的遏制与对抗政策。凯南认定："美国无法指望，在可预见的将来能与苏联政权保持密切关系。在政治舞台上，（美国）应继续将苏联当作竞争对手而非伙伴。苏联今后不可能真心热爱和平与稳定，它不会相信社会主义世界和资本主义世界可以长期而且友好地共处，而会谨慎并且坚持不懈地施加压力，以削弱与瓦解所有竞争对手的影响与力量。"[1] 正是在凯南等人的不懈努力下，美国对苏遏制思想在理论建构上不断深化，其思想体系日臻完善，而且越来越频繁地被用于外交实践中，这在很大程度上推动了遏制思想指导下的西方冷战政策发展。

1950 年 4 月，在杜鲁门直接指示下，美国新任国务院政策设计委员会主任保罗·尼采（Paul H. Nitze）牵头多个政府机构，就美国外交与防务战略共同起草了一份重要文件——"国家安全委员会第 68 号文件"（United States Objectives and Programs for National Security，简称 NSC-68）。该文件设计了一套非常系统、完整的冷战政策与措施："（1）强化美国基本军事建设；（2）对美国的盟国从根本上增加军事援助；（3）增加经济援助计划……（4）实施心理战，制定建立和保持其他人对美国力量与解决方案信心的计划……（8）实施动员计划，包括民间防御……"[2] NSC-68 作为战后初期美国冷战思想及其实践经

----

[1] George F. Kennan，"The Sources of Soviet Conduct"，https://www. foreignaffairs. com/articles/russian-federation/1947 – 07 – 01/sources-soviet-conduct. 2016 年 1 月 30 日。

[2] Memorandum by the Executive Secretary of the National Security Council（Lay）to the Ad Hoc Committee on NSA68，April 28，1950，*FRUS*，1950，Vol. I，p. 295.

验的集大成者，不仅囊括了美国政界与军界共同的政治与安全共识，也集中了美国思想界对外交与安全战略的主流声音。"尼采的团队炮制了 NSC-68 号文件，要求大规模建设一支防御力量，并且采取相关措施……尽管文件并未提及精确的（防御开支）数字，尼采估计 NSC-68 号文件将会耗资 400 亿—500 亿美元。"① NSC-68 号文件极为清晰、明确表达了美国统治集团的意向，即苏联可能对西方发动军事进攻，因此主张大大增强西方国家的军事力量，包括研制氢弹。②

NSC-68 号文件提出后不久，朝鲜战争爆发，该文件所提出的种种对策与措施由此被很快付诸实践，其主要思想与主张成为美国对苏联外交与安全战略的核心要旨。这一事实说明，杜鲁门政府已经将 NSC-68 号文件视为美国解决战后初期美苏冷战斗争、东西方相互矛盾和对立、世界其他地区频频陷入政治与安全困境等所有难题的一项重要指南。不仅如此，NSC-68 号文件虚设的各种政治与安全说教，也由于东西双方冷战环境持续恶化而进一步强化，最终为杜鲁门政府推进美国的遏制政策与实践提供了关键性指导，进而对美国主导的国际政治与安全体系构建产生了重大影响。

特别需要说明的是，美国冷战思想及其实践的深化并不孤立，而是与苏联冷战思想与实践的持续拓展相互对应。美国冷战思想及其实践不断升级，首先以回应苏联冷战思想及其实践的"挑衅"为前提，其次按照自身政治、经济、安全、文化等利益偏好实施调整。反之，苏联冷战思想及其实践同样如此。很难断言美苏双方哪一方更愿开启并推进冷战，或者愿意持续保持冷战形势恶化，置自身利益于危险中。就美苏双方冷战思想及其实践而言，实际上更多出自一方对另一方政治与安全意愿的误解，听任彼此的偏见与敌意不断升级。在欧美

① William B. Pickett, *Eisenhower Decides to Run*, *Presidential Politics and Cold War Strategy*, Chicago, IL: Ivan R. Dee, 2000, pp. 64 – 65.

② NSC-68, "United States Objectives and Programs for National Security," April 14, 1950, *FRUS*, 1950, Vol. I, pp. 237 – 292.

各国看来，"苏联代表了一种全球意识形态，对马克思主义者来说，这几乎是一种自然法则，即世界有一天会变成共产主义天下"①。

相对而言，苏联在其冷战思想的形成及其嬗变中，一直处于比较被动的地位，其冷战思想与实践大多是对美国冷战思想及其政策做出某种被动回应，当然也有例外。相对于美国冷战思想及其政策不断完整、渐成系统的发展趋势而言，苏联冷战思想明显缺乏系统性与完整性，不仅更为零散，而且呈现片段状，其执行力也相对较差，因此功效有限。

三　苏联冷战思想及其实践

1946 年 9 月，在"长电报"刺激下，苏联外长莫洛托夫命令苏驻美大使尼古拉·诺维科夫（Nikolai Novikov）撰写一份关于战后美国外交与安全政策趋向的报告——"战后美国对外政策"（The Foreign Policy of the United States after WW Ⅱ），即著名的"诺维科夫报告"（Novikov Telegram 或者 Novikov Report）。

不难想象，"诺维科夫报告"作为苏联对美国遏制思想的一种回应，其真实意图是表达苏联领导人对"长电报"的批评态度，并非意欲在安全思想、外交理论等层面对美国遏制思想做出鞭辟入里的系统剖析，亦非就未来苏联对美外交政策与安全战略做出富有建设性的规划，该报告在创造思路、主导思想、行文方式等多个方面，反而竭力模仿"长电报"。因此，这就注定"诺维科夫报告"对冷战初期国际形势以及美国外交意图的分析难有创见，更多是重复苏联既定的对美外交方针、思想以及理论，该报告不可能准确反映纷繁复杂的美国外交动态以及瞬息万变的国际形势，所以它对苏联冷战思想及其实践的指导意义实际上相当有限。但是"诺维科夫报告"与"长电报"毕竟构成美苏双方冷战思想与政策的第一次短兵相接，这为以后美苏双

① Geir Lundestad, *East, West, North, South, Major Developments in International Politics, 1945 - 1986*, Oslo and Oxford: Norwegian University Press, 1988, p. 43.

方冷战思想及其实践的持续深入发展开辟了道路。

同样，作为对"杜鲁门主义"和"马歇尔计划"的一种回应，苏联认定"马歇尔计划"在本质上以反苏为目标，旨在瓦解苏联与东欧社会主义阵营。"在斯大林看来，马歇尔计划就是为了动摇雅尔塔体系给苏联划定的东欧势力范围，并且破坏苏联的东欧安全带。"① 因此，在严词拒绝"马歇尔计划"后不久，苏联针锋相对提出"莫洛托夫计划"（Molotov Plan），由苏联向东欧各国提供经济援助，帮助其恢复战后经济，同时加强苏联与东欧国家经济贸易交往，以此加强社会主义阵营内部团结协作，确保苏联对东欧各国拥有足够的影响力和控制力。

1947 年 7 月，苏联与东欧各国签订一系列经济贸易协定，目的是进一步加强彼此之间的经济协作与联合。1949 年 1 月，在"莫洛托夫计划"的基础上，苏联与东欧五国组建"经济互助委员会"（The Council for Mutual Economic Assistance），简称"经互会"（Comecon）。"'经互会'六个成员国起步于詹姆斯·罗塞瑙（James Rosenau）所定义的一个实例，即一个间接而且非正式渗透的系统，也就是一个外来者既可以直接并且令人信服地参加社会价值分配，也可以参与国际动员支持能力。"② "经互会"在加强苏联与东欧社会主义国家经济联合、政治合作的同时，也加速了欧洲经济分裂，所发挥的作用就像"马歇尔计划"一样。由此，东欧与西欧正式按照两种经济模式或规则展开运行，欧洲亦形成东部与西部两个针锋相对、平行并立的政治—经济—意识形态世界。

与"莫洛托夫计划"相似，同样是在"杜鲁门主义"和"马歇尔计划"的刺激下，苏联与东欧各国、法国与意大利等九国工人党和

---

① 沈志华主编：《冷战时期苏联与东欧的关系》，北京大学出版社2006 年版，第214 页。
② Iver B. Neumann, "Soviet Foreign Policy towards its European Allies", in Steven Casey ed., *The Cold War*, *Critical Concepts in Military*, *Strategic and Security Studies*, Vol. Ⅲ, London and New York：Routledge, 2013, pp. 3 –4.

共产党代表，在 1947 年 9 月成立"共产党与工人党情报局"（Information Bureau of the Communist and Workers Parties），简称"情报局"（Cominform）。"情报局"成立的目的在于，便利苏联与东欧各国工人党、共产党之间的信息与情报交流，以便各国政府与政党能够制定共同外交与安全战略。用"情报局"自己的话来说就是："成立情报局的主要目的就是对欧洲共产党内部进行整肃，以协调行动，制定共同的路线和策略；在莫斯科的统一号令下，开展反对以美国为首的战争贩子和奴役欧洲计划的斗争。"①

　　虽然"情报局"只存活了不到十年时间，而且并未在美苏双方冷战斗争中给苏联与东欧各国带来某种现实利益，甚至还发生"情报局"将南斯拉夫开除这样的恶性政治事件，但"情报局"还是给美欧各国留下深刻印象：即苏联和东欧各国正在结成一个强大而且富有威胁性的敌对集团，正在针对美欧各国酝酿并发起一系列敌对行动，美欧各国应该予以强有力回击，从根本上消除这种威胁。"在 1948—1952 年，苏联处于一种更为独断的政策模式中，美国在很大程度上则属于对其所遭遇的挑战给予回应，在东欧出现捷克斯洛伐克、匈牙利以及波兰政权变更，1948 年—1949 年'柏林事件'（Berlin-Blockade），在亚洲则出现中国建立共产党政权，朝鲜战争爆发。相互敌对与冲突极为尖锐和激烈。"②

　　需要说明的是，苏联冷战思想以及实践持续深化，除去对美欧等国冷战思想与政策所做的交替回应外，还离不开其特定的发展轨迹与政治逻辑。就像美欧等国对苏联外交与安全政策抱着固有的偏见和排斥态度一样，苏联同样也对美欧等国外交政策与安全战略存在着认识不足或者误区。

　　在战后初期日趋紧张化的国际冷战氛围中，苏联严重高估美欧各

---

　　①　沈志华主编：《冷战时期苏联与东欧的关系》，北京大学出版社 2006 年版，第 18 页。

　　②　James M. McCormick, *American Foreign Policy & Process*, Fifth Edition, Boston, MA: Wadsworth, Cengage Learning, 2010, pp. 77 – 78.

国外交与安全政策的侵略性与危险性，尤其过于强调苏联与西方国家的竞争性与对抗性。"资本主义的世界经济体系包含着总危机和军事冲突的因素。第二次世界大战的胜利结束并未消除资本主义国家之间的战争的可能性。美国取得了在资本主义世界的领导地位，强行推行它的政策。不论是战胜国英国、法国还是战败国德国、日本，它们都同美国配合，在一段时间内顺从地执行着美国的旨意，但是这种情况不会长久维持。资本主义发展的不平衡，通常经过相当时期就剧烈地破坏世界经济体系内的军事。西方国家之间争夺市场和原料的斗争并未因此停息，它们通常要用武力改变现状，重新划分势力范围，以求有利于自己。"① 虽然上述论断一语道出欧美资本主义的基本发展规律，但是也对欧美列强在现代社会的特殊性与复杂性缺乏更准确的认知与概括。

限于苏联政治、经济以及社会体制的诸多特点，斯大林在战后初期苏联外交与安全战略中拥有决定性影响，其外交思想以及对苏联的战略规划实际上决定了苏联外交与安全战略的主要内容，直到1953年3月斯大林辞世。因此，苏联的冷战思想及其实践有很多出自斯大林的个人判断，有时显得缺乏体系和章法，而且斯大林经常不按常规出牌，其政治与安全决策似乎非常随意，令人难以捉摸。但是无论如何，维持苏联在"二战"中的胜利成果、保有在东欧和南欧国家的影响力、维持苏联在欧洲大陆的传统地缘优势地位，这始终是战后苏联冷战思想及其实践的主导性内容。

四 美苏冷战思想互动及其影响

由上可见，在战后初期美苏双方冷战斗争中，双方都以对方的冷战思想及其实践作为不断修正并提升己方政策的条件，双方冷战

---

① 此为斯大林于1946年2月9日在选民大会上的讲话。《斯大林选集》下卷，人民出版社1979年版，第489页。转引自刘金质《冷战史》上卷，世界知识出版社2003年版，第58—59页。

思想及其实践相互影响，自觉或不自觉地提升了美苏冷战斗争的层级，不断扩大冷战斗争所涉及的层面、领域以及地域范围，拉长冷战斗争的时段。即美苏双方从政治与军事领域的争夺与较量，扩展到经济、文化、意识形态与科技等多个领域的对抗；由美苏双方对峙，扩展到东西方两个世界的全面对立；从欧洲冷战扩展至全球冷战，最终使冷战延续达半个世纪之久。在美国学者梅尔文·莱夫勒（Melvyn P. Leffler）看来："早期冷战岁月的巨大成就在于，美国官员帮助在欧亚大陆的工业核心带建立了一个力量配置，是指能够持续保护美国的重大利益……西欧不再孱弱和易受攻击，德国和日本变得强大，马克思—列宁主义意识形态以及苏联的发展模式被摒弃。"①

美苏双方冷战思想持续发展，不断加剧两极冷战格局复杂化，而且为此后国际冷战斗争的全面铺开开辟了道路。然而，美苏双方的冷战思想并非无所不包，也绝非无所不能，而是按照不同地域、对象以及阶段发挥作用，并未出现肆意发展或者完全脱轨的迹象。

乔治·凯南曾对美国冷战思想及其政策做出相当谨慎的评价，即便如此，这一评价似乎仍存在刻意夸大之嫌。"如果说美国独自就能执掌共产主义运动的生死，并很快使苏联政权在俄国垮台，那是夸大其词。但是美国的确能够对苏联政策运作施加极大的压力，迫使克里姆林宫的行为要比其近年来的作为更加节制和慎重，以这种方式导致苏联政权最终垮台或者逐渐软化。"② 事实上，苏联在冷战时期遇到的最大问题并非美国施加的冷战压力，而是其社会主义建设自身存在的缺陷，即苏联共产党和政府始终未能妥善解决其国家发展中的一些重

---

① Melvyn P. Leffler, *A Preponderance of Power*, *National Security*, *the Truman Administration*, *and the Cold War*, Stanford, CA: Stanford University Press, 1992, pp. 516 – 518.

② ［美］乔治·F. 凯南：《美国大外交》，雷建峰译，社会科学出版社 2013 年版，第 176 页。

大积弊，包括国家政治体制僵化，官僚体制效率低下，权贵集团造成社会分裂，人民物质生活需求长期得不到满足，经济发展缺乏创新性和持久性，民族矛盾始终得不到根本性解决，等等。但是我们不能否认，苏联和东欧各国社会主义建设出现的种种问题，确实受到种种外部环境因素的影响和荼毒，尤其是美西方国家冷战思想及其实践严重恶化了国际政治、经济以及安全环境。

冷战环境极度趋向恶质化，无疑加剧了苏联与东欧社会主义阵营的内部空转，造成资源消耗以及内部矛盾持续激化。"乔治·凯南的遏制大战略是在冷战时期规划美国外交政策的指导原则：苏联人应当圈定在其在欧洲和亚洲的利益范围内，不能允许苏联人推进其旨在对抗美国及其盟国重大利益的安全边界线，美国的遏制战略加快了苏联及其帝国在尚未爆发第三次世界大战时就走向了灭亡。"①

美国冷战思想及其实践在持续加速苏联冷战思想及其实践的同时，也在很大程度上加速了国际冷战对抗持续升级；反之，苏联冷战思想及其实践也加剧了美国冷战思想及其实践一步步走向极端化。虽然西方学者一直试图淡化思想与观念在冷战中的作用，"在美国外交政策形成过程中，意识形态考量在传统意义上的表现并不突出，但是仍具有一定影响"②。但在事实上，思想与意识新形态的影响非常大，至少这种影响不次于具有现实意义的国家政策、战略以及利益。美苏双方乃至东西双方实际上都是彼此冷战思想与理论的受害者，它们在推动各自冷战思想与政策不断升级的同时，也持续遭到国际冷战斗争的反噬，其结果是造成美苏两国各自的国力被不断削弱，大量财富付诸东流，社会资源平白损耗，彼此的政治、经济以及社会发展越来越趋向集团化、官僚化以及极端化。

① Sam C. Sarkesian, John Allen Williams, and Stephen J. Combala, *US National Security, Policymakers, Processes, and Politics*, London: Lynne Rienner Publishers, 2013, p. 25.

② John Lewis Gaddis, "The Long Peace, Elements of Stability in the Postwar International System", *International Security*, Vol. 10, No. 4, 1986, 99 – 142.

第三节　美欧战后政治与安全战略的基本定义

一　美欧政治与安全战略的大环境

众所周知，由于欧洲安全秩序在战后发生巨变，旧的欧洲力量格局严重失衡，变得摇摆不定。美国作为世界超级大国，所设定的政治、经济以及安全目标并不限于欧洲，而是着眼于对全球范围内的政治、经济以及安全秩序做出安排。不仅如此，美国还始终以实现自身国家利益最大化作为其政治与安全战略的首要目标。正像美国历史学家罗伯特·杰维斯（Robert Jervis）所强调的那样："在冷战高潮中，美国外交政策具有以下特性：（1）与苏联存在激烈冲突；（2）存在战争的重大威胁；（3）巨额防御预算；（4）在欧洲派驻规模庞大的军队；（5）认识到联合起来的中苏集团；（6）认定有限战争是主要威胁，并且认识到会与中国、苏联发生有限战争；（7）在全球范围内做出反共承诺。"①

由此可见，美国的政治与安全战略不可能和欧洲的政治、经济以及安全需要亦步亦趋，完全吻合。无论从哪个角度看，欧洲国家都亟待找到一种新的力量支撑，既能构建一种适合欧洲力量现状的新政治与安全结构，最有效地填补欧洲出现的战略空缺，又不是以美国政治与安全战略及其实践作为简单替代，完全让西欧各国听命或依附于美国。

与美国冷战思想及其实践相对应，西欧各国虽然并非国际冷战斗争的主导者，而且从表面上看，似乎只能充当美国冷战政策及其实践的追随者或旁观者，但我们不能就此断言，西欧各国在国际冷战斗争中的角色可有可无，或者它们根本没有属于自己的冷战思想与理论。

① Robert Jervis, "The Impact of the Korean War on the Cold War", in Steven Casey ed., *The Cold War*, *Critical Concepts in Military*, *Strategic and Security Studies*, *Vol. I*, *Interpretations and Themes*, London and New York: Routledge, 2013, pp. 235 – 236.

很明显，与苏联—东欧各国的种种利益关联相比，西欧各国与美国的利益关联似乎更紧密，西欧国家在制定西部欧洲冷战政策中的地位与功用，似乎明显优于东欧各国，其战略姿态不仅更主动，而且也更能照顾和展示自己的切身利益，这是西欧国家相较东欧国家经常自感"优越"之处。"东欧人慢慢认识到并入苏联势力范围是如何受局限，他们很快看到这一点，并且以一种被动而且阴郁的方式予以更加坚定抵制，他们一致认为，任何政权需要由其自身而不是胁迫方式建立。"①

事实上，西欧各国确实拥有自己的冷战思想与理论，而且还在美国一系列冷战思想与实践之外展开各种富有特色的政治与安全实践，只不过它们在东西方冷战对峙中的作用，经常被美国的强势政策与实践所遮蔽和覆盖，其所作所为被美苏双方冷战斗争的整体态势所掩盖。

事实上，西欧各国政治与安全实践确实对美国冷战政策及其实践发挥了查漏补缺的重要作用，它们充分利用其在历史、地理、思想与文化等领域别具一格的特色，以及处置大国关系的丰富经验和传统，再加上其遍布全世界的殖民地和半殖民地，有效填补了美苏双方冷战斗争所无法或者无力覆盖的地区与领域，甚至有最大可能填补欧洲政治与安全架构中的剩余空间，从辅助者或者协助者的角度推动西方政治与安全战略不断趋于完善。"欧洲各国政府尽力控制贸易，将稀有资源直接注入其优势领域，对于美国国家安全利益以及美国政治经济结构而言，它们采用的方法似乎将产生深远影响。"②

在战后初期激烈的国际冷战对峙中，西欧各国凭借与美国秉持共同价值观和政治理念之便利，尽可能将自身的安全需求和利益趋向靠

---

① John Lewis Gaddis, *We Now Know*, *Rethinking Cold War History*, Oxford: Clarendon Press, 1997, p. 33.

② Melvyn P. Leffler, *A Preponderance of Power*, *National Security*, *the Truman Administration*, *and the Cold War*, Stanford, CA: Stanford University Press, 1992, p. 162.

近美国，竭力试图塑造一种新的政治、经济以及安全政策，使之既能满足西欧各国自身的利益诉求，又能符合西方国家共同的冷战政治与安全需要。因此，在战后初期美苏双方的国际冷战斗争中，西欧、北欧以及南欧等许多国家不仅主动参与其中，而且还发挥了美、苏两个超级大国无法代替的特殊作用。"低地国家以及英、法盟国对其周围的意大利、挪威、德国所发生在危机做出应对，加快达成一个有约束力联盟的谈判。"① 美欧双方的冷战政策及其实践时而平行，时而交叉，双方相互补充，互为倚重，最终确定了共同的战后欧洲政治与安全战略，形成美欧双方联合推进对苏冷战战略的政治局面。

总体而言，美欧双方的政治与安全战略大致可分为三个方面，即确保战后欧洲能够拥有强大的经济与军事能力；在欧洲构建一种有效遏制苏联和东欧社会主义国家的政治与安全秩序；在全世界确立西方国家所主导的战略优势地位。由此可见，美欧政治与安全战略看似内容庞杂，形式多样，但其最终目标归根到底始终服务于美欧双方的冷战需要。

二　战后初期美欧经济联合

鉴于欧洲在战后国际政治与经济秩序建构中拥有特殊地位，在欧亚大陆地缘政治中一直处于中心位置，因此，欧洲注定将成为战后国际冷战斗争的中心。然而，战后初期欧洲政治混乱，经济凋敝，社会不稳定，虽然欧洲在名义上仍是一个统一概念，但早已被割裂为两个部分。欧洲东西两个部分以被分治的两个德国为对峙前沿，西部欧洲在政治、经济以及军事上得到美国的积极支持，它们始终与美国保持密切合作，被美国视为推进其政治、经济与安全战略的得力助手；而东部欧洲则与苏联保持极其紧密的关系，成为苏联苦心经营的"战略缓冲地带"，它们更多屈从于苏联的战略需要，服从于苏联的战略安

---

① Lawrence S. Kaplan, *NATO 1948*, *The Birth of the Transatlantic Alliance*, New York: Rowman & Littlefield Publishers, Inc. , 2007, p. 59.

排。因此，在美苏双方的带动和支持下，欧洲的西部与东部不仅相互戒备和敌视，而且还随着美苏冷战斗争的起落而争斗不休，它们构成欧洲冷战的另一个重要维度。

在美国和西欧等国看来，苏联和东欧社会主义国家一直试图利用战后初期西欧社会动荡与经济困难，在西欧外围施加政治、经济和军事压力，使西欧国家最终不得不屈服苏联的安排。他们甚至还认为，苏联和东欧集团正在致力于从西欧内部寻找突破口，从中瓦解西欧各国的政治意志。"如果目前俄国只是外部祸患，那么在1946年还存在着一种'内部威胁'，足以威胁美国的霸权主义。"① 为此，美欧各国一致决定，首先必须恢复战后欧洲经济，建立稳健的经济基础、有序的社会秩序、良好的政治与文化氛围，因为美欧各国深信，只有欧洲变得无比强大，才能有效抵御来自欧洲内部或外部的任何威胁。为此，美国推出"马歇尔计划"，向西欧国家大规模实施经济与财政援助，而西欧国家则成立"欧洲经济联合体"（Organization for European Economic Cooperation，简称 OEEC），② 共同向美国提出欧洲经济集体重建方案，全力配合美国经济援助计划的实施。

虽然有的西方学者认为，"马歇尔计划的定义并非出自以权力来确定的利益概念"③，但是对美欧双方来说，"马歇尔计划"取得双赢结果，即美国凭借"马歇尔计划"，进一步扩展了其在欧洲的经济影响，加速了美欧双方经济政策的协调与整合，尤其强化了美国对欧洲经济发展进程的全面掌控。对西欧国家来说，"马歇尔计划"全面加速了战后欧洲经济的重建与恢复，加强了欧洲自身的经济再造与发展

① Thomas J. McCormick, *America's Half-Century*, *United States Foreign policy in the Cold War and After*, Second Edition, Baltimore, MD and London: The Johns Hopkins University Press, 1995, p. 69.

② 该组织后来演化为"欧洲经济合作发展组织"（OECD）。该组织在"马歇尔计划"结束后仍然存在，始终成为欧洲国家谋求经济合作与共同发展的一个重要平台。

③ Hadley Arkes, *Bureaucracy*, *the Marshall Plan*, *and the National Interest*, Princeton, NJ: Princeton University Press, 1972, p. 345.

能力，为战后西欧各国展开更加密切的政治与安全协作奠定了基础。

紧随"马歇尔计划"之后，西欧各国从 1950 年代初开启欧洲经济一体化进程，此举亦得到美国的首肯和积极支持。1951 年 4 月 18 日，法国、联邦德国、意大利、荷兰、比利时以及卢森堡等六国签署《巴黎条约》，建立"欧洲煤钢共同体"（European Coal and Steel Community，简称 ECSC）。1957 年 3 月 25 日，西欧六国再次签订《罗马条约》（The Treaty of Rome），建立"欧洲经济共同体"（European Economic Community，简称 EEC），同时建立"欧洲原子能共同体"（European Atomic Energy Community，简称 EURATOM）。①

无独有偶，1960 年 1 月 4 日，英国、奥地利、丹麦、挪威、葡萄牙、瑞典、瑞士共同签署《斯德哥尔摩公约》（Stockholm Convention），建立"欧洲自由贸易联盟"（European Free Trade Association，简称 EFTA），又称"小自由贸易区"（Free Trade Zone，简称 FTZ）。自其创建之日起，欧共体（European Community，简称 EC）就与"欧洲自由贸易联盟"共同活跃在欧洲经济舞台上，虽然两个组织并不完全属意于冷战，甚至还存在互相竞争关系，但它们共同推动了战后欧洲国家经济恢复与发展，推动了欧洲经济资源与力量整合，加速了欧洲经济走向自立与自强，壮大了西欧国家的经济实力，为其发展综合实力创造了条件。例如，随着战后初期欧洲经济一体化启动，西欧各国以"欧洲煤钢共同体"为蓝本，开启"欧洲防务共同体"构建进程，此举最终虽未获得成功，但却反映了战后初期美欧双方以经济促军事、以军事促安全的战略主旨，同时也从另一个层面反映了西欧国家在战后初期所持有的政治与安全意图。

就此而言，美欧双方推动欧洲经济复兴的目标体现在多个方面，

---

① 1965 年 4 月 8 日，西欧六国签署《布鲁塞尔条约》，决定将"欧洲煤钢共同体"、"欧洲经济共同体"以及"欧洲原子能共同体"合并，成立"欧洲共同市场"（Common Market 或者 Single Market），简称"欧共体"。该机构后于 1991 年 12 月 11 日通过《马斯特里赫特条约》，建立"欧盟"，最终由经济一体化走向政治联盟。

并不仅仅停留在经济层面，同时也体现在政治、社会、文化以及安全等多个层面，即通过不断加强经济实力，稳定社会秩序，巩固国家政治体制，不断强化西欧国家的文化与意识形态认同。西欧各国在有效压制左翼政治力量、防范内部发生政治颠覆的同时，亦全面强化西欧各国防范外来侵略与威胁的安全能力，尤其使欧洲能够对苏联和东欧社会主义国家的"军事入侵"形成有力回击之势，使之惮于对西欧实施战争威慑或者发动侵略战争，这一直成为美欧双方强化西欧经济与军事实力的核心目标所在。"从杜鲁门政府执政伊始，美国外交政策的目标一直是挫败克里姆林宫获取全球优势地位的能力，它或是通过自身努力的方式，或是通过其共产党盟友阴谋诡计的方式。"①

三 美欧政治与军事联合

在欧洲构建一种能够有效遏制苏联和东欧社会主义国家的新型政治与安全秩序，是美欧各国政治与安全战略的又一个重点。鉴于美苏双方在战后一系列国际问题上冲突不断，双方实际上早已将对方视为战后国际和平秩序的重大挑战，将对方视为己方安全利益的最大威胁。在美欧双方的有色眼镜中，苏联在历史上一直有根深蒂固的侵略扩张本性；再加之苏联具有挥之不去的世界革命情节，兼之视西方资本主义为仇敌的制度天性，并在"二战"后掌握了前所未有的超强军力，这就注定苏联采取的任何行动都会危及欧洲和平与安全。甚至在许多美国和西欧国家领导人看来，就连苏联自身的存在，客观上也对欧洲政治、经济以及安全生活构成一种天然威胁。因此，美欧双方必须要在尽可能短的时间内，在欧洲构建一种行之有效的政治与安全秩序，不仅防患于未然，而且还能确保美欧双方在欧洲政治、经济、文化以及安全事务中拥有绝对的主动权和话语优势。

正是在这一思路的指导下，美欧双方一致将构建军事联盟或者防

---

① Melvyn P. Leffler, *A Preponderance of Power*, *National Security*, *the Truman Administration*, *and the Cold War*, Stanford, CA: Stanford University Press, 1992, p. 356.

御安全组织，视为建立欧洲政治与安全秩序的最佳路径。1947 年 3 月 4 日，英国与法国订立《敦刻尔克条约》（The Treaty of Dunkirk），建立"英法互助同盟"（Anglo-French Alliance）。尽管"英法互助同盟"并未直接指向苏联，但却表达了英法两国谋求自立、努力构建欧洲安全秩序的决心。在《敦刻尔克条约》签署后不久，英国外交大臣厄内斯特·贝文（Ernest Bevin）随即明确表示："苏联政府已建立了一个稳固的政治与经济集团，在不久的将来并不存在可以创建并在其控制线之后与欧洲国家保持正常关系的前景。在我看来，在西欧只能产生某种形式的联盟，不论是正式的或者非正式的。"①

1948 年 3 月 17 日，英国、法国、低地国家共同签署《布鲁塞尔条约》（The Treaty of Brussels），建立"西方联盟"（Western Alliance），将防范苏联直接设定为该联盟的战略目标。毋庸讳言，西欧五国在酝酿《布鲁塞尔条约》之初，就得到美国的积极支持。"《布鲁塞尔条约》的订立，在一定程度上说明，西欧国家与美国在欧洲共同防御建设思想与实践上的合作取得重大成就。"② 毫无疑问，《布鲁塞尔条约》的订立，对推动大西洋两岸国家联合发挥了重大作用。美国国务院政策设计委员会曾在其报告中提出："布鲁塞尔条约国最终拓宽了其成员国基础，包括冰岛、奥地利、瑞士以及德国，同时迫切要求将葡萄牙和斯堪的纳维亚国家纳入其中。"③

正是在此基础上，西欧各国与美国、加拿大等展开多轮谈判，美国、加拿大、"西方联盟"五国、北欧三国、意大利与葡萄牙共十二个国家，最终在 1949 年 4 月 4 日共同签署《北大西洋公约》（North Atlantic Treaty 或者 Washington Pact）。随后，美欧各国又采取了一系

---

① Alan Bullock, *Ernest Bevin, Foreign Secretary 1945－1951*, Oxford and New York：Oxford University Press, 1985, pp. 516－517.
② 许海云：《锻造冷战联盟：美国"大西洋联盟政策"研究〈1945—1955〉》，中国人民大学出版社 2007 年版，第 197 页。
③ Timothy P. Ireland, *Creating the Entangling Alliance, The Origins of the North Atlantic Treaty Organization*, Westport, CT：Greenwood Press, 1981, pp. 82－83.

列措施，将空洞的条约变成实实在在的组织，结成北大西洋联盟（North Atlantic Treaty Organization）。北约组织的建立，意味着美欧双方一直视为西方政治与安全核心的北大西洋区域正式获得根本性安全保障。"北约的存在，为其成员国安全政策提供了多种选择。这些选择可能有利于北约，加入欧洲建议，继续尊重北约；或者免除了自主型欧洲安全机构对北约的伤害。"①

北约组织不仅将大西洋两岸国家牢牢绑在一起，而且还为未来的美欧政治与安全联合政策及其实践确定了基本方向，进而为美苏双方暨东西双方的冷战斗争确定了国家 VS 国家、组织 VS 组织、集团 VS 集团的对峙模式。在北约及其领导人看来："自其建立开始，北约的关键架构就是，谋求劝说美国放弃不参与'纠缠不清联盟'的历史承诺，北约已经从单方面由美国向欧洲提供安全保护，转向历史上最成功的军事联盟……用北约首任秘书长伊斯梅勋爵（Lord Ismay）的话来说，北约创建的目的就是：'挡住俄国人，压住德国人，留住美国人。'这暗示着整个冷战时期困扰北约的危机、紧张局势以及争议。"②

美欧各国为《北大西洋公约》所设计的各项条款，尽管内容极其简单，但却反映了美欧双方政治与安全战略的核心意旨，即美欧双方结成牢固的防御安全联盟，这意味着双方的政治与安全战略取得阶段性进展。这在很大程度上说明了一个不可否认的事实，美欧等国在与苏联和东欧社会主义国家的冷战博弈中暂时赢得先机。对西欧各国来说，与美国缔结军事同盟，意味着西欧各国从此可以得到美国的军事保护，西欧的安全与稳定局面从此获得某种制度性保障。对美国来说，订立《北大西洋公约》，也意味着西欧各国政治与军事资源可以得到有效整合，就此被统一并融合到美国所主导的大西洋安全防御实

① Stephanie C. Hofmann, *European Security in NATO's Shadow*, *Party Ideologies and Institution Building*, Cambridge：Cambridge University Press，2013，p. 5.

② Ellen Hallams, *The United States and NATO since 9/11*, *The Transatlantic Alliance Renewed*，London and New York：Routledge，Taylor & Francis Group，2010，p. 9.

践中，这意味着美欧双方政治与安全战略所属意的欧洲安全秩序建构取得重大进展。"到 1950 年，美国军事决策者们紧跟国家政策的变化，将保卫西欧视为一项基本的战略任务，欧洲的防御对美国的安全可谓至关重要。"①

四 美欧共同构建世界战略态势

美欧双方政治与安全战略的最后一个重点就是，在全世界确立西方国家所主导的战略新态势。很明显，欧洲虽然一直是美欧等国政治与安全战略及其实践的重点，但这并不等于美欧等国会将其安全保护范围局限于欧洲。因为美欧双方所追求的冷战目标是全方位的，在政治、经济以及意识形态等领域追求的是全球性目标，而在军事与安全领域则更多追求某种局部、特定或者时段性目标，两者并不完全对等，这实际上也反映了美欧双方在各自战略方针、政策以及实践等方面始终存在差距，亦反映了美欧各国的政治与安全战略与国际环境同样存在差距。

事实上，从"二战"后期开始，美国就积极策划"布雷顿森林体系"（Bretton Woods System），并且就此确立了美元的世界货币地位，最终建立将美元与黄金直接挂钩的固定汇率机制为中心的国际货币体系（International Currency System）。不仅如此，美国还就此订立了国际自由贸易、世界资本自由流动等原则，并且成立包括"国际货币基金组织"（International Monetary Fund，简称 IMF）、"国际复兴开发银行"（International Bank for Reconstruction and Development，简称 IBRD）② 等

---

① Steven T. Ross, *American War Plans*, 1945 - 1950, *Strategies for Defeating the Soviet Union*, London and Portland, OR：Frank Cass, 1996, p. 137.

② 1944 年 7 月，反法西斯 44 国代表在美国新罕布什尔州布雷顿森林镇举行联合国家关于世界经济与金融问题会议，与会国代表一致通过《国际货币基金协定》与《国际复兴开发银行协定》等，宣布成立"国际货币基金组织"和"国际复兴开发银行"两大机构，建立国际货币体制，由上述两大机构共同管理。前者成为国际多边支付体系与国际收支平衡的主要承担者，后者则作为全世界最大政府间金融机构，成为联合国专门机构，负责推动国际投资与国际贸易，推动成员国生产力发展，该机构后来成为"世界银行"（World Bank）。

在内的多个国际金融与财政组织。此后，美国又陆续建立了一系列国际经济组织与贸易组织，进一步发展和完善新国际经济体系。随着"马歇尔计划"持续推进，美国对西欧国家经济控制力与影响力持续加强，美国所设计并建构的战后国际经济秩序亦由此全面铺开。随着冷战斗争不断升级，在国际层面形成东西两个并行的经济体系——社会主义经济体系与资本主义经济体系，其中，以美国与西欧各国为主干，形成一个利益相连、规则一致、祸福相依的西方经济体系。

不仅如此，美国在战后初期就开始着手重塑世界政治秩序，在全世界确立一种以美国民主政治、法治社会、普世价值为核心的新政治秩序。事实上，早在 1947 年 3 月，杜鲁门就以援助希腊、土耳其为名，推出"杜鲁门主义"，提出美国的全球性政治目标，即美国的国家利益是世界性的，在全世界任何地区、任何可能对美国利益形成直接或者间接威胁的危险，都可能遭到美国迎头痛击。"这是美国外交政策的转折点，它现在宣布，不论在何处，不论是直接或者间接侵略，只有危及和平，就都与美国的安全相关。"① 尽管西欧各国并不完全赞成美国的世界霸权主张，始终扎根于以欧洲为中心推进政治与安全战略，但这并不妨碍西欧国家在政治上与美国保持高度一致，它们不仅积极支持美国在全世界扩展政治与安全影响，而且还将竭力将其政治与安全利益向美国靠拢。

不仅如此，美欧在全世界大力推进攻势战略，努力扩大其在全世界的势力范围。为了实现这一目标，杜鲁门总统提出"第四点计划"（Point four Programs），该计划又称"开发落后区域计划"，即美国将对亚洲、非洲以及拉丁美洲国家实施经济与技术援助，帮助上述地区的落后国家发展经济，推动其社会进步。"'第四点计划'在全球范围内发展了'马歇尔计划'的要点，而'马歇尔计划'彼时正在西欧实施中。与'马歇尔计划'不同，'第四点计划'不是一种合作性冒

---

① Harry S. Truman, *Memoirs of Harry S. Truman*, *Vol. two*, *Years of Trial and Hope*, Garden City, New York: Doubleday and Company, 1956, p. 106.

险，对美国来说，它更像一种单方面行动，尽管美国的盟国也涉身其中。"① 事实上，美国对经济落后地区或者国家提供援助，并非单纯出于人道主义和精神，亦非出自扶危济贫的国际援助善心，这实际上既是美国着力于构建国际新秩序、确立全球霸主地位的又一次重大尝试，而且作为美欧政治与安全战略的一种具体运用，这显然是冷战政治持续发酵的结果。

作为"马歇尔计划"的补充，"第四点计划"针对的对象是全世界的不发达国家，其中暗含与苏联争夺亚非拉国家的政治含义，其结果必然会使全世界大多数不发达国家身不由己卷入美苏双方的冷战旋涡中，进而加剧国际冷战局势紧张化和极端化。此后，肯尼迪（John F. Kennedy）政府又推出"和平队"计划（Peace Corps），继承并扩展了"第四点计划"，继续强化美国与苏联争夺亚非拉国家的战略思维。

与之相对应，在 1950 年代和 1960 年代全球非殖民化运动（Decolonization）中，西欧各国的态度极其矛盾。"西班牙和葡萄牙在二战期间是中立国，它们在 1970 年代中期一直实行保守的君主专制统治，它们试图保护其帝国。英国和法国经受了各种压力，（最终）走向非殖民化。"② 在亚非拉民族解放运动的推动下，欧洲各国开始改变对殖民地和半殖民地一味采取占领、剥削和打压的顽固政策，开始顺应世界范围内反殖民主义浪潮的大环境，在一定程度上赋予这些殖民地国家或地区以政治自由，但在同时也加强了与这些殖民地国家或地区的经济和技术联系，间接保持欧洲国家在亚非拉地区的影响。就像美国国务院在其相关文件中所描述的那样："殖民主义的幽灵时刻在密室徘徊，完全控制着亚洲人、中东人、非洲人以及拉美人的思想进

---

① James M. McCormick, *American Foreign Policy & Process*, Fifth Edition, Boston, MA: Wadsworth, Cengage Learning, 2010, p. 52.

② Geraint Hughes, "The Cold War and Counter-Insurgency", in Steven Casey ed., *The Cold War*, *Critical Concepts in Military*, *Strategic and Security Studies*, Vol. Ⅲ, *Interpretations and Themes*, London and New York: Routledge, 2013, p. 294.

程，这与英国人、欧洲人的思想进程相左。"①西欧各国的上述做法，暗含与苏联争夺新兴民族国家之意，目的就是防止苏联影响和控制这些国家。

由此可见，美欧政治与安全战略覆盖了政治、经济、安全、社会、文化以及技术等多个领域，其最终目标是确立西方国家在全球事务中的主导权，打造一种西方国家占据绝对优势的国际政治与安全新秩序。在这种新秩序中，既有欧洲国家继续影响和控制对旧殖民地的考量，也有对欧洲现实安全状况的考量；既有美国争夺全球政治、经济、安全话语权的国际霸权考量，也有遏制苏联、削弱社会主义集团影响的冷战考量。显而易见，美欧政治与安全战略的特殊内容与导向，不会为战后世界带来真正和平，只会引发苏联与东欧社会主义国家强烈抵制，从而进一步加剧战后国际政治与安全局势紧张化。

第四节　苏联与东欧社会主义国家的政治与安全理念

一　苏联与东欧国家构建新安全理念的基础

苏联和东欧社会主义集团的建立，是战后国际政治、经济以及文化生活中的一件大事，多个社会主义国家结盟，形成一个规模庞大的政治、经济、军事以及意识形态阵营，这和"二战"苏联在欧洲形单影只、频遭西方国家敌视和排斥的困难处境迥然不同。事实上，苏联与东欧社会主义国家的团结协作，在一定程度上改变了传统的欧洲地缘政治规则，尤其改变了国际关系体系在欧洲的基本力量分布、博弈规则以及发展方向。但是苏联和东欧国家的这种历史性变化，不仅被西方国家误读，而且被其全面夸大。"'二战'后初期共产主义在中欧和东欧的扩散，给苏联提供了一个崭新的、有利的位置，使苏联可从

---

① Jason Parker, "The Eisenhower Administration, the Bandung Conference, and the Reperiodization of the Postwar Era", *Diplomacy History*, Vol. 30, No. 5, 2006, 867–892.

这个位置威胁西欧、寻求破坏北大西洋联盟。"①

　　战后初期，苏联与东欧社会主义国家的政治与安全战略，并不具有强烈的竞争性与进攻性，相反却相当谨慎和克制。在其设定战略目标之初，苏联与东欧社会主义国家相当审慎，在美苏双方冷战对峙中的表现亦极为克制。在大多数情况下，苏联与东欧国家基本上以应对内部事务居多，对外部世界的关注很少；或者只推进那些能够轻易实现的目标，而远离那些无法企及的政治或意识形态目标；等等。苏联与东欧社会主义国家将其与美欧各国的冷战斗争，大都限定在相对比较模糊、难以在短期内迅速见效的政治、经济以及安全等领域，而竭力不聚焦于自身力量相对较弱的领域。但是，美国与西欧国家出于意识形态的偏见，对苏联、东欧社会主义国家的定位始终是"侵略者"或者"安全威胁"，这一认知几乎贯穿了整个冷战时期。

　　事实上，美欧等国对苏联的偏见并非始自战后，而是从"一战"后期苏俄社会主义革命、建立苏维埃政权后就已开始，这种反布尔什维克的政治与意识形态偏见可谓根深蒂固，而且跨越 1920 年代和 1930 年代，一直延续到"二战"。虽然在战争时期迫于压力，欧美等国与苏联结成反法西斯联盟，但战争并未消除这种根深蒂固的偏见，反而因为战争进程中滋生的新矛盾而进一步增加。美国总统事务助理克利福德在 1946 年 9 月提出的备忘录，比较全面地揭示了美欧各国对苏联的认知偏见。"对美国安全构成直接威胁，在苏联的外交政策中可谓不言自明，该政策就是苏联准备与全世界资本主义的领头国家开战。这种评价的自然结果就是，美国必须假定，苏联可能会在任何时候开战，目标之一就是扩大共产主义控制下的疆域，目标之二就是削弱潜在的资本主义敌手。"②

---

　　① Saul Bernard Cohen, Geopolitics, *The Geography of International Relations*, Second Edition, New York：Rowman & Littlefield Publishers, Inc., 2009, p. 62.

　　② Geir Lundestad, *The American Non-Policy towards Eastern Europe, 1943 – 1947, Universalism in An Area not of Essential Interest to the Unites States*, New York：Humanities Press, 1975, p. 68.

不仅欧美国家的官僚机构热衷于将对苏联与东欧社会主义污名化和妖魔化，美欧等国的政治领导者、知识分子以及媒体工作者对苏联与东欧各国的认识也带有较多个体化因素。"美国决策者对苏联目标与政策的判断，展示了一些纯粹属于演说家的认知偏见。在对苏联行为的解释中，美国领导人过度受自身狭窄的个人经验的影响。"[1]

受政治和意识形态的影响，美国和西欧国家的政界、学界、军界以及商界等，都对苏联的价值判断存在这样或那样的偏颇之见。按照美国学者沃捷特克·马斯特尼的解释："苏维埃国家从本质上讲始终是不安全的，它的缔造者们认为除非他们所发动的并使他们掌权的革命在其他国家也取得成功，他们的政权是没有安全可言的。"[2] 事实上，马斯特尼的看法并不全面，正是由于西方国家长期实施敌视和排斥政策，导致苏联产生强烈的不安全感，在确定战略目标、推进政治与安全实践时，常将世界革命、国家发展、民族利益、政党主张、意识形态追求等目标交织在一起，进而造成苏联与东欧社会主义国家政治与安全理念的特殊性与复杂性。

与美欧各国的境况极其相似，甚至更有甚者，鉴于苏联与东欧社会主义集团内部同样力量失衡，苏联与东欧社会主义国家所追求的目标，在绝大多数情况下实际上就是苏联的战略目标。因为与东欧社会主义国家相比，苏联在政治、经济与军事力量上拥有绝对优势，在苏联与东欧社会主义阵营内部拥有绝对话语权和主导权，东欧各国在其政治、经济以及军事政策与战略上只能积极追随苏联，唯苏联马首是瞻。

与此同时，苏联还在"二战"后向东欧国家派驻大量军队，并且依靠社会主义阵营内部的诸多政治、经济以及军事组织，对东欧各国

---

① Deborah Welch Larson, *Origins of Containment*, *A Psychological Explanation*, Princeton, NJ: Princeton University Press, 1985, p. 349.

② ［美］沃捷特克·马斯特尼：《斯大林时期的冷战与苏联的安全观》，广西师范大学出版社 2002 年版，第 9 页。

竭力施加影响，实施强势控制。和西欧各国相比，东欧各国在美苏冷战斗争中的作用远远不及，不仅在苏联与东欧社会主义政治与安全战略中很难发挥拾漏补缺的作用，而且在欧洲冷战对峙中也无力独当一面。因此，苏联与东欧社会主义国家的政治与安全战略直接反映了苏联的战略意图和利益追求。对斯大林而言，苏联的战略意图很明确。"战后初期，斯大林的主导思想和战略目标是保持大国合作态势，维持与西方盟国在战时结成的伙伴关系，通过与西方国家，特别是美国的合作，巩固和发展苏联在雅尔塔—波茨坦体系中所获得的政治权益。"①

许多西方学者将苏联可能采取的军事行动的目标概括如下："苏联行动的目标可能会是什么？这些目标令人信服地落实为三个不同的方案：其一可能是一个纯粹的政治目标，该目标将考验北约的凝聚力；其二可能是努力消除其北翼防线脆弱的局限；其三是采取一种进攻行动，或者是有限的行动，或者是更大行动的一部分。"② 概言之，苏联与东欧社会主义国家的政治与安全战略具体包括三个部分，首先是确保苏联对东欧国家的影响力，不断建设并稳固"战略缓冲地带"；其次是在欧洲构建一个集政治、经济、军事多领域于一体的社会主义集团，束之以政治文化与意识形态追求；再次是在世界范围内有限推动"世界革命"理论（World Revolution Theory）及其实践。其中，有效维持苏联在东欧和南欧的影响和控制，是其政治与安全战略的核心所在。为了实现上述目标，苏联或与美欧国家展开合作，或采取强力威吓，或实施针锋相对的现实性对抗措施，这些都直接体现在苏联与东欧社会主义国家的政治与安全实践中，直接作用于欧洲冷战斗争。

---

① 沈志华编著：《斯大林与铁托——苏南冲突的起因及其结果》，广西师范大学出版社 2002 年版，第 7 页。

② H. F. Zeiner-Gundersen, "NATO's Northern Flank," in H. F. Zeiner-Gundersen, Sergio A. Possi, Marcel C. Daniel, Gael D. Tarieton, Milan Vego, eds., *NATO's Maritime Flanks*: *Problems and Prospects*, Washington, D. C. : Pergamon-Brassey's International Defense Publishers, 1987, p. 18.

二 苏联在战后谋求建立战略缓冲地带

众所周知，建立战略缓冲地带，一直是"二战"苏联所推崇的政治与安全政策，但由于曲高和寡，未能得到西欧各国配合，该政策始终未能产生积极结果。鉴于"二战"期间苏联饱受德国法西斯侵略的荼毒，损失惨重，苏联在战后初期政治与安全战略的策划过程中痛定思痛，加紧建设战略缓冲地带，以便在未来的国际冲突中赢得先机，免遭侵略，在欧洲占据更有利的地缘政治地位。和战前完全不同的是，苏联凭借其在"二战"中挥师进入东欧各国、帮助各国解除纳粹德国占领之苦的有利地位，在东欧和南欧掌握了空前强大的政治、经济、军事与社会资源，而且苏联不断采取措施强化其对东欧和南欧各国的影响和控制。"'二战'结束后，苏联军事力量占领了大多数缓冲区域，甚至占领了缓冲区以外的地区。它们占领了波兰、距柏林以西一百英里一线的德国、匈牙利、奥地利东部、罗马尼亚和保加利亚。如果不算真正占领的话，还有南斯拉夫。换句话说，苏联好像使用了花招，倏忽间已影响到欧洲东半部的军事占领。"①

在一系列欧洲冷战斗争中，苏联对外极力抵御美欧各国对东欧各国的拉拢和渗透。例如，在苏联领导下，东欧各国集体拒绝"马歇尔计划"，目的是避免美欧等国以经济援助方式渗透和染指苏联与东欧各国。与此同时，苏联不断强化在东欧各国的影响力，竭力试图消除彼此间的矛盾与分歧。"苏联政府不仅与美国有尖锐的矛盾，而且与东欧几个国家也有尖锐的矛盾。"② 为了稳固苏联与东欧各国的盟友关系，苏联不惜使用各种手段，包括在经贸交往中向东欧和南欧国家大幅让利，向东欧和南欧国家提供经济技术与军事援助，全力排斥美欧

---

① Louis B. Halle, "The Enlargement of Moscow's Empire at the End of World War Ⅱ," in Steven Casey ed., *The Cold War*, *Critical Concepts in Military*, *Strategic and Security Studies*, Vol. Ⅰ, *Interpretations and Themes*, London and New York: Routledge, 2013, p. 17.

② Robert Service, *A History of Modern Russia*, *from Nicholas Ⅱ to Vladimir Putin*, Cambridge, MA: Harvard University Press, 2005, p. 336.

等国的干扰，不遗余力地将东欧各国紧紧束缚在苏联与东欧社会主义集团内部，避免社会主义阵营被分化和瓦解。由此可见，苏联确保战略缓冲地带的政治决心堪称不可动摇，该战略不仅具有丰富的政治含义，同时还具有安全、经济、文化以及意识形态等多重含义，推动苏联与东欧各国不断拉近联盟关系。

因此，从战后初期美苏双方围绕东欧与南欧各国的一系列冷战较量所见，不论是关于波兰政府组成的争论，还是围绕捷克斯洛伐克政府阁员变化的对决，实际上都是双方既定的政治与安全战略的博弈。但是美欧等国却一致认定，苏联在战后初期针对东欧与南欧各国采取的种种措施，严重背弃了"雅尔塔协定"（Yalta Agreement）所达成的大国合作精神，丧失了应有的国际责任和义务。"对北约起源做出自由解读，这一解读认定，在战后时期国内和国际秩序的世界性基本观点产生矛盾时，冷战就开始了。西方民主国家从东欧的'苏联化'中感觉到了威胁，苏联的威胁当然强化了西方民主国家建立共同体的意愿，在其起始之处并未产生集体认同。……北约实现跨大西洋共同体机制化，目的就是对付这一威胁。北约建立在民主原则和决策规则的多边属性，反映了共同的价值观与集体认同。"①

与之相反，苏联认定自己只是正常推进构建战略缓冲地带战略，既未违背国际道义，也未危及美欧等国的政治与安全利益，西方国家所提出的指责与对抗政策，不过是其一贯敌视和排斥苏联政策的再度体现。由此可见，苏联与美欧等国的政治和安全战略实际上拥有各自的政治逻辑，这两种政治逻辑并非迥然不同，它们虽然在传统的大国意志、战略决策、政治与安全实践中颇多相似之处，但是双方对各自国家利益、安全诉求、战略定位等的理解却大相径庭，双方在冷战政治与意识形态的作用下时而交叉，时而并行，彼此之间经常出现战略

---

① Thomas Risse-Kappen, "Collective Identity in a Democratic Community: The Case of NATO", in Peter Katzenstein ed., *The Culture of National Security: Norms and Identity in World Policies*, New York: Columbia University Press, 1996, p. 378.

误判。"苏联与美国是利益完全相悖的两个国家，事实上，这两个国家的目标就是扩展各自的全球力量，它们对已用过的方法并非过于小心谨慎，它们具有相反的意识形态，每一方都认定人类幸福的原则在自己一边，每一方都武装到牙齿；每一方都在其他一方政治家及其社会非常不了解的环境中采取行动。"① 因此，美苏双方主导下的两极冷战格局富于变化，虽然在短期内很难减缓美苏冷战斗争的烈度，亦较难抑制美苏冷战扩张之势，但双方的政治与安全战略却始终有迹可循。

苏联与东欧社会主义国家的政治与安全战略，虽然被美欧等国视为富于对抗性与侵略性——"苏联在欧洲一直是占据优势地位的军事力量，苏联也持续使用其军事力量获取政治目标，包括对西欧实施恫吓。"② 但是，实际情况却并非欧美等国所想象的那样。苏联与东欧社会主义国家一直将确保社会主义阵营内部政治团结、经济协作、军事互助，视为其政治与安全战略的主旨。因此，在很长一个时期，苏联与东欧社会主义国家的政治、经济、安全以及外交实践基本上都围绕着这一目标展开。然而，欧美各国却并不这样看，它们一致笃定认为，"苏联共产主义绝非这一概念，即国际事务主要涉及民族国家为推动其国家目标所做出各种尝试的相互作用，相反，它们将这个世界视为不同利益之间的持续斗争，斗争范围包括了国内、社会、经济、政治以及国家。民族国家间的相互作用只是国际事务中的一个方面，尝试是一个正式的领域。"③

尽管不排除这一时期世界多个地区曾爆发激烈的冷战较量，东西双方的冷战对峙有时甚至达到非常激化的程度，但始终未能改变苏联与东欧社会主义国家既定的政治与安全战略及其行动步骤。从另一个

---

① Robert Service, *A History of Modern Russia*, *from Nicholas* II *to Vladimir Putin*, Cambridge, MA: Harvard University Press, 2005, p. 313.

② Melvyn B. Krauss, *How NATO weakens the West*, New York: Simon and Schuster, 1986, p. 36.

③ Zbigniew Brzezinski and Samuel P. Huntington, *Political Power*: *USA/USSR*, New York: The Viking Press, 1968, pp. 56 – 57.

角度看，也正是由于苏联构建战略缓冲地带的战略始终按部就班，稳步推进，相当有限，因而在很大程度上确保了战后欧洲安全秩序始终未能破局，亦使美苏冷战对峙始终处于乱而不破、抗而不战的状态，欧洲亦得以始终保持和平与稳定状态。虽然东西双方在欧洲发生多次碰撞，美苏双方多次剑拔弩张，双方冲突有很多次几乎一触即发。例如，1948 年 6 月—1949 年 5 月发生的"第一次柏林危机"（Berlin-Blockade）、1958 年 10 月—1961 年 10 月发生的"第二次柏林危机"（Berlin Wall），但最终都因为美苏双方始终不愿冲破彼此的战略底线，从而使欧洲避免经受战祸之累。

三　苏联与东欧国家建立社会主义阵营

苏联与东欧社会主义国家政治与安全战略的另一个内容就是，在欧洲构建一个集政治、经济、军事多个领域于一体的社会主义集团。相对于美欧等国而言，苏联与东欧社会主义国家除了在欧洲地缘政治中拥有所谓地理优势之外，无论是经济实力还是整体国力，在总体上都弱于美欧等国，苏联和东欧社会主义国家在客观上需要联合起来，以此确保自身的政治、经济以及安全利益。事实上，虽然苏联与东欧社会主义国家的安全战略在不同时期出现一定变化，但始终没有脱离冷战的轨迹，推动社会主义集团政治、经济以及安全利益最大化，始终是苏联与东欧各国安全理念中的重要组成部分。20 世纪 50 年代中期以后，"苏联外交政策就转向实用主义，并且更具灵活性，这反映了冷战陷入僵局。其中的新元素包括：加强苏联与东欧暨东欧（各国）'人民民主政府'之间的联系，在两个敌对的军事政治集团之间建立一个中立缓冲带，与北约成员国建立经济及其他形式的合作"[1]。

究其原因在于，其一，虽然苏联在"二战"前已建成比较完善的社会主义经济体系，但苏联的"斯大林模式"只注重短期发展，不注

---

[1]　Vladislav Zubok，"The Soviet Union and Détente of the 1970s"，*Cold War History*，Vol. 8，No. 4，2008，427－447.

意长期建设，更未致力于经济调整与制度改革，因此苏联社会主义建设中积存的问题在短期内难以消除，导致苏联整体经济实力始终无法与美国并驾齐驱。同样，东欧社会主义国家经济基础也相对较弱，它们在"二战"前主要以农业经济为主，并未建立发达的资本主义工业体系，根本无法与经历了数百年已相当发达的西欧资本主义经济体系一较高下，虽然西欧各国在"二战"中损失惨重，但东欧各国在综合经济实力上仍然无法望其项背。因此，苏联与东欧社会主义国家的整体经济力量相对较弱，这种差距成为苏联、东方阵营冷战较量的一个短板。"赫鲁晓夫政府鼓励苏联国内的发明创造，（经济）依赖于土生土长的技术，但是赫鲁晓夫后的苏联领导人则平静地承认，没有西方技术的大规模转让，苏联经济就无法获得发展。"[①]

其二，尽管苏联经历了"二战"的洗礼后，武装力量规模庞大，但与战后遍布世界各地的美国军事力量相比，其整体军事能力建设与军事影响力还相当有限。另外，东欧各国由于建立社会主义国家的历史较短，其军事力量更弱，不仅武器装备均来自苏联，而且其武装力量的编制沿革、指导思想、军事操典、作战规程、指挥方案等也都取自苏联，难以在欧洲军事对峙中独当一面。

在战后初期美苏冷战斗争中，苏联与东欧社会主义国家的联合，并不局限于一般性合作，也未只停留在政治、经济、军事、文化等某个方面，而是立足于在各个国家、各个领域实现全方位统一和整合。从苏联与东欧社会主义国家建立旨在加强政治协作、便于情报与信息交流的"共产党与工人党情报局"，到谋求苏联和东欧社会主义阵营经济共同发展的"经互会"，再到在军事上联合抵御和对抗北约的华约等，都反映了这一倾向。苏联与东欧各国所要着力构建的社会主义阵营，不是某个职能单一、结构简单、内容单薄的组织或者机构，也无法为上述哪个组织所代表，而是一种旨在构建集多项职能、多种内

---

① Vladislav Zubok, "The Soviet Union and Détente of the 1970s", *Cold War History*, Vol. 8, No. 4, 2008, 427 – 447.

容于一身的综合共同体，实际上涵盖了政治、经济、军事、文化以及意识形态等各个领域，而且汇聚了苏联与东欧社会主义国家所有的自然、社会以及人力资源。

正是上述这种特殊的属性，促使苏联与东欧社会主义国家不断巩固和强化社会主义阵营团结协作，并且在美苏冷战斗争中显示出异乎寻常的强硬态度，与西方阵营分庭抗礼，相互对峙。然而，尽管此后中国、朝鲜、越南以及古巴等社会主义国家也陆续加入社会主义阵营，但许多国家在社会主义阵营中只能追随苏联，无法改变苏联与东欧社会主义国家在其中的核心地位和作用。

然而，苏联与东欧社会主义阵营的建构及其行动有一个明显弊端，就是所有东欧国家均唯苏联马首是瞻，社会主义阵营内部较少平等协商，亦缺乏足够的民主氛围，东欧各国大都听凭苏联独断专行，并且按照苏联的"指挥棒"制定自己的政治、经济与安全政策，它们不仅缺乏自我定位，亦少有独立的国家利益表达。美国学者沃捷特克·马斯特尼曾就此做出评估："对苏联领导下联盟的忠诚度出现令人震惊的破坏，可能会也可能不会被莫斯科知晓，实际上亦未留存书面谈话记录，但对一个明显扭曲的政权而言，放松其与苏联的联系并非出乎意料。"①

苏联与东欧社会主义此后的发展进程表明，苏联外交政策与实践中的民族利己主义、大国沙文主义与大党主义，对社会主义阵营的各项政策与实践产生了很多消极影响，严重制约了社会主义阵营在冷战中的影响。另外，也正是由于苏联"一言堂"式的工作作风，以"家长"身份包办和代替一切，大大抑制了社会主义阵营的活力，导致社会主义阵营内部各个组织、各个国家均相对封闭，对外联系少，不求向外扩展，更多着眼于稳固内部秩序，因此其影响和作用均相对有

---

① Vojtech Mastny, "Détente, The Superpowers and Their Allies, 1962 – 1964", in Steven Casey ed., *The Cold War*, *Critical Concepts in Military*, *Strategic and Security Studies*, Vol. Ⅳ, *From Détente to the End of the Cold War*, London and New York: Routledge, 2013, p. 14.

限。"与北约不断扩张相比，华约从成立到解散，它没有吸收一个新的成员国，这反映了华约在苏联外交政策中的定位，起码在赫鲁晓夫时期，苏联并没有把华约作为扩大自己政治及军事实力的堡垒，而是强调它是为苏联的终极目标服务的。"①

总之，尽管存在相当多问题，苏联和东欧社会主义阵营持续存在这一客观事实，还是稳固了社会主义国家之间的团结协作，加速了战后东欧社会主义国家的经济与社会恢复，但是也推动了两极冷战体制的稳固与深化。

四 苏联与东欧国家的世界革命理论及其影响

在世界范围内有限推动世界革命理论及其实践，同样也是苏联与东欧社会主义集团政治与安全战略及其实践的又一个重要内容。对于苏联和东欧社会主义阵营来说，在世界范围内扩大社会主义影响，推动世界无产阶级革命，建立一种理想的共产主义世界，在理论上一直是其远大的政治理想。"为了实现它对所有人做出的关于社会正义的承诺，共产主义的扩展就不能仅限于苏联内部……事实上，列宁认为他发动革命的主要目的就在于为将来其他地方的革命奠定基础。革命首先在欧洲的发达资本主义国家爆发，接着在社会条件成熟的前提下在殖民地发生。"② 这一政治理想在很大程度上赋予苏联和东欧社会主义国家政治与安全战略一种精神追求，亦成为维系苏联和东欧社会主义阵营团结协作的思想动力，尤其成为苏联和东欧社会主义阵营与美欧各国实施冷战对抗的一面思想旗帜。

然而，鉴于"二战"后国际力量分布不均衡，美欧资本主义国家在世界范围内占据巨大优势，社会主义国家的力量及其影响主要局限

---

① 沈志华主编：《冷战时期苏联与东欧的关系》，北京大学出版社 2006 年版，第246—247 页。

② ［挪］文安立：《全球冷战：美苏对第三世界的干涉与当代世界的形成》，牛可等译，世界图书出版公司 2012 年版，第 47 页。

于欧亚大陆，在世界范围内的影响力相对有限，苏联与东欧社会主义阵营尚不具备在全世界与西方阵营展开全面竞争的能力，也无力支撑世界范围内所有国家和地区的社会主义运动以及民族独立运动。因此，这就注定苏联与东欧社会主义阵营不可能在全世界大规模发动社会主义革命，只能在某些重点地区支持并推动当地社会主义运动，或者有选择地支持某些地区的民族解放运动。"斯大林逝世之后，苏联奉行的路线更加灵活，经常对反西方的和不结盟的非共产党国家或其内部的非共产党组织提供援助，这样做部分源于它把触角伸向全球的能力相对不足，部分源于它一直存在的实用主义思想。"①

因此，苏联与东欧社会主义阵营在推进世界革命主张时，采取了有限而且有选择的方式，更多支持与苏联与东欧社会主义阵营有直接或间接相关利益的国家或者地区，或者支持那些社会主义革命已有相当基础的国家或地区，但是支持这些行动的最终目标仍然是使其配合和策应苏联和东欧社会主义阵营的政治与安全实践。"斯大林进行冷战的目的并不是要发动世界范围内反对美帝国主义的革命斗争，他的战略目标依然是保证苏联在雅尔塔体系中划分的世界范围……"②

尽管如此，苏联与东欧社会主义阵营的世界革命理论及其实践还是产生了一定效果，对战后世界无产阶级革命、民族解放运动的酝酿与发展产生了鼓舞和推动作用。毫无疑问，此举对于改善并加强苏联与东欧社会主义阵营在美苏冷战斗争中的地位极其有利。对此，美欧各国一致认定，苏联与东欧社会主义阵营的世界革命主张及其实践，目的是在全世界争取更多新兴民族国家或者殖民地半殖民地国家的支持，以便进一步扩大社会主义在全世界的影响，最终挫败美欧各国推行的"遏制战略"。为此，美欧各国也制定一系列相应对策，最大限

---

① ［英］理查德·克罗卡特：《50 年战争》，王振西译，新华出版社 2003 年版，第126—127 页。

② 沈志华编著：《斯大林与铁托——苏南冲突的起因及其结果》，广西师范大学出版社 2002 年版，第 16 页。

度地拉拢和影响经济与技术落后国家或地区，掌握更多的"空白地带"或者"真空地区"。从这个意义上讲，苏联与东欧社会主义阵营的世界革命理论及其实践，间接加剧了西方阵营以及苏联与东欧社会主义阵营在全世界范围内的竞赛和争夺。

由此可见，与美欧等国一样，苏联与东欧社会主义国家的政治与安全战略所涵盖的地域范围、层面以及方向极其丰富，几乎涉及战后苏联和东欧各国政治与安全政策的各个部分，该战略既反映了苏联和东欧各国的现实利益需要，也反映了苏联与东欧社会主义阵营的冷战政治需要，它成为冷战时期指导苏联与东欧社会主义国家各项实践的指南针。

第五节　北大西洋区域安全的基本概念及其发展

一　北大西洋区域防御范围划定

《北大西洋公约》订立后，美欧各国迅速采取行动，将条约各项条款付诸实践，加速将跨大西洋军事联合从条约转化为组织。"1950年6月，北朝鲜对南朝鲜的进攻，将北约由一个在很大程度上还是纸面上的组织，变成一个意义深远的联盟，该联盟在此后40年间一直挑战苏联在欧洲的地位。"[1] 在变现《北大西洋公约》的过程中，美国、加拿大以及西欧各国共同划定了北约贯彻集体安全方针、实施共同防御行动的地理范围，同时也进一步确立了未来北约在北大西洋区域的集体防御力量架构，并且明确了未来北约的发展思路以及在欧洲安全架构中的定位。

事实上，北约所划定的防御安全范围——北大西洋区域，在地理上是一个有形的概念，具有非常明确的历史与地理区划，但在政治、安全以及外交上却是一个无形的概念，其疆界范围始终没有明确，而

---

① Roger E. Kanet, "The Superpower Quest for Empire, The Cold War and Soviet Support for 'Wars of National Liberation", *Cold War History*, Vol. 6, No. 3, 2006, 331 - 352.

且经常发生变化。就像法国前总统密特朗（François Mitterrand）在其书中记述的："大西洋联盟要求伙伴国在遇到危险时（必须）彼此展开协商，仅此而已。《布鲁塞尔条约》对此所述甚少，西方没有人真正了解联盟的范围是什么？联盟的要求是什么？联盟如何自动发挥作用？……人们暂时所知道的是，大西洋联盟建立在一种虚构的想象之上：即一旦苏联实施入侵，美国将在欧洲实施干预。"[1] 虽然密特朗的言辞不乏夸张、抱怨之意，但也确实反映了一个基本事实，那就是北约对北大西洋区域的界定实际上并非一成不变，北大西洋区域属于一种动态的地缘战略概念。但是有一点非常明确，那就是北大西洋区域作为北约防御安全政策及其实践的核心地带，除在军事防御上的功效外，还具有政治、安全、外交、文化等多重效能。

总体而言，北大西洋区域可以做两个层面的理解：就北约成员国而言，所有初始成员国的国土疆域均坐落于北大西洋地区，所以，有效维持跨大西洋的和平秩序与安全稳定，实际上等于维护北约各成员国的国土安全与国家利益，而维护成员国的国家利益和安全稳定，恰恰是美欧各国订立《北大西洋公约》的初衷。"尽管北约所提供的防御被限定在一个清晰定义的地缘地理区域内，但是它所保卫的原则并不限于特殊的区域，而是代表了一种道德地位。"[2] 因此，北大西洋区域防御安全所做的狭义地理界定，实际上基于保护《北大西洋公约》各缔约国的条约责任和义务等考虑，同时亦出自各成员国对联盟条约的共同尊重。"为了使大西洋联合取得成功，美国不得不充当解困之人，做欧洲国家自身做不了的事情……葡萄牙在亚速尔到拥有重要战略地位，冰岛和加拿大是位于两个大陆之间北部大西洋交通线的连接部分……斯堪的纳维亚国家和意大利对北约这一潜在防御组织的北翼

① Theodore Draper, "The Phantom Alliance", in Robert W. Tucker and Linda Wrigley, eds., *The Atlantic Alliance and its Critics*, New York: Praeger, 1983, p. 6.

② Prince Hubertus zu Löwenstein, Volkmar von Zühlsdorff, *NATO and the Defense of the West*, Westport, CT: Greenwood Press, 1960, p. 66.

与南翼的影响要小于其弱点，即获得北约成员国资格是其国家道德的心理支柱。"① 而且，鉴于北约各成员国拥有相同的政治理念、价值观以及意识形态，对北大西洋区域概念的界定实际上就是对这种共同价值观与意识形态的尊重和固守。

在理论上，北约各成员国对北大西洋区域概念的共同界定，不仅出自其对各自国家利益与安全保护的基本考量，也出自其对北大西洋区域这一新政治与安全理念的一致认可，即北大西洋区域内所有国家，无论大小，不分强弱，在政治上一律平等，在北约安全框架下均享有平等的防御安全权利。就每个北约成员国而言，能否有效确保北大西洋区域安全，直接关系到每个成员国的切身国家利益与安全要求，《北大西洋公约》实际上将北约每个成员国都变为维护北大西洋区域安全的基本防御单元。"一个集体安全体系是一种保护其成员国主权的机制，它根据某些规范而设计其功能。"② 因此，北大西洋区域的安全防御实际上包含着三重意义：一是北约组织向各成员国提供安全保护，二是北约各成员国各自独立的防御安全要求及其实践，三是北约及其成员国之间的防御安全建设对接与安全合作。"重要的是，保护北约成员国的想法很受欢迎，人们无意让欧洲自生自灭，人们已经感觉到，如果不与西欧结盟，美国将会比较虚弱。"③

在实践上，北大西洋区域集中了北约及其成员国的疆域防御以及各种防御安全行动，堪称是在北约及其成员国之间、各成员国之间所达成的一系列政治、军事、安全以及外交妥协的结果。事实上，北约各成员国对北约组织以及各自安全利益的认定始终存在差异，这决定

① Lawrence S. Kaplan, *The United States and NATO*, *The Formative Years*, Lexington, KY: The University Press of Kentucky, 1984, p. 5.

② Richard K. Betts, "Systems of Peace as Causes of War? Collective Security, Arms Control, and the New Europe", in Jack Snyder and Robert Jervis, eds., *Coping with Complexity in the International System*, Boulder, San Francisco and Oxford: Westview Press, 1993, p. 268.

③ Werner J. Feld and John K. *Wildgen*, *NATO and the Atlantic Defense*, *Perceptions and Illusions*, New York: Praeger, 1982, p. 57.

了各成员国对北约组织的安全需要并不一致，对北大西洋防御安全区域的认识也始终有别。在北约成立之初，法国一直坚持要将与其有密切关联的北非地区纳入北大西洋防御范围，但由于美、英等国强烈反对而不得不作罢。同样，法国对美、英等国坚持将联邦德国纳入北约联盟持强烈反对态度；英、法以及低地国家等则对美国试图将佛朗哥（Francisco Franco）独裁统治下的西班牙拉入北大西洋区域持强烈排斥立场，同时对美国将有萨拉查（António de Oliveira Salazar）独裁统治之嫌的葡萄牙拉入北约也颇多异议；而英国则坚决反对美国将对北爱尔兰提出领土要求的爱尔兰纳入北约，等等。由此可见，北大西洋区域的最终界定，实际上是北约成员国多方利益相互冲突、最终达成妥协的结果。"尽管北约为通过（达成）共识（这种方式）做出决策而感到自豪，但是对'北约方法'所达成的共识，既是出自单边主义行动，也是限于主要国家的协商。"①

二　北约成员国对北大西洋区域认定的分歧

尽管北约为其所有成员国提供了一个共同的政治与安全平台，但这并不意味着北约就此可以抹杀各成员国之间的差别，例如国家利益、战略偏好、国力大小、资源占有等，这些差别实际上很难忽略或者去除。"力量的平衡可能是相对合作的，前提是'体系中的极'在努力保持平衡的过程中有意识地克制自己；或者力量平衡是高度竞争的，前提是每个极都以其他极为代价而获得力量。联盟体系可能为帝国紧紧掌控，小国由联盟领导者指使和控制，或者它们可能是相近国家为了势力范围而结成的松散联合。"②

北约各成员国围绕北大西洋区域内经济、军事以及财政资源的分

---

① Lawrence S. Kaplan, *NATO Divided*, *NATO United*, *The Evolution of an Alliance*, Westport, CT and London: Praeger, 2004, p. 24.

② Steve Weber, *Multilateralism in NATO*, *Shaping the Postwar Balance of Power*, 1945 – 1961, University of California, Berkeley, CA: Institute of International Studies, 1991, p. 2.

配一直存在争议，因为在北大西洋区域内部，一直存在着重点防御地区和边缘防御地区的差别，存在着不同区域之间关于防御权力、资源以及方向等争论。在大多数情况下，大部分北约成员国都愿意掌握更大范围、更多区域及次区域的防御指挥权，在北约内部掌握更多的防御安全资源和权利，它们都不愿意将宝贵而且数量有限的军事资源用于与自己国家安全利益不相关或者关联不大的地区，当然更不愿花费在北大西洋区域以外地区，它们在客观上对北大西洋区域以外的军事行动会坚持反对和排斥态度。因为在许多北约成员国看来，"在北大西洋区域内得到公认和运用的集体安全理念，与北约处置周边危机没什么关系"[1]。事实上，此举导致北约及其成员国对北大西洋区域安全认定出现一定差异。

进言之，即使在形式上划定北大西洋区域后，北约成员国对各自防御安全的相关政策与实践亦颇多争议，彼此之间始终没有停止竞争，此举在一定程度上也影响到北大西洋区域的拓展，同时亦影响到北约围绕北大西洋区域安全所制定的各项防御政策及其实践。1949年10月，在《北大西洋公约》签署六个月后，法国领导人戴高乐（Charles André Joseph Marie de Gaulle）曾就此公开宣称："法国必须首先依赖自己，使自己不依赖外国的援助，北约将会剥夺建立我们自己防御的倡议。"[2] 在北约成员国中，法国作为坚定维护自身安全利益的代表，对北约防御安全有许多独特的看法，实际上代表了许多北约成员国的心意和愿望。只不过和法国相比，其他北约成员国大都采取了比较含蓄和隐蔽的表达方式，以免激化北约与其成员国之间的矛盾，以及各成员国之间的矛盾。

事实上，以法国为代表的北约众多成员国，实际上并不排斥北约

---

① Gianni Bonvicini, "Out-of-Area Issues: A New Challenge to the Atlantic Alliance", in Joseph L. Coffey and Gianni Bonvicini, eds., *The Atlantic Alliance and the Middle East*, Pittsburgh, PA: University of Pittsburgh Press, 1989, p. 1.

② Melvyn B. Krauss, *How NATO Weakens the West*, New York: Simon and Schuster, 1986, p. 70.

所提供的防御安全保护，只是希望在北约安全保护下获得更多权利与利益照顾，而不是完全由美国垄断北约的战略决策，全面控制北约的各项政策及其实践。它们在北约所提供的安全保护之外，还希望保持某种独立防御能力，以备北约保护失灵时可以自救。应该肯定的是，北约成员国所表现出的上述"离心倾向"，并非旨在脱离北大西洋区域安全防御，只是对北约提供的安全保护缺乏足够的信任，而且对北约内部某些成员国的防御方针与做法存在异议。这些北约成员国的上述种种"自私自利"之举，客观上构成对北大西洋区域安全概念的一种"悖理"，但同时也构成北大西洋防御安全体系的一种另类补充。因此，北约在确立北大西洋区域安全方针后，在其武装力量的指导方针、建设思路以及行动原则等方面大多采取了双重标准，既要照顾北约组织统一的政治与安全意志，同时也要体现各成员国的国家安全利益诉求。

进言之，北约成员国对北大西洋区域概念所做的特殊划定，在很大程度上决定了北约军事力量的构成、分布以及运用，也在很大程度上决定了未来北约军事力量的发展方向与功用。"如果北约有形的军事力量变得更强，例如常规武器、战术核武器、战略力量，北约保持和恢复北大西洋区域完整与安全的能力就会明显提高。"[1] 事实上，在冷战思维的主导下，北约成员国一致认为，能否有效维持北大西洋区域的安全秩序与和平稳定，直接取决于北约所拥有的军事力量是否强大，取决于北约能否对苏联与华约实施有效战略威慑。因此，北大西洋区域安全与北约的军事力量建设实际上紧紧联系在一起。

相对于北约而言，北大西洋区域虽然是北约及其成员国防御安全的核心地带，但就其安全防御理念而言，要想最大限度确保北大西洋

---

[1]　Henry G. Gole, "NATO Defense through European Eyes", in Robert Kennedy and John M. Weinstein, eds., *The Defense of the West Strategic and European Security Issues Reappraised*, Boulder and London: Westview Press, 1984, p. 427.

区域安全与稳定，那么北约的军事行动范围在理论上应该越大越好，所拥有的选择性和自由度越多越好。因为北约不仅需要对北大西洋区域实施重点防御，而且最好将与北大西洋区域安全直接关联的周边国家或地区也纳入北约防御安全战略所考虑的范围内，虽然这些国家或地区并不处于北大西洋区域内，但它们确实构成北大西洋区域的防御外围，成为北约确保整个北大西洋区域安全秩序的重要组成部分。因为在北约看来，只有首先确保北大西洋区域外围地带的安全与稳定，才能保证北大西洋区域核心地区的安全秩序。换句话说，只有当北约能够确保北大西洋区域外围地带安全时，才能在全球冷战对抗中获得更大的战略防御空间，获得更充分的防御准备时间，为确保北大西洋区域核心安全地带安全域稳定创造条件。

三　可变的北大西洋区域疆域概念

北大西洋区域的地理疆域实际上也并非一成不变，它还伴随国际冷战斗争中北约不断变化的政治、军事、外交以及安全需求，持续调整并扩展其政治与安全界线。"在历史上，北大西洋联盟安全关注的焦点，一直随着国际舞台的变化以及苏联所采取的行动，从世界一个地方转换到另一个地方。"[1] 就此而言，北大西洋区域概念的内涵实际上已远远超出原有的地理界线，在北约创建后就很快上升到政治、安全、外交以及文化联合的高度。例如，位于地中海区域的希腊和土耳其，其地理位置并不属于北大西洋区域，但美国出于对苏冷战的政治需要，完全置西欧国家的强烈反对于不顾，亦罔顾希腊和土耳其政治形态独特、经济实力孱弱、文化宗教特殊等"种种缺陷"，在 1952 年 2 月正式将希腊和土耳其纳入北大西洋联盟。

很明显，北约将希腊与土耳其囊括进"北大西洋区域"可谓别有

---

① Maurizio Cremasco, "Do-it-Yourself: National Approach to the Out-of-Area Question", in Joseph L. Coffey and Gianni Bonvicini, eds., *The Atlantic Alliance and the Middle East*, Pittsburgh, PA: University of Pittsburgh Press, 1989, p. 148.

考虑。其一，希腊与土耳其两国对北约西南翼的防御安全极其重要，希、土两国事实上构成北约持续完善欧洲防御安全体系的一个重要环节，在美欧等国频频遭受苏联和东欧社会主义国家"侵略威胁"之下尤其如此。"希腊被统一到关键性西方组织中，它可以（使北约）朝向巴尔干半岛，（使北约）越过黑海与地中海，（使北约）越过其力量软弱和不曾存在的地方，（使北约）越过安全安排尚未发挥作用的地方。"① 其二，希腊与土耳其两国加入北大西洋联盟，不仅延续了"杜鲁门主义"的强硬态度，而且还加强了北约在欧洲的冷战政治与安全影响，进一步扩展北约及其成员国在欧洲的势力范围和政治影响。事实上，"一个普遍的共识是，杜鲁门主义使希腊和土耳其成为《北大西洋公约》所覆盖地区的一部分。不论希腊和土耳其是不是北约的一部分，它们一直得到美国的保护，因为这样做符合美国的利益"②。

出于冷战政治的需要，在开始定义北大西洋区域概念之初，北约很早就赋予北大西洋区域概念以一种开放和自由的政治理念，即北大西洋区域这一概念并不是封闭或静止不动的；相反，北大西洋区域概念一直调整和发展，不仅地理防御范围在客观上不断扩展，而且该区域所蕴含的政治与安全功能也不断深化和补充，这种动态属性几乎成为北约持续发展和壮大的一种内在动力。因此，北大西洋区域概念的扩展既是北约地理疆界的变更，也是北约政治理念和战略思想的发展和延伸。贯穿整个冷战时期，北约共计实施三次扩张：1952 年 2 月，北约吸纳希腊和土耳其入盟；1955 年 5 月，北约吸纳联邦德国；1982 年 5 月，北约吸纳西班牙入盟。甚至在冷战结束后，北约仍持续不停地扩张，而且规模更大，影响也更强烈。在北约每次扩张后，其政治与安全职能均在一定程度上得到发展和提升，持续不断的扩张几乎成

① Ian O. Lesser, F. Stephen Larrabee, Michele and Katia Vlachos-Dengler, *Greece's New Geopolitics*, Santa Monica, CA: Land, 2001, XI, XII.

② Sean Kay, *NATO and the Future of European Security*, Lanham, Boulder, New York, Oxford: Rowman & Littlefield Publishers, Inc., 1998, p. 29.

为北约谋求存在和发展的一种政治与安全本能。"北约不是一个排他性组织，如果有需要，它就会扩展。当然，只有在强化北约联盟时，这种扩展才会有意义。"① 北约每一次扩张，都意味着联盟规模扩大，北约所掌控的资源、人口、疆土等不断增多，也意味着其国际影响力进一步增强。

进言之，北大西洋区域概念持续趋于政治化，使北约不仅将北大西洋区域当作在军事上对抗苏联与东欧各国的一个战场，而且也当作争取全球霸权的一个冷战政治平台。虽然北约视自身为西方国家遏制并对抗苏联与东欧社会主义阵营的主要政治与军事组织，但是其政治与安全任务绝不限于北大西洋区域，而是着眼于全世界。"北约战略概念假定，苏联的外交政策持续的基础是经济手段、政治手段、宣传、颠覆以及军事力量。"② 因此，北约将北大西洋区域当作一个冷战主战场，用于充分展示北约所具有的政治、经济、文化以及意识形态优势。北约深知，自身的常规武装力量建设规模、综合战力等均弱于苏联与东欧各国，而且北大西洋区域相较苏联与东欧各国所占据的欧洲东半部，实际上并不拥有任何地缘战略优势，双方无法面对面交火。北约更寄希望通过实施战略威慑，迫使苏联与东欧社会主义阵营放弃向西欧发动侵略战争的计划，从而使双方避免在北大西洋区域直接开兵见仗。对北约而言，维护北大西洋区域安全的最佳路径就是，加强自身武装力量建设，制定强大的防御安全战略，实现全方位集体安全联合，在军事上全面威慑任何侵略威胁或者军事行动，阻遏并迟滞苏联和东欧各国可能发动的任何战争进攻，在政治、经济以及意识形态上与苏联和东欧各国展开全面较量。

由上可见，北约虽然制定了一系列军事作战计划，声称这些计

---

① Prince Hubertus zu Löwenstein, Volkmar von Zühlsdorff, *NATO and the Defense of the West*, Westport, CT: Greenwood Press, 1960, p. 66.

② Henry G. Gole, "NATO Defense through European Eyes", in Robert Kennedy and John M. Weinstein, eds., *The Defense of the West Strategic and European Security Issues Reappraised*, Boulder and London: Westview Press, 1984, p. 422.

划是防御性质的，但根本无从检验其真正的作战功效，而且这些军事作战计划与战略方案归根到底均服务于其政治目标。就此而言，北大西洋区域安全概念既为北约谋求更大的冷战目标奠定了政治基础，也为北约持续发展和扩大提供了重要前提，并且为北约制定政治指导方针、军事行动战略、防御安全规则提供了必要依据。更重要的是，北大西洋区域概念为北约防御安全实践确定了独特的理念与规范，这些理念与规范为冷战时期北约的存在与发展奠定了不可或缺的基础。

第六节　北约、华约以及双方的战略博弈

一　北约建立健全军事—政治机制

继《北大西洋公约》订立后，各缔约国在 1949 年 9 月召开华盛顿首脑会议，在这次会议上正式为北约建立了一系列组织机制，推动《北大西洋公约》从条约向组织过渡。北约各缔约国创建"北大西洋理事会"（North Atlantic Council，简称 NAC）、"北约防务委员会"（NATO Defence Committee，简称 DC）[①]、"北约军事委员会"（NATO Military Committee，简称 MC）等多个顶层权力机构，而且在军事委员会之下，又设立五个常设区域计划小组（Regional Planning Group，简称 RPG），分别负责北大西洋区域内部各个次区域的防御安全计划与协调工作等。"作为北大西洋联盟最权威的政治机构，北大西洋理事会的地位高于位于华盛顿的军事委员会及其常设小组（Standing Group，简称 SG），理事会做出决策，北约军事委员会则在此框架下展开工作。"[②]

---

① 1966 年 12 月，在法国退出北约一体化军事机构后，为了强化北约领导机制，北约将"防务委员会"正式更名为"防务计划委员会"（NATO Defence Planning Committee，简称 DPC）。2010 年 6 月，"防务计划委员会"正式宣告解散，其职能被并入北大西洋理事会。

② Prince HÜbertus zu LÖwenstein, and Volkmar von ZÜhlsdorff, *NATO and the Defense of the West*, Westport, CT: Greenwood Press, 1960, p. 150.

1951 年 7 月，北约设立"欧洲盟军最高司令部"（Supreme Headquarters Allied Powers Europe，简称 SHAPE），其下设置中欧、南欧以及北欧三大指挥部；1952 年 4 月，北约又设置"大西洋盟军最高司令部"（Allied Command Atlantic，简称 ACLANT），下设东、西大西洋两大指挥部。[①] 紧随其后，北约又设置"海峡盟军最高司令部"（English Channel Force Command，简称 ECFC），上述三个军事指挥机构再加上早先成立的"加美地区盟军指挥小组"（Canada - US Regional Planning Group，简称 CUSRPG），共同构成北约基本的军事指挥架构（NATO's Military Command Structure），它们成为北约的最高军事指挥部（NATO Military Headquarters）。

作为上述机构的补充，北约又在 1960 年代初酝酿并建立"国际军事参谋部"（International Military Staff，简称 IMS）。作为军事委员会的行政机构，"国际军事参谋部"的目标是更好地落实军事委员会等决策机构的各项政治与安全政策，确保北约军事权力机制能够更好运转。1966 年 12 月，北约成立"核计划小组"（NATO Nuclear Planning Group，简称 NPG），专门负责规划北约核力量发展、制定核战略等相关事务。到 1960 年代，不论对其常规武装力量指挥，还是对其核力量指挥，北约都建立起比较完善的军事指挥体系，进而形成北约基本的战术和战略指挥架构。与此同时，北约还确立了一套高效的军事权力运行规则，并且为未来北约的指导方针与安全战略指明了方向。自此，北约不再仅仅是一个纸面上的防御安全联盟，而是变身为一个实实在在的军事联合组织，其集体防御精神亦不再是一种空洞的政治说教或者安全宣传，而被赋予某种政治协作、军事威慑与实施防御行动的意蕴。正是在此基础上，北约开始在国际政治、安全、外交

---

① 2002 年，北约对其军事指挥机构实施调整和改革，将"欧洲盟军最高司令部"改为"北约盟军作战司令部"（Allied Command Operation，简称 ACO），将"大西洋盟军最高司令部"改为"北约盟军转型司令部"（Allied Command Transformation，简称 ACT），目的是增强北约的军事指挥效能，以适应冷战后国际安全局势的突变。

以及军事舞台上真正崭露头角，并且在美苏双方的军事对峙中发力。

然而，作为美西方国家眼中规模最大的西方军事—政治联盟，北约在冷战时期究竟提升了欧洲安全秩序的稳固程度，还是加速了欧洲安全形势恶化，使之进一步趋于动荡和紊乱？北约究竟有效抑制了国际冷战格局恶化，还是无限加速了国际冷战对峙的烈度？这一直是国际学术界争论不休的一个议题。美欧学术界的主流观点认为："北约为维系欧洲团结提供了政治—军事—精神黏合剂，并且在马歇尔计划到期后继续在世界体系中提供了这种黏合剂。"① 按照这一说法，北约作为战后初期美欧冷战政策及战略升级的一项重要内容，与其他冷战政策一样，其主要的功能定位就是加强美欧各国的政治团结与安全协作，尤其强化西欧各国的防御安全合作。

可以想见，北约的创建及其发展，确实对稳固冷战时期西部欧洲的政治与安全秩序发挥了重要作用，但其后续影响相当复杂。虽然美欧各国整合其政治与安全力量之举，有利于整个西方世界，但却不利于构建一种能够容纳苏联和东欧社会主义国家在内的欧洲安全力量新平衡；相反，美欧各国的力量整合进一步加速了欧洲政治与安全力量对比陷入失衡状态，同时持续提升欧洲东西两个部分军事对峙的层级和烈度，最终导致欧洲政治与安全秩序的整体建构被延缓。就此而言，无论就战后欧洲安全秩序建构而言，还是就国际冷战格局的发展趋向而言，北约所产生的影响很难说是完全积极的，许多问题还需要做更深入、更具体的分析和研究。

众所周知，北约在冷战时期实施的每一次扩张，或者北约每次提出新的政治与安全战略，例如 1956 年"三智者报告"（Three Wise Man Report）、1959 年"雅典方针"（Athens Guideline）、1967 年"哈默尔报告"（Harmel Report）等，都直接反映了欧洲政治与安全形势

① Thomas J. McCormick, *America's Half-Century United States Foreign Policy in the Cold War and After*, Second Edition, Baltimore, MD and London: The Johns Hopkins University Press, 1995, p. 93.

的波动。虽然北约一直自我标榜为自卫型防御安全组织，但是美欧各国实际上并未完全将北约的职能局限于防御安全领域，而是在设计北约之初，就将其政治指导方针和安全战略直接诉诸冷战目标，完全服务于欧洲军事对峙以及东西方冷战斗争的需要。北约上述政治与安全职能设计可谓与生俱来，其创建与发展始终与国际冷战形势起落紧紧联系在一起，这在很大程度上决定了北约所做的所有重大决策、所采取的所有军事行动，不论其形式如何、程度如何、特色如何，归根到底均服务于美欧各国的冷战政治与安全需要。虽然北约在军事上一直突出自我防御，强调战略威慑，强调后发制人，但是它在政治上却一直处于进攻态势，尤其在思想、文化与意识形态领域，北约更是一直表现出咄咄逼人之势。这不仅仅源于北约各成员国一贯自恃的文化与意识形态优越感，还在于欧美各国一直试图利用包括北约在内的所有平台，向苏联和东欧社会主义国家实施思想、文化以及意识形态渗透，最终实现不战而胜、战而胜之的目标。

自创建之日起，北约虽然一直将欧洲视为推进其政治联合方针、实施防御安全战略的重点地区，但在欧洲安全战略以及军事行动中，北约的表现一直首鼠两端，半遮半掩，让人始终感觉言犹未尽。究其原因在于，北约实际上一直无法确定欧洲所面临的政治与安全危险到底已达到何种程度？苏联与东欧社会主义国家"侵略意图"和"领土野心"的底线究竟落在何处？因此，北约只能将其政治与安全战略的立足点，锁定为在欧洲实施某种相对模糊的"威慑战略"（Deterrence Strategy），以不变应万变，以此掩盖北约政治与安全战略在欧洲安全秩序建构中存在的种种盲点。

对此，北约许多成员国领导人实际上都有比较清晰的认识。"尽管苏联显然比任何时候更具军事力量，但是它在当前对欧洲的恐吓要弱于前几年，欧洲人无法想象苏联领导层会冒险对西欧实施军事突击。"①

---

① Simon Serfaty, "Atlantic Fantasies", in Robert W. Tucker and Linda Wrigley, eds., *The Atlantic Alliance and its Critics*, New York: Praeger, 1983, p. 102.

但由于受制于大而化之的冷战逻辑，缺乏精准到位的思想认知和战略定位，北约关于欧洲政治与安全战略的一系列政治逻辑、战略判断以及军事实践，常常出现偏差，尤其对苏联与东欧社会主义国家所做的一些战略判断，经常会出现悖论，其结果导致北约自身时刻都感受到对手发出威胁。同样，作为北约对手的苏联与东欧各国，也无法从北约的政治与安全战略及其实践中获得某种相对可控的安全感；相反，它们只能获得某种被敌视、排斥、算计以及压制的感觉。对于欧洲和平秩序或者欧洲安全架构建设而言，这种结果是一种非常典型的双输结局。

二　北约与华约致力于消弭联盟内部纷争

早在北约创建之初，苏联就表达了强烈反对的意见，但北约并未就此停步。在北约持续发展壮大的过程中，苏联的抗议之声始终不绝于耳，但北约却一直按自身政治与战略逻辑我行我素，置各种反对之声于不顾。北约吸收联邦德国入盟，更是将美苏双方的竞争与对立发展到顶点。虽然联邦德国加入北约，全面强化了北约在欧洲前沿地带的有效军事存在，进一步完善了北约防御安全体系，但也直接推动了苏联与东欧各国的军事联合。1955 年 5 月，苏联与东欧七国共同签署《华沙条约》（Warsaw Pact 或者 Warsaw Treaty），组建华约组织（Warsaw Pact 或者 Warsaw Treaty Organization）。[1] 由此，北约与华约两大军事组织开始成为东西双方各自倚重的安全联盟，欧洲冷战斗争从此增加了一个新维度，欧洲军事对峙局面亦就此形成。自此，北约与华约互为对手，相互竞争和对抗，这不仅成为东西双方政治与安全斗争的一个主要内容，而且也成为战后欧洲安全秩序建构的一项新内容。华

---

[1]　出于政治和意识形态偏见，西方学者认定，不仅北约的创建要归咎于斯大林扩展共产主义政策，就连华约联盟的建立，也起因于斯大林上述政策，甚至北约与华约这两个武装堡垒的对峙，亦为斯大林扩张政策所致。见 Albert L. Weeks, *Myths of the Cold War, Amending Historiographic Distortions*, Lanbam, Boulder, New York and London: Lexington Books, 2014, p. 30.

约的创建，几乎成为北约谋求进一步发展、不断推进战略深化、强化武装力量的最合理凭据，反之，对华约来说亦然。"如果华沙组织愚蠢地开启某种战争，而北约又能最适合地予以应对，华约很有可能就会陷入困局。"①

换句话说，北约与华约的创建与发展，实际上为美苏双方在欧洲冷战对峙提供了一个新平台。从表面上看，华约虽然以北约对手的面貌出现，实际上却是北约积极推行冷战政治方针、安全战略以及军事对抗行动的必然产物。如果北约的创建，勉强可以归咎于美欧各国对苏联和东欧社会主义国家发动侵略战争感到恐惧的话，那么华约的创设，则纯粹属于苏联与东欧社会主义国家对北约持续强化其军事建设所做的应急反应，完全称得上是冷战逻辑主导下的一种对应性措施，这一点可以从《华沙条约》文本中得到证明。"可以大胆假设，那些负责《华沙条约》最后文本的人们，在他们眼皮下一定放着一本《北大西洋公约》的文本。"②因为《华沙条约》的各项条款，几乎直接照搬《北大西洋公约》各项条款，也许此举是苏联与东欧各国对北约的一种政治嘲讽或者抗议，也许是苏联与东欧社会主义阵营对联邦德国入盟北约所做的临时应急之策。"在对待外来威胁，实施相互援助，建立政治委员会、设置为期 20 年的条约期限，（华约）和北约几乎别无二致。"③

---

① Dennis M. Gormley, "Emerging Attack Options in Soviet Theater Strategy", in Fred S. Hoffman, Albert Wohlstetter, David S. Yost, eds., *Swords and Shield*, *NATO*, *the USSR*, *and New Choice for Long-Range Offense and Defense*, Lexington MA and Toronto：D. C. Heath and Company, 1987, p. 104.

② Lawrence S. Kaplan, *NATO and the United States*, *the Enduring Alliance*, Boston, MA：Twayne Publishers, 1988, p. 70.

③ Lawrence S. Kaplan, *NATO and the United States*, *the Enduring Alliance*, Boston, MA：Twayne Publishers, 1988, p. 70. 对于这一观点，美国学者马斯特尼表达了不同意见。他认为："直到那时（柏林墙事件和古巴导弹危机），华约所扮演的角色远非只是北约的一种象征性回应。" Vojtech Mastny, "Learning from the enemy：NATO as a Model for the Warsaw Pact", (Zurich, 2001), 9 - 13. 转引自 Jan Hoffenaar and Dieier Krüger, eds., *Blueprints for Battle*, *Planning for War in Central Europe*, *1948 - 1968*, Lexington, KY：University Press of Kentucky, 2012, XXⅱ.

事实上，北约创建后，整个欧洲西部的政治与安全紧张气氛并未得到缓解，反而进一步趋于紧张化。因为北约各成员国出于防范"军事侵略"的目的，不断加强其军事力量，因此不可避免会围绕北约的政治决策权、区域军事指挥权、核武器控制权、防务开支摊派、军事资源分配等问题争吵不休，北约各成员国之间矛盾重重。最突出的例证就是，在戴高乐政府执政时期，法国不仅要求得到北约南欧盟军司令部的最高指挥权，而且明确要求分享北约的核事务决策权，但是遭到美、英等国的强烈排斥和阻挠。为此，法国在 1965 年 3 月宣布退出北约军事一体化组织，北约虽然全力展开调解工作，但终究未能阻止法国退盟。很明显，法国退出北约军事机构这一事件对北约的存在与发展造成严重影响。"法国与北约关系的停顿，时间是从戴高乐于 1966 年 3 月 7 日给林登·约翰逊（Lyndon B. Johnson）的信件开始，对法国而言就基于两个信条：第一，有必要脱离北约统一指挥的限制，可以重申法国的独立地位；第二，有必要保证法国的核武器处于北约指挥体系之外。"①

对于法国退出北约军事一体化组织，美国学者迈克尔·哈里森（Michael Harrison）认为，该事件是法、美两国自 1950 年代以来双方一系列矛盾积累与发展的结果。"对法国来说，自从北约不支持法国在非洲的（殖民）事业，以及法美对苏伊士运河事件立场相悖，北约的价值从未恢复过；而且，北约的价值亦未能从美国在道德和物质上已对法国采取敌对态度、危机联盟这一信念中恢复过来。"② 无独有偶，希腊和土耳其在 1960 年代和 1970 年代围绕塞浦路斯主权归属问题，同样发生了激烈的武装冲突，北约为平息希、土两国的纠纷做了大量工作，但最终亦未能阻止希腊在 1974 年 8 月退出北约。事

① Charles G. Cogan, *Forced to Choose*, *France*, *the Atlantic Alliance*, *and NATO-Then and Now*, Westport, CT and London: Praeger, 1997, p.125.

② Michael M. Harrison, *The Reluctant Ally*: *France and Atlantic Security*, Baltimore, MD: John Hopkins University Press, 1981, p.48.

实上，北约自创建后一直致力于协调各成员国的政治与安全战略，弥合各成员国之间的政策分歧与利益冲突。很显然，北约一直将修补其内部政治与安全裂痕视为强化自身政治与安全战略中内在亲和力与外在威慑力的一项重要举措。但颇感遗憾的是，一直到冷战结束，横亘在北约各成员国之间的分歧与矛盾，始终未能得到彻底解决。

同样，华约创建后，欧洲政治与安全紧张形势未能得到根本性缓解，相反有进一步恶化之势。1956 年 6 月，波兰发生"波兹南事件"（Poznań 1956 Protests/Poznański Czerwiec），10 月，匈牙利发生"匈牙利事件"（Hungarian Event/Hungarian Revolution of 1956）。在苏联直接授意下，华约出兵匈牙利，以武力平息骚乱，结束社会混乱局面，以此确保苏联东欧社会主义阵营团结，确保匈牙利不会脱离苏东阵营。围绕华约针对东欧国家实施武装干涉的原因，苏联做了如下解释："首先，苏联宣称它受邀出兵（以伊姆雷·纳吉［Imre Nagy］为首的匈牙利国家领导人当然不会发出这样的邀请，而纳吉有可能被授权发出这样的邀请）；其次，苏联领导人宣称，这一行动得到华沙组织的授权，是一次集体自卫行动（尽管只在遇到外来威胁而非内在威胁时，《华沙条约》才明确考虑实施进攻，华约需要匈牙利政府关于动用武力的明确要求）。"① 很显然，"苏联武装干涉匈牙利，旨在提醒华约盟国，在赫鲁晓夫舒缓的言辞背后藏着铁锤"②。

1968 年 1 月，捷克斯洛伐克爆发"布拉格之春"事件（Prague Spring/Pražské Jaro），华约同样迅速出兵捷克斯洛伐克，平息了该国的政治骚乱与社会动乱，遏制住捷克斯洛伐克国内出现的分裂势力，抑制该国试图摆脱苏联与东欧社会主义阵营的离心倾向。华约组织对

① Roy Allison, *Russia, the West, and Military Intervention*, Oxford, UK: Oxford University Press, 2013, p. 29.

② Joseph Sinasac, "The Three Wise Men: The Effects of the 1956 Committee of Three on NATO," in Margaret O. MacMillan, David S. Sorenson, eds., *Canada and NATO, Uneasy Past, Uncertain Future*, Waterloo, Canada: University of Waterloo Press, 1990, p. 39.

东欧和中欧国家实施武力干涉，深受世人诟病，但该组织欲将中欧和东欧各国牢牢控制在华约体系内，这也是一个不争的事实。华约的主要职能之一就是维持苏联、东欧各国团结合作，保持社会主义阵营稳定。因此，虽然华约一直保持其强势存在，但是苏联与其他华约成员国之间的分歧与矛盾仍非常多，而且这种矛盾一直延续到冷战结束。

由此可见，自北约和华约创设后，两大组织一直将主要职能锁定为调整各自成员国的政治与军事合作关系，双方都将加强联盟内部的政治团结与安全合作，视为强化各自在欧洲军事竞争与对抗态势的一个重要前提。然而，北约与华约虽一直致力于平息欧洲西部与东部各种政治矛盾与安全纠葛，但效果均难如人意，而且还不断产生更多的新矛盾与分歧。双方维护各自集团稳定之举，间接加剧了欧洲大陆东西两个部分的政治与安全对立情绪，使欧洲东西两部分身处的政治环境不断趋于恶化。"北大西洋理事会在1966年12月决定征召一个承担新任务的武装力量，以便检验北约未来的问题，'目的是加强北约，使之成为实现持久和平的一个因素'，这个信息就是在北约内部寻求更多协商，在北约与华约之间寻求缓和。"① 从这个意义上讲，北约和华约不断稳固各自的阵营，与其说着眼于从长远角度赢得冷战，毋宁说是在欧洲安全态势中争取更大的优势地位。

三　北约与华约持续展开军事对峙

虽然北约与华约都自我标榜为集体防御组织，而且彼此构建防御联盟的指导方针大致相同，所采取的安全措施亦相差无几，但出于冷战对抗的需要，双方均持续不断地加强其武装力量，不断发展和完善各自的军事战略，以图压制对方，夺取更大的军事优势。据统计："到1963年，北约可以召集150万人军队，而华约则可以集结220万

---

① North Atlantic Council, "Texts of Final Commiques, 1949 – 1975", Brussels: NATO information Service, 15 – 16 December 1966, pp. 179 – 180. 转引自 Lawrence S. Kaplan, *NATO and the United States*, *The Enduring Alliance*, Boston, MA: Twayne Publishers, 1988, p. 116.

人军队作为回应；北约在中欧部署了 25 个受过战斗训练的师，而在其南翼则部署了训练程度不等的 29 个师，与之相比，华约则在东欧部署 22—26 个师。[1]

另据统计："1961—1964 年，苏联与东欧国家总共举行了 11 次联合军事演习。而勃列日涅夫时期举行了上百次军事演习，仅 1965—1969 年就有 32 次之多，包括空军与海军、防空部队以及陆海空联合演习，规模都大大超过以往。"[2] 与之相对应，出于对抗华约的军事需要，北约实际上同样举行了数量可观的军事演习，以便威慑对方，同时强化自身在欧洲安全对峙中的地位。可以想见，在北约与华约之间，军事演习的规模、频率、烈度、种类以及破坏力等不断加大，导致双方的军事对抗程度持续攀升，这种军事竞争与对抗局面注定不会给欧洲带来真正的和平与稳定，只会带来更剧烈的社会动荡以及更激烈的军事对抗。

在北约与华约的军事对抗中，双方在安全战略、军队建设、装备发展、高科技应用等领域展开一系列较量。从表面上看，北约和华约都试图通过加强自身武装力量，强化其在欧洲的防御安全地位，建立有利于自身利益的欧洲安全力量。但是北约与华约建构欧洲政治与安全秩序的出发点可谓南辕北辙，相互对立，实际上任何一方都无法独自建构真正意义上的欧洲安全秩序。双方持续增强自身武装力量之举，实际上在增强自身安全保障的同时，也削弱了彼此的相互安全保障系数。因为任何一方提升军备水平，都意味着对方也会对应性地大幅提升其军备水平，这种军事竞争的恶性循环只能使双方背负更大的安全风险，只会使欧洲政治与安全环境加速恶质化。"使两个集团复杂化的联盟体系——一边是北约，另一边是华约，在每一方所展示的内部演进中并不是不变的；关于其他一方所提供的假想危险而言，每

① David Gates, *Non-Offensive Defence*, *An Alternative Strategy for NATO*? Houndmills, Basingstoke and London: MacMillan Academic and Profession LTD, 1991, pp. 19 - 20.

② 沈志华主编：《冷战时期与东欧的关系》，北京大学出版社 2006 年版，第 255 页。

一方的关键性基本原则都是外部生成的。"①

事实上,尽管北约与华约针锋相对,欧洲安全形势不容乐观,但北约与华约实际上并未发生任何规模的直接军事冲突,双方甚至从未出现小型或局部军事交火。虽然不排除北约成员国与华约成员国之间出现许多间接性对抗,但是两大组织都始终保持极大的军事克制。贯穿整个冷战时期,在欧洲以外地区曾出现大量局部军事冲突与小型战争,虽然美苏双方都有不同程度介入,但北约和华约却都不约而同地选择远离对方,甚至对美苏双方大多数冷战对抗也都保持冷静态度。由此可见,北约与华约虽然在政治宣传上竭力鼓吹互不相容,在军事对峙中也竭力抢占风头,但事实上双方领导人都深知,北约与华约的军事竞争和较量,必须保持在可控范围内,完全没有必要从冷战竞争转向热战对抗,亦无必要从政治上保持默契转向安全上全面破局。因此,双方在冷战斗争中始终保持了较大的妥协、对话以及谈判空间,这些实际上也构成北约与华约冷战角逐的重要内容。就像美国政治家、知名学者小阿瑟·施莱辛格(Arthur J. Schlesinger)所提出的悖论一样:"回想起来,如果我们不把冷战看作美国发动侵略苏联做出回应,那么也很难见到纯粹苏联发动侵略美国做出回应。"②

造成这一局面的根本原因在于,鉴于国际冷战斗争是一个综合性和立体化的概念,就其内容而言,绝不单纯局限于军事领域,而是涉及政治、经济、文化、科技、社会以及意识形态等多个领域,上述领域的发展与变化,实际上远远超出北约与华约所能控制的范围之外。从地域范围讲,北约与华约的存在与发展主要立足于欧洲,但国际冷战斗争的地域范围并不局限于欧洲,反而在欧洲以外多个地区反复出现。欧洲以外地区发生的各种国际性或者区域性对抗与冲突,无论在

①　Mark Webbs, James Sperling, Martin A. Smith, *NATO's Post-Cold War Trajectory, Decline or Regeneration?* New York: Palgrave Macmillan, 2012, p. 2.

②　Arthur J. Schesinger, Jr., "Origins of the Cold War," *Foreign Affairs*, (46), 1 October 1967. 转引自 Martin MaCauley ed., *Origins of the Cold War*, 1941–1949, Revised Third Edition, London and New York: Routledge, 2013, p. 119.

深度还是广度上都超出欧洲冷战斗争，而且也超出北约与华约所能控制的范围。北约与华约对欧洲安全秩序建构确实发挥了一定作用，但对整个国际冷战格局的形成与演变却影响有限。

纵观整个冷战时期北约的种种表现，不论北约承认与否，作为一个一向自我标榜的防御安全组织，北约实际上一直扮演着军事—政治组织的角色，这一角色在很大程度上决定了北约自身在欧洲安全格局中的定位，亦决定了北约政治与安全战略及其实践的方向。

第二章 北约政治战略的基本内涵、属性以及转变

第一节 北约的基本政治逻辑与意识形态

一 北约始终秉持冷战政治惯性

众所周知，国内外许多学者将北约简单定性为一个军事组织，或者直接将北约定义为一个由美欧多国组成的防御安全组织。"北约被认为是区域性相互安全组织中一个发展良好的典范，这也就是说，北约将国际组织的机构、程序以及行动都归结为一个联盟的各项传统职能。"[①] 还有一些学者将北约视为一个西方国家的临时性组合，没有灵魂，其存在完全听从于美、英等西方大国的意志。还有人鉴于北约产生于冷战时期，遂将北约直接等同于某种冷战军事组织，完全服务于西方国家的冷战政治目标。甚至更有许多学者直接将北约视为美国的冷战工具，其宗旨在于帮助美国控制欧洲各国，既不损害美国在欧洲的利益受损，同时还可推进针对苏联与东欧社会主义国家的各项冷战政策及其实践。"美国加入北约，此举确保了美国在欧洲国家体系的演进中扮演了合法和主导性角色，这一角色意在保证欧洲国家对美国利益造成伤害的状况不会发生。"[②]

[①] Paul Buteux, *The Politics of Nuclear Consultation in NATO*, *1965 – 1980*, Cambridge: Cambridge University Press, 1983, pp. 4 – 5.

[②] Emil J. Kirchner and James Sperling, "From Instability to Stability", in Emil J. Kirchner and James Sperling, eds., *The Federal Republic of Germany and NATO*, *40 Years After*, London and Houndmills, Basingstoke: MacMillan, 1992, p. 3.

上述说法虽看似有一定道理，但却不足以概括北约全部的政治、军事、文化以及思想形态。人所共知，北约确实诞生于特殊的冷战年代，而且被镌刻上深深的冷战烙印，但是北约的冷战属性、功能以及特征并不完全止步于此。北约的存在与发展，实际上既有天然而成的因素，亦为后天积累所致。事实上，北约的初始冷战属性极其简单，其丰富的冷战功用、组织特性以及行为特征，大多数拜国际冷战形势及其变化规律所赐。同时，北约在欧洲地缘政治中也被赋予作为某种特殊政治实体或者安全单位的一般特征与规律，这些内容并不完全受制于冷战，同样也在一定程度上推动北约作为欧洲安全架构中建构单位的某种自我意识和组织特性。

因此，北约的起步与发展并未按照某种固定的逻辑或者规律运转，北约创建主要源于其设计者们对战后初期美苏双方冷战斗争的特殊思考，北约的发展则主要出于其作为欧洲—大西洋区域安全组织的发展惯性，两者相互制约和影响，时有交叉重合。北约发展进程中出现的这种惯性，实际上构成北约在战后欧洲安全架构中始终存在并发展的"必然性"与"合理性"。美国的北约问题研究专家吉尔·伦德斯泰德（Geir Lunderstad）曾就此分析到："非常有可能的是，如果欧洲国家一直未发出邀请，北约的创建至少要大大推迟；如果欧洲国家未能如此紧迫地推动美国对潜在的苏联入侵做出完全自动的回应，作为《北大西洋公约》核心的第5条款或许连半自动回应（侵略）这种方式也不会有。"[①] 从这个意义上讲，北约堪称是西方阵营冷战政策必然性与欧洲地缘政治必然性两者的结合。

就北约的冷战政治逻辑而言，自冷战之初开始，北约及其成员国就一直设想存在一种危及欧洲和平与安全的威胁与挑战，即苏联与东欧社会主义国家将会对西欧"发动侵略"，这是西方国家创建北约的初衷之一。然而，北约对于这种即将发生的"侵略行动"实

---

① Ellen Hallams, *The United States and NATO since 9/11*, *The Transatlantic Alliance Renewed*, London and New York: Routledge, Taylor & Francis Group, 2010, p. 12.

际上知之甚少，即这一侵略行动究竟会在何时、何地发生，以何种规模、何种方式进行，以及拥有何种特征、会产生何种影响等，北约及其成员国实际上都无法说清楚。因此，国际冷战形势的每一次巨大波动与起伏，或者苏联与东欧社会主义国家每一次政治、军事以及外交方针变动，都会被北约及其成员国认定为可能出现"侵略行动"的重要先兆，都会引起北约及其成员国无数政治或安全遐想。"北约一直试图通过一种'扩展威慑'战略（Extension Deterrence Strategy），寻求建立并且保持一种连接的条件，即运用延展威吓，来抵抗对美国和西欧的攻击。"① 因此，北约本能地做出大量缺乏足够依据的政治与军事臆断，或者采取一系列强化武装力量建设、加强防御安全态势的预防性行动，这些措施不可避免导致北约及其成员国发生严重的政策分歧，尤其在美国与欧洲盟国之间，一次次出现认识分歧与政策冲突。

从 1950 年代开始，一直到冷战结束，北约一直不得不面对各种矛盾、分歧、危机以及冲突。1950 年 6 月，朝鲜战争（Korea War）爆发，欧、美等国领导人一致认为，"北朝鲜的进攻被视为苏联的代理战争，而且可能是苏联进攻西欧的预兆"②。北约为此大动干戈，在 1952 年召开里斯本成员国首脑会议，确定庞大的武装力量建设计划。1962 年 10 月，"古巴导弹危机"（Cuban Missile Crisis）爆发，美国为了防范共产主义势力在东南亚的全面扩张，在 1960 年代大规模介入越南战争（Vietnam War）。此举全面激化了北约成员国之间的分歧与矛盾，加速了北约内部的利益冲突。"1962 年 10 月至 11 月古巴导弹危机，揭示了苏联的战略弱点，这使欧洲国家既感到心安，又感到不安。心安之处在于，该事件证明，美国在与苏联的冲突中并未退缩不

---

① Ivo H. Daalder, *The Nature and Practice of Flexible Response: NATO Strategy and Theater Nuclear Forces since 1967*, New York: Columbia University Press, 1991, p. 3.

② D. Healley, "Britain and NATO", in Klaus Knorr ed., *NATO and American Security*, Princeton, NJ: Princeton University Press, 1959, p. 210.

前；不安之处在于，该事件再一次证明，欧洲要听任美国战略决策的摆布。在 1960 年代后期，美国在越南所采取的行动让欧洲国家更加确信，它们处于美国政策的摆布下，即美国在东南亚采取行动，有可能引发一场新的世界大战。"①

由此可见，不仅北约的存在与发展取决于国际冷战博弈的变化，而且北约的政治指导方针与安全战略的调整，也有赖于国际冷战局势及其变动，这几乎成为欧洲政治与安全博弈的一种定式。

因此，北约的发展及其安全战略呈现出一种"怪现象"，即一旦国际冷战斗争呈现紧张化，北约就会进入军事建设"密集期"，北约不仅加快制定大规模发展武装力量的计划，强势推进各种防御安全战略，加快防御安全体系建设步伐。但是，一旦国际冷战斗争转向缓和、趋于平稳，北约则又陷入军事建设停滞状态，各成员国都大幅度减少军费开支，放缓武装力量建设进程，北约自身又重新陷入各成员国持续不断的利益纠葛与权力争斗旋涡。北约就是在这种周而复始、绵延不断的发展轨迹中，推进北约与成员国之间互动，推动北约与各种区域或国际安全组织互动，以此展示其在国际冷战斗争中的现实存在。

二　北约重视威慑政治与安全原则

众所周知，北约防御安全战略的最终目标是维护北大西洋区域安全，而贯穿整个冷战时期，北大西洋区域的确从未曾遇到大规模外来入侵，也未因为爆发危机与冲突而出现重大变故。但是北大西洋区域安全秩序的建立，实际上并不取决于北约掌握了大规模武装力量，也绝不取决于北约拥有先进的武器装备，制定了"完善的"军事战略，掌握了"强有力的"战争威慑力，而是取决于北约所设想的"侵略威胁"实际上并不存在，因为不论是苏联、东欧各国还是华约，实际上

---

① Charles G. Cogan, *Forced to Choose*, *France*, *the Atlantic Alliance*, *and NATO-Then and Now*, Westport, CT and London: Praeger, 1997, p. 125.

并没有占领西欧、彻底击败北约的全面战争方案，它们所准备的作战计划始终是防御性质的，即一旦北约对苏联与东欧发动军事进攻，华约将采取一切措施实施有效防御和全面反攻。

事实上，尽管北约所奉行的冷战政治逻辑存在许多不合理之处，但其基本宗旨在于强调"有胜于无"，"多强于少"，"防甚于打"，这一理念贯穿北约的政治与安全原则。北约认定，保持其武装力量的有限存在，要远胜于在军事上毫无准备；保持充分的防务安全准备，甚至过度做好防御安全准备，也要好于无所作为。"对北美与西欧联合的当前状况有两种普遍赞赏，一种是我们已经历过的，危机的来来去去，尽管北约持续保持低烧状态，但却极为重要；另一种是当前的问题不尽相同——更严重、植根较深，对长期很好服务于美欧利益的关系形成威胁……对美国来说，这意味着努力变好要胜过达不到完美，一个不甚完美的北约也要好于没有北约。"①

北约非常清楚，即使北约及其成员国倾尽全力发展武装力量，其常规武装力量也根本无法与华约相提并论，甚至北约拥有一定技术优势的战略核力量与战术核武器，实际上也没有绝对把握胜过华约。为此，"北约一直坚持，任何使用核武器的决定都要由最高政治层面做出"②。总之，北约的总体军力与华约的军事力量实际上难分伯仲，双方也没有机会一较高下。因此，北约竭力保持大规模武装力量之举，与其说为了确保北大西洋区域防御安全的现实需要，毋宁说为了满足北约及其成员国在组织需求、民族国家政治、大众心理、舆论宣传等方面的需要。

单就《北大西洋公约》的防御条款而言，北约的防御安全责任主要是维护其成员国领土安全，确保各成员国的安全利益，但是北

---

① Henry G. Gole, "NATO Defense through European Eyes", in Robert Kennedy and John M. Weinstein, eds., *The Defense of the West*, *Strategic and European Security Issues Reappraised*, Boulder and London: Westview Press, 1984, p. 421.

② Daniel Charles, *Nuclear Planning in NATO*, *Pitfalls of First Use*, Cambridge, MA: Ballinger Publishing Company, 1987, p. 3.

约究竟需要维持多大规模的武装力量、制定什么样的防御安全战略，北约自身实际上并无准确把握，因此在武装力量建设上只会追求多多益善。"北约是一个防御联盟，其结果是它并未与华约组织枪对枪、飞机对飞机、坦克对坦克地针锋相对，北约必须保持强有力的态势，这样就可使莫斯科不敢确信，它无法通过使用武力而实现其政治目标。"① 北约这种心态直接体现在其防御安全战略的演进中，北约不断修改其武装力量建设目标，不断扩大其武装力量规模，以便产生更大的政治威慑力。"北约军事指挥官提出，北约需要强大的海军陆战队、大约 9000 架飞机，以及总数达到 90 个现役师的地面部队。而政治家们则认为无法立刻满足这些数字，但是承诺地面部队到 1952 年底保持 50 个现役师、40 个预备役师，并且保持 4000 架飞机以及实质性海军力量。"② 那么，北约究竟需要多少武装力量才能有效确保北大西洋区域安全秩序，这始终是一个未知数。"北约的行动概念、武器采购、防务开支分配、军演节奏、（武装力量）部署模式，所有这些都打上政治烙印。"③ 甚至一直到冷战结束，北约也没有得出一个确定无疑的数字。造成这一状况的唯一解释就是，北约的防御安全底线看似简单，门槛较低，实际上却极其复杂，涵盖面极广，这是北约武装力量建设在近半个世纪冷战对峙中始终不得要领的主要原因。

事实上，北约一直尝试着强化其武装力量，这恰恰反映了北约冷战政治逻辑的另一个主旨，就是通过建立强大的武装力量，建立某种优势性威慑。即通过建立某种局部优势、区域优势以及力量优势，确

---

① Keith A. Dunn, *In Defense of NATO*, *The Alliance's Enduring Value*, Boulder, San Francisco, & London：Westview Press, 1990, p. 7.

② David Gates, *Non-Offensive Defence*, *An Alternative Strategy for NATO*? Houndmills, Basingstoke and London：MacMillan Academic and Profession LTD, 1991, p. 2.

③ Eliot A. Cohen, "Political and Economic Alternatives for the Future of the Atlantic Alliance", in James R. Golden, Daniel J. Kaufman, Asa A. Clark IV, and David H. Petraeus, eds., *NATO at Forty*, *Change*, *Continuity*, *& Prospects*, Boulder, San Francisco, & London：Westview Press, 1989, p. 235.

立北约的战略威慑地位，以此取得最大化威慑影响。美国"遏制政策"的创立者乔治·凯南曾提出："战略的最高形式就是调动全国资源，在可能的情况下避免战争，如果不可避免，就要赢得战争。"① 但对北约而言，它所孜孜以求的这种战略威慑地位，实际上是一种相对威慑，并未形成绝对威慑。北约深知，在军事上很难对华约实施全面威慑，北约所推进的核威慑战略（Nuclear Deterrence Strategy），或者一直津津乐道的"前沿防御战略"（Forward Defense Strategy）、"抵消战略"（Offset Strategy）以及"剑与盾战略"（Sword and Shield Strategy）等，实际上都不是为了单方面谋求绝对优势战略或战术威慑，更多旨在强化北约内部凝聚力。

上述战略最终能否奏效，不仅取决于作为威慑方的北约及其成员国，还取决于作为被威慑方的华约及其成员国，尤其取决于北约与华约能够达成何种共识。这种共识就是，北约与华约任何一方如果敢动用核武器，或者双方爆发全面战争，其最终结果将导致北约与华约以及各自的成员国同归于尽。因此，北约在使用常规武器或核武器实施威慑的同时，必然会受到华约运用常规武装与核武器的对等威慑。北约的这种相对威慑地位实际上并不牢固，也并非一成不变。北约实际上既是威慑方，也是被威慑方，其角色会随着威慑过程中各方力量的此消彼长而不断调整和变化。

三　北约不断夸大外来威胁

北约冷战政治逻辑的最后一个主旨就是，在舆论上不断夸大外来侵略的威胁，尤其是夸大苏联和华约即将发动军事进攻威胁的宣传与渲染。诚如上文所述，尽管北约及其成员国实际上并不清楚北大西洋区域是否真正存在迫在眉睫的入侵威胁，而且北约与华约之间、各自成员国之间互不信任，彼此对立，双方一直存在许多局部分歧、矛盾

---

① ［美］乔治·凯南，弗兰克·科斯蒂廖拉编：《凯南日记》，曹明玉译，中信出版集团 2016 年版，第 191 页。

与冲突，但是这些分歧与矛盾无法完全操纵国际冷战走势，它们大多数属于政治、思想、文化以及与意识形态分歧，并非直接军事对抗。但是北约宁愿将某些分歧与矛盾归诸"军事侵略"的先兆，并且将此作为自身谋求不断壮大武装力量规模的现实依据。"美国与北约盟国对苏联的感受是如此不同，以至于人们必须要向华盛顿及其盟国提问，即它们是否认可苏联对西方的威胁是否真的存在。"①

由此可见，北约的上述冷战政治逻辑存在先入为主等逻辑问题，但是这在冷战的现实环境中却显得非常必要，因为北约可以通过持续不断的对外宣传与说教，实现多种政治目标。"在两个场景中，苏联的战争目标都是一致的，即击败北约的武装力量，夺取并占领其疆土，后者是苏联地面武装力量的主要任务。"② 北约通过不断渲染所面对的种种外来侵略威胁，增加北约及其成员国的政治、安全、文化以及思想凝聚力，使北约内部在武装力量建设、军费分摊、政治协作等方面能够最大限度达成一致意见。与此同时，通过不断虚化和夸大敌方威胁，北约还可为强化自身存在与发展提供某种政治合理性和必要性，甚至为北约采取某种强硬政策与行动提供更加宽泛和灵活的解释空间，从而增加其政治与安全战略的"正确性"与"合理性"。

因此，我们不难理解，在半个多世纪的国际冷战斗争中，为什么北约一直高喊"狼来了"，但是"狼"却从未出现过，欧洲政治与安全形势尽管一直处于某种紧张状态，但却始终紧而不破，乱而有序。尽管北约关于"狼来了"的把戏看似荒谬，但这并不妨碍北约周而复始、乐此不疲地鼓噪苏联与华约的"侵略威胁"，北约在其冷战政治逻辑推导下所产生的话语与语境，几乎成为解决自身内部政治与军事

① Keith A. Dunn, *In Defense of NATO*, *The Alliance's Enduring Value*, Boulder, San Francisco, & London: Westview Press, 1990, p. 23.

② David S. Yost ed., *NATO's Strategic Options*, *Arms Control and Defense*, New York and Oxford: Pergamon Press, 1981, pp. 8-9.

分歧、化解思想与理念纠葛的一剂"灵丹妙药",可谓百试不爽。"在当前的环境下,像北约这样的组织,是按照战后现实与需要这样的规制所定制的,它们不仅仅失去了其合理性,而且还适得其反。"① 不论北约自身还是其成员国,亦不论北约及其成员国的政要精英抑或普罗大众,都对这种冷战政治逻辑下的政治宣传和说教习以为常,并且深以为然,北约的冷战政治逻辑事实上已经成为解释北约所有政治与安全战略的最终归结点。

正是在上述冷战政治逻辑的指导下,北约逐渐形成一种特殊的思想、理念、政策、行动以及结构定式,这种定式不仅直接作用于北约的政治指导方针、安全战略以及军事作战计划,而且还作用于北约的机制建设、组织扩展、成员国关系、对外关系与实践,这使北约既不同于一般性的区域安全组织,例如西欧联盟(Western European U-nion,简称 WEU)、欧安会(Conference on Security and Cooperation in Europe,简称 CSCE)② 等,也不同于类似联合国这样的国际组织。这种特殊的定式对内确保了北约及其成员国能够在政治上始终保持团结一致,在军事上能够共进共退、坚持共同行动步骤,在思想与意识形态上更凝聚为一种共同的价值理念与世界观。这就使北约的存在及其功用不仅体现在军事领域,而且也深入政治、社会、文化、思想以及意识形态等多个领域,即北约的存在与发展,虽然在其创建之初就被用于军事联合实践,但在冷战进程中则更多为政治理念、价值观、意识形态以及思想观念所支撑并驱动。

同样,北约的上述定式也在其军事外交与安全对抗中发挥了重要作用。最突出的表现就是,虽然北约在冷战时期只保留了有限的武装

---

① Melvyn B. Krauss, *How NATO weakens the West*, New York: Simon and Schuster, 1986, p. 237.

② 该组织在 1970 年代初酝酿,于 1975 年正式创建,全名"欧洲安全与合作会议",简称"欧安会",其初始成员国共 35 个。1995 年月 1 月,"欧安会"正式更名为"欧洲安全与合作安组织"(Organization for Security and Co-operation in Europe,简称 OSCE),简称"欧安组织"。该组织目前拥有成员国 57 个,是全世界最大的区域性组织之一。

力量，而且一直强调自我防御的组织功能，甚至在冷战时期难得有大规模的军事行动，或者并没有机会展示其实力，但是这并不妨碍北约与华约展开多种形式的对抗。虽然北约军事力量相对较弱，但却在双方多次交锋中始终不落下风，不仅一直掌握着话语优势，而且还在大多数情况下掌握着某种主动权，这种发展势头一直延续到冷战结束。在北约的一份外交形势报告中，北约揭示了上述定式所能发挥作用的奥妙之处。"北约必须确保，其防御政策不会因刺激东方的反应而破坏和平，这种反应只会延续武装竞赛。另一方面，盟国必须确信，它们对于已经提升的东西方关系并非如此焦虑，以致忽视了基本的防御要求。"①

由此可见，北约的思想、行动以及结构定式脱胎于冷战政治逻辑，而冷战政治逻辑则有赖于冷战双方在政治与安全博弈中形成的指导思想、战略方针、发展规律、行为定式等，这些内容进一步构成北约联盟体系、制度设计、政策建设等上层建筑，成为指导北约所有政治、军事以及社会实践的源头。

第二节　北约政治联合、协商以及合作精神

一　政治与安全属性是北约合作理念的基础

许多西方学者将北约视为纯粹的军事组织，视为保护欧洲安全的组织。"从根本上说，北约是一个多边军事联盟，旨在保护西欧和南欧免遭苏联占领，它也是一种使苏联无法得到上述地区及其资源的手段。"② 但是如果我们仅仅将北约视为一个单纯的军事组织，或者（将北约视为）由西欧国家邀请美国参加欧洲军事联合进程，或者由

---

① North Atlantic Assembly Committee, *NATO in the 1990s*, Brussels, Belgium: North Atlantic Assembly, 1988, p. 34.

② Arnold Wolfers, "Europe and the NATO Shield", in Michael E. Smith ed., *European Security, Critical Concepts in Military, Strategic and Security Studies, Vol. I, European Security from World War II to the Cold War*, London and New York: Routledge, 2016, p. 178.

美国向西欧各国提供安全保护，① 则远远不够。这种认识显然有将北约做简单化和片面化解释之嫌，不足以解释北约的全部内涵，而且明显矮化了北约在冷战后政治、安全、文化以及意识形态等领域中的作用，尤其忽视了北约在整合大西洋两岸力量、重塑欧洲政治与安全关系中所占据的重要地位。波兰前国防部长亚努什·奥涅什凯维奇（Janusz Onyszkiewicz）曾专就北约的组织特质、政治属性等特别做出说明。"北约不仅是一个在战争中战斗并赢得胜利的联盟，这是众多联盟惯常的目标，它也是战后创建维持和平、保卫共同利益的联盟，而这种共同利益源于共同的价值观。"②

北约作为一种特殊的政治联盟，它所采取的许多旨在推动大西洋两岸政治联合的重大政策与行动，经常以军事联合的面貌出现，或者将政治联合目标与军事联合目标交织和重合在一起。事实上，《北大西洋公约》所设定的目标——保卫北大西洋区域的安全与稳定，既是一项军事任务，也是一项政治任务，北约为了实现这一目标所设立的各种军事指挥结构与军事战略，同样也隐含着比较丰富的政治含义，所发挥的功用兼具政治与安全双重意义。在建构跨大西洋两岸区域安全秩序的过程中，北约一直试图成为美欧各国实施普遍联合的样板，成为美西方国家不断推进政治、经济、军事、文化以及意识形态合作的一面旗帜。北约前发言人大卫·基德（David Kyd）曾强调北约拥有四项职能："对其成员国安全而言，北约是一个非常重要的角色；对各成员国政治协商而言，北约是一个重要工具，这个角色必须一再予以强调；对于保护各成员国的民主生活方式与民主价值观，北约扮

---

① 西方许多学者将美国与西欧各国订立《北大西洋公约》，视为美国是应欧洲国家邀请，参与欧洲安全联合实践，最终向欧洲国家提供安全保护。"华盛顿不断坚持，要欧洲国家尽可能多地保卫其自身，而欧洲国家则要求美国，一旦欧洲遇到攻击，则会自动获得美国援助的保护。"见 Geir Lundestad，"Empire by Invitation？The United States and Western Europe，1945－1952"，*Journal of Peace Research*，Vol. 23，No. 3，1986，pp. 263－277.

② Dr. Janusz Onyszkiewicz，"Extending NATO's Reach：The Enlargement Debate"，in Dimitris Keridis & Robert L. Pfaltzgraff，Jr.，eds.，*NATO and Southeastern Europe Security Issues for the Early* 21*st century*，Herndon，VA：Brassey's Inc.，2000，p. 125.

演了一个关键角色，这一使命必须获得更大声望；北约参与并发起了对现代社会挑战的研究，这一研究应该引起公众的关注。"①

不论美欧各国承认与否，北约在整个冷战时期所扮演的角色并不局限于军事防御，其集体安全体系也绝非只是追求军事或安全联合，北约实际上还有更加远大的政治、文化以及价值观追求，实际上正是后者而非前者，确保北约及其成员国能够在冷战时期安然渡过各种危机，同时保持北约的存在与持续发展。如果北约仅仅是一个军事联盟而别无其他功能，它可能会像冷战时期无数纯粹的军事组织或者安全联盟一样，早已湮灭在冷战的烟尘中，或者伴随着冷战结束而退出历史舞台；或者虽然维持其存在，但却如同行尸走肉，毫无功用。但是，事实并非如此。

也正是由于北约具有政治与军事双重属性，从而确保了北约在其基本属性和职能上始终保持多样性、普遍性以及发展性，进而确保北约不仅能够在旷日持久的冷战对峙中保持存在并且发挥作用，甚至还能在冷战结束后保持强势存在，进而向国际政治—安全组织转换，在国际政治与安全事务中频频展示其地位与影响。

受国际冷战斗争影响，美欧各国创建北约的主旨之一，就是推动西欧与北美之间的政治与安全合作，在实现大西洋两岸政治与文化全面合作的基础上，全面构建北大西洋区域防御安全体系，形成针对苏联及东欧国家"军事威胁或者侵略"的自我防卫能力。受其极为偏执价值观与意识形态的影响，欧美各国将其对苏联的主观推论当作强化自身联合的一种纽带。"反共产主义是使美国对欧洲深感纠结的一种吸引力，这一直是有兴趣建构一个欧洲联邦的那些欧洲国家利益集团其意识形态的一项主要内容。"②

① Werner J. Feld and John K. *Wildgen*, *NATO and the Atlantic Defense*, *Perceptions and Illusions*, New York: Praeger, 1982, p. 23.

② Lawrence S. Kaplan, *The United States and NATO*, *The Formative Years*, Lexington, KY: The University Press of Kentucky, 1984, p. 6.

在推动美欧各国建立全方位合作的过程中，北约明确将联合与合作理念确定为基本发展方针，强调各成员国展开充分的联合与合作，强调以联合与合作姿态共同对抗苏联与东欧国家的"军事威胁或者侵略"。"最初，在一些不同方面存在某些模棱两可之处，但在分享共同价值的所有参与方所体验的感觉中销声匿迹；两个新盟国在历史上曾是对手，但自然而然注定会互相理解，这种期望首先被北约所真正关心的外来威胁所引导，而不是为将后者拖入偏袒中，或者拖入解决它们的世俗纷争中。"① 事实上，在北约创建之初，北约就将联合与合作理念完全渗透并融入其设计思想与指导方针中，用于指导北约的防御安全政策及其实践，同时用于更好地凝聚北约及其各成员国的资源、意志以及力量。

二　政治认同是北约合作理念的前提

北约的联合与合作理念并非始自天然，而是植根于北约各成员国拥有比较厚重与扎实的政治认同。众所周知，北约各成员国在政治、经济以及社会制度等方面大致相同或者相似，它们大都秉持相同的价值观、世界观以及意识形态。更重要的是，它们都对苏联与东欧国家怀有强烈的政治偏见，尽显排斥与对抗意识，并且对其保持高度戒备与竞争心理。美欧各国这种共同的地缘政治需要、历史与文化传统、政治思维与理念、价值观与意识形态追求，逐渐堆积并演化为北约成员国一致尊奉的某种政治认同，这种政治认同成为各成员国克服历史歧见、民族矛盾、文化差异等多种差异的一种黏合剂，成为北约得以大规模展开政治联合、协商以及合作的重要基础。

自北约创建后，虽然其成员国不断增多，其联合层面不断扩大，其协同内容不断增加，但是各成员国对北约政治认同的怀疑或者颠覆

---

① André de Straercke, "An Alliance Clamouring to be Born – Anxious to Survive", in Nicholas Sherwen ed., *NATO's Anxious Birth*, *The Prophetic Vision of the 1940s*, London: C. Hurst & Co. Ltd, 1985, p. 159.

却从未发生变化，即使偶有所谓异质性文化或者国家加入北约，亦在很大程度上不得不服从于这种政治认同。北约的政治认同几乎成为一个风向标，在确定北约发展方向的同时，亦推动其成员国在经济、社会、文化以及意识形态等领域展开协商与合作。

不可否认，这种以北约政治认同为基础的联合与合作理念，在创建北约联盟框架、制定行为规则、指导政治与安全实践等过程中发挥了巨大作用，最大限度推动了各成员国在安全利益、政策取向、行为方式等方面展开合作，反过来又使这种联合与合作理念得以在北约政治与安全实践中持续发酵并且深化，以便进一步弥补其在理论与实践中存在的诸多不足。最终，北约的联合与合作理念逐渐汇聚，并且演化为北约特有的联合、协商、对话以及合作精神。

北约的联合、协商以及合作精神也不再是一种简单的概念或者话语，而是拥有自己的思想、逻辑以及方法，而且也拥有深厚的理论与思想支撑，这使后者与前者相比，具有更加普遍和广泛的适用层面，既被用于解决北约内部各种政策与战略歧见，亦被用于化解各成员国的新旧积怨与利益冲突，而且还被北约在抗衡苏联与东欧各国的过程中用于稳固联合态势，最终作用于北约及其成员国在政治、军事、文化与意识形态等多领域联合。

如何看待联合、协商以及合作精神在北约发展进程中的作用？首先，在北约酝酿之初，联合、协商以及合作精神就已体现在对北大西洋区域防御范围的界定中。长期以来，许多人一直强烈质疑一个观点，即北约作为美欧等国的一个军事联合组织，缘何能在军事领域以外发挥功用？北约的防御安全范围为何要超出北大西洋区域以外？对上述问题的最好解答就是，联合、协商以及合作精神使北约及其成员国成功克服了地理、心理、传统等方面的诸多界限，以便使北约防御安全联合能够最大限度发挥作用。例如，美欧各国在设计跨大西洋联盟之初，所选定的准成员国并不都是传统的北大西洋国家，也有许多非大西洋区域国家，例如意大利、希腊、土耳其等南欧或者东南欧国家。

事实上，即使是地处欧洲北部的斯堪的纳维亚国家，亦处于北大西洋区域最北端，而且它们在历史上素有中立主义传统，但是北欧三国最终还是选择入盟北约。"丹麦、挪威、冰岛决定通过加入北约，解决其安全问题，瑞典未能脱离中立，芬兰遇到一些困难，它想方设法与其强大的邻国订立临时协定……几十年间，北欧三国享受到加入北约的快乐。"①"即使是瑞典，尽管并未成为北约的一员，但也与北约盟国静悄悄地展开合作。"②

由此可见，北约将联合、协商以及合作精神当作其指导思想，客观上是将北大西洋区域视为一个特殊的地缘政治概念，而非纯粹的地理概念，将北约防御安全联合视为对战后欧洲政治与安全秩序的一种新式整合与规划，而并非单纯为了防范苏联与东欧国家"侵略"。"《北大西洋公约》在1949年签署，为的就是纠正联合国的不及之处，在二战后的大破坏之后向西方提供其所希冀的安全。大西洋联盟从中吸取力量，感觉到有必要遏制共产主义对西方民主国家的威胁，同时将一个分裂的欧洲在政治和经济上统一在一起。"③

不仅如此，所有参加北约的美欧各国实际上都顽固地认定，尽管联合与合作会使它们在主权或治权上做出某些让步，但联合与合作同样也会给它们带来更大的利益与安全，这些利益与安全成就非常大，远远超过任何一个主权国独自所能获取的范畴。

三　合作理念贯穿于指导方针、政策以及发展进程

北约的政治联合、协商以及合作精神直接体现在《北大西洋公

① John C. Ausland, *Nordic Security and the Great Powers*, Boulder and London：Westview Press，1986，p. 5.

② Ingerman Dörfer, *The Nordic Nations in the New Western Security Regime*, Washington, D. C.：Wilson Center Press，1997，pp. 70 – 71.

③ Lawrence S. Kaplan, *NATO Divided*, *NATO United*, *The Evolution of an Alliance*, Westport，CT and London：Praeger，2004，p. 149.

约》各项条款中，间接体现在北约指导方针与行动原则中。在北约内部，北约一直强调联合与合作，但是这种联合与合作的基础，则是各成员国在北约内部享有政治地位平等、权利平等以及机会平等。即各成员国不论规模大小、国力强弱、地位轻重、资源多寡等，在北约内部完全平等。至少，这种平等权在《北大西洋公约》各项条款的中得到明确肯定。

《北大西洋公约》第四条款规定："缔约国将根据任何一国的意见，随时展开共同磋商，讨论北大西洋地区的领土完整与政治独立，以及任何一国受到威胁时的安全问题。"不仅如此，第四条款还规定："经全体缔约国一致同意，为了深化《北大西洋公约》原则，也为了助益于北大西洋地区安全，缔约国可以邀请其他欧洲国家加入《北大西洋公约》……"① 第九条款则规定："因此，缔约国将建立一个委员会考虑关于推进《北大西洋公约》的各项事务，而每一个成员国都将在该委员会中有自己的代表……"② 由此可见，北约的政治联合、协商以及合作精神，充分体现了北约创建者的初衷，也许这正是美欧各国的领导者在战后初期订立《北大西洋公约》的一个重要政治意图。

另外，《北大西洋公约》所竭力强调的"民主、平等、自由"等理念，以及其世界观与价值观，实际上均深深浸染北约的政治联合、协商与合作精神，不仅成为后者的一个重要思想来源，而且亦成为支撑后者不断深化其思想内涵的一个重要支点。"北约作为一个组织，与一组附加事业连在一起，它们远远超出安全本身……在北约内部，安全与多党民主制的政治标准、人权以及经济自由连在一起。"③

---

① The North Atlantic Treaty, Washington D. C. 4 April 1949, http：//www. nato. int/cps/en/natohq/official_ texts_ 17120. htm. 2016 年 4 月 19 日。同见于 Sir Nicholas Henderson, *The Birth of NATO*, London：Weidenfeld and Nicolson, 1982, pp. 120 – 121.

② The North Atlantic Treaty, Washington D. C. 4 April 1949, http：//www. nato. int/cps/en/natohq/official_ texts_ 17120. htm. 2016 年 4 月 19 日。

③ Steve Weber, *Multilateralism in NATO*, *shaping the Postwar Balance of Power*, 1945 – 1961, University of California, Berkeley, CA：Institute of International Studies, 1991, pp. 86 – 87.

自北约创建后，北约在其政治与安全实践中，一直喋喋不休地自夸其"民主、自由、平等、法治以及独立"等思想理念，强调其对世界范围内各种组织、集团以及国家能够发挥示范与表率作用，强调其世界观与价值观所拥有的国际影响力。与之相对应，北约的政治联合、协商与合作精神亦持续得到发展，不论是贯穿北约各项价值观和世界观的政治与安全实践，还是北约自身不断发展壮大、联盟体制外扩，无一不是以政治联合、协商、合作精神所支持的方式展开。

政治联合、协商以及合作精神还体现在北约的发展进程中，比较集中地反映在其政治与意识形态联合进程中。鉴于冷战期间欧洲并未发生大规模军事碰撞、冲突以及战争，北约成员国推进其防御安全联合的政治意义，实际上要远远超过军事意义。"谋求最大限度政治联合，成为北约在冷战对峙中谋求优势地位最实际、最有效的一种手段。"[1] 北约政治联合的意义，不仅使各成员国在政治和意识形态上保持密切的联合与合作，借此可以向苏联、华约以及其他国家或组织表示其团结一致的决心和意志，强化北约集体防御的威慑作用；而且通过这种政治联合，北约还为其成员国在其他领域展开广泛的联合协作奠定了基础，进而推动并带动了北约各成员国在多领域展开团结合作。

尽管北约一直标榜为一个防御安全组织，但它同时也自许为一个政治联盟。作为一种特殊类型的"政治联盟"，北约追求政治联合的每一个方案与步骤，实际上都渗透和浸染着联合、协商以及合作精神，从确立北约的政治联盟框架、形成某种机制、设置每个权力机构等，到制定每项指导方针和安全战略、实施每个行动计划、推进每一行动步骤、甚至一些重要的环节、方法等，北约都会要求所有成员国

---

① 对于这一观点，北约助理秘书长杰米·谢伊曾提出反对意见，谢伊强烈反对将北约认作政治组织，他认为："北约需要应对的第二个挑战，就是纠正公众所持有的意见，即从北约创建开始，它就一直被当成某种政治工具，服务于某项政治条约所铭刻的政治目标。"见 Jamie Shea, *NATO 2000, A Political Agenda for a Political Alliance*, First Edition, London: Brassey's (UK), 1990, p.2.

充分协商和协作，取得所有或者尽可能多成员国的充分认可和支持。从这个意义上讲，政治联合、协商以及合作精神在北约发展进程中几乎无处不在，这几乎成为北约解决其内部所有问题的密钥。美国学者西摩·魏斯（Seymour Weiss）和肯尼斯·阿德尔曼（Kenneth Adelman）曾公开撰文指出："北约军事问题的所有可能解决方案，必须要解决关于北约联盟凝聚力的政治和认知问题。"①

四　合作理念施用于军事、文化、科技等领域

北约所强调的联合、协商以及合作精神，不仅存在于其政治联合进程中，同样也存在于其他领域，例如军事、文化、科技等领域。以北约的防御安全联合为例，联合、协商以及合作精神几乎贯穿于军事联合的每个层面，包括制度设计、战略制定、机构设置以及武装部队构成等，基本上均为各成员国共同参与、一致决策、集体行动、风险共担。在所有北约军事指挥机构中，例如军事委员会、防务计划委员会、国际军事参谋部、欧洲盟军最高司令部等，甚至还有许多区域级或次区域级军事指挥司令部，都有各成员国代表参加，实现军事指挥权的平等分享。

另外，在武装力量构成中，每个成员国都会依照其地理位置，在大西洋区域安全范围内承担不同的防御任务，派出数量不等的军队，统一由北约指挥和调配，参加北约各种类型的军事演习。同时，各成员国还向北约各级指挥机构派驻大量军职和文职人员，参与北约军事指挥机构的运作，等等。

另外，按照北大西洋区域共同防御安全的需要，每个北约成员国都必须按各自国民产值2%的经费额度，用于支付防务开支，例如用于武装力量建设、研制武器装备、建设军事设施等，其中有20%必须用于发展和配置重型武器装备。"在一个联盟中，在成员国国民收入

---

① David S. Yost ed. , *NATO's Strategic Options*, *Arms Control and Defense*, New York and Oxford：Pergamon Press，1981，ⅩⅥ.

的规模与用于防御的国民收入比例之间，将会呈现出一种非常重要的、积极的相互关系。"① 北约的全部军费开支由其成员国分担，该政策最终能否得到落实，尚有赖于北约成员国的联合、协商以及合作。换句话说，北约防御安全政策及其实践的最终效果，最终将取决于各成员国在防御安全任务上的合理分配、妥善协商与合作。"联盟的经济理论表明，最大的成员国非常关键，它也是使联盟变得最有价值的成员国，它将在规定额度中承担一个不均衡的分配（额度），这必然会引起平等和公平问题。"②

抛开北约各成员国由于国力大小不等而引发的防务负担争论，按照北约尊奉的联合、协商以及合作精神，各成员国需要在防御开支分摊上展开充分协商和合作，尤其是那些国内存在某些问题、无法达到规定的防务开支标准的成员国，实际上一直得到其他防务开支已达标的成员国理解和宽限，若非如此，北约不可能生存至今，也不可能在东西方冷战斗争中发挥功用。

由此可见，北约的联合、协商以及合作精神，以及北约自我标榜的"民主、平等和自由"等价值理念，两者俨然成为指导和推动北约政治与安全实践的精神灵魂，它们不仅作用于北约各成员国的政治与安全联合，而且也作用于各成员国的文化、意识形态以及价值观联合；它们不仅被用于强化和稳固北约内部机制与组织建构、密切各成员国的协商与合作，而且也被用于集体应对北大西洋区域内出现的各种危机与挑衅，进而对苏联与东欧国家共同形成某种战略威慑之势。因为北约及其成员国领导人深信，只要北约不发生内乱，各成员国在政治、军事、文化以及意识形态上始终保持团结一致，就能确保北约始终保持强大无比的力量，就能确保北约以积极、健康、进取的立场

---

① Gavin Kennedy, *Burden Sharing in NATO*, New York: Holmes & Meier Publishers, Inc., 1979, p. 30.

② Gavin Kennedy, *Burden Sharing in NATO*, New York: Holmes & Meier Publishers, Inc., 1979, p. 43.

和态度，就能有效影响和推动北大西洋区域乃至在全球范围的和平与安全进程。

　　不可否认，联合、协商以及合作精神还被北约当作创建国际政治与安全秩序的一种有效手段，被广泛用于北约对外政治指导方针与安全战略。北约不仅热衷于在内部推进各成员国的联合、协商以及合作实践，而且也积极致力于与伙伴国家、相关利益国家或组织等展开联合、协商以及合作，甚至不排除与竞争对手在某些领域展开对话与有限合作。因为北约相信，仅仅依靠武力或者军事途径，无法一劳永逸解决北约与华约之间的利益冲突与战略对立，亦无法一劳永逸建立北大西洋区域和平与安全秩序，唯一且最牢靠的办法就是，以和平方式缔造和平秩序，以削减武器装备和均衡裁军的方法，降低欧洲军备竞争和对抗。美国学者理查德·贝茨（Richard K. Betts）的观点代表了欧美人的普遍看法："武器控制条约被用于稳定军事关系，但它们是冷战的产物，它们在对手而非朋友之间非常有意义，俄国人现在也站在我们一边。这会不会是最后的结果还不知晓，但是联盟的规模与身份将会被排列在新的战略竞争中，对军事平衡规则的描述，信息非常重要。"①

　　从1960年代末1970年代初开始，北约推进"缓和战略"（Strategy of Detente），就武器控制与削减、战术导弹部署、整体降低欧洲军备等问题，北约与华约展开一系列谈判、对话以及协商，试图在上述问题上达成一致。虽然北约事实上并未放弃其传统的军事对抗主旨，亦未放弃北大西洋区域的基本防御安全方针，但北约将联合、协商以及合作精神注入其对外竞争与对抗战略中，在一定程度上顺应并符合1970年代以来国际冷战形势趋于缓和的大趋势，对缓解北约与华约竞争与对抗关系多有裨益，对于降低欧洲军事竞争与对抗烈度亦产生了

---

　　① Richard K. Beetts, "Systems of Peace as Causes of War? Collective Security, Arms Control, and the New Europe", in Jack Snyder and Robert Jervis, eds., *Coping with Complexity in the International System*, Boulder, San Francisco and Oxford: Westview Press, 1993, p. 266.

一定效果。例如，在 1970 年代和 1980 年代，美苏双方签署《美苏限制战略性进攻武器条约》（Strategic Arms Limitation Treaties）等一系列文件，联邦德国与苏联以及东欧多国签订双边条约，美、英、法、苏四国就柏林问题订立协议，北约与华约的众多成员国推动并建立"欧洲安全合作会议"，创立"赫尔辛基精神"（Helsinki Spirit），等等。虽然上述对话与合作成果不能直接或者完全归属于北约所提倡的政治联合、协商与合作精神，但或多或少都与之具有间接关联。

第三节 北约区域安全理念与集体安全精神

一 北约提出区域安全概念

自其创建后，北约在很长时间并未在政治、军事上采取任何行动，而是蛰伏了很长一段时期。从 1949 年华盛顿首脑会议（Washington Summit）后，北约就开始着手构建其政治与军事指挥架构，并且着手制定其安全战略，但是进展缓慢。一直到朝鲜战争爆发，伴随着国际冷战斗争日趋激化，北约开始大幅度加快其政治与军事建设步伐，北大西洋区域防御安全实践亦被正式提上议事日程。

经过一段时间的徘徊和彷徨后，北约不再以理想主义的政治逻辑规划北大西洋区域安全，亦不再追求某种形式主义或理想主义的安全构想与表现，而是将其各种安全思想与计划付诸实践，将其直接落实为实实在在的基本安全力量与机制建设。"北约不再试图建立一种康德式的或者威尔逊式的全方位集体安全体系，但是多年来它支持集体安全传统的某些思想，特别是从 18 世纪以来所演进的传统的某些思想。"①

按照北约创建者的设计，北约及其成员国将北大西洋区域视为防御安全中心，这一区域在名义上覆盖了所有北约成员国的国土与疆

① David Yost，*NATO Transformed*，*The Alliance's New Roles in International Security*，Washington，D. C. ：United States Institute of Peace Press，1998，p. 20.

域，将北美、西欧、北欧、南欧以及北大西洋海域许多地区都囊括在内。《北大西洋公约》明确提出："缔约国寻求促进北大西洋地区的稳定与幸福，决心将其为集体防御所做的努力，以及保持和平与安全的努力统一起来。"① 鉴于北约所设定的北大西洋地区实际上界限相对模糊，并无非常严格的限定。周边许多地区实际上已超出北大西洋区域的地理范畴，但却与该地区的区域安全事务紧密相关，或者它们与北约成员国具有某种历史性政治与安全联系，它们也开始被北约及其成员国逐渐纳入北大西洋区域安全所考虑的范围。例如，以阿尔及利亚为代表的北非地区、以格陵兰为代表的大西洋海域诸岛屿、被苏联开除出"共产党和工人党情报局"的南斯拉夫，以及与美欧各国经济发展密切相关的中东地区等。为此，在北约制定其政治与安全战略的过程中，不仅将上述地区直接纳入战略统筹范畴，而且还在政治与安全实践中投入较多资源，给予较多关注，以此确保其区域安全理念实现最大功效。

对北约而言，实现北大西洋区域防御安全具有多重含义。首先，作为战后新国际关系体系中的一个地缘政治概念，尤其是作为国际冷战博弈下的一个安全概念，北大西洋区域集中了美欧主要资本主义国家，这些国家集中代表了西方阵营的主流价值观、世界观以及道德观，充分展示了现代资本主义的政治、经济、社会以及与意识形态成就。因此，确保北大西洋区域安全，等于间接保护美欧主要资本主义国家，维护西方的思想文化与意识形态，稳固西方国家的政治、经济以及社会制度，从北约创建开始就已经被确定为首要目标。为了维护这一目标，北约甚至为其披上维护西方文明的外衣："北约也许是一个清醒的防御联盟，应冷战时刻的需要而诞生，但北约也是更深刻的历史现实之核心所在——西方的共同命运；就其本质和使命而言，这

① The North Atlantic Treaty, Washington D. C. 4 April 1949, http://www.nato.int/cps/en/natohq/official_texts_17120.htm. 2016 年 4 月 10 日。同见于 Sir Nicholas Henderson, *The Birth of NATO*, London: Weidenfeld and Nicolson, 1982, p. 119.

种共同命运构成了一个文明。"① 可见，即使在北约与华约之间不会发生军事对决，美欧等国也会全力维护北大西洋区域安全秩序，北约的区域安全理念实际上反映了其特定的政治倾向，反映了北约在确保北大西洋区域疆域安全以外的其他诉求。

具有讽刺意义的是，美欧多国创建北约，并且就此提出北约的区域安全理念，不论北约及其成员国对此做出何种辩护，客观上都对联合国作为战后国际安全秩序维护者的权威性和代表性构成某种威胁。"对于某些信仰世界联邦的信徒来说，对其将联合国转变为一个世界政府的各项计划而言，北约构成了某种潜在的威胁……"② 尽管北约在名义上一再宣称，它尊重《联合国宪章》（Charter of United Nations/UN Charter）所宣扬的民主、自由、独立以及安全原则，而且其战略与行动均得到《联合国宪章》第 53、第 54 条款的授权。"第 53 条款声称，所有区域安排下所采取的行动，都必须争得联合国安理会（United Nations Security Council，UNSC）的授权，除非与前敌国对阵；第 54 条款则宣称，区域安排下的所有行动必须向联合国安理会汇报。"③

但是，不论北约所信守的安全原则还是所使用的安全手段，北约的区域安全概念实际上都在很大程度上扭曲了联合国倡导的普遍安全原则。美国学者詹姆斯·古德拜（James E. Goodby）对此的解释是："加强国际规范的集体行动从来不会是自动的，而将会高度依赖于特殊环境。"④ 很明显，单单以符合国际规范来代替联合国的普遍安全理念，这种解释显然缺乏说服力。

---

① Prince Hubertus zu Löwenstein, Vollmar von Zühlsdorff, *NATO and the Defense of the West*, Westport, CT: Greenwood Press, 1960, p. 3.

② Lawrence S. Kaplan, *The United States and NATO*, *The Formative Years*, Lexington, KY: The University Press of Kentucky, 1984, p. 194.

③ Sir Nicholas Henderson, *The Birth of NATO*, London: Weidenfeld and Nicolson, 1982, p. 102.

④ James E. Goodby, "Collective Security in Europe after the Cold War," *Journal of International Affairs*, 46（Winter 1993）, 299 – 321.

美欧等国划定北大西洋防御区域的做法，看似具有普遍性，实则具有排他性。因为对全世界刚刚赢得独立的大批新兴民族国家而言，或者对尚未赢得独立的殖民地或半殖民地来说，实施区域安全防御堪为一个可望而不可即的目标，因为这些国家或地区在国际或区域事务中既没有经验，又缺乏足够的影响力与话语权。同样，北约提出北大西洋区域安全概念，其目标主要针对苏联与东欧社会主义国家，因为它们被北约视为推进区域安全政策的外来威胁，这从另一个角度诠释了北约区域安全概念所具有的对抗特性。可以想见，北约区域安全理念越深入发展，全球范围内的力量分化与就会越明显，国际体系中的条块化、集团化以及区域化特征就会越显著。同样，北约区域安全理念越深入发展，也会使北约防御安全实践的对抗性越强烈，北约与华约之间的政治、军事以及意识形态对抗就会越激烈，欧洲军事分裂局面就会进一步固化。

二 北约区域安全概念中的矛盾与欠缺

自北约提出北大西洋区域安全理念后，这一安全理念就在思想体系建构与安全实践中显露出许多自相矛盾之处，北约自身似乎无法破解。虽然北约一直强调以保卫成员国疆域为己任，强调北大西洋区域的安全与稳定，但北约及其安全理念作为一种客观存在，不可避免会对国际安全秩序建构以及其他区域安全事务造成巨大影响，这种影响远远超出北大西洋区域以外。虽然北约一直自我标榜是集体防御组织，但无可辩驳的是，北约同时也是冷战时期欧洲或者国际政治以及安全斗争的主角，是欧洲军事分裂格局的始作俑者之一，诸如此类，不胜枚举。

北约区域安全概念及其实践有意或者无意造就了北约组织的特殊性，即北约在国际冷战斗争中表现出多重身份、多层职能、多项任务等。这在很大程度上造成其政治与安全战略不断出现矛盾，即北约在冷战时期一直处于"防御守势"，强调战略威慑和后发制人式的进攻，但北约总是有意或无意发起政治攻势，强势宣传其社会价值观、世界观以及意识形态，突出其政治与安全联合的优越性，强调其集体防御精神的示范效应。

与此同时，北约一直鼓吹北大西洋区域受到来自苏联与华沙的军事入侵威胁，并以此为由不断强化其防御安全能力，但北大西洋区域的防御安全却从未使北约及其成员国获得足够多的安全感，而北大西洋区域安全秩序也从未因为北约武装力量的增减而出现重大波动。北约虽一直强调发展和壮大常规武装力量，并为此投入大量金钱，制定一系列发展计划，设立似乎很完善的军事指挥机制，以图全面强化北约的防御态势。"防御是一种选择的典型例证，考虑到北约成员国持续做出的选择，它们决定选择：（1）与其他问题相比要在防御上花多少；（2）是否仍然保留北约；（3）如何在人力与核武器、核武器与常规武器、陆海空军之间分配已经确定的防御开支。"①

但是，真正帮助北约建立威慑战略与威慑态势的东西，却不是其常规武装力量，而是美国的核武器及其运载装置，后来还有英、法两国所拥有的核武器，以及北约一贯主张的"一国即全部、全部即一国"的集体防御精神。由此可见，北约区域安全理念实际上存在严重的力量不平衡，对美、英等国有严重的依赖性。

另外，北约区域安全理念所蕴藏的矛盾还表现在，北约既然设定了北大西洋区域，就必然会出现北大西洋区域内外差别，即使在北大西洋区域内部，也会出现防御重点地区和非重点地区，或者用北约自己的话来说，存在防御核心地区和外围地区。"有时外围的提法是指北约的外围，即沿波罗的海和挪威海的北翼，以及沿希腊和土耳其的南翼。这并不意味着这些地区的安全，相对于联邦德国的安全是'边缘性的'……在北约建立初年，例如，接近北大西洋区域地缘中心的

① Keith Hartley, *NATO Arms Co-operation*: *A Study in Economics and Politics*, London, Boston and Sydney: George Allen & Unwin, 1983, p. 5.

某些其他北约地区相比，希腊被认为更加脆弱。"① 尽管北约竭力否认北大西洋区域内部存在不同地区的防御差别，但是这种防御地域差别却是一种客观存在，虽然北约在其防御建设中一直采取积极对策，竭力抹平这种地域差别，但是收效有限。在设计区域防御理念之初，北约实际上就已对北大西洋区域内不同地区的防御安全等级做出标记，虽然并非有意为之，北约自身亦从未明言，但这却是北约区域安全理念所自然附带的一项内容。

事实上，在战后国际政治与安全实践中，北约区域安全理念谈不上是一种成功的战略理念，而是一种相当保守的地缘安全理念。从道德的角度看，可以说相当自私，从功效学的角度看，其功效比极为低下。贯穿整个冷战时期，北大西洋区域并未出现大规模危机与冲突，倒是北大西洋区域以外经常出现大规模冲突、区域战争以及激烈的冷战对抗行为。而北约的区域安全原则，在很大程度上对北约形成一种羁绊，制约了北约在国际冷战斗争中发挥更大作用。此举导致北约的指导方针与安全战略似乎缺乏"进取精神"，这个问题一直困扰着北约，使北约在一系列国际危机与冲突面前总是显得"低效和无能"。

北约不是缺乏有效的应对之策，就是直接选择规避和远离政策，逃避各种域外麻烦。正是由于北约这种根深蒂固的"软骨病"，使欧洲成员国对北约深感失望。美国在 1960 年代就坚持认为："北约已经失去了其效用，当苏联的威胁（行为）对欧洲形成胁迫时，北约一直致力实现其目标，现在欧洲得以复兴，对北约的需要已不复存在。事实上，对于世界范围内维持和平以及保持美国民主传统的原貌而言，北约自身已经变成一种伤害。"②

对于北约安全理念及其实践中存在的上述弊端，美欧各国政治家

① Charles F. Doran，"NATO and the Peripheries"，in Margaret O. MacMillan，David S. Sorenson，eds.，*Canada and NATO*，*Uneasy Past*，*Uncertain Future*，Canada：University of Waterloo Press，1990，p. 130.

② Lawrence S. Kaplan，*NATO and the United States*，*The Enduring Alliance*，Boston，MA：Twayne Publishers，1988，p. 37.

和学者都有所觉察，他们在不同场合曾对此发出许多感慨。"我们的联盟不能只关注北大西洋地区，或者只关注军事防御，北约必须按照互相依赖的原则，组织其政治和经济力量，北约必须要考虑其自身地域以外地区的发展。"① 从这个角度看，北约的区域安全概念很难说得上是一种完全成功的安全理念，虽然北约汇集了主要资本主义国家，北大西洋区域几乎集中了全世界最强势的政治、经济以及军事力量，辅之以丰富的资源、强大的经济支撑、先进的武器装备、强劲的综合实力，但却只能满足于北大西洋区域防御安全责任，对大西洋周边地区安全只能采取有限介入方式，对世界其他地区发生的各种国家或民族纠纷与种族冲突无动于衷，这不能不说是北约区域安全理念的一个巨大局限。因为除去应对假想的北大西洋区域安全危机外，冷战中的北约对推进和稳定国际和平秩序的贡献确实乏善可陈。

三　北约确立集体防御精神

按照北约防御安全战略及其发展的轨迹，北约集体防御精神实际上反映了北约在两个层面的诉求，即政治联合与军事联合。就前者而言，北约集体防御精神强调，各成员国应该建立充分的政治信任，实现全面的政治合作，以此作为北约各成员国展开深度军事合作的基础。就此而言，北约集体防御方针堪为这一政治逻辑发展的一种必然结果，同时亦为国际冷战斗争的现实需要所使然。就后者而言，北约集体防御精神强调各成员国展开全面军事合作，通过各成员国具体的地理、资源、人口、政策以及军力的对接，形成强有力的战斗力和威慑力。从这个意义上讲，北约集体防御精神同样也受到北约区域安全理念的影响，并且吸收了同一时期美洲及西欧国家订立的各种区域防御安全组织或者区域安全条约的思想养分，例如《查普泰匹克议定

---

① A. W. Deporte, "The Uses of Perspective," in Robert W. Tucker and Linda Wrigley, eds., *The Atlantic Alliance and its Critics*, New York: Praeger, 1983, p. 49.

书》（Act of Chapultepec）①、《里约热内卢条约》（Inter-American Treaty of Reciprocal Assistance 或者 Pact of Rio 或者 Rio Treaty）②、《布鲁塞尔条约》等。

我们认为，北约集体防御精神既是其区域安全理念的产物，同时也是北约政治逻辑的产物；它既反映了北约及其成员国共同的防御安全需要，也反映了北约特定的政治意志和追求，充满了对抗性与冒险性。从上可见，集体防御精神虽非北约独有，亦非北约专擅，但是北约却将集体防御精神发挥到了极致，无限扩展并深化了集体防御的精神内涵，使之在国际冷战斗争中获得全新阐释，这种思想与实践深度是其他同一类型区域安全组织所无法比拟的。

北约集体防御精神的内核主要凝聚在两个方面：第一，北约强调，各成员国在北大西洋区域安全事务上一律平等，无论国家大小，力量强弱，都须以各自的方式为北约防御安全实践作出贡献，以此在防御安全事务中最大限度体现北约的集体主义精神——"人人为我，我为人人"。这种集体主义精神反映在《北大西洋公约》中，直接寓化为北约及其成员国都坚守所谓的"一国即全部，全部即一国"安全方针。《北大西洋公约》第5条款就此明确规定，"（侵略者）对北约成员国发动任何武装进攻，都会被视为是对所有成员国的进攻，每一个成员国都会采取《联合国宪章》第51条款所认可的单个或集体自我防御措施，单独或者与其他成员国一起，对受害国实施援助，按照需要使用武装力量，恢复和保持北大西洋地区的安全。"③

---

① 1945年3月，美国和拉美20个国家在墨西哥首都墨西哥城召开泛美会议，又称"美洲国家会议"，提出加强美洲国际体系，维护美洲安全，建立"美洲国家组织"。与会代表最终在墨西哥城周边小镇查普泰皮克签订条约——《查普泰皮克议定书》。

② 1947年9月，美国和拉美18个国家在巴西首都里约热内卢召开会议，签署《美洲国家间互助条约》，又称《里约热内卢条约》。该条约强调："对任何一个美洲国家的进攻，都将被视为对所有美洲国家的进攻，缔约国有义务对受害国提供援助，通过适当的机构采取集体措施，包括使用武力"。

③ The North Atlantic Treaty, Washington D. C. 4 April 1949, http：//www. nato. int/cps/en/natohq/official_ texts_ 17120. htm. 2016年4月20日。

北约特别强调其作为多边联盟的特性，强调各成员国在防御安全中实施"自助"（Self-Assistant）、"互助"（Mutual-Assistant）以及"他助"（Others-Assistant）等原则，不提倡单个国家或者北约组织向其他成员国提供单边军事援助或者安全保证，也不提倡在北约内部建立双边安全关系，而是强调各成员国在遇到威胁和侵略时首先要自强自助，然后再在各成员国中间提供相互援助和支持，并且向联合国安理会通报情况、保持信息沟通，以便取得联合国的认可和支持。

第二，美欧各国一致同意将北约定义为防御安全组织，而非军事进攻联盟或者军事干预组织，北约及其成员国都不主张因为防御而对敌方实施先发制人的军事打击，而是强调先威慑后报复，虽然此举可能会给北大西洋区域造成巨大损失。"《北大西洋公约》第5条款说得非常清楚，北约就是一个纯粹的防御联盟，在其起源、特性以及措辞中，《北大西洋公约》就是一个非常明确的防御工具。"① 因为北约的自我定位是，自己并不具备发动军事进攻的能力，也无法实施预防性的军事干预行动。"北约现在是一个防御联盟，而且一直就是，北约的战略也一直是防御性的。除北约精神和公众档案中那些富含价值的概念被深深销蚀外，北约无法发动能够深入华约组织疆域的大规模进攻。"② 因此，北约将其防御安全原则以及行动方针分为四个步骤：即现实威慑、积极防御、后续反击、最终胜利，并将此视为维护北约及其成员国安全利益的最佳选择。

进言之，北约集体防御精神的落脚点实际上并不需要北约建立一支拥有超大规模、超强战力的武装力量，确保其在与华约的军事冲突与战争中能够完全战胜对手。简言之，北约并非与华约比拼军力，因为这不仅要花费北约大量人力、财力和物力，还会使北约及其成员国

---

① Prince Hubertus zu Löwenstein, Vollmar von Zühlsdorff, *NATO and the Defense of the West*, Westport, CT: Greenwood Press, 1960, p. 62.

② Drew S. Nelson, Keith W. Dayton, William J. Ervin, Keck M. Barry, Philip C. Marcum, *The Future of NATO*, *Facing an Unreliable Enemy in an Uncertain Environment*, New York, London, Westport, CT: Praeger, 1991, p. 94.

遭受巨大损失。北约深知，无论北约在常规武装力量建设上花费多大力气，其结果都很难超过华约。即使是在核力量方面，北约实际上也不占有多大优势，因为北约固然有一定的技术优势，但华约在核武器数量、规模以及某些技术上都占有优势，两者足以相抵或持平。那么，这是不是说北约集体防御精神是否就此失去意义？答案当然不是。

北约通过各成员国在防御安全实践中的共同努力，包括提高军费开支、扩大武装力量规模、大力发展先进的武器装备、大规模提高战力与威慑力等，力图建立其战略威慑地位，以预防阻止战争，以威慑代替战争。北约既需要核威慑，也需要常规威慑，在威慑和预防核战争和全面战争的同时，阻遏局部冲突和战争发生。就像北约自我认定的那样："北约整体存在的关键可以总结为一个词——威慑，就是以威慑阻止战争……换句话说，可靠的威慑以及可靠的防御是一个硬币的两个面，而且北约成员国承诺，它们不会发动进攻，但却会在遇到攻击时保卫北约。"①

诚然，北约集体防御精神虽称不上是北约存在与发展的主因，但却在推进北约制定政治指导方针、防御安全战略以及军事行动方案等方面发挥了重要作用，并且成为确保北大西洋区域安全的一种政治或安全保证。集体防御精神给北约带来巨大的政治凝聚力和战略威慑力，直接推动并影响到北约在冷战时期的存在与发展，其功用可谓巨大。

然而，北约的这种集体防御精神实际上恰恰为华约所不具备。因为在《华沙条约》的文本中，虽然亦不乏类似的华丽辞藻，例如共同安全、联合行动、集体防御等，但在华约内部，其成员国所享有的独

---

① H. F. Zeiner-Gundersen, "NATO's Northern Flank," in H. F. Zeiner-Gundersen, Sergio A. Rossi, Marcel Duval, Donald C. Tarleton, Milan Vego, eds., *NATO's Maritime Flanks*: *Problems and Prospects*, Washington, D. C.: Pergamon-Brassey's International Defense Publishers, 1987, p. 1.

立、自主以及平等等权利，苏联对东欧各国在政治上多有压制和操控，在经济上亦有很多控制和不合理利用之举，在军事上更是包办一切。在华约的政治与军事架构、政治与安全战略、军事行动计划中，很难看到东欧各国正当合理的独立地位和利益诉求，当然也很难看到集体防御精神的影子。

因此，华约注定无法具备类似北约集体防御精神的功用，亦无法成为像北约一样的安全联盟。这就决定了华约的功能，到头来只能充当苏联操纵、压制以及影响东欧各国内政的政治和军事工具。"最重要的是，华沙条约组织没能建立起一个可与北约相媲美的军事机构。至此，华约组织仍是座'纸板城堡'——一个门面，军事手段上无计可施，赫鲁晓夫就玩了这么一个欺骗资本主义敌人的伎俩。"① 虽然北约亦在其机制、战略以及实践中存在大量不合理、不平等现象，但是它在表面上还是做出某种"平等姿态"。

第四节　北约"缓和与对话"理念与"哈默尔主义"

一　北约"缓和与对话"理念及其运用

与北约区域安全理念一样，"缓和与对话"（Détente and Dialogue）一直是北约众多政治与安全理念中的一种，该战略理念建立在北约对战后国际政治与安全形势的基本认知和判断的基础之上，同时亦基于北约各成员国在冷战时期各种政治与安全互动。"缓和与对话"不仅包括许多关于冷战政治与安全的概念、理念以及理论，而且还包括一系列相关政治、外交以及安全事务的磋商对话、政策以及战略。姑且不论正确与否，"缓和与对话"理念在很长时间一直贯穿于北约的政治指导方针与安全战略中，渗透到北约一系列政治与安全实践

---

① http：//www. isn. ethz. ch/php/document/collection_ 3/PCC_ meeting/coll_ 3_ PCC_ 1956. htm 转引自［美］沃伊泰克·马斯特尼：《纸板城堡？——华沙条约组织秘史》，李锐、金海译，《冷战国际史研究》第 8 辑，世界知识出版社 2009 年版，第 65—66 页。

中，影响着北约各成员国的政治、外交以及安全政策，牵动欧洲政治与安全形势的发展，进而对国际冷战斗争局势的发展与变化产生影响。

那么，北约"缓和与对话"理念究竟开启于何时，学术界实际上并没有一个确定无疑的答案。就"缓和与对话"理念的表现形式看，该理念的形成及发展与国际冷战形势的变化直接相关，即这一理念形成于美苏双方冷战斗争初期，成熟于美苏冷战斗争高潮期。对于北约与国际冷战形势之间的关系，美国纽约大学政治学教授安东·德伯特（Anton Deporte）曾做过一个非常形象的比喻："这是一个普遍公认的真理，即东西方（关系）紧张一直是大西洋联盟的黏合剂，东西方（关系）缓和则是大西洋联盟的潜溶剂。"[1] 无疑，国际冷战斗争陷入低潮，客观上为北约"缓和与对话"理念提供了一种大环境，即北约既不需要承担更大的政治风险，又可以在各成员国中获得较高的政治认可度。

与之相对应，随着国际冷战斗争进入高潮，美国与苏联对抗不断升级，北约与华约的对抗进一步加剧，北约的"缓和与对话"理念也会由此获得新的含义。这不仅需要北约及其成员国要有更成熟的政治与安全技巧，也要有更强大的心理承受能力，既能够与华约展开竞争与对抗，又能之保持和谐共处、斗而不破的局面。"对防御资源的分配，当然反映了对安全环境的评估。"[2] 对北约来说，分配防御资源与"缓和与对话"理念，在本质上是一致的，后者实际上也是北约针对国际政治与安全事务所表达的一种话语资源。

许多西方学者认为，美苏双方在 1960 年代后期开启了东西双方

---

① Anton W. Derpore, "NATO and Détente: Cycles in History", in Lawrence S. Kaplan, Victor S. Papacsma, Mark R. Rubin, Ruth V. Young, eds., *NATO after forty years*, Wilmington, DE: A Scholarly Resources Inc., 1990, p. 181.

② Hans Binnendijk, David C. Gompert, and Richard L. Kugler, "A New Military Framework for NATO", in Simon Serfaty ed., *Visions of the Atlantic Alliance*, *The United States*, *the European Union*, *and NATO*, Washington, D. C.: The CSIS Press, 2005, p. 92.

的缓和时代，以此为标志，"缓和时代"贯穿 1970 年代和 1980 年代，几乎成为国际政治、经济以及安全生活的一大主题。按照这一逻辑，也有学者认定，北约"缓和与对话"理念产生于 1960 年代。事实上，北约"缓和与对话"理念产生于 1950 年代后期，而且该理念并非始于美国，而是始于北约的欧洲成员国。"在美国以及北约自身，人们丧失信心，这在 1957 年 12 月巴黎政府首脑会议上有所反映。在这次会议上，除英国外，大多数盟国都对接受中程弹道导弹持保留意见，它们对恢复与苏联谈判更有兴趣，而这些谈判可能会损害北约的利益。"①

由上可见，对于北约"缓和与对话"理念，美国与欧洲盟国的最初认知并不相同，这种差别实际上反映了美欧双方在彼此安全利益及其认知方面存在差距，亦反映了双方在实现欧洲缓和局面、构建欧洲安全秩序等方面所采取的立场、方法、程序以及机制等并不完全一致。"欧洲国家并没有采取与美国不同的方式认识苏联威胁的特性，它们会有更大兴趣坚持下去。就像持续性缓和与武器控制符合美国的利益，它们只是不同意以这种方式实现这些目标；欧洲国家支持采取有更大差别的方法，而不是全面惩罚苏联。举例来说，此举将在它们有双边利益的地区，将当地敌对意见结合在一起，并且恢复区域平衡。"②

由上可见，北约"缓和与对话"理念确实离不开国际冷战环境，并且紧随国际冷战斗争的起伏而持续调整。"缓和差不多是达成一系列条约的过程，它出自超级大国关系的竞争本性，即使在出现缓和的时候，竞争仍保持了这些关系的特性。"③但是，国际冷战形势并非北

---

① Lawrence S. Kaplan, *NATO and the United States*, *the Enduring Alliance*, Boston, MA: Twayne Publishers, 1988, p. 80.

② Pierre Hassner, "Recurrent Stresses, Resilient Structure", in Robert W. Tucker and Linda Wrigley, eds., *The Atlantic Alliance and its Critics*, New York: Praeger, 1983, pp. 67 – 68.

③ Richard Crockatt, "Détente in the Making, 1965 – 1973", in Steven Casey ed., *The Cold War*, *Critical Concepts in Military*, *Strategic and Security Studies*, Vol. Ⅳ, *From Détente to the End of the Cold War*, London and New York: Routledge, 2013, p. 25.

约"缓和与对话"理念的唯一源头，该理念的产生及其发展，在很大程度上还受到北约内部各种因素的影响。例如，美国与欧洲盟国针对国际政治与安全事务的分歧、欧洲盟国对美国缺乏信任、存在误解，美国除欧洲以外还关注世界其他地区政治与安全事务，北约成员国不愿在防务领域投入更多，反而更愿在经济暨社会等领域投入更多，欧洲盟国对苏联"军事威胁"具有特殊的地缘政治考量，等等。

不仅如此，北约"缓和与对话"理念实际上还受到苏联与华约政治及安全政策以及实践的影响。如果北约"缓和与对话"缺乏苏联及华约的对应性回复，它既不可能长久存在，更不可能持续发展。换句话说，假如苏联与华约持续推进其强势军事对峙政策，或者热衷于推行"军事入侵"政策，北约"缓和与对话"理念就会失去其存在的空间，就此失去用武之地。从这个角度看，北约"缓和与对话"理念的存在与发展，确实还应间接归功于苏联以及华约有意或者无意的"配合"。

不仅如此，北约"缓和与对话"理念的存在与发展，实际上还应归功于北约作为自我防御安全组织的特殊性质与职能。在我们看来，北约在名义上是冷战化的军事联盟，是国际冷战斗争的典型产物。虽然北约在表面上并不提倡军事进攻，也不强调为了自身安全而实施预防性主动军事干预，北约的核心目标在表面上似乎是要确保成员国疆域安全，确保成员国安全利益不受侵犯，但事实并非如此。无论是对北约还是对其成员国来说，确保北大西洋区域安全与稳定，始终是北约一切政治与安全战略及其实践的重大目标，至于采取什么样的手段来实现其目标，是否会损害其他国家利益以及国际安全稳定，对北约及其成员国来说实际上已经变得不重要。

由此可见，"缓和与对话"在很大程度上被北约及其成员国当作一种政治与安全手段，反之，"缓和与对话"实际上也被苏联及华约视为实现其政治目标的某种手段，因为实现欧洲和平与稳定同样也是它们的重要目标。

事实上，北约"缓和与对话"理念固然重要，但归根到底并不是北约及其成员国实现北大西洋区域安全的核心方针，因此不可能指导和操控北约的所有政治与安全实践。在东西双方日趋激烈的冷战斗争中，"缓和与对话"这种表现形式不论是在民间还是在政界，无疑都具有相当大的政治吸引力，因此一向为欧洲许多国家所推重，但这一理念同样也引发北约许多成员国的持续争论。因为许多北约成员国并不完全认同"缓和与对话"，甚至将此视为麻痹自身、壮大对手的一种另类"绥靖政策"（Policy of Appeasement）。北约追求北大西洋区域安全，并不包括所有欧洲国家在内，甚至公开排斥苏联和东欧各国，将其当作敌方而预设大量军事防范措施，与之展开军备竞赛和武装对抗。

　　就此而言，北约的"缓和与对话"理念实际上算不上是一种真正成熟且完整的政治与安全理念，充其量只能算作北约的一个阶段性或者局部安全概念。究其原因在于，北约"缓和与对话"理念立足于缓解西欧与东欧、北约与华约、美国与苏联等各方力量之间的紧张关系，最大限度减少各方直接发生军事冲突与碰撞的机会，并非借此在整个欧洲创建一种永久性和平秩序，以便彻底消除东西双方的敌对情绪。

　　那么，北约"缓和与对话"理念是否与北约自身所坚持的冷战目标自相矛盾？因为毕竟北约作为欧美各国创建的冷战军事组织，不仅在冷战时期制定了一系列安全战略与军事行动方案，不断强化自身的武装力量建设，而且还致力于与华约展开军备竞赛，力图在欧洲冷战对抗中夺取优势地位。从表面上看，北约"缓和与对话"理念似乎与这一寻常做法背道而驰，但实质却不然。在北约及其许多成员国领导人看来，"军事安全与缓和政策并不矛盾，两者是互补的"①。如果北约能够在国际"缓和与对话"的氛围中充分确保自身地位，最大程度

───────────────

　　① "Report on the Future Tasks of the Alliance", *NATO Letter*, Vol. 16（January 1968），p. 26.

满足其基本的政治与安全诉求，尤其是让北约及其成员国能在欧洲安全事务上"少花钱、多办事"，这无疑是一种非常高明的政治策略，这要比与华约只是简单比拼军力明显高明了许多。

很明显，北约实际上正是要利用这种政治策略，弥补自身在武装力量建设、联盟结构以及军事部署等方面的诸多不足，以便在欧洲军事对峙中通过政治平衡这种方式，达成事实上的军事平衡。很显然，在"缓和与对话"理念的作用下，北约既不会不顾一切地发展武装力量，也不会在防务开支上毫无节制。北约既要保持力所能及的武装力量规模，做好预防军事冲突与战争的准备，同时还要控制其军事准备的级别及规模，以便在确保自身安全的同时，也使苏联与华约感到安心，即北约不会做出某种过激性军事反应，更不会采取某种军事冒险政策，从而避免让苏联与华约也做出过激举动。

从 1950 年代后期开始，北约提出"缓和与对话"理念；从 1960 年代后期起，北约开始大规模推进"缓和与对话"理念。为了避免由于误解或者歧义而引起不必要的军事冲突或战争，北约与华约始终保持着对话，对话方式有时采取直接方式，有时采取间接方式；对话的主题有时是政治性质的，有时则是军事性质的。即使在东西方军事对抗最激烈的时期，这种对话亦从未终止。北约与华约的频繁对话，就像美、苏两国首脑保持"热线"（Hot Line）联络一样，在很大程度上虽未改变北约与华约军事对抗的基本属性，但确实降低了双方发生直接军事冲突的概率，降低了双方政治与安全斗争的烈度与规模。

不论双方是否公开承认，北约与华约围绕欧洲许多重大政治或安全问题实际上已达成某种默契，彼此克制，相互忍让，共同制约并影响欧洲政治与安全格局的发展走势。就此而言，北约与华约的对话实际上促成双方关系从"绝对对抗"走向"相对对抗"，从"绝对竞争"走向"相对竞争"，这也成为欧洲在 1980 年代建立政治与安全缓和局面的一个重要基础。"缓和改变了国际体系，解除了冷战进程中的许多束缚，在 1980 年代推动了冷战结束。"①

二 北约的缓和战略与"哈默尔报告"

在北约推进"缓和与对话"理念及其实践中，北约及其成员国采取了许多措施，包括提出"缓和战略"与"缓和理念"、建立大国与大国、北约与华约等多个层面的热线电话，实现领导人、高级将领、学者之间的互访，展开各个层级的政治与军事交流等。在北约对"缓和与对话"理念不同形式的表述与行动中，最具代表性的表述与实践当数"哈默尔报告"（Harmel Report），以及北约后来奉为经典的"哈默尔主义"（Harmel Doctrine）。该报告的全称为"北约的未来任务"（The Future Tasks of the Alliance），由比利时外交部长皮埃尔·哈默尔（Pierre Harmel）领衔，由北大西洋理事会直接委托的专家委员会负责撰写。该报告在 1967 年 12 月 14 日被北约当局采纳，正式成为北约的一个纲领性文件，由此得以指导北约的政治与安全实践。

"哈默尔报告"是在 1960 年代后期美苏缓和以及东西双方关系缓和的大背景下出台的，它不仅反映了北约"缓和与对话"理念的精神主旨，而且也反映了北约及其成员国对国际政治与安全形势的基本判断，尤其反映了北约对未来欧洲政治与安全格局的基本构想。西方有学者将"哈默尔报告"视为真正奠定北约政治战略的文件："北约政治战略在'北约的未来任务'这份报告中被确定下来……按照'哈默尔报告'的说法，北约有两大功能：其一是保持足够的军事力量和政治团结，以抵抗侵略以及其他形式的压力，并且在发生侵略时保卫其成员国的疆土；其二是在冷战中真正实现缓和，在潜在政治问题得到解决的基础上努力寻求建立一种更稳定的关系。防御和威慑构成北约

① Jussi M. Hanhimäki, "Conservative Goals, Revolutionary Outcomes, The Paradox of Détente," Richard Crockatt, "Détente in the Making, 1965 – 1973," in Steven Casey ed., *The Cold War*, *Critical Concepts in Military*, *Strategic and Security Studies*, Vol. Ⅳ, *From Détente to the End of the Cold War*, London and New York: Routledge, 2013, p. 62.

倚重的两大支柱。"①

"哈默尔报告"非常夸张地指出，第一，"北约是一个动力十足、活力四射的组织，可以使自身不断适应正在变化的环境……自从《北大西洋公约》签署后，国际形势发生了巨大变化，北约的政治任务出现新的维度。在其他取得进展的事项中，北约在阻碍共产主义在欧洲扩张方面发挥了重要作用……共产主义集团不再是一个统一整体，所见的和平共处方针已经改变了东西方对抗的性质……"

第二，"大西洋联盟有两项职能：其一是保持足够的军事力量与政治团结，以抵抗其他形式的压力、保卫成员国领土安全……不稳定和不确定的形势使对等削减武力变得不合实际，在这种情况下，盟国将保持适当的军事力量，确保武装力量平衡，创造一种稳定、安全以及信任的氛围。其二是寻求与华约建立更稳定的政治关系，解决潜在的政治问题……集体防御是世界政治中的一个稳定因素，实现欧洲的和平与稳定，特别需要着眼于缓和利益而富于建设性地使用北约"②。

第三，"北约各成员国作为主权国家，不必使其政策屈从于集体决策……每一个成员国都应该在改善与苏联、东欧国家关系中发挥全面作用，但是推进缓和并不意味着北约走向分裂……"③ 很明显，北约从 1950 年代后期起就已开始着手接近东欧国家，并且竭力对其施加政治影响。"哈默尔报告变成被称为北约'第二回合'的宪章，即对北约成员国做出承诺，推进与东欧国家建立一种变化的关系。"④ 另

---

① Rob De Wijk, *NATO on the Brink of the Millennium*, *The Battle for Consensus*, London and Washington, D. C.: Brassey's, 1997, p. 7. 同见于 "The Harmel Report," 11 November 2014, http://www. nato. int/cps/en/natohq/topics_ 67927. htm? selectedLocale = en 2016 年 11 月 8 日。

② "Report on the Future Tasks of the Alliance", *NATO Letter*, Vol. 16 (January 1968), p. 26.

③ "Report on the Future Tasks of the Alliance", *NATO Letter*, Vol. 16 (January 1968), p. 26.

④ Anton W. Derpore, "NATO and Détente: Cycles in history", in Lawrence S. Kaplan, Victor S. Papacsma, Mark R. Rubin, Ruth V. Young, eds., *NATO after forty years*, Wilmington, DE: A Scholarly Resources Inc., 1990, p. 188.

外，该报告还强调："（如果）没有相关各方的共同努力，在欧洲实现和平是不可能的。苏联与东欧国家政策演变，给人们带来了希望，即这些国家的政府最终可能意识到通过协作方式和平解决争端的好处……这种解决方案必须结束东欧与西欧之间不自然的障碍……盟国决心通过旨在深化东西双方缓和的现实措施，将其精力投入这一目标。东西方紧张关系的松弛不是最终目标，而是促进更好关系并且巩固欧洲已解决了的问题的一个长期过程。北约的最终目标是在欧洲建立一个公正以及持续的和平秩序，伴之以适当的安全保证。"①

第四，"东欧与西欧国家目前联系的发展，主要建立在双边基础之上，某些问题就其本性而言，需要多边化的解决方案……北大西洋区域不应与世界其他地区相隔离，该地区以外出现的危机与冲突，通过直接方式和影响世界和平方式，可能与其安全不匹配。北约盟国可以在联合国与其他国际组织内部，以单独方式为保持国际和平与安全、解决重大国际问题做出贡献。按照已确立的用途，北约成员国或者它们当中希望这样做的国家，将会就此类问题在不做出承诺的情况下展开协商，或者以事件所要求的方式展开协商"②。

由此可见，"哈默尔报告"对苏联与东欧社会主义国家的政治与安全政策评估发生逆转，对欧洲安全形势的评估也发生重大变化。虽然该报告仍然强调北约与华约的军事竞争，强调北约必须保持必要的军事力量，但却更强调北约与华约成员国联手推动欧洲缓和形势，提倡西欧国家与东欧国家展开广泛合作，共同促成欧洲和平、安全以及稳定。在此基础上，"哈默尔报告"对未来北约政治和安全任务做出新的评估，尽管仍强调维护北大西洋区域安全依旧是北约的中心任务，但亦开始关注北大西洋区域外的危机与冲突。该报告不仅重视北

---

① "Report on the Future Tasks of the Alliance", *NATO Letter*, Vol. 16 (January 1968), p. 26.

② Lawrence S. Kaplan, *NATO and the United States*, *the Enduring Alliance*, Boston, MA: Twayne Publishers, 1988, pp. 223 – 225.

约在欧洲安全秩序建构中的作用，而且也强调每一个成员国都应为实现这一目标发挥单独作用。就此而言，"哈默尔报告"在很大程度上可谓颠覆了此前北约的基本政治指导方针与安全战略思想。

事实上，"哈默尔报告"道出北约许多成员国的心声，尤其是欧洲成员国更是如此，它们并不想与苏联及华约展开激烈竞争，亦不想承担由于欧洲军备竞赛所带来的安全压力。正是在这种思想的作用下，以"哈默尔报告"为指导，北约随后推出"哈默尔主义"，这在北约政治与安全战略中具有现实与理论双重含义。就其现实意义而言，"哈默尔主义"首次将"缓和与对话"作为北约及其成员国的一种政治追求或者战略目标，贯彻于北约的政治指导方针与行动纲领中，这种全新的政治追求与安全表达，完全有别于北约过去一贯倡导的冷战政治与安全目标，体现出北约对国际冷战环境变化的一种体悟以及适应。从这个意义讲，"哈默尔主义"反映了北约"缓和与对话"理念的精髓，由此得以在北约政治与安全实践中发挥作用。"作为1967年'哈默尔报告'的一个结果，北约在1968年成立'高级政治委员会'（Senior Political Committee，简称SPC）；北约国际秘书处也在同年成立了一个新机构，负责处理裁军和武器控制事务"①。

按照美国学者安东·德伯特（Anton Deporte）的说法，"'哈默尔报告'成为北约的章程，这被称为北约的'第二站'，即北约向其成员国承诺将与东欧建立一种新关系"②。所以，"哈默尔报告"得以成为与《北大西洋公约》、"雅典方针"等相齐名的北约纲领性文件，它所聚焦并竭力宣扬的"缓和与对话"思想，贯穿于1970年代和1980年代北约的各项重大政策与战略中，主导了这一时期北约的绝大

---

① Luc Crollen, "NATO and Arms Control", in Lawrence Kaplan and Robert Clawson, eds., *NATO after thirty Years*, Wilmington, Del.: Scholarly Resources Inc., 1981, pp. 215 – 236.

② Anton W. Derpore, "NATO and Détente: Cycles in history," in Lawrence S. Kaplan, Victor S. Papacsma, Mark R. Rubin, Ruth V. Young, eds., *NATO after forty years*, Wilmington, DE: A Scholarly Resources Inc., 1990, p. 188.

部分政治与安全实践，空前提升了北约在欧洲政治与安全事务中的地位。

　　就理论层面而言，"哈默尔主义"进一步完善了北约政治指导方针与防御安全战略，它所宣传的新战略理念，融政治对话与军事对峙、对抗与合作、集体与个体作用等于一身，为北约打造了一种应对多重危机与多层面威胁的立体式冷战方法。此举在很大程度上弥补了西方旧冷战战略中将政治斗争绝对化、军事斗争方法单一化、对国际时局解读片面化等诸多理论欠缺，确保北约能够在急遽变化的国际形势中不落伍，有效维护其安全利益，进而在国际舞台上发挥更大作用。

　　总之，北约"缓和与对话"理念适应了国际形势的发展趋势，同时也促进了欧洲乃至世界范围内"缓和局面"不断扩展。"北约的双重哈默尔战略是安全与缓和的工具，而不是欧洲未来用于挑战现状的激进计划。其成功之处就是在对话和防御这两极之间很好地建立了一种微妙平衡，使它们相互支持而不是相互敌对。"[①] 一方面，北约与华约、西欧与东欧、美国与苏联等各方关于欧洲安全问题的分歧进一步缩小，共识增加，对立减弱；另一方面，北约与华约以及相关各方的联合与合作开始增多，各方都积极致力于在欧洲构建一种和平与安全秩序，不断拓展各方实施联合与合作的题目与领域，这成为 1970 年代和 1980 年代欧洲政治与安全建设的一大主题。

第五节　北约对战争的政治理解与战争理念运用

一　北约战争理念的政治坐标

　　在 1970 年代和 1980 年代欧洲政治与安全事务中，虽然北约"缓和与对话"理念发挥了一定作用，推动了欧洲和平与安全秩序建构，

---

　　① Jamie Shea，*NATO 2000*，*A Political Agenda for a Political Alliance*，First Edition，London：Brassey's（UK），1990，p. 13.

但这一理念却无法从根本上改变北约作为西方冷战军事组织的大致属性，尤其不能改变北约与华约在欧洲持续展开军事竞赛与对抗这一基本事实。更重要的是，这一理念不能改变自北约创建后就已确立的基本战争理念，而只能对这一战争理念做出某些修补。

那么，北约的基本战争理念究竟是什么样的？北约和其他国际安全组织或者区域安全组织的战争理念有哪些不同？其主旨、内容以及程序如何？要准确回答上述问题，还需要从创建北约的起点谈起。众所周知，北约自创建后就一直强调自我防御特性，时刻突出集体防御精神，强调自身与欧洲历史上其他政治联盟或者军事联盟的不同之处，强调其特有的价值观、世界观、意识形态以及安全观，这些自我特征赋予北约某些特殊的政治与安全含义。"总之，联盟必须是人民的联盟，而不仅仅是政府的联盟。事实上，北约正在按此方向变成这样一个联盟，这使北约相比所有其他类型的协约、联盟或者安全条约，拥有某种历史优势和道德优越感。"[1]

虽然北约一直以保卫各成员国疆域安全、确保北大西洋区域安全与稳定为己任，但其战略重点并不完全局限于军事领域，而是强调做好有限的军事准备，尽到最大的政治努力。北约非常清楚其优劣之势，一贯不主张以己之短，攻华约之长。这一认识不仅在北约各成员国统治集团内部普遍达成一致，还在社会大众当中达成共识，我们可以从民意调查中对此略见一斑。

表2.1　　　　　　　　当前力量最强大的国家（百分比）

最强大的国家	英国	法国	德国
美国	32	56	44
苏联	61	34	50
其他国家	7	10	6

---

① Prince Hubertus zu Löwenstein, Vollmar von Zühlsdorff, *NATO and the Defense of the West*, Westport, CT: Greenwood Press, 1960, p. 64.

续表

最强大的国家	英国	法国	德国
合计	100	100	100
调查人数	573	791	885

资料来源：Werner J. Feld and John K. Wildgen, *NATO and the Atlantic Defense*, *Perceptions and Illusions*, New York：Praeger, 1982, pp. 96 – 99.

表2.2 在五年内最强大的国家（百分比）

	英国	法国	德国
美国	27	39	36
苏联	59	31	44
其他国家	14	30	20
合计	100	100	100
调查人数	789	594	834

资料来源：Werner J. Feld and John K. Wildgen, *NATO and the Atlantic Defense*, *Perceptions and Illusions*, New York：Praeger, 1982, pp. 96 – 99.

表2.3 北约或华约哪个更强大？（百分比）

力量对比 ＼ 调查对象国籍	英国	法国	德国
北约更强大	27	31	36
华约更强大	50	31	44
力量相当	11	0	20
不知道	12	38	0
合计	100	100	100
调查人数	967	993	1001

资料来源：Werner J. Feld and John K. Wildgen, *NATO and the Atlantic Defense*, *Perceptions and Illusions*, New York：Praeger, 1982, pp. 96 – 99.

表2.4 北约与华约在五年内的力量比较（百分比）

力量对比 ＼ 调查对象国籍	英国	法国	德国
北约更强大	25	22	33
华约更强大	45	22	38

调查对象国籍 力量对比	英国	法国	德国
力量相当	7	0	29
不知道	23	56	0
合计	100	100	100
调查人数	948	990	1001

资料来源：Werner J. Feld and John K. Wildgen，*NATO and the Atlantic Defense*，*Perceptions and Illusions*，New York：Praeger，1982，pp. 96 – 99.

表2.5　　　　　　　**保证安全的最佳方式是什么？（百分比）**

方式	英国	法国	德国
依靠北约	50	13	58
依靠欧洲和美国	21	33	30
单靠欧洲	10	24	6
依靠国家武装力量	14	22	4
安抚苏联	5	8	2
合计	100	100	100
调查人数	853	766	851

资料来源：Werner J. Feld and John K. Wildgen，*NATO and the Atlantic Defense*，*Perceptions and Illusions*，New York：Praeger，1982，pp. 96 – 99.

　　由此可见，英国、法国、联邦德国等主要欧洲成员国的公众，既对北约的军事实力缺乏足够信心，又对美国、欧洲以及北约的综合实力缺乏信赖。不仅如此，各成员国公众反而对苏联或华约的军事力量与综合实力心存畏惧，毋庸置疑，公众最终还是将欧洲安全保护的最终责任放在北约身上。由此可见，北约及其成员国偏重于在政治领域而非军事领域着力，偏重于政治威慑与较量而非直接军事对撞，这已经成为共识。

　　北约之所以从政治角度而非军事角度看待战争，根源就在于它对未来北约与华约爆发战争始终秉持某种特殊认知。首先，北约认定自己为军事防御组织，不会率先挑起军事冲突或发动战争，只会在北大西洋区域遭到威胁和入侵时再采取积极防御和反击措施。因此，对北约来说，未来北大西洋区域的战争形态只能是一种区域性防御作战，或者是北约在防御作战基础上实施的反击战。另外，鉴于苏联与华约均坐落于欧亚大陆，不可能舍近求远、直接攻击北美地区以及大西洋海域，而只能"染指或侵略"西欧，所以，西欧极有可能成为苏联与华约入侵北大西洋区域的主战场。在北约内部，有学者认为："考虑到苏联的军事思想，红军的步兵师团将装备核武器，伴之以强大的装甲兵团，这将会成为一种现实。它们的目标是，针对北约防御战线中最薄弱的部分发动大规模进攻，如果有可能的话，它们会突入莱茵河，在北约北部力量与南部力量之间造成破坏。"① 虽然上述设想只是北约及其成员国单方面的战略臆想，但却反映了北约战争理念中对苏联与华约的判断以及对未来西欧发生战争的基本定位。

北约对未来战争的自我判断存在严重失误，但它却浑然不觉。北约一直自认是自卫者，是正义一方，掌握着真理、道德以及公义，因此必然会得到全世界的全力支持，注定会赢得战争胜利。与之相对，华约则是实施战争威胁与恐吓的始作俑者，是发动战争的罪魁祸首，是非正义一方，没有任何道德和公义可言。因此，苏联与华约将会由于肆意发动侵略战争而被世界各国一致孤立，必然会自绝于全世界所有国家，最终遭致失败。"针对其他国家的侵略行为将会受到谴责，对违反国际法以及其他关于战后未来而制定的不同条约和文件，'二战'后的胜利国将通过联合国对其采取联合行动。"②

正是基于对未来西欧有可能展开防御作战的上述判断，北约先入为主地为北大西洋区域防御作战设定了某种政治解决方案。尽管该方案并不排斥北约发展武器军备、壮大武装力量，强化军事战略，但其

① Prince Hubertus zu Löwenstein, Vollmar von Zühlsdorff, *NATO and the Defense of the West*, Westport, CT: Greenwood Press, 1960, pp. 37 – 38.

② Albert L. Weeks, *Myths of the Cold War*, *Amending Historigraphic Distortions*, Lanbam, Boulder, New York and London: Lexington Books, 2014, p. 97.

重点始终停留在从政治层面来定义战争，为预防和应对战争预留出较大的政治转圜空间，将预防并且应对战争的手段扩大到政治、经济、文化、社会以及技术等多个领域，立足于通过非军事手段抑制、威慑并且消除战争。按照这一逻辑，北约似乎并不掌握发动战争的决定权，但这并不等于北约在战争中彻底丧失了主动权，只能坐以待毙，或者任由对手发动战争，或者听任战争形势恶化，或者听任战争朝着有利于华约的方向发展。事实上，北约所要做的就是要在政治上牢牢掌握战争主动权，在更宏大的层面控制战争的爆发、进程以及结果，确保可能出现的冲突能够始终朝着有利于自身安全利益的方向发展。

二 北约战争理念中的程序与目标设定

北约为未来防御战争做出定位，为介入战争设定了一个特殊的程序，这一程序大致分为以下几个步骤：首先，实施"自我预防"（Self-Defense）；其次，最大限度"抑制敌方"（Restrain Enemy）；再次，积极"威慑战争"（War Deterrent）；最后，全面"赢得胜利"（Win in War）。具体而言，北约的战争理念主要包括四个步骤。

第一，作为美欧等国的军事防御组织，北约持续强化其自我防御能力，增强与华约实施军事对抗的能力，这始终是北约最重要的指导方针之一。但在东西双方持续推进冷战斗争的过程中，北约并未成为最关键、最具决定性的角色，其中的原因可以说是多方面的。正像北约自身所强调的那样："北约在欧洲保持着最重要的安全机制，但是北约联盟在安全协议中正变得更少凝聚力，也更少束缚。"① 许多北约成员国出于自身安全利益的狭隘考虑，或者害怕由于介入东西双方冲突太深而会引火上身，或者害怕自身的经济发展受到欧洲军事对峙的

---

① Alexlander Moens, Lenard J. Cohen, Allen G. Sens, "Introduction: NATO in Transition," in Alexlander Moens, Lenard J. Cohen, Allen G. Sens, eds., *NATO and European Security, Alliance Politics from the End of the Cold War to the Age of Terrorism*, Westport, CT and London: Praeger, 2003, xxix.

牵制、国家利益受损，或者认定国际冷战形势与欧洲安全局势与己无关，故而不愿在北约内部分担更大的安全责任。因此，许多北约成员国在防御安全开支上付出甚少，对北大西洋区域安全秩序建设也较少贡献。

就此而言，最大限度调动北约各成员国的防御安全意识、责任以及努力，使之形成一种强大合力，这一直是北约实施"自我预防"的最大动力。因为毕竟北约要面对的华约不仅拥有强大的军事力量，而且还拥有入寇北大西洋区域的所谓"政治动机"和"侵略意图"，北约必须全力应对。

北约的"自我预防"还表现在，北约自创建后就不断修改其防御安全方针、军事行动方案以及作战计划，目的就是确保北约的防御理论与安全战略能够不断优化。与此同时，北约还不断强化武装力量建设，除不断发展并完善军事指挥机制，北约还建立了一支拥有强大战力的武装力量，配备先进的武器设施，包括各种战略级别和战术级别的核武器。另外，北约在冷战时期还举行了为数众多、规模不等的军事演习，意图增强北约及其成员国的战争准备能力，演练拒止华约入侵的防御能力。很明显，尽管北约的综合战力无法与华约比拼，但却仍致力于不断强化武装力量建设，这反映了北约在特有战争理念下不断推进自我安全防御的事实。

就此而言，北约的"自我预防"实际上既是一种公共评价机制，也是一种自我评价机制。就前者而言，北约在理论上需要满足以联合国为中心的世界安全秩序与和平的公共需要，特别要满足西方社会不断扩大的安全追求，因此需要不断强化军事力量建设。就后者而言，北约需要按照自身的政治理念和安全逻辑，不断推进防御安全战略及其实践。然而，如果说北约的"自我预防"作为一种公共评价机制而具有某种合理性，那么，北约"自我预防"作为一种自我评价机制，其合理性就显得相对不足。因为北约自身无法确定武装力量的最终规模，无法确定防御准备工作最终需要努力的程度。但是作为北约基本战争理念的重要组成部分,"自我预防"还是被北约赋予政治和军事双重含义,将北约自身军事发展与阻遏华约可能施加的威胁、可能发动的战争紧紧联系在一起。

第二,和"自我预防"一样,"抑制敌方"也一直是北约基本战争理念的重要组成部分。尽管北约囿于作为防御安全组织的属性,既不会向苏联与东欧各国主动采取军事行动,也不会为了阻止侵略而率先采取军事行动,但这并不等于北约只会被动挨打。除实施"自我预防",北约还竭力试图在北约与华约军事对抗中掌握主动权,其政治主动权包括在战争中充分运用新闻宣传,调动媒体舆论,实施政治动员,采取思想诱导,展开道德批判等,最大限度赢得国际舆论的同情和支持,保证北约在世界范围内能够赢得更多的支持和帮助,形成一个广泛而且普遍的反讹诈、反恐吓、反侵略战线,共同遏制苏联与华约的战争恐吓与军事侵略行径。与此同时,北约通过运用上述手段,还将在全世界全面孤立、分化并且削弱苏联与华约,持续消耗苏联与华约发动军事进攻的资源、能力、注意力以及耐心,使其"恐吓行动"达不到目的,使其侵略行动无法成立或者无法持续进行,以此帮助北约及其成员国有效分散和化解来自苏联与华约的军事压力。

在围绕北约作为多边联盟的诸多研究中,西方学者提出过许多理论,"小鸡博弈"(The Game of Chicken)就是其中最具代表性的一种解读。"'小鸡博弈'原本为分析人际关系竞争提供了一个有趣的比喻,但是它似乎距离多边联盟的政治行为较远,特别是距离民主政治联盟较远。"① 北约虽然名为多边联盟,但却迥异于其他多边联盟。北约在其战争理念中,提出要以提前抑制华约的方式遏制战争爆发,这一理念本身就属于一种非常典型的政治博弈逻辑。即军事力量相对较弱的北约,却在政治上主动迎击在军事上表现相对较强的华约,而且

---

① Johan JØrgen Holst, "Moving Toward No First Use in Practice," in John D. Steinbruner and Leon V. Sigal, eds., *Alliance Security: NATO and the No-First-Use Question*, Washington, D. C.: The Brookings Institution, 1983, p. 192.

北约始终在政治上掌握着很大的主动权，北约将这种"政治优势"（Political Advantage）全面施用于与华约的军事对抗，似乎在一定程度上弥补了北约在武装力量建设以及军力对比关系中所处的弱势状态，确保在与华约的政治与安全博弈中能够建立某种战略平衡，至少在话语和舆论上如此。

　　在与华约的战略博弈中，北约竭力扩大其政治影响，力图将北约与华约的军事对抗尽可能限定在政治斗争的范畴内，诱使北约与华约的军事对抗能够沿着北约设定的政治与安全方向发展，始终不脱离北约所能掌控的轨迹。北约深信："北约的未来依赖于其武器控制行动……对大多数欧洲国家来说，武器控制不仅仅被视为矫正其安全问题的唯一方案，也是解决其安全问题的唯一方案。"[①] 很明显，通过北约与华约对等削减武装力量规模，尤其是削减进攻性武器装备数量，减弱华约潜在的军事力量，降低华约"发动侵略"的安全风险，这对北约来说始终不失为一种非常高明的政治手段，构成北约"抑制敌方"战争理念的一种实际运用，在冷战时期收效极其明显。

　　第三，与"自我预防"和"抑制敌方"同等重要，"威慑战争"亦在北约的战争理念中占据一席之地，甚至在更多情况下相比前两者占有更突出的地位。按照北约自己的说法："对于大多数欧洲国家来说，对北约军事能力的唯一理论阐述是威慑，此处的理论阐述植根于本世纪发生的各个重大事件。"[②] 北约之所以如此看重威慑战争这一理念，其根源来自北约想要避免战争的政治初衷。因为至少按照字面的理解，在美欧各国创建北约之初，不论是北约还是其成员国，其结盟的最根本目标是止战而不是生战，是消除一切威胁北大西洋区域安全

　　① Luc Reychler, "Arms Control and Disarmament", in Lawrence S. Kaplan, Victor S. Papacsma, Mark R. Rubin, Ruth V. Young, eds., *NATO after Forty Years*, Wilmington, DE: A Scholarly Resources Inc., 1990, p. 203.

　　② Leon V. Sigal, "Political Prospects for No First Use", in John D. Steinbruner and Leon V. Sigal, eds., *Alliance Security: NATO and the No-First-Use Question*, Washington, D. C.: The Brookings Institution, 1983, p. 140.

的战争因素。这一思路在北约发展历程中不断得到应证，不论是北约集体安全精神，还是区域安全原则，实际上都服务于这一目标。

对北约来说，制止战争最直接的途径，莫过于让苏联与华约清醒地知道，针对北大西洋区域发动的任何战争，不论是对苏联还是华约都弊大于利。因为苏联与华约除在人力、财力、物力等方面蒙受重大损失外，还有可能会遭受失败的耻辱。为此，北约使用了"威慑战争"的概念，以这种最为便捷的政治与安全手段，谋求付出最小的军事代价，实现终战止战这一政治目标。

归根到底，北约战争理论中的"威慑战争"理念，既导因于东西双方冷战博弈的政治逻辑，也导因于北约自身的政治与军事发展状况，两者兼而有之。就前者而言，东西双方的冷战博弈，错误地奉行"零和游戏"（Sum-Zero Game）逻辑，即在冷战对抗中主动示弱的一方，将会成为失败者或者牺牲者，最终将无法生存；反之，在冷战中抢占先机、赢得优势的一方，将会成为胜利者，将会赢得冷战博弈的一切成果。尽管北约在军事上弱于华约，但却始终不愿向华约示弱，反而在政治上采取了强硬进攻之势，以威慑方式阻遏华约的战争意图，抵消其军事优势。就后者而言，北约非常清楚自身的弊端和弱点，如果按照常规军事建设的理念，北约即使倾注全力，也无法在短期内比肩华约的军事力量，因此，北约需要另找出路。在北约及其成员国眼中："北约的战略一直由核武器所主导，但事实却是，北约绝大多数资源、人员以及财政都被用于常规武装力量……北约持续依靠核威慑对抗战争，而并非在一旦爆发战争时依靠常规武装力量实施防御。"①

前北约国际军事部官员克劳斯·魏特曼上校（Klaus Wittmann）解释了北约在军事上的种种先天不足。"（1）即使得到强化，北约也无法获得优势力量，抓住和保持在条约范围内的目标；（2）即使华约单方面实施裁军，北约也无法在主要工作部门建立充分优势地位；

---

① Colin McInnes, *NATO's Changing Strategic Agenda*, *The Conventional Defence of Central Europe*, London: Unwin Hyman, 1990, p. 1.

（3）北约的后勤系统在很大程度上停滞不动；（4）北约缺乏可持续性，也不存在'北约第二战略梯队'。"① 对北约来说，如果发展常规武装力量无法满足北约基本的战争目标，那么，使用核武器实施战争威慑，自然而然就会成为北约威慑华约、使之惮于"发动侵略"的不二选择，成为北约贯彻其战争理念中的"撒手锏"。

北约实施"战争威慑"的主要资本在于：（1）北约拥有强大的核反击能力，可以通过运用核武器，在第一时间给苏联和华约造成巨大损失，这足以迫使其知难而退，放弃针对北大西洋区域的军事冒险政策或者战争政策。"确保北约有能力迅速投掷原子弹……北约将用所有可行的方式针对敌方就《北大西洋公约》成员国的侵略实施有效抵抗和反击，包括在空中、海上、陆地以及心理上采取行动。"② （2）北约及其成员国在面对危险与挑战时，能够显示出承受巨大损失的决心和勇气，即不惜一切代价阻遏华约"发动侵略"。"如果直接防御失败，北约将会考虑实施深思熟虑的升级行动。除去对战斗的范围和强度可能加以控制外，北约将会让侵略者感到付出的代价和冒险不划算，而且会面临迫在眉睫的核反应威胁。"③ 很明显，北约"战争威慑"的安全理念，实际上仍属于希冀用政治方式消除战争危险的一种尝试，亦是北约试图以去除战争危险的方式，从根本上制止战争发生。

第四，北约的战争理念是一个非常完整的体系，不会只停留在"止战"或者"休战"的层面，事实上，"赢得胜利"才是北约战争理念的最终目标，相对而言，"自我预防""抑制敌人""威慑战争"只是北约战争理念中的几个重要环节。诚如上文所言，北约在军事上

---

① Klaus Wittmann, *Challenges of Conventional Arms Control*, *Adelphi Papers* 239, London: Brassey's Defense publishers, 1989, p. 13.

② Dr. Gregory W. Pedlow, "The Evolution of NATO Strategy, 1949 – 1969", https://www.nato.int/docu/stratdoc/eng/a491019a.pdf, last accessed on 25 April 2016.

③ Ivo H. Daalder, *The Nature and Practice of Flexible Response: NATO Strategy and Theater Nuclear Forces since* 1967, New York: Columbia University Press, 1991, p. 17.

并未完全掌握发动战争的权力，无法完全杜绝战争。因此，北约格外注重在政治上最大限度抑制和威慑敌人，以此弥补北约在军事进攻上缺失主动权的"先天不足"。在所有政治手段不敷使用后，北约最终还将回归非常规军事手段，即通过对侵略者实施全面核反击，最终战胜侵略者。"用成员国一致同意的话来说，就是北约必须确保其有能力使用所有可行的手段，毫无保留地使用所有类型的武器，迅速实施战略轰炸。"①

在其战争理念中，北约曾明确表示，北约的战争底线就是战胜侵略者。如果北约不能有效抑制和威慑战争爆发，北约绝不会对侵略者发动的战争听之任之，听任侵略者摆布。北约将采取积极的防御战略，在北大西洋区域的防御前沿地带组织各种形式的抵抗作战，最大限度消耗、削弱和迟滞侵略者的进攻势头，包括削弱侵略者的后勤补给，打击其通信指挥系统，扩大其前线部队的伤亡，直至对侵略者的大后方实施打击，包括民间目标在内等。在此基础上，北约最终将对侵略者实施核反击。北约将通过大规模运用核武器，对侵略者实施全方位核轰炸、核打击，击溃侵略者的有效抵抗，最终对侵略者的国土实施有效占领，成为战争的最终胜利者。

就此而言，"赢得胜利"实际上是北约战争理念中最重要的概念之一。作为北约战争理念的最终归宿，北约所设定的最终目标是彻底赢得冷战胜利，这不仅包括北约所代表的西方国家将在政治上全面战胜对手，在军事上彻底击败对手，而且也包括西方国家在思想文化以及意识形态上完全战胜对手，直到赢得全面胜利。

由此可见，北约的战争理念归根到底是冷战政治的产物，因此无法摆脱冷战政治的基本属性。虽然伴随着国际冷战斗争的起伏，北约的基本战争理念在不同时期都有相应调整，但无论其形式、重点以及表述如何变化，都始终不能脱离北约为推进冷战政治目标所设定的基

---

① Dr. Gregory W. Pedlow, "The Evolution of NATO Strategy, 1949 – 1969", http: // www. nato. int/docu/stratdoc/eng/intro. pdf. 2016 年 4 月 25 日。

本发展轨迹。一直到冷战结束，随着世界范围内传统安全领域与非传统安全领域日趋紧密结合，北约的基本战争理念才开始逐渐摆脱了冷战政治的牵累，逐渐转向谋求新的政治与安全利益。

第六节　北约政治战略的基本属性与转变

一　北约政治战略中的冷战基础

自北约创立后，在持续推进防御安全战略及其实践的过程中，北约逐渐在政治上形成一套极为特殊的战略，包括政治目标、理念、规则以及手段等因素，并且不断施用于北约的各项政治与安全实践。与北约军事战略相比，北约政治战略的存在与发展似乎并不引人注目，而且在表现形式上也显得极为零散，甚至相当随意。

尽管这些政治战略看上去大多数似乎是应临时性政治或安全危机而生，但在现实中却前后相连，并不散乱，这些政治战略不仅使北约在欧洲冷战对峙中得以持续保持其政治生命力，而且也能够确保北约在北大西洋区域安全事务中一直发挥重大政治功用，进而对北约军事战略及其实践产生巨大影响。大多数西方学者均认为："正是政治维度（Political Dimension）创造了北约，其中包括民主制度、自愿参加、负担与收益共享。已变化的东西并不需要某种政治维度的存在，而是需要政治维度中的特殊内容。问题的关键不再只是控制苏联的政权，不过仍会有许多苏联政权留存下来。此举保证了民主国家能够在出现任何方向的威胁和不安定时，能够保持稳定与足够的安全。"[1]

北约政治战略的职能主要集中在两个方面：内向型政治战略（Inward-Orientation Political Strategy）和外向型政治战略（Outward-Orientation Political Strategy），前者旨在建立更完整的大西洋联盟体制，包

---

[1] Francis H. Heller, "Epilogue: From NATO Past to NATO Future", in Francis H. Heller and John R. Gillingham, eds., *NATO: The Founding of the Atlantic Alliance and the Integration of Europe*, New York: St. Martin's Press, 1992, pp. 442 – 443.

括政治领导机制、军事指挥机制以及财政分摊机制等，同时建立大西洋联盟内部实施对话、合作、行动的共同规则，包括政治协商、威慑与对话等，其最终目的就是充分融合各成员国的不同意见，最大程度消除和减缓各成员国之间的矛盾，以便在北约内部达成最普遍的统一意志，确保北约能够在欧洲政治与安全事务上保持强势地位。后者旨在加强北约与各种国际或者区域组织的合作与协调，例如联合国、西欧联盟、欧安会、欧共体等，同时也能使北约与各种敌对或中立的区域力量展开协商与对话，其最终目标亦在于加强北约在欧洲军事对峙格局中的地位，推动欧洲安全秩序建构朝着有利于北约的方向发展。毋庸置疑，不论是内向型政治战略还是外向型政治战略，都被北约深深打上冷战政治与意识形态的印记，同时束以传统的欧洲地缘政治逻辑。

北约政治战略在本质上属于一种意识形态，带有非常明显的政治偏向，尤其是冷战政治色彩。该战略在政治上尤为推崇冷战政治的一般逻辑与规则，在军事、社会、文化等层面也唯意识形态是举，完全以冷战化的思维、话语以及规则来指导北约的联盟架构、机制建设、安全战略以及社会实践等。为此，北约及其成员国领导人一致笃定："作为一个安全组织，北约扮演了保卫自由—民主价值观联盟的角色，致力于军事、政治、社会、经济以及文化合作。"[1]

事实上，北约政治战略的冷战特性可谓浑然天成，其根源就在于北约首先是美苏冷战斗争的产物，因而决定了北约政治战略必然要受到欧洲冷战形势变化的持续影响。作为美欧各国推进政治与安全联合的一种政治润滑剂，北约政治战略虽然部分沿袭了欧洲传统地缘政治逻辑，但更重要的是，它离不开冷战的基本政治逻辑，不可能远离美欧各国谋求全面冷战优势这一终极目标，当然也摆脱不了欧美各国为

---

[1] Gustav Schmidt, "From London to Brussels: Emergence and Development of a Political-Administrative System", in Sebastian Mayer ed., *NATO's Post-Cold War Politics*, *The Charging Provision of Security*, New York: Palgrave Macmillan, 2014, p. 34.

推进冷战目标所需要的方法、手段以及路径。因此，北约政治战略在维系北约有效存在、确保北约正常运转以及构建欧洲安全秩序等方面的种种举措，在客观上都离不开冷战政治这一大方向。

自其创建后，北约一直将自身定位为美欧各国历史上最大防御安全组织这一角色。"汇集于北约的那些成员国，其疆土面积大约达到800万平方英里，人口达到4.5亿。"① 与此同时，北约实际上也扮演着西方阵营中最大的冷战组织这一角色，成为集政治、军事、文化以及意识形态等多种职能于一身的冷战组织。"北约决不只是一个二战后支持西欧民主制度的组织，但是毫无疑问，以有利于民主成果的方式，北约助力于塑造内部政治交流与预期。"② 很明显，要想确保疆土面积如此之大、人口如此之多的北大西洋区域安全，单单凭借"集体安全精神"或者集体防御战略（Collective Defense Strategy），显然不足以消除横亘于美欧各国之间所有根深蒂固的矛盾与分歧，亦不足以解决北约在其发展进程中所集聚的所有难题，更难以对付除外来军事威胁以外的其他各种政治、经济、社会、文化、安全以及外交等挑战，当然更无助于北约在欧洲安全秩序建构中持续发挥作用。③

对北约政治战略而言，冷战更像一种特殊的政治驱动器，或者更像一种无所不在的思想黏合剂，因为正是在冷战的旗帜下，北约得以肆无忌惮地深化和发展其政治战略，肆意扩展常规与非常规武装力量，不断扩大组织规模，持续补充和完善北大西洋区域的防御战略空间。例如，通过建立政治与军事联合机制，北约能够不断推进其成员

① Prince Hubertus zu Löwenstein and Volkmar von Zühlsdorff, *NATO and the Defense of the West*, Westport, CT: Greenwood Press, 1960, p. 4.

② Mark Kramer, Ideology and the Cold War, *Review of International Studies*, Vol. 25, No. 4, 1999, 539 - 576.

③ 与北约组织相似，欧洲与美洲等地还有许多奉行"集体安全精神"的区域安全组织，例如"西欧联盟""里约热内卢组织"等，但这些组织无论是在区域安全事务中，还是在国际政治与安全事务中，其作用与影响都无法与北约相提并论。与上述组织相比，北约无疑是一个延续时间最长、影响最大的区域安全组织，既满足了大西洋两岸国家的共同防御安全需要，也反映了国际冷战斗争的发展趋向。

国的政治与安全联合，发展并壮大大西洋联盟；通过推进"集体安全精神"，北约可以最大限度集中其经济、财政、人力以及自然资源；通过政治协商机制（Political Consultation System），消除彼此之间的分歧与对立，这是任何其他政治、经济或者安全因素所不能替代的。

因此，冷战在某种程度上构成北约政治战略的思想、文化、地缘政治的社会基础。"从社会的角度看，冷战似乎并非苏联与美国之间简单的地缘政治、意识形态或者全球性冲突，而是一种可以想象的现实，是一种用于平息战后混乱局面的庞大社会机制，是一种通过终结国内众多社会冲突与文化斗争的世界性机制。在某种程度上，冷战可以被视为战后安排的一种机制，此说并非指国与国关系，而是指社会内部。"①

冷战为北约政治战略提供了一个巨大的政治空间，足以将北约的政治理想、战略目标、军事计划等尽数囊括在冷战思想体系中，使北约得以尽情解读和演绎其指导方针、战争理念、防御精神、战略原则、作战思想等，即使北约在这一过程中出现重大偏差或者缺失，亦能够在冷战的政治宣传与说教中得到某种合理解释。例如，北约多年来一直耗费巨资，谋求建立强大的防御安全体系，用于防范某些可能危及北大西洋区域安全的挑战与威胁，许多成员国对此颇有怨言。然而，只要北约祭起对抗苏联与华约威胁与侵略这面大旗，就能迅速消除所有怀疑之声，平息北约内部所有纷争。冷战已经成为北约保持政治战略正确的一个最有效法宝，在冷战时期一再被北约以及美、英等成员国使用。

与此同时，在冷战的旗号下，北约政治战略还能最大限度弥合或者缩小各成员国之间的固有差别，例如，北约内部由于综合实力不对等而引发权利不均衡，以及大西洋两岸始终存在利益与政策分歧，最终确保北约的联盟架构、综合方法以及协商机制能够正常发挥作用。

① Masuda Haijimu, *Cold War Crucible*, *The Korean Conflict and the Postwar World*, Cambridge, MA and London: Harvard University Press, 2015, pp. 283 – 284.

"令人信服的是，各成员国政府在北约内部相对损失了一些影响，但是北约作为国际机构，也催生了凝聚力、促进了共识以及共同决策，这种作用也会相应得到强化。"①

二　北约政治战略中的现实主义基础

北约政治战略属于一种以追逐现实利益为目标的政治方法，即北约不仅在政治上特别强调其政治与安全实践的意识形态导向，而且也强调追求现实利益与目标；北约不仅强调要在长时段防御行动中保持各成员国的共同政治需要，而且在追求即时性目标或者局部性目标时，也强调要保持各成员国一致立场与态度；北约不仅强调要运用军事手段实现其防御安全目标，而且也强调通过政治、安全以及外交手段持续满足北大西洋区域的防御安全需要；北约不仅强调要在北大西洋区域安全事务中运用必要的政治手段，而且也强调在事关北大西洋区域安全的各种国际或区域安全问题中运用政治手段等。由此可见，除去冷战化的意识形态以外，北约政治战略也特别重视获取某种现实利益，尤其重视实现上述利益的各种政治手段和方法。

就此而言，北约政治战略同样也是一种充斥着功利主义色彩和机会主义动机的政治设计，即北约并不只追求华而不实的意识形态目标，同样也讲求实实在在的政治利益。例如，越南战争（Vietnam War）爆发后，美国与欧洲盟国曾出现严重争执，欧洲盟国害怕美国将其武装力量重心转移至亚洲，美国则害怕其在亚洲的军事行动得不到欧洲盟国的支持。因此，北约在美欧双方之间做了大量工作，竭力试图保持北约内部团结一致。因为"对北约来说，所有关于修正战略概念的谈判都停顿下来，为持续进行的内部谈判开辟道路，这些谈判

---

① Sebastian Mayer, "NATO as an Organization and Bureaucracy", in Sebastian Mayer ed. , *NATO's Post-Cold War Politics*, *The Changing Provision of Security*, New York：Palgrave Macmillan, 2014, p. 6.

表明（北约）各成员国之间缺乏政治凝聚力，特别是法国"[1]。

事实上，纵观北约政治战略的发展历程，几乎在每一次重大国际政治与安全危机发生后，北约政治战略都会进入一个相对活跃的时期，即各成员国之间的政治协商明显增多，各成员国不仅会保持空前团结一致，北约的各项政策、战略以及计划的执行力大幅度增加。虽然在其成员国出现分歧与矛盾时，北约常常扮演"和事佬"角色，但在国际或区域危机中，北约则始终以"团结一致"的政治形象彰显其整体影响，不仅以坚持强硬立场与强势政策而著称，而且其立场、政策与战略也始终保持相对一致和完整，尤其在北约面对苏联与华约时，情况更是如此。

从表面看，北约政治战略看似只能零散而且被动地发挥作用，似乎只能在出现重大危机与挑战时才发挥作用，但事实却不尽然。不论是否出现国际性危机与区域冲突，北约政治战略实际上都一直存在，只不过有时以显性方式存在，有时则以隐形方式存在。而且，北约政治战略的作用和影响也时大时小，并非恒定不变，因为政治战略所关注问题的范畴极其广泛，并不止于处置某些危机与冲突，亦不局限于协调北约各成员国之间的关系，北约政治战略的关注几乎无处不在。我们认为，对欧洲—大西洋区域安全事务而言，北约似乎无处不在。"北约历史所关注的内容，要远远多过防备苏联，或者超过处置盟国之间不顺畅的关系。"[2] 正是在其政治战略的作用下，北约得以持续维系大西洋联盟的防御安全体系，包括不断完善大西洋联盟机制，不断充实北约安全战略，持续推动北约的政治与安全实践。

---

[1] Linda Risso, *Propaganda and Intelligence in the Cold War*, *The NATO Information Service*, London and New York: Routledge, 2014, p. 107.

[2] Lawrence S. Kaplan, "After Forty Years: Reflections on NATO as a Research Field", in Francis H. Heller and John R. Gillingham, eds., *NATO: The Founding of the Atlantic Alliance and the Integration of Europe*, New York: St. Martin's Press, 1992, p. 21.

三 北约政治战略中的折中主义

北约政治战略属于一种典型的折中主义政治哲学（Eclecticism Political Philosophy），即北约政治战略的基调对内强调独立、协商以及合作，对外则强调对话、妥协以及对抗。北约既强调维护各成员国的主权独立地位以及国家利益，但也强调北约的整体政治与安全利益，同时强调北约在应对各种国际或区域危机与冲突中的综合应对能力；北约既强调北大西洋区域特定的防御安全需要，同时也强调北约作为"西方民主国家联盟"在全世界的政治示范作用，尤其是北约在全世界政治文化与意识形态传输中的引领作用。就此而言，北约从来就不是一个拥有某种单一职能的军事联盟，它实际上是欧美各成员国在政治、军事、经济、文化以及意识形态等领域各种不同意志的妥协与合作，同时也是各成员国不同利益、政策、传统、习俗等的协调与统一。"大西洋联盟的历史总是充满了嘈杂声，许多人都会在恢复跨大西洋紧张关系这一似曾相识的幻境中持续得到某些安慰。"[1]

自其诞生之日起，北约政治战略就充满了折中主义，这种政治哲学贯穿了北约所有指导方针、政治原则、防御思想、安全政策、作战方案等，主导着北约在不同阶段的发展走势，涵盖了北约政治与军事实践所涉及的各个领域。就北约政治联合架构而言，该架构本身就是政治折中的典型产物，一方面，该架构极其推崇超国家体制所拥有的集中权力，希望充分借重超国家联合机制的便利，不断发展和完善北大西洋区域防御安全体系，推动大西洋联盟能够发展某种超国家权力，克服各成员国之间难以摆脱的利益纠葛。另一方面，该架构也非常重视各成员国政府间合作的重要性，希望借此最大限度保持各成员国的独立主权、单个国家利益以及政治独立空间。因为这毕竟是北约自诩为"西方民主国家联盟"的主旨所在，北约不可能只强调其在军

---

① Simon Serfaty, "Atlantic Fantasies", in Robert W. Tucker and Linda Wrigley, eds., *The Atlantic Alliance and its Critics*, New York: Praeger, 1983, p. 96.

事上存在的意义，而抹杀其在其他层面存在的意义。

作为北约特有的一种政治哲学，政治战略的折中主义高度凝聚了北约存在和发展的政治谋略，冷战时期北约的发展与壮大正得益于此。进言之，"大西洋主义"堪称是北约一切政治与安全实践的思想灵魂，但"大西洋主义"本身就是一种政治折中，其思想精髓可谓深入北约的联盟机制、指导思想以及安全战略等各个方面，既反映了北约存在种种现实矛盾与对抗，也反映了北约各成员国在政治、安全以及军事等领域达成各种妥协与合作。不论是北约还是其成员国，都无法对各种矛盾视而不见，听之任之，因为这样会影响北约的政治与安全职能，削弱其影响力。

与此同时，北约客观上亦不能圆满解决所有的内部分歧与矛盾，因为北约在整个冷战时期始终未能找到克服基本难题的途径与方法，更谈不上解决所有分歧与矛盾。这就注定北约只能采取某种折中路线，既要充分考虑北约自身利益，也要考虑大西洋两岸关系，还要尽可能使所有成员国都能表达各自的安全诉求。在欧美国家许多领导人看来，"北约必须变成这样一个机构，即欧洲人、加拿大人、美国人不仅可以为了实现共同防御而共同努力，而且可以与所有欧洲国家建立新伙伴关系"①。

不仅如此，北约政治战略的折中主义还表现在，面对国际安全危机与冲突，北约同样需要采取某种折中政策，既要与形形色色的伙伴国家或者组织实现某种妥协，有时甚至还要在某些领域与其对手达成妥协、建立对话、展开协商，例如苏联、东欧国家以及华约等。因为北约不可能独立主导和控制整个欧洲安全格局的走势，北约客观上需要得到欧洲各类安全行为体的支持和帮助，包括竞争对手在内，甚至北约的许多政策与实践均需要得到对方的默许或忍让，唯有如

---

① NATO Review, Vol. 38, No. 4, August 1990, p. 32. 转引自 Werner J. Feld, *The Future of European Security and Defense Policy*, Boulder and London: Lynne Rienner Publishers, Inc., 1993, p. 8.

此，北约才能维持其所希冀的欧洲政治与安全格局，使之不至于失控。因此，政治折中主义实际上为北约在国际政治与安全舞台上持续存在、发挥影响提供了一种新选择，使北约在各种国际或区域危机与冲突中能够采取更加灵活、圆融的策略和方法，确保自身利益不会受损。

如前所述，冷战为北约持续推进政治与安全战略提供了巨大空间，但是北约政治战略所一贯强调的折中主义，实际上也为北约的存在和发展同样提供了必要的政治空间，使北约在冷战时期得以与苏联及华约等竞争对手和平相处，使双方能够持续保持不间断的政治对话和协商，甚至保持某些低限度、低层次合作，以此持续保持北大西洋区域的安全与稳定。"使生死攸关的问题处于安全政策关注的视角内，这实际上非常重要。在北约内部，没有几个人相信或曾经确信，苏联集团的进攻迫在眉睫，或者已经极为紧迫。"① 对北约来说，以政治折中这种特殊方式与苏联及华约保持既缓和又对抗、既竞争又谈判的特殊关系，对其推行既有防御又有威慑的战略方针，以此确保北大西洋区域安全与稳定，无疑称得上是北约最明智的一种战略选择。

总之，北约政治战略的上述特殊属性，既是北约创制之初的约定俗成，亦出自冷战环境及其变化，但是无论成因如何，北约政治战略与安全战略，都在北约政治与安全实践中发挥了重要作用。与北约安全战略相比，北约政治战略的变化相对较少，虽然其内容伴随着冷战形势的变幻而越来越丰富，但其基本属性却始终少有变化，这在很大程度上确保了北约能够按照其既定的方针、原则、政策以及方法，比较稳定地推进政治与安全实践，不仅在冷战时期如此，在冷战结束后亦如此。因此，尽管国际环境在冷战后千变万化，北约亦推出许多新防御安全概念，但我们始终能够见到许多似曾相识的内容，这使北约很难与冷战时期的自己完全告别。

---

① William Park, *Defending the West*, *A History of NATO*, Brighton, Sussex: Wheatsheaf Books Limited, 1986, p. 195.

第三章　北约安全战略的表达、转换以及功效

第一节　北约"前沿防御战略"的表现、转换及其影响

一　北约提出"前沿防御战略"

与其政治战略相辅相成，北约安全战略的确立与发展同样经历了一个比较漫长的过程。但与前者不同，后者所关注的目标相对集中，而且在冷战前后的变化相对较大。贯穿整个冷战时期，北约安全战略主要立足于保卫北约及其成员国的疆域与主权，基本上局限于传统安全领域。一直到冷战结束，北约安全战略锁定的威胁目标、层面、途径以及方法等才出现巨大变化，北约不仅需要继续关注传统安全威胁与挑战，还要关注其他各种新型安全威胁与挑战，其地域范围亦从北大西洋区域转向欧洲—大西洋区域，甚至还有与北约安全利益相关的许多域外地区，所涉及领域亦遍及政治、经济、军事、外交、社会、能源、网络、食品、自然资源等多个领域。

贯穿冷战时期，北约安全战略比较集中地体现为"前沿防御战略"（Forward Defense Strategy）。1949 年 10 月，北约常设核心小组提出北约最早的防御战略概念——"北大西洋区域防御战略概念"（The Strategic Concept for the defense of the North Atlantic Area），又称"常设核心小组第一号文件"（The Standing Group No. 1，简称 SG1）。"北大

西洋区域防御战略概念”强调“纵深防御”（Defense in Depth）、“综合防御”（Comprehensive Defense）以及“可替代军事防御”（Alterative to Military Defense）等理念，这些理念为北约正式推出“前沿防御战略”奠定了重要基础。“美国的立场是，（北约）每一步努力都说服那些区域计划小组发展和接受下列计划：（1）短期防御计划只能使用欧洲国家的资源，同时接受针对西欧防御的‘可替代军事战略’。该战略的目标是在西欧建立一个‘牢固的桥头堡’（Solid Bridgehead），它可以在出现额外军事动员时实施进一步扩展，此举意在阻止苏联人在长期基础上占领北大西洋地区。（2）长期防御计划将会考虑某种持续增长的可能性，即欧洲国家将会作为一个整体，保卫其疆土免于被征服和占领。”①

“北大西洋区域防御战略概念”一经提出，旋即得到北约政治与军事指挥机构一致认可，因而得以构成常设核心小组、军事委员会和防务委员会所拟定的等一系列战略文件的基础，它所宣传的核心安全理念、政治与安全目标、决策与行动步骤等，也由此而不断得到补充和完善。“军事委员会第 3 号文件”（The North Atlantic Military Committee Decision on MC3，简称 MC3）强调：“《北大西洋公约》所要实现的目标在于，缔约国在政治、经济、心理以及纯粹军事手段上能保持统一，这对于保持北大西洋地区安全可谓至关重要。特别重要的是，《北大西洋公约》的目标要与《联合国宪章》的目标与原则保持一致。”② 而“防务委员会第 6 号文件”（The North Atlantic Defense Committee Decision on DC6，简称 DC6）则强调：“在和平时期协调我

---

　　①　Wichard Woyke, “Foundation and History of NATO, 1948 – 1950”, in Norbert Wiggershaus and Roland G. Foerster, eds., *The Western Security Community*, *1948 – 1950*, *Common Problems and Conflicting National Interests during the Foundation Phase of the North Atlantic Alliance*, Oxford and Providence: Berg Publishers, 1993, p. 266.

　　②　M. C. 3 19 October 1949 Pages 1 – 7, incl. Memorandum by The Standing Group to the North Atlantic Military Committee transmitting The Strategic Concept for the defense of the North Atlantic Area, http://www. nato. int/docu/stratdoc/eng/a491019a. pdf, 2016 年 8 月 16 日。

们的军事与经济力量，着眼于对危及北大西洋组织各国和平、独立以及稳定的任何单个国家或集团实施威慑；制定计划，以备在（发生）战争时使用，使北约能够向北大西洋组织各国联合部署军事力量，反击敌方的威胁，保卫北大西洋组织各国人民与疆土，以及北大西洋区域安全。"①

1950 年 3 月，北约军事委员会出台 "北大西洋区域计划的战略指导"（Strategic Guidance for North Atlantic Regional Planning），又称 "北约军事委员会第 14 号文件"（The North Atlantic Military Committee Decision on MC14，简称 MC14），防务委员会同时推出 "北大西洋组织中期计划"（North Atlantic Organization Medium Term Plan），又称 "北约防务委员会第 13 号文件"（The North Atlantic Defense Committee Decision on DC13，简称 DC13）。1954 年 11 月，军事委员会通过 "未来若干年北约军事力量最有效的模式"（The Most Effective Pattern of NATO Military Strength for the Next Few Years），又称 "北约军事委员会第 48 号文件，"（The North Atlantic Military Committee Decision on MC48，简称 MC48），上述文件正式标志着北约 "前沿防御战略" 形成。该战略的总体设想是，一旦苏联和东欧国家发动进攻，北约将在中欧实施抵近防御作战，在西欧、中欧、南欧、北欧实施持续性消耗作战，最大限度保存自身力量，不断迟滞、延缓和削弱进攻部队，按照不同阶段实施反击，包括运用核武器在内的一切军事手段，辅之以政治、经济、社会、心理等手段，在陆地、海上以及空中实施多方位反击，直到最后胜利。

二　北约 "前沿防御战略" 的基本理念

"前沿防御战略" 不仅强调集体安全精神，而且还提出许多新战

---

① D. C. 6 29 November 1949 Pages 1 – , incl. Note by The Secretary to the North Atlantic Defense Committee on The Strategic Concept for the defense of the North Atlantic Area, http：// www. nato. int/docu/stratdoc/eng/a491129a. pdf, 2016 年 8 月 16 日。

略理念，这些新战略理念既融合了北约成员国所共同尊奉的安全理念，也结合了北约防御北大西洋区域安全的实际需要。

第一，强调北大西洋区域防御安全的整体性。鉴于北大西洋区域内各个地区在地理位置、工业能力、人口资源、军事能力等方面存在差距，因此不同地区具有不同防御安全定位，而且要相互配合。在"北大西洋区域计划的战略指导"这一战略文件中，北约明确指出："（西欧、北欧、南欧）三个欧洲区块必须被视为一个整体，在地理位置上构成北大西洋区域面向东方的'巧克力层'，加拿大—美国集团则构成北约实施进攻、实施增援、提供生产潜力的主要手段。"① 在北约防御战略设计中，中欧一直被当作防御作战的前线，西欧、北欧和南欧则被当作迟滞和削弱入侵部队的重点区域，北约准备牺牲中欧，在尽可能向东的地方阻碍、牵制和延缓军事入侵态势，为全面反击创造条件。"在区域计划小组中所设计的计划中，（北约的）目标是在德国尽可能以东的地方阻止敌军，在意大利尽可能向东、向北的地方阻止敌军，在北欧的防御地区之外阻止敌军。"②

第二，强调分步骤应对军事入侵。按照北约设定的战争步骤，北约要充分发挥在经济、心理、意识形态以及科技等方面的优势，充分利用北约及其成员国在地理、资源、人口与工业分布等方面的特点，还要利用苏联和东欧各国长于军事、短于民事的弱点，以己之长攻敌之短。在"防务委员会第13号文件"（DC13）中，北约提出，按照防御、迟滞以及反击三个步骤，对苏联和东欧各国即将发动的军事进攻实施阶段性反制。即："第一阶段，抑制苏联最初的进攻，包括抑制最初的联合空中进攻；第二阶段，在抑制苏联最初的进攻后，共同

① M. C. 14 28 March 1950 North Atlantic Military Committee Decision on M. C. 14 Strategic Guidance for North Atlantic Regional Planning Note by the Secretary, http：//www. nato. int/docu/stratdoc/eng/a500328c. pdf，2016 年 8 月 17 日。

② M. C. 14 28 March 1950 North Atlantic Military Committee Decision on M. C. 14 Strategic Guidance for North Atlantic Regional Planning Note by the Secretary, http：//www. nato. int/docu/stratdoc/eng/a500328c. pdf，2016 年 8 月 17 日。

采取重大进攻行动；第三阶段，联合采取重大进攻行动，直到苏联投降；第四阶段，最终实现联合战争目标。"[1]

在"军事委员会第 14 号文件"（MC14）中，北约更是进一步提出："北欧地区计划小组负责将敌方挡在防御区域之外，在波罗的海实施军事行动；加拿大—美国地区计划小组负责迅速强化遭受攻击的地区，在他国帮助下执行空中战略进攻时提供支撑和准备；北大西洋区域计划小组通过必要的反击进攻及防御措施，负责控制跨大西洋交通线，为保卫欧洲大陆架的葡萄牙、马德拉群岛、亚速尔群岛做好准备，为保卫格陵兰、冰岛、法罗群岛以及其他被认定为北大西洋区域的其他地区做好准备。"[2] 在"前沿防御战略"的指导下，北约明确强调要合理并且有序管控战争进程，持续推进防御实践，实实在在掌控每个区域、每个作战步骤以及每个指挥机构。

第三，强调以综合手段应对苏联和东欧各国的军事进攻，既要有战术防御，又要有战略进攻。在华约看来，"前沿防御战略"毫无疑问是一种侵略战略，其目的是北约军事集团为侵略苏联与东欧各国做准备，最终将战争带给苏联与东欧社会主义阵营。"华约对北约将武装力量部署在边境的愿望给出一个简单解释，即前沿防御战略与灵活反应战略（Flexible Response Strategy）实际上无助于防御的反应或者原则，它们是将北约侵略目标付诸实践的一种手段，这些战略被设计用于实施强有力的首轮打击，即将战争迅速带入社会主义国家的疆域内。"[3]

但是对于北约来说，"前沿防御战略"兼具综合作战与总体作战

① D. C. 13 28 March 1950 Because of the Secrecy of the Contents of this Document, it is being given a specially limited distribution, http：//www. nato. int/docu/stratdoc/eng/a500328d. pdf，2016 年 8 月 18 日。

② M. C. 14 28 March 1950 North Atlantic Military Committee Decision on M. C. 14 Strategic Guidance for North Atlantic Regional Planning, http：//www. nato. int/docu/stratdoc/eng/a500328c. pdf，2016 年 8 月 19 日。

③ Hugh Faringdon, *Strategic Geography*, NATO, *the Warsaw Pact*, *and the Superpowers*, Second Edition, London and New York：Routledge, 1989, p. 333.

的某些要求，其目标就是彻底击败苏联与东欧各国。"运用任何非战争的和平手段，反制苏联及其卫星国对北约成员国的威胁，采取措施利用苏联的弱点；发展一支结构平衡的军事力量，牢记每个国家的经济形势；通过实现装备与联合训练的现代化，使这一军事力量持续保持高效；弥补北约成员国在武装力量上的数量劣势；通过装备标准化，协调对生产能力的运用，交换计划、情报以及技术信息，实现各成员国相互援助。"①

北约的防御作战任务极其复杂，既要保卫北大西洋区域整体疆域安全，又要保护海上和空中交通线、能源供应线以及资源运输通道；北约的作战方式多种多样，既有地面作战，还有空中与海上作战；既有常规作战，还要在战争爆发后第一时间实施核打击（打击目标既包括前沿地带的敌方武装，还有敌方的大后方和战略纵深）。由此可见，北约的防御作战既要包括军事作战等非和平手段，还有经济绞杀、技术封锁等和平手段，其目标只有一个，即全面赢得战争胜利。

三 北约"前沿防御战略"持续发展与运用

自"前沿防御战略"确立后，该战略在思想与实践层面迅速获得发展。1954 年 9 月，北约欧洲盟军最高司令部制定"前沿防御计划"，直接提出四项内容：（负责）打核战争的组织、和平时期与战时的行动部署、指挥机构与交通设施、后勤支持。② 10 月，北约公开对外宣布，吸收联邦德国入盟。联邦德国入盟对北约可谓意义重大，因为"联邦德国的前沿直接靠近'铁幕'，绵延 1000 英里以上，从捷克斯洛伐克、奥地利与巴伐利亚的三方角落，一直延伸到靠近特拉沃明

---

① D. C. 13 1 April 1950 North Atlantic Defense Committee Decision on D. C. 13 A Report by the Military Committee on North Atlantic Treaty organization Medium Term Plan, http://www.nato.int/docu/stratdoc/eng/a500328d.pdf, 2016 年 8 月 19 日。

② Supreme Headquarters Allied Powers Europe, Paris, France, 6 September 1954, http://www.nato.int/nato_static/assets/pdf/pdf_archives/20140410_planning_for_forward_strategy.pdf, 2016 年 8 月 25 日。

德的佩瑞维尔半岛，从战略上讲，还应加上长达 600 英里的波罗的海海岸线……德国的前沿是西方防御的核心"①。与此同时，北约防御力量也随着联邦德国入盟而增强。"联邦德国国防军将在 1965 年建成，它将拥有 50 万人，另外还有 50 万后备人员，在北约的要求下，联邦德国国防军的最初目标是 35 万人，其中陆军人数为 20 万、空军人数为 10 万、海军人数为 2.5 万、边境防御部队未 2.5 万，这一目标将被大大超出。到 1962 年夏，这个数字已达到 35 万人。"②

从 1960 年代起，北约对"前沿防御战略"中核武器的定位与运用做出调整，在 1962 年 5 月雅典会议上，北约秘书长迪克·斯迪克（Dirk U. Stikker）做了题为《北约防御政策》（The Defense Policy of NATO）的主题报告，制定"雅典方针"（Athens Guideline）。"北约强调对核武器采取政治控制，即对不同环境下使用核武器必须展开协商，在苏联发动核攻击后，北约实际上要自动使用核武器；一旦苏联发动全面的常规力量进攻，如果时间允许的话，（北约）也要展开协商。"③ 在此基础上，1963 年 9 月，北约军事委员会通过一份名为"1970 年前影响北约的军情之理解"（Appreciation of the Military Situation as It Affects NATO up to 1970）的战略文件。该新战略文件直接将北约战略防御步骤分成三个阶段：即首先以常规武器遏制战争，其次对特殊环境下战术核武器的使用实行快速升级，再次在战略上全面使用核武器。④ 北约将其确保北大西洋区域的战略行动精确分成三个步骤，采取不断升级、步步递进，逐渐提升的作战方式，既增强了北约在未来防御作战中对自身行动的控制，又突出了北约军事作战的威慑

---

① Prince Hubertus zu Löwenstein and Volkmar von Zühlsdorff, *NATO and the Defense of the West*, Westport, CT: Greenwood Press, 1960, p. 205.

② Prince Hubertus zu Löwenstein and Volkmar von Zühlsdorff, *NATO and the Defense of the West*, Westport, CT: Greenwood Press, 1960, p. 206.

③ Dr. Gregory W. Pedlow ed., "NATO Strategy Documents, 1949 – 1969", http://www. nato. int/docu/stratdoc/eng/intro. pdf, 2016 年 8 月 18 日。

④ Dr. Gregory W. Pedlow ed., "NATO Strategy Documents, 1949 – 1969", http://www. nato. int/docu/stratdoc/eng/intro. pdf, 2016 年 8 月 18 日。

效能，这种安排无疑进一步完善"前沿防御战略"中关于核战略与核威慑的内容。

1968 年 1 月，北约军事委员会通过"北约组织区域防御的全面战略概念"（Overall Strategic Concept for the Defence of the North Atlantic Treaty Organization Area），又称"军事委员会第 14 号文件第 3 稿最终版"（The North Atlantic Military Committee Decision on MC14 Final，简称 MC14/3）。之后，北约军事委员会又在"军事委员会第 14 号文件第 3 修改稿"的基础上，通过"军事委员会第 48 号文件第 3 稿最终版"（The North Atlantic Military Committee Decision on MC48 Final，简称 MC48/3）。上述两个文件进一步区分了北约常规武装力量与核力量的差别，而且对不同环境下两种类型武装力量的运用做出更细致和具体的规定，这无疑是北约"前沿防御战略"的重大发展，同时也推动了北约安全战略从理论层面向实践层面进一步转化。

从 1970 年代起，随着美苏关系进入缓和期，北约与华约军事对峙有所减弱，双方直接发生军事冲突的概率进一步降低。"作为一个欧亚大国，苏联在某种程度上分享了欧洲国家的经验，它较美国更好地理解了政治的不确定性。"① 到 1980 年代，北约始终恪守"前沿防御战略"的基本宗旨、方针与目标，并将其诉诸北约军事实践。一直到 1980 年代末 1990 年代初，苏联与东欧各国发生巨变，雅尔塔体系结束，"前沿防御战略"由此失去防范对象，客观上必须做出新的调整和改变。

毋庸置疑，"前沿防御战略"在推动北约军事实践持续深入的过程中发挥了重要作用。"在某种程度上，北约拥有一种优势战略，它可能并不需要优势力量。与之相反，战略和力量（双重）不足，亦可（使北约）很好地应对灾难，或者一旦发生战争时迅速击败

---

① Henry G. Gole，"NATO Defense through European Eyes"，in Robert Kennedy and John M. Weinstein，eds.，*The Defense of the West*，*Strategic and European Security Issues Reappraised*，Boulder and London：Westview Press，1984，p. 421.

（对手）。"① 该战略在理论上推动了北大西洋区域防御安全体系构建，弥补了北约常规武装力量建设的相对不足。"前沿防御战略"在军事与安全领域强化了北约各成员国之间的团结协作，在政治、经济、文化以及意识形态等方面强化了北约内部的身份认同。而且，"前沿防御战略"强调根据侵略的规模、方式以及烈度，在不同地域实施不同层级的防御、反击以及进攻，这种因地制宜的灵活反应战术最大限度发挥了北约在地域、力量以及资源分布的特点，有效维护了北大西洋区域安全。"灵活反应战略后来暗示着一种步步升级的方法，即（北约）决心采取一种螺旋式上升……事实上，灵活反应作为北约的一种战略，一旦发生冲突，政治领导层可以在最宽泛的范围内实施选择。"②

尽管"前沿防御战略"非常重要，但却无法解决北约及其成员国遭遇的所有安全问题，"前沿防御战略"自身存在着许多难以自解的矛盾。最具代表性的矛盾就是，"前沿防御战略"的安全前提就是苏联或者华约对北约发动军事进攻，但是这种军事威胁或者武装进攻的基础并非客观存在，而更多是北约及其成员国的一种主观臆想。就像美国学者大卫·卡里奥（David Calleo）所戏称的那样："可以很公平地说，如果俄国军队曾经开进欧洲，这将是欧洲历史上最精心预测、最不曾预料到的入侵。"③ 因此，这种思想与实践之间的反差导致北约安全战略的指导方针、安全对策以及作战方案始终无法得到有效检验，这使"前沿防御战略"很难有机会实现自我纠正，进而使其中的许多战争设计与行动方案大多脱离欧洲安全的现实需要。

---

① Joseph D. Douglass, Jr., "The Soviet Threat to NATO," in David S. Yost ed., *NATO's Strategic Options*, *Arms Control and Defense*, New York and Oxford: Pergamon Press, 1981, p. 10.

② E. F. Gueritz, Norman Friedman, Clarence A. Robinson, William R. Van Cleave, *NATO's Maritime Strategy*: *Issues and Developments*, Washington, D. C.: International Defense Publishers, 1987, Ⅸ.

③ David Calleo, *The Atlantic Fantasy*: *The US*, *NATO and Europe*, Baltimore, MD and London: Johns Hopkins University Press, 1970, p. 30.

"1984年，美国参议院通过了参议员山姆·努（Sam Nuu）提出'努修正案'（Nuu Amendment）。该议案声称，这个国家的公民将会质疑，而且也应该质疑，为何他们在防御安全上花费数百亿美元，却只能获得有限的常规防御，北约还必须依赖于早期诉诸核武器这一难以维系的军事战略。"① 由此可见，"前沿防御战略"自身存在的诸多盲目性，在一定程度上加剧了北约安全战略及其实践的竞争性与对抗性，同样也加剧了欧洲军事对峙格局的复杂性与危险性。

事实上，为了解决"前沿防御战略"存在的一系列问题，北约曾提出"弹性防御战略"（Elastic Defense Strategy）和"替代性防御战略"（Alternative Defense Strategy）等许多新战略概念，以此补充和发展"前沿防御战略"。"弹性防御战略"为北约战略提供了一种渐进式的变化，该战略强调北约可以通过保持有效的军事态势、通过武力VS武力的比拼，在保持较低军事水平的基础上，对常规性冲突形成某种威慑态势。同样，"替代性防御战略"则强调运用常规武装力量推进中欧地区防御，建立不抵抗的民事防御、静止的边境障碍，建立小型机动部队，辅之以高技术火力强化装置、建立多层面的防御地带，以便阻止武装入侵。② 毋庸置疑，不论上述战略在实践上是否真正有效，均在理论、方法以及实践层面提升和深化了北约安全战略。

总之，无论是北约出于自身安全需要，还是出于冷战后急剧变化的国际安全环境的需要，北约都必须对"前沿防御战略"做出调整和改变，去除单方面追求简单对抗、热衷风险威慑等不合理之处，进一步增加对话、协商以及合作等内容，使北约能够适应不断变化的欧洲安全格局，特别是适应起伏不定的国际冷战环境。唯有如此，北约"前沿防御战略"才能获得新的发展，才能在欧洲冷战对抗中真正发

---

① Melvyn B. Krauss, *How NATO weakens the West*, New York: Simon and Schuster, 1986, p. 25.

② Drew S. Nelson, Keith W. Dayton, William J. Ervin, Keck M. Barry and Philip C. Marcum, *The Future of NATO*, *Facing an Unreliable Enemy in an Uncertain Environment*, New York, London, Westport, CT: Praeger, 1991, pp. 13 – 15.

挥更多正向作用。

第二节　北约的"新视野"、新方法
以及"剑与盾战略"

一　北约提出"新视野"的基本概念与内容

贯穿整个冷战时期，北约安全战略的内涵极为丰富，除"前沿防御战略"外，北约还积极追随美国，适时推出"剑与盾战略"（Sword and Shield Strategy）、"大规模报复战略"（Massive Retaliation Strategy）、"绊网战略"（Tripwire Strategy）以及"抵消战略"（Offset Strategy）以及"灵活反应战略"等一系列战略理念，这些军事战略理念产生的背景、实施时段、指导思想、关注重点、表现手法、基本内涵等都大相径庭，但它们的最终目标均服务于北约对苏联及华约的军事对峙需要。与"前沿防御战略"贯穿北约军事实践的全程略有不同，"剑与盾战略"、"大规模报复战略"、"抵消战略"、"绊网战略"以及"灵活反应战略"均分属于北约安全战略的不同阶段与不同侧面，虽然相对零散，不成体系，但它们多有交叉，而且互有渗透，互相影响，共同构成北约安全战略中的重要组成部分。

1953年1月，艾森豪威尔（Dwight D. Eisenhower）出任美国第34任总统。艾森豪威尔上台伊始，旋即调整杜鲁门政府的"遏制战略"（Containment Strategy），提出"新视野"（New Outlook）。艾森豪威尔"新视野"所涉及的对象几乎遍及整个世界，例如，针对以北非、中东地区的"艾森豪威尔主义"（Eisenhower Doctrine）、针对东南亚国家的"多米诺骨牌理论"（Domino Theory）、针对苏联与华约的"战争边缘政策"（Brinkmanship Policy）、针对东欧与南欧国家的"解放战略"（Liberation Strategy）、针对盟国和所谓民主国家的"同盟与集体安全战略"（Allied and Collective Security Strategy）、针对苏联实施核威慑的"大规模报复战略"等。不同于"遏制战略"，"新视野"

思想尤其强调以新视角、新手段、新力量推进美国的冷战政策，主张以最小成本、最便捷方式获取最大的政治与安全利益。

在美国"新视野"思想的影响下，北约在充分吸收该战略思想的基础上，提出自己的"新视野"思想。"美国防御政策在 1953 年转为'新视野'，强调更大规模运用核武器……与此同时，北约军事当局也在应对一个问题，即如何将核武器统合在北约战略中……欧洲盟军最高司令阿尔弗雷德·格伦瑟（Alfred M. Gruenther）呼吁重新研究将核武器统合进北约战略，要求在 1953 年 8 月建立一个'新方法小组'来研究这个问题，'新方法'已取得进展，北约理事会在 1953 年 10 月 10 日要求军事当局对 1950 年代中期到后期北约所需的军事力量展开评估。"[①] 此后，在格伦瑟直接指挥下，北约开始推出旨在贯彻"新视野"思想主导下的军事政策及其实践。就其实践而言，北约"新视野"的思想主旨主要集中在两个方面：其一是对北约已有武装力量实施改革优化，最大程度提升北约武装力量的综合战力，例如推动北约采取更合理的武装力量规模、战力分布、武器装备，以便发挥其综合影响。其二是加大北约现有军事力量中核武器建设，尤其是加强对核武器威慑与运用的管控，以此弥补北约常规军事力量建设的不足。

就其表现形式而言，北约"新视野"思想在实践中主要表现在以下几个方面。

第一，在欧洲军事对峙格局中，北约不再甘心坐等苏联和华约发动军事入侵，而自己只能时刻处于神经高度紧张的等待状态，只能采取某种相对保守和被动的防御安全态势。换言之，即使北约最终赢得防御作战的胜利，也会付出难以承受的战争损失以及令人震惊的代价。因此，北约并不甘心将欧洲军事格局发展与变化的主动权完全放在苏联与华约手中，听任苏联与华约按照需要肆意威胁或

---

① Dr. Gregory W. Pedlow ed. , "NATO Strategy Documents, 1949 – 1969", http：//www. nato. int/docu/stratdoc/eng/intro. pdf, 2016 年 9 月 24 日。

者侵犯北大西洋区域，或者听任其"挑战国际安全秩序"。北约将预先采取积极和主动的政策与战略，着眼于主动参与或者主导欧洲安全格局构建，从源头上牵制和威慑苏联与华约可能发动的军事入侵，使北约能够最大限度掌控欧洲军事对峙的主动权，化被动为主动，化不利为有利。

第二，北约不再追求那种相对虚幻的冷战优势，也不再不计代价地追求军事对抗效果，或者在政治、文化以及意识形态等领域肆无忌惮地挥霍其思想与制度成就，而是充分考虑对抗、遏制苏联与华约所需付出的政治、经济、军事以及社会成本，强调运用最经济的手段、花费最低廉的成本，实现北约安全利益最大化。为此，北约不再将自身视为维护欧洲和平、稳定以及繁荣的唯一安全力量，而开始着眼于调动并协调全欧洲乃至全世界的其他各种安全组织，调动欧洲其他各种组织的力量，以便共同推进欧洲安全秩序建构。"苏联在 1956 年对匈牙利事件实施镇压，有助于加速西方的欧洲统一运动，导致号称欧共体核心的共同市场在来年诞生。"① 由此可见，北约不愿独自面对欧洲各种安全危机与冲突，独自承担不必要的安全风险，而更愿意在欧洲安全架构下，与其他安全组织一道解决纠纷与矛盾，更愿通过谈判与对话方式解决北约与华约之间的纷争与对抗。

第三，在与苏联及东欧各国的军事对峙中，北约不再不加区分地笼统对待苏联和东欧各国，制定相对模糊、大而化之的政治对策与安全战略，而是有意识地将苏联和东欧各国区别对待。例如，北约在加强与苏联军事对抗态势的同时，亦加强对东欧各国的政治与经济利诱，竭力拉近与东欧各国的距离，意图在苏联与东欧各国之间打入一个楔子，根据不同对象、个别具体问题的特性，有针对性地推行方式有别、内容各异的安全战略。在 1956 年 10 月匈牙利与波兰出现社会

---

① Vojtech Mastny, "The Legacy of the Cold War for International Security, A Historical Overview", in Vojtech Mastny and Zhu Liqun, eds., *The Legacy of the Cold War: Perspective on Security, Cooperation, and Conflict*, Lanham, MD: Lexington Books, 2014, p. 19.

动荡后，北约旋即做出反应。北大西洋理事会为此做出特别决议，打着人道主义援助（Humanitarian Assistance）旗号，以"政治顾问委员会"（Political Advisory Council）的名义，向匈牙利百姓提供援助，向匈牙利卡达尔政府施加政治压力。"在对匈牙利援助的研究中，政治顾问委员会一直牢记北约理事会所划定的原则，据此将北约成员国提供的援助交到匈牙利人民手中，而不会用于维持匈牙利经济、强化卡达尔政权。"①

由此可见，北约"新视野"思想在强调运用军事手段的同时，更强调针对苏联与东欧各国家运用政治手段，以此挑动苏联与东欧社会主义阵营内部的分歧与矛盾，最终达到羁绊和分化苏联与华约向西欧发动军事进攻的目的。

总体而言，北约"新视野"思想改变了过去为了赢得冷战对抗优势而实施战略对抗的传统思路，同时亦改变了针对苏联与华约实施"遏制与对抗"的传统安全手法，转而采取更适合北约安全需要的新型思路、政策以及方法，以便在新的政治与安全环境中实现北约安全利益的最大化。

二　北约"剑与盾战略"从概念到运用

作为"新视野"的一个重要组成部分，艾森豪威尔政府在强调有效运用常规武装力量的同时，也提出关于运用核武器的"大规模报复战略"。即利用美国在核技术、核资源以及核政策方面的优势，在理论和实践两个层面威慑并反制苏联和华约可能发动的军事进攻。在美国国家安全委员会（National Security Council，简称NSC）文件中，美国明确提出以核武器还击苏联和华约可能针对西欧的侵略行动。"针对（苏联）就西欧侵略所采取的主要威慑就是，美国很明确地决定运

---

① "Conseil de L'Atlantique Nord North Atlantic Council," http：//www. nato. int/nato_ static_ fl2014/assets/pdf/pdf_ archives_ hungarian_ revolution/20130904_ C－M_ 57_ 21－ENG. PDF，2016 年 9 月 24 日。

用其核力量，在这一地区遭到攻击时实施大规模报复。"① 北约全面承袭了"大规模报复战略"的思想精髓，对应性地提出"剑与盾战略"，就此而言，"剑与盾战略"实际上就是北约在"新视野"下所采取的一种"新方法"（New Approach），堪为北约防御安全战略与理念的一种新实践。

但是作为一种新型核战略，"剑与盾战略"既不同于传统核防御政策中以常规武装力量为主、以核力量为辅的主张，也不同于"大规模报复战略"一味强调完全以核武器作为战争手段、绝对以核力量为主导的战争政策，而是强调按照北约的现实安全需要，针对北约武装力量中不同种类力量的定位、结构、使用以及效能等，就战略威慑力量与常规战术力量在未来战争中将扮演的角色、所承担使命、相互关系等做出全面更新。

欧洲地缘政治学者、德国柏林自由大学教授赫尔戈·哈夫滕多恩（Helga Haftendorn）在阐述联邦德国入盟北约后的诸多困惑时，曾提及北约的"剑与盾战略"。"联邦德国加入北约，其主要价值就是承诺建立一支强有力的常规军事力量。但是，北约的战略开始变化，变得更加依赖核武器。这一实施大规模报复的新战略'以核力量为剑'，将其他武装力量降级为'以常规力量为盾'。德国于是面临非常困难的决策，即是否它需要引入核武器系统，而核弹头却处于美国的监护之下。"② 很明显，不仅联邦德国会为北约"剑与盾战略"主导下的新力量结构及其新定位感到困惑，北约其他成员国也会遇到同样的困惑。对于在历史上一贯崇信绝对力量主义、在国际关系中遵从现实主义原则的美欧国家来说，北约这一新战略确实产生了某种颠覆性效果。

---

① David Alan Rosenberg, "The Origins of Overkill: Nuclear Weapons and American Strategy, 1945 – 1960", *International Security*, Vol. 7, No. 4 (Spring 1983), pp. 3 – 71.

② "German's accession to NATO: 50 years on", 1 April 2005, http://www. nato. int/ cps/en/natohq/opinions_ 22005. htm? selectedLocale = en. 2016 年 9 月 25 日。

北约"剑与盾战略"强调，核力量将被当作推进北约实施军事进攻的"利剑"，而常规武装力量则被当作实施防御安全的"盾牌"或者"绊网"。北约的这种战略安排可谓非比寻常，全面颠覆了美欧各国先前关于运用原子弹或热核武器保卫欧洲的战略思路。"（北约）军事计划委员会第 48 号文件要求授权北约军事当局，就其假设做好计划与准备，在防御中一开始就将使用原子武器和热核武器。一旦出现某种可能，即苏联试图在不使用核武器的情况下利用其陆地和战术空军在欧洲泛滥的优势，北约无法阻止欧洲迅速出现优势泛滥，北约将立即在战略上和在战术上使用这些武器。"① 必须要明确的是，北约"剑与盾战略"绝不是将核力量与常规武装力量的角色简单实现互换，或者将两者的定位本末倒置，而是提前或预设核武器的运用。虽然北约仍声称，将同时兼顾核力量与常规武装力量的部署和发展，但其重视核力量、弱化常规武装力量的意图可谓不言自明。

就核武器的运用而言，北约"剑与盾战略"实际上大幅度降低了核武器的使用层级，将其从战略层面直接下降至战术层面。北约明确就核武器的运用设置层级，将部分核决策权与使用权下放至战区司令部，甚至次战区司令部。在关于核武器使用的战略文件中，北约明确提出，"使用核武器的权力由欧洲盟军最高司令掌握，欧洲盟军最高司令将按照每一次打击所需提出的要求而行使这一权力，或者他同意所属指挥官使用核武器的计划，将控制权委托给他们。行使行动权力，并且机动使用控制权，都将考验北约的这些做法。"② 试想，北约在防御安全实践之初就使用核武器，以核武器对敌方实施反击，其中所蕴含的进攻性与危险性不言自喻。因为在战争开始后就使用核武器，有可能会招致对方实施对等核进攻，双方完全有可能直接拉开核

---

① Dr. Gregory W. Pedlow ed., "NATO Strategy Documents, 1949 - 1969", http：//www. nato. int/docu/stratdoc/eng/intro. pdf，2016 年 9 月 26 日。

② Supreme Headquarters Allied Powers Europe, Paris, France, 18 March 1955, http：// www. nato. int/nato_ static/assets/pdf/pdf_ archives/20140410_ employment_ of_ atomic_ weapons_ in_ maneuvers_ and_ exercices. pdf，2016 年 8 月 25 日。

大战的序幕。

就常规武装力量而言，尽管北约"剑与盾战略"强调核武器建设及其运用，但同样也强调常规武装力量建设。北约以常规武装力量为"防御盾牌"（Defense Shield），这实际上取决于北约运用核武器、实施核进攻的力度，也取决于敌方对北约核进攻所采取的对策与反应，尤其是苏联与华约实施军事进攻的决心与意志，这实际上意味着北约运用常规武装力量实施防御的空间已经非常狭小。按照"剑与盾战略"的设计，北约需要运用常规武装力量，逐步牵制并消耗敌方的进攻力量，在充分削弱敌方力量的前提下，再用核力量实施反击。但这种战略设计的最大缺陷就是，北约所设想的苏联与华约的军事进攻，只能是常规战争而非核战争，甚至苏联和华约不会在军事进攻中使用战术性核武器，更不会使用战略级核武器。这显然是一种一厢情愿的战略设计，带有相当大的盲目性和封闭性。

尽管北约"剑与盾战略"脱胎于美国"大规模报复战略"，两者确实具有极大的相似性和关联性，但我们无法将两者直接画等号。事实上，上述两种战略无法完全等同的原因在于，北约内部始终存在着不可忽视的利益差距，大西洋两岸在政治、军事以及安全等领域始终存在着一道鸿沟。"美国要想在北约内部实施新政策，必须赋予其现行战略以一种建设性解释，这是动员欧洲能源与资源的唯一途径，而且（美欧等国）须一致同意修订，只有如此，新的战略才能准备就绪。"① 从这个意义上讲，"剑与盾战略"堪称是美欧双方对各自安全利益、防御安全政策、维护安全手段等所采取的一种政治折中手段，这反映了美欧双方的共同安全要求，因为毕竟美欧双方需要联手反制苏联与华约的军事入侵，共同维护北大西洋区域安全，同时也反映了美欧双方、欧洲盟国之间在各自利益、政策、手段等方面的诸多差别。"对北约来说，其关键的弱点表现为，北约似乎是一种不

---

① Jane E. Stromseth, *The Origins of Flexible Response: NATO's Debate over Strategy in the 1960s*, London and New York: Palgrave Macmillan, 1988, pp. 26 – 41.

平衡的力量架构，以相对较弱的北方军团对抗更加强大的威胁，缺乏能够原地部署到位的后备人员，横跨大西洋的交通线亦被大大扩展。"[1]

北约"剑与盾战略"并不是一个孤立、静止的战略概念，不论就其内容还是其功用而言，该战略既称得上是"前沿防御战略"的一种延续，称得上是对美国"大规模报复战略"的一种有机借鉴，或者在很大程度上称得上是上述两种战略的结合。北约"剑与盾战略"的政治定位并非止步于某种军事指导方针或原则，也并非止步于某种具体的作战思想或方案。"剑与盾战略"是将北约的战略规划界定在战略与战术两个层面之间，既强调战略威慑，也强调战术阻遏，既强调政治拒止作用，也强调实战效果。因此，北约实际上强调从两个方向应对苏联与华约的军事威胁或者入侵。

"剑与盾战略"既未使北约放弃在前沿地带的军事防御，也未使其放弃在中欧的武装力量建设，因为"北约在中欧的地面武装力量确信，自身正面临着一个侵略成性的敌手，如果这个敌手发动进攻，它会由坦克以及装甲运兵车搭载的高速机动步兵团发动一系列快速推进，目标是尽快消灭北约武装力量"[2]。同样，"剑与盾战略"亦未放弃北约在核力量与核技术上所拥有的某些优势，甚至北约还降低核战争门槛，将其拥有的核技术或核力量直接放置于战术层面。在"剑与盾战略"中，北约特别强调战术核武器的作用，强调有限核作战（Limited Nuclear War）的概念，例如在地面作战中运用核大炮、核地雷、投掷型核武器以及其他战术核装置等。北约对核武器的依赖程度如此之大，以至于"人们会感知到，北约过度依赖核武器，通过军事演习做好核战争的准备，这也在英国以及其他西欧国家的公众层面与

①　Colin McInnes, *NATO's Changing Strategic Agenda*, *The Conventional Defence of Central Europe*, London: Unwin Hyman, 1990, p. 57.

②　David Miller, *The Cold War*, *A Military History*, New York: St. Martin's Press, 1998, p. 237.

政治领导层引起了严重关切"①。

从表面上看，"剑与盾战略"似乎只是一个非常具体的作战方案，但事实却不尽然。"剑与盾战略"强调"有限战争"（Limited War）概念，强调战争的政治内涵，始终将战争置于政治与安全领域，而非单纯的军事领域，这种做法本身说明，"剑与盾战略"所持的政治立场和态度，与此前北约的基本战略理念并无不同。事实上，北约"剑与盾战略"不仅继承了"前沿防御战略"中的"有限战争""战争政治化"等理念，而且也继承了"大规模报复战略"中的"战略威慑""对等报复"等理念，北约"剑与盾战略"是对苏联与华约掌握某种优势地位而作出的一种战略反应，是北约反制苏联和华约军事战略的升级。

从北约"剑与盾战略"的种种表现所见，它所包含的许多安全设计、思想以及理念都比较零散，缺乏完整的思想体系，在理论上尚不成熟，因此，"剑与盾战略"算不上是某种确然、定型以及成熟的战略。但这些安全设计、思想以及理念经常交叉在一起，或者贯穿其他成型的安全战略中，或者渗透到北约各项安全政策与实践中，它们时而有很明确的表现形式，时而表现得相对隐蔽；它们有时在较长一个时段持续存在，有时则只能在短期内存在；它们有时产生的影响非常突出，有时产生的影响则非常小。但是无论表现如何，可以肯定的是，这种安全设计、思想以及理念不仅在北约安全战略的形成与发展过程中发挥了重大作用，而且在北约整合欧洲安全架构的实践中亦颇多贡献。

从这个意义上讲，不仅"剑与盾战略"并未穷尽北约所有的防御安全思想、理念以及设计，而且此后陆续提出的新战略思想与理论，实际上也未穷尽北约的防御安全需要，它们在大多数情况下只是更大

---

① Kristan Stoddart, *The Sword and the Shield*, *Britain*, *America*, *NATO*, *and Nuclear Weapons*, *1970 - 1976*, Houndmills, Basingstoke and London: Palgrave Macmillan, 2014, p. 86.

程度弥补了北约防御安全理念中存在的各种漏洞，修正其认识误区。因此，在北约防御安全思想体系中，"剑与盾战略"只能算作一个非常重要的界标，是北约防御安全理念持续发展的一个过渡，并不是北约防御安全战略的终结。"剑与盾战略"与其他安全战略的关系也多是合作式的，而非排他性的。

第三节　北约"抵消战略""大规模报复战略"以及"灵活反应战略"

一　北约"抵消战略"及其运用

受"新视野"和"新方法"的直接作用和影响，北约在 1950 年代至 1960 年代陆续推出一系列新型战略安全设计、思想以及理念。除去上文所强调的"剑与盾战略"之外，北约还提出"抵消战略""大规模报复战略""灵活反应战略"等一系列新战略理念。这些新战略理念的地位与功用，虽然无法与"前沿防御战略"和"剑与盾战略"相提并论，但是它们同样也在北约战略思想体系中占据一席之地，构成北约安全战略的另外一个层面，此举充分反映了北约安全战略的多样性和复杂性。

相对于"前沿防御战略"和"剑与盾战略"等主体战略架构而言，"抵消战略""大规模报复战略""灵活反应战略"的重要性极为有限，但这并不妨碍它们构成这一战略架构的辅助支撑和有效补充，因为"前沿防御战略"和"剑与盾战略"虽然视野宏大，设计精细，并且在北约军事对抗政策及其实践中发挥着主导作用，但它们不可能表达北约所有的战略诉求和利益主张，也不可能覆盖或者穷尽欧洲军事对抗的全部内容。因此，北约客观上需要提出一些具有较强针对性的战略对策，用以弥补战略思想体系中存在的种种漏洞，同时着力于解决大战略或主导战略所无法解决或不愿俯就的各种细碎问题。"考虑到潜在的次战略威胁，北约官员们做出推断，北约必须将其军事力量扩展到次战略层次，该层次拥有毁灭性较小、更加精确的高技术核武器与常规武器系统。"①

诚如前文所言，北约"抵消战略""大规模报复战略""灵活反应战略"等新战略理念的基础有以下两点。

第一，美欧各国对苏联与东欧社会主义国家推行已久的遏制战略，这是北约制定上述战略最主要的思想基础。艾森豪威尔政府极度排斥杜鲁门政府推行的遏制战略，认为该战略大而不当，用而无功，以此为借口，艾森豪威尔政府推出许多针对性很强、内容非常具体的新战略，但这些新战略的指导思想与安全理念实际上并未完全脱离遏制战略的基本轨迹。和杜鲁门政府强调在政治、经济、军事、社会以及文化等领域的全方位遏制政策有所不同，艾森豪威尔政府更强调现实性遏制目标及其实践。在其影响下，北约实际上也追求遏制和瓦解苏联与东欧社会主义国家的现实性效果，强调各种新战略运用的即时效应，强调以更积极、主动的方式建立一种有效的"挑衅—回应的冲突处置模式"（Provocation-Response Conflict Management Pattern）。

第二，"抵消战略""大规模报复战略""灵活反应战略"等离不开美国战略思想与政策的调整与变化，离不开欧洲安全形势持续变化。因为美国作为北约最重要的领导者与参与者，其政治与安全政策的调整，必然会直接影响北约的战略安全理念，尤其是北约"大规模报复战略"和"灵活反应战略"。北约既会随着美国的战略变化而转变，亦会随欧洲安全形势之变化而调整，因为只有如此，才能使北约安全战略及其实践能够获得最大功效，才能使北约胜任东西双方在欧洲的军事对抗使命。事实上，鉴于欧洲安全形势极为复杂，北约单凭"前沿防御战略"和"剑与盾战略"，实际上根本无法有效应对苏联与华约在武装进攻以外其他形式的攻势与威胁。

就北约"抵消战略"而言，其政治意味似乎远远大于军事意涵，

---

① Michael R. Lucas, *The Western Alliance after INF*, *Redefining U. S. Policy toward Europe and the Soviet Union*, Boulder and London: Lynne Rienner Publishers, 1990, p. 65.

但该战略在体现北约安全利益方面所拥有的重要性，却丝毫不亚于北约其他安全战略。北约在推进"抵消战略"的过程中，主要采取了以下几方面措施：（1）北约持续宣传和鼓吹自身的优势地位，包括北约的科技优势、思想文化优势、经济优势等，以此弥补北约在与苏联暨东欧各国军事对峙中所体现出的诸多不足。鉴于北约常规武装力量建设规模远远赶不上华约，北约在欧洲的地缘战略位置不仅弱于华约，而且北约在战争动员能力、社会暨自然资源等方面也弱于华约等。因此，这使北约在欧洲的整体实力与影响力相对有限，难以在北约与华约军事对峙中夺占先机、抢占优势。为此，北约竭力宣传其"文化优势"（Cultural Advantage）、"意识形态优势"（Ideological Advantage）以及"价值观优势"（Value Advantage）等，尤其强调北约及其成员国的"经济优势"（Economic Superiority），强调以所谓的综合实力以及"质量优势"（Quality Advantage），抵消苏联与华约在常规武装力量上的数量优势。正像美国学者科林·格雷（Colin S. Gray）所强调的那样："一个安全共同体所做的所有事情，如果不是战略文化的表现，它至少是某种行为的证明，该行为深受文化塑造的影响，或者受到并不带文化因素的人员、组织、程序以及武器的影响。"[1]

（2）北约强调自身的核优势地位，以此抵消华约的常规武装力量优势。北约深知，自身无法在常规武装力量建设方面赶上华约，即使北约及其成员国制定数量再多、再精细的武装力量发展计划，再投入更多的军事防御开支，亦难以匹敌规模庞大的华约常规武装力量。因此，北约只能以自身在核力量方面的技术优势和整体核打击优势，包括充分运用北约的核武器和热核武器，以轰炸机和导弹为代表的核运载技术，以及集情报收集、综合以及分析为一体的协调指挥能力等，以此作为维护北大西洋区域安全与稳定的某种军事代偿或者政治代偿，建立某种安全平衡，甚至安全优势。"北约不应只处在相对缺乏

① Colin S. Gray, "Strategic culture as context: the first generation of theory strikes back," *Review of International Studies*, Vol. 25, No. 1, 1999, pp. 49 – 69.

常规威慑的位置上，这只能使北约处于相对绝望的政策选择中。对于惩罚性力量而言，北约一直依赖核武器而不是常规武装力量，这需要另外一个视角。"①

（3）北约强调对苏联与华约的"军事威胁"与"安全挑衅"，采取针锋相对的态度，不能示弱，因为北约的任何示弱行为或者默认行为，都有可能造成严重后果。一是可能会进一步助长苏联与华约的侵略野心，使其展开更加频繁、更大规模的威胁行径与挑衅行动。二是可能会造成北约与其成员国离心离德，无法保持政治一致，最终使北约无法履行其集体安全精神。三是可能会使更多游离于北约与华约之外的国家对华约施加的军事威胁噤若寒蝉，不仅会远离北约，而且还会屈身于苏联与华约的军事威胁之下。因此，北约领导人偏执地认定，北约必须针对苏联与华约发动的每一次挑衅行为，不论其规模大小、时机如何、形式怎样，应该一律采取直接或间接方式予以坚决回应，以便充分显示北约持久存在的价值，以及北约对欧洲安全走势的超强影响力，显示北约在北约与华约军事对峙中不甘示弱的强势地位。就像哈佛大学教授萨缪尔·亨廷顿（Samuel P. Huntington）所提到的："北约的常规武装力量能够提供惩罚性报复力量，也能提供限制性力量……"②

北约"抵消战略"在表现形式上相当低调，甚至有许多政治家和学者都否认这一战略的存在，许多人还将"抵消战略"所采取的具体手段与方法归属于"遏制战略"。不可否认，尽管"抵消战略"在表现形式上无法堪比其他，既没有充分的思想理论支撑，亦缺乏完整的战略体系，但这并不妨碍"抵消战略"在北约与华约军事对峙中持续发挥作用。事实上，从1950年代一直到1980年代，北约一直以这种

---

① Stephen J. Cimbala, *Extended Deterrence*, *The United States and NATO Europe*, Lexington, MA and Toronto: Lexington Books, 1987, p. 207.

② Samuel P. Huntington, "The Renewal of Strategy," in Samuel P. Huntington ed. , *The Strategic Imperative*, Cambridge, MA: Ballinger Publishing Company, 1982, pp. 51 – 52.

"抵消"手法对苏联和华约的各种敌对政策与行动实施反制，所涉及的范围几乎覆盖了政治、经济、军事、社会、文化、科技等各个领域；所针对的对象既有苏联与东欧各国，亦包括华约组织及其外围国家。不论苏联与华约各项政策与实践的动机与结果如何，北约都会按照自身的安全利益需要做出相应的敌对性回应，既要消除苏联与华约冒险行动的一切后果，又要阻遏或避免其采取进一步行动，避免欧洲安全形势完全失控。为此，北约或以直接方式，或以间接方式，或以激烈方式，或以缓和方式，积极谋求影响苏联与华约，对其战略及其行动形成掣肘。

二　北约"大规模报复战略"与"灵活反应战略"及其运用

与"抵消战略"极为相似，北约"大规模报复战略"与"灵活反应战略"同样出自美国"大规模报复战略"和"灵活反应战略"。但是与美国的战略不同，北约的安全战略不仅缺乏必要的文化与理论支撑，而且在很大程度上只能算作对美国安全战略的简单模仿，两者虽然形似，但却难称神似。虽然两者在表面上看起来非常相似，不仅面对的欧洲安全环境极为相似，而且所强调的战略方向、重点以及程序等也极为相似，但两者实际上迥然有别。"北约采取'大规模报复'的战略原则，即如果苏联发动攻击，北约将以核武器展开回击。这一原则的预期效果就是对抗承担风险的任何一方，不论再小，任何进攻都可能会招致全面核反击。与此同时，'大规模报复'还将北约成员国的能量集中于经济增长，而不是保持大规模常规武装力量，北约迈出所扮演政治角色和军事角色的第一步。"①

事实上，北约"大规模报复战略"的功用确实不同于美国，这种功用主要集中于两个方面。

第一，北约始终着眼于对苏联与华约实施战略威慑，即北约并不

---

① "A Short History of NATO," http://www.nato.int/cps/en/natohq/declassified_139339.htm? selectedLocale=en, 2017年5月1日。

打算真正使用核武器，而是要向苏联与华约及时表达其将以核武器反击任何武装进攻的政治决心与意志，以此避免或者威慑任何武装进攻行动发生，制约战争行为进一步升级，或者战争规模不断扩大。在"北约军事委员会文件 MC14/3"中，北约明确提出，"北约的新战略最终还是基于威慑的，它通过三个原则实现。（1）华约必须相信北约有可靠的军事能力。（2）华约必须相信北约成员国在必要时会坚决使用这种能力。（3）华约无法准确预知北约对华约的进攻会做出怎样的反应"①。也正是因为北约"报复战略"所具有的这种特殊功用，使北约及其成员国热切寄希望于"大规模报复战略"。正像北约在"北约防御政策 CM（62）48，（17 April 1962）"等文件中所提出的思想理念一样，"北约核反制将处于适合所有环境的范围内，除去法国，北约所有成员国都不希望看到北约采取措施，都要避开大规模报复政策"②。事实上，在苏联与华约所施加的全面军事压力下，不仅美国离不开"大规模报复战略"，而且北约其他成员国也离不开"大规模报复战略"，该战略实际上已经成为北约维系其存在、确保其在政治与军事上发挥功用的最后一种手段。

第二，北约强调各成员国保持紧密的政治团结与军事协调。对北约来说，"大规模报复战略"不仅能最大程度集中各成员国之间的政治、经济、社会与军事资源，而且还能高强度协调北约及其成员国的安全战略与政策，使之能够在共同的战略威胁下采取协调一致的政治立场、行动步调以及政策倾向。"大规模报复战略"不仅在心理上赋予北约及其成员国以最大的安全感，而且也在北约的战略方向与步骤上使各成员国的行动得到统一和协调。不仅如此，"大规模报复战略"的功用还表现在政治、经济、社会、文化以及意识形态等方面，可谓

---

① ［美］布莱恩·J. 科林斯：《北约概览》，唐永胜、李志君译，世界知识出版社 2013 年版，第 86 页。

② Dr. Gregory W. Pedlow, The Evolution of NATO Strategy, 1949 – 1969, http：// www. nato. int/docu/stratdoc/eng/intro. pdf. 2017 年 4 月 28 日。

凝聚了北约及其成员国的意志、资源以及力量。

然而，与美国"大规模报复战略"所遭遇的战略困境极为相似，北约"大规模报复战略"同样无法确保北约能够有效应对复杂的政治与安全局面，尤其无法确保北约及其成员国实现安全利益最大化。即北约既不可能以大规模核报复这种方式回击所有安全挑战，亦无法运用核武器应对所有的局部安全危机或者冲突。进言之，如果北约大规模使用核武器，势必将引发全面核战争，而且战争势必会突破北约的战争控制能力以外。"（北约）防御中欧地区的最早战略以一层薄薄的常规武装力量'外壳'为基础，突破这一外壳将会自动导致（北约）使用核武器。"① 因此，北约改变和调整"大规模报复战略"，在理论上和实践上注定将成为一种必然选择，北约别无其他良策可选。

为此，紧随美国之后，北约在 1960 年代后期推出"灵活反应战略"，以此替代"大规模报复战略"。"北约在 1967 年正式启用'灵活反应战略'，该战略一直建立在北约常规武装力量、北约战术核力量（NATO Theater Nuclear Forces，TNFs）以及美国战略力量之间。"② 很明显，北约的"灵活反应战略"既包括运用战略核武器、战术核武器以及常规武装力量，也包括运用美国的核力量以及其他北约成员国核力量与常规武装力量，虽然北约寄希望于未来苏联与华约发动的军事进攻将是常规性质的，但却无法排除苏联与华约不使用核武器这种可能性，因为在北约许多军政领导人看来，这种可能性不仅存在，而且概率非常大，甚至称得上不可避免。北约深知，"如果北约使用核武器，它就不再期盼会避开核报复。"③ 不仅如此，和"大规模报复

———————————

① NATO Military Committee Document MC – 14/2, NATO Headquarters, Fontainebleau, 1956.

② Pierre Hassner, "Who is Decoupling from Whom? Or This Time, the Wolf is Here," in Lawrence S. Hagen, ed, *The Crisis in Western Security*, New York: St. Martin's Press, 1982, pp. 168 – 187.

③ Dr. Gregory W. Pedlow, The Evolution of NATO Strategy, 1949 – 1969, http://www. nato. int/docu/stratdoc/eng/intro. pdf. 2017 年 4 月 28 日。

战略"极为相似，北约"灵活反应战略"也在保持较明显战略威慑含义的同时，同样表现出某种现实应对姿态。因此，北约"灵活反应战略"的最终目标实际上是在战略层面掌握更多的战略主动权，以常规武装力量和战术核武器应对敌方的常规性武装侵略，以战略核武器威慑核战争带来的重大威胁，遏制战争爆发的可能性，进而避免战争进一步升级，避免造成更大破坏。

由此可见，北约"灵活反应战略"的真实意图并非实施核战争，而是要确保北约能够运用各种级别的武器，调动各方力量，形成一种强有力的战略合力，能够使北约在各个层面都可以有效应对安全威胁，确保北约既能应对战术层级的小型安全挑衅，又能化解战略层级的大规模战争风险，以此全面强化北约对战争的综合控制能力。

然而，与北约其他战略相似，"灵活反应战略"同样也充斥着一系列矛盾与困惑。事实上，这种内在矛盾始终贯穿于冷战时期，始终无法得到有效消解。"所剩之物就是部分依赖有意和无意的含混，即欧洲冲突可能超出两个超级大国相互确保摧毁的控制以外。抛开所宣传的政策与部署政策不论，这些政策就是要在北约计划中融入更多灵活性，这个环境可能不可避免，这并非指责北约的战略，而是认可了北约所面对的棘手问题。"① 尽管北约"灵活反应战略"一直强调运用灵活机动而且多种多样的手段、方法以及路径，但实际上始终无法从根本上改善北约在东西方战略对峙中相对被动的地位，因为单凭战略手法与途径的多样化，实际上并不能改变北约整体安全力量结构与地位。

从"前沿防御战略"到"剑与盾战略"，从"抵消战略"再到"大规模报复战略"和"灵活反应战略"，不论是北约专属的安全战略，还是承袭或模仿美国的安全战略，这些不同类型的战略表述，都不同程度反映了北约在不同时期、不同层面的战略诉求，反映了北约

---

① Stephen J. Cimbala, *Extended Deterrence*, *The United States and NATO Europe*, Lexington, MA and Toronto: Lexington Books, 1987, p. 119.

对欧洲乃至国际安全形势的基本判断。从总体看，北约上述战略表述虽然多种多样，所反映的内容亦丰富多彩，但却不能否定一个基本事实，即北约实际上并不了解和掌握苏联与东欧各国以及华约的真正战略意图、战争威慑方向、武装力量规模等，包括各种战略与战术核武器规模，也无法准确预知或者判断苏联与华约的战争能力，这实际上是北约不断修正其战略表达的一个重要原因。在北约每一种安全战略思想的指导下，北约接二连三制定了一个又一个旨在强化常规武装力量以及非常规武装力量的战争计划或行动方案，但是这些安全战略或战争计划究竟在何种程度上被付诸实践？是否发挥了预期作用？或者如果发挥了某种作用，但这种作用最终达到何种程度？这些问题恐怕就是上述安全战略的制定者都很难说清楚，或者从始至终都是一笔糊涂账。

还需要特别强调的是，鉴于北约"抵消战略""大规模报复战略""灵活反应战略"等基本上都是对美国安全战略的模仿，因而在战略表达、程序、执行以及手段上都不可能有太多新意，只能承袭或照搬美国安全战略的某些既定原则或者说法，无法完整、系统地表达北约及其成员国的所有内在安全需要。因此，这就注定北约上述安全战略必然会出现这样或那样的分歧与纠葛，其执行力不可能太强，实践效果亦会大打折扣。不仅如此，同样鉴于北约在武装力量建设上依附于美国，特别是在常规武装力量和非常规武装力量建设上极度依赖美国，这就注定北约上述安全战略不可能在东西方冷战对峙中真正发挥主导作用，只能在东西方冷战对峙中充当美国安全战略的某种支撑或辅助，在美苏安全战略、思想以及理念的相互较量中扮演附和者和追随者的角色。

第四节　北约核战略及其转换

一　北约核战略的提出及其变化

在北约长期致力于建构有效、合理安全战略的过程中，如何发展并运用核武器及其运载技术，一直是北约及其成员国关注的一个重点问题。不论北约提出的安全战略、军事思想以及作战方案，或者北约所热衷的政治与安全实践，归根到底都离不开核武器。对核武器及其运载技术的运用，一直在北约安全战略中扮演着中流砥柱的角色。美国学者丹尼尔·查尔斯（Daniel Charles）曾对此概括到："自从北约创建后，核武器就一直在北约的军事计划中扮演了一个关键性角色。"[1] 因此，北约对核武器及其运载技术所做的定位，以及由此确立的种种使用方针与规则，遂成为北约安全战略的一个核心内容，直接关系到北约安全战略及其实践的成效。

北约核战略脱胎于其安全战略，并且伴随着北约安全战略的起伏而不断变化，当然，北约核战略在冷战时期经历了一个漫长的发展过程，伴随着冷战形势不断变幻，其核战略的思想内容不断丰富。不可否认，北约核战略的形成与发展，客观上受制于多种政治与安全因素，其中，美国的安全战略以及核政策尤其发挥了举足轻重的作用，因为北约核战略所凭借的核力量及其运载技术，大都依赖美国提供。因此，美国核政策的倾向、偏好以及取舍，必然会波及北约核战略。一直到1950年代和1960年代，在英、法两国拥有核武器、成为核大国之后，这一状况才有所改变，但是仍无法完全改变美国在北约核战略中拥有绝对话语优势这种局面。另外，北约核战略的变化还决定于苏联与华约安全政策的强弱变化，即当苏联与华约的安全政策表现强势时，北约核战略就会表现出强烈的发展意向，其关键性、实质性内容不断丰富；反之，当苏联与华约的安全政策趋于相对和缓后，北约核战略亦会相应沉寂，较少起伏变化。

美国在1950年代推出"大规模报复战略"，该战略对北约产生了重大影响，虽然北约的"剑与盾战略"也很重视核力量，但并未将其绝对化，而是在防御作战设计中对核力量与常规武装力量做出不同时

---

① Daniel Charles, *Nuclear Planning in NATO*, *Pitfalls of First Use*, Cambridge, MA: Ballinger Publishing Company, 1987, p. 12.

段的功能性定位。因此，"剑与盾战略"专属于北约的安全战略，并非专指北约的核战略而言。在"防务委员会第 6 号文件"（DC 6）中，北约一再声称："确保北约有能力实施战略轰炸，包括迅速投掷原子弹，这主要是美国应担负的责任，它会得到（北约）其他国家的现实帮助。"① 不仅如此，北约在"防务委员会第 6 号文件第一修改稿"（DC 6/1）中也更明确地表达了以核武器为威慑手段的决心。"确保北约有能力使用所有手段实施战略轰炸，运用所有类型武器，毫无例外……"②

　　但是，北约不会不重视核武器的战略与实用效果，北约的"绊网战略"就特别强调核武器的威慑效果与实战能力。就像北约发言人杰米·谢伊（Jamie Shea）所谈到的："在 1950 年代，北约依赖非常简单的'绊网战略'，其依据就是美国在欧洲部署了大量核武器。美国参谋长联席会议主席、海军上将阿瑟·雷德福（Arthur W. Radford）曾提到，事实上美国在 1950 年代估计在欧洲部署了 6 万件核武器，这些核武器和常规武装力量相比，可谓成本低廉。即如果苏联逾越了绊网，北约就会释放核武器，这当然是建立在'大规模报复战略'理论上的纯粹威慑之上。"③

　　然而，北约在这一时期对核武器的认识更多停留在概念层面而非战略层面，在整体上对核武器的认识还比较模糊，只重视核武器的现实威慑作用，并未顾及核威慑可能产生的灾难性结果。虽然北约强调核武器在北大西洋区域防御安全作战中的积极作用，例如，核武器能

---

　　① D. C. 6 29 November 1949 Pages 1 – 7, incl. Note by The Secretary to the North Atlantic Defense Committee on The Strategic Concept for the defense of the North Atlantic Area, http：//www. nato. int/docu/stratdoc/eng/a491129a. pdf, 2016 年 9 月 27 日。

　　② D. C. 6/1 1 December 1949 Pages 1 – 7, incl. Note by The Secretary to the North Atlantic Defense Committee on The Strategic Concept for the defense of the North Atlantic Area, http：//www. nato. int/docu/stratdoc/eng/a491201a. pdf, 2016 年 8 月 17 日。

　　③ Dr. Jamie Shea, "1967：De Gaulle pulls France out of NATO's integrated military structure," 3 March 2009, http：//www. nato. int/cps/en/natohq/opinions_ 139272. htm? selectedLocale = en. 2017 年 5 月 11 日。

够弥补北约常规武装力量建设不足的缺陷，最大限度抑制苏联与华约发动军事侵略的冲动与偏执，更多赋予北约及其成员国以安全感，维持其团结一致，以最小成本维护北大西洋区域安全，等等。"到1960年代，苏联已经部署了能够在欧洲使用的核武器，如果北约动用核武器，就会招致苏联的报复。"① 但是，北约在此时并不知道如何抑制核武器的消极作用，因而严重低估了使用核武器所附带的危险性与破坏性。因为北约和华约实际上都无法控制使用核武器的破坏性，都无法缩小核战争带来的消极影响，不仅无法达到核威慑的效果，也无法实现核战争的目标。

从1960年代起，美国开始逐步陷入越战泥潭，华约的核力量建设大幅提升，其核打击能力亦随之大幅度增强，甚至在许多领域大有后来居上之势，这使北约所面临的核灾难风险成倍增加。为此，肯尼迪政府提出"灵活反应战略"，该战略相比艾森豪威尔政府的"大规模报复战略"，在理论上更为完整，在实践上更具可行性，较好解决了美国或北约此前共同面临的核困境：即美国与北约无法使用核武器有效对付各种小型危机与局部冲突，也不愿在全面核战争中与敌方同归于尽。

因此，北约提出"剑与盾战略"，与"灵活反应战略"相匹配，以便机动、灵活地处置各种危机与冲突，以不同类型、阶段、地域区分和应对未来战争。这种战争思想与理念得到北约及其成员国的一致支持，也使北约核战争的理念不断得以延伸。就像美国学者杰弗瑞·芮康德（Jeffrey Record）所强调的那样："'灵活反应战略'的前提建立在某种假设之上，即北约所宣称的针对华约的战略与战术核优势很充分，可以使其自身抵御针对西欧的入侵。北约在常规武装力量上长期形成的自卑是可以容忍的，因为核优势允许北约跨过核门槛、条约存

① Daniel Charles, *Nuclear Planning in NATO*, *Pitfalls of First Use*, Cambridge, MA: Ballinger Publishing Company, 1987, p. 15.

在不足与最终缺陷，（这些）使冲突升级。"①

　　1967 年 12 月，北约防务计划委员会正式采用"灵活反应战略"这一概念。按照防务计划委员会的说法，"这一概念的基础针对任何层次的侵略和侵略威胁，运用常规力量与核力量，在保持灵活和平衡的情况下做出适当反应。"② 虽然北约在理论上并未形成显而易见的、有完整体系的核战略，但却在实践中形成某种隐形的核战略。不仅如此，北约核战略还继承了美国"灵活反应战略"的核心内涵与安全理念，尤其继承了其中关于核武器及其运用的诸多理念。

　　但是，与美国"灵活反应战略"立足于国际冷战、着眼于在世界范围内对抗苏联与华约相比，北约核战略更强调以北大西洋区域安全为主导的核安全理念，即充分发挥核武器在北大西洋区域防御安全实践中的威慑作用，既强调北约在核武器战术运用中的灵活性与实用性，又强调核武器在北约安全战略及其实践中的核心地位；既强调积极应对各种局部危机与即时冲突，又强调主动应对苏联与华约对北大西洋区域安全施加的所有威胁与挑战。"联邦德国政治家、'东方政策'（Ostpolitik）的设计师埃贡·巴尔（Egon Bahr）并不认为北约'灵活反应战略'可以实现永久性威慑，他看到北约'灵活反应战略'的两个方面：即该战略将寻求向进攻者展示其将在所有层面可能做出反应、对其实施抵御的完整谱系，并且一旦威慑失败，它将寻求限制冲突。"③

二　北约核战略的基本内涵

　　北约核战略大致包括以下三方面内容。

---

　　①　Jeffrey Record, *NATO's Theater Nuclear Force Modernization Program*: *The Real Issues*, Cambridge, MA: Institute for Foreign Policy Analysis, 1981, p. 1.

　　②　"NATO Defense Planning Committee Final Communiqué," Brussels, 13 – 14 December 1967. 转引自 Ivo H. Daalder, *The Nature, and Practice of Flexible Response*: *NATO Strategy and Theater Nuclear Forces since 1967*, New York: Columbia University Press, 1991, p. 17.

　　③　Gert Krell, Thomas Risse-Kappen, Hans-Joachim Schmidi, "The No-First-Use Question in West Germany," in John D. Steinbruner and Leon V. Sigal, eds., *Alliance Security*: *NATO and the No-First-Use Question*, Washington, D. C.: The Brookings Institution, 1983, p. 151.

第一，北约对其核武器及其运用做出重新定位，将运用核武器的决策权重新收归北约最高政治领导机构，即必须经过各成员国政治与军事领导人充分协商，在政治层面上共同决定北约是否应该使用核武器，或者如何使用核武器。"（北约）开始讨论如何对北约核力量实行某种政治领导，所提出的建议就是建立一个'北约指导委员会'，由四个常设代表（美国、英国、法国以及联邦德国）、三个选举产生的轮值国代表组成，该委员会对北约的防御、战略以及裁军政策担负广泛责任。"①

上述变化说明，北约已重新将核武器的决策权与使用权置于战略层面而非战术层面，即使是运用战术核武器，例如核地雷、核大炮、核炸弹以及其他小型战术核武器等，也由此而被赋予某种战略意义。因为北约以任何规模、用任何方式、在任何地点动用核武器，都可能使北约承受巨大风险，即有可能失去对防御作战的方向与进程的有效控制，引发北约与华约之间的全面核战争，而上述结果实际上一直是北约所要竭力避免的。

为此，北约不再强调在第一时间使用核武器，也不再强调不计代价地使用核武器，而是强调以最合理方式、在最适合的时间使用核武器，最大限度发挥核武器的有益功效，同时最大程度抑制其消极影响。"由于核武器是纯粹的破坏性力量，它们有能力转变与非核武器进行战争的特性，（北约和华约）每个联盟的军事计划者们都害怕对方在军事上决定性地实施首次核打击。"② 为此，北约不再一味强调自身的防御安全需要，而是充分考虑苏联与华约的战略安全意向，以及可能采取的各种富有冒险性的军事对策，因为北约已经认识到，在核武器决策与使用上的任何不当之举，都有可能招致苏联和华约做出相应的核反应或者核对抗。"从苏联的角度看，苏联（在地理上）接近

---

① Paul Buteux, *The Politics of Nuclear Consultation in NATO*, 1965 – 1980, Cambridge: Cambridge University Press, 1983, p. 40.

② Daniel Charles, *Nuclear Planning in NATO*, *Pitfalls of First Use*, Cambridge, MA: Ballinger Publishing Company, 1987, p. 26.

欧洲战场，这很明显会使苏联成为北约核打击的目标，并成为欧洲独立核力量的打击目标……尽管避免全面核战争是可能的，但却难以想象。"[1] 北约实际上将核武器置于一个新平台上，重新评估和界定核武器的政治边界与安全边界，很明显，北约核战略的最终目标，就是在不招致苏联与华约核报复的前提下，将核武器的威慑效用发挥至极致。

第二，虽然北约核战略仍强调核武器的威慑作用，但却放弃了过去相对一元化的核威慑政策，从"单一威慑"（Single Deterrence）转向"多元威慑"（Diversified Deterrence）。进言之，就是北约不仅强调"核威慑"（Nuclear Deterrence），还强调"常规力量威慑"（Conventional Deterrence），既强调"静态威慑"（Static Deterrence），又强调"动态威慑"（Dynamic Deterrence）；既强调实施威慑的手段与路径，也强调推进威慑的战略理念与理论等。

对于北约核武器的威慑功用，前美国克林顿总统（Bill Clinton）国家安全顾问艾沃·达德勒（Ivo H. Daddler）曾做出过总结。针对"灵活反应战略"，艾沃·达德勒概括了四种形式各异、内容有别的威慑战略，即"纯粹性威慑"（Pure Deterrence）、"常规性威慑"（Conventional Deterrence）、"逐级提升型威慑"（Set-up Deterrence）、"作战中的威慑"（Deterrence in Combat）。其一，顾名思义，"纯粹性威慑"就是强调不存在战争门槛，强调北约对任何不确定的侵略均须做出反应。很明显，"纯粹性威慑"强调目标的非选择性，其内在的危险性自不待言，极易引起冲突或者战争。其二，"常规性威慑"则强调引发威慑的门槛或者防火线，强调常规力量与核力量的差别，强调常规武装力量同样具有威慑敌方发动战争的意愿、能力以及作用，强调以常规武装力量所产生的威慑效应，可以替代核威慑的效应。其三，"逐级提升型威慑"强调有限战争概念，承认核战争的破坏性，强调

① Daniel Charles, *Nuclear Planning in NATO*, *Pitfalls of First Use*, Cambridge, MA: Ballinger Publishing Company, 1987, p. 26.

按照不同安全需要逐步提升威慑等级，以便最大限度发挥核威慑的效能。此类威慑不仅会影响到公众心理，而且也会影响国家政治和军事形势。其四，"作战中的威慑"就是强调设置不同的威慑等级，北约将按照不同危险的层级，逐渐提升威慑的等级，将"核威慑"当作最高威慑层级，对威慑进程实施全面控制。[1]

尽管艾沃·达德勒对北约威慑政策的总结非常全面，但仍未能概括北约核战略中威慑政策的全部内容，但它至少反映了一个事实，即北约核战略所追求的威慑是多元化的，拥有多个层面，包括多个领域，既不拘泥于核领域，也不局限于政治与战略层面，而是贯穿北约安全战略各个层面。正是在这一新安全思想的指导下，北约核战略中的安全理念开始变得越来越务实，各种战术性因素均成为北约威慑政策的重要组成部分，核武器在北约威慑政策中地位与影响相对下降。"北约一直以核武器来阻止战争，并非在战争爆发时以常规武装力量为防御力量。"[2] 整体而言，北约核战略的政治与安全风险，伴随着威慑政策与手段多元化而不断降低，但其核威慑的效用反而不断扩大。

由此可见，北约核战略中的威慑政策与手段不断趋于多元化，此举绝非旨在弱化以往的核威慑政策，而是对该核威慑政策构成一种重要补充。因为对北约核威慑政策实施精确化控制，特别是对北约所涉及的威慑手段、方法以及过程实施量化管控，这在很大程度上填补了核威慑政策所无法企及的多处空白，其最终结果只能是强化北约核战略中的威慑态势。"并非要革新威慑，通过有选择性地保护关键性的军事资产，减少其弱点，防御也可以支撑起北约的威慑。"[3] 换言之，

---

[1] Ivo H. Daalder, *The Nature, and Practice of Flexible Response: NATO Strategy and Theater Nuclear Forces since 1967*, New York: Columbia University Press, 1991, pp. 40 – 63.

[2] Colin McInnes, *NATO's Changing Strategic Agenda*, *The Conventional Defence of Central Europe*, London: Unwin Hyman, 1990, p. 1.

[3] James A. Thomason, "Deterrence, stability, and Strategic Defenses," in Fred S. Hoffman, Albert Wohlstetter, David S. Yost, eds., *Swords and Shields, NATO, the USSR, and New Choices for Long-Range Offense and Defense*, Lexington MA and Toronto: D. C. Heath and Company, 1987, p. 355.

北约核战略的核心实际上就是要建立一种威慑新态势，在确保北约与华约能够相互摧毁的威慑基础上，最大限度扩展北约的生存边际，使其在政治与安全选择上获得更大空间。因此，北约核战略所推行的威慑政策，其目标并非实施核打击或者核毁灭，而是突出在有核条件下的最大限度生存。

第三，除在战略与战术层面实施威慑外，北约核战略还强调在保存合理核力量的基础上、在东西方之间建立某种核平衡，进而达到共存的目标。从1970年代开始，伴随着北约与华约在核领域的竞争与对抗逐渐趋向稳定，美苏双方在热核技术、原子弹小型化、核运载技术改进等方面的能力愈加接近，双方所持有的核力量规模也越来越接近，这不仅使国际和平与安全承受着越来越大的安全风险，而且也使北约无法继续依赖"核优势"推进其威慑政策。因此，从1970年代后期一直到1980年代中期，围绕核武器及运载导弹技术等话题，北约与华约、美国与苏联展开多个层面的政治谈判与裁军对话。其中，最具典型意义的当属各方就远程战术导弹（Long Range Theatre Nuclear Force，简称 LRTNF）、中程核力量（Intermediate-Range Nuclear Forces，简称 INF），以及战略武器限制等问题（Strategic Arms Limitation Talks，简称 SALT）① 所开展的谈判与协商。由此开始，北约在其核战略中，开始不断增加政治谈判与安全对话，以此更多替代由战略威慑为主导的安全理念，以此确保其政治与安全利益最大化。

就北约核战略而言，北约与华约、美国和苏联等所展开的一系列对话与谈判，实际上开启了北约核战略的另一条通道，即通过建立相关核问题的对话与协商，甚至建立某种特殊形式的合作，确保北约与华约最终能够建立一种核力量平衡，其中包括双方共同遵守的核安全

---

① 1969年11月17日，美、苏两国经过两年半谈判，就限制反弹道导弹达成一致，于1972年5月签订相关条约，史称第一轮"限制战略武器谈判"。1977年5月至1979年5月，美、苏两国举行第二轮"限制战略武器谈判"，双方就裁减各自的进攻性战略核力量达成一致。后苏联于1979年入侵阿富汗，美国于1986年退出该条约。

机制、相对足够的核力量发展规则，以及相对平缓的核安全态势。北约核战略所开启的相关核对话与核谈判，在表面上仍聚焦于双方核武器数量增减，而且也未能摆脱北约与华约在核武器博弈中此消彼长、你死我活的传统政治逻辑。上述谈判从另一个方面也反映了北约核战略的基本安全理念出现变化，即北约不再简单满足于强化自身的核优势，而是强调北约与华约在军事上建立某种核平衡，在核事务上达成某种政治默契，包括双方同时削减核武器数量、控制彼此核力量的发展规模、制定共同的核游戏规则等。"第二轮'限制战略武器谈判'的目标是，在对等武装力量的基础上建立稳定的战略平衡，它扩展了1972 年首轮'限制战略武器谈判'所达成临时协议的范围。"①

鉴于美国在北约拥有的特殊地位，尤其是美国核武器在北约核武器及其战略中占据着绝对优势地位，这就决定了美苏双方针对核武器及其运载技术的一系列限制性谈判，必然会对北约核战略产生深远影响，虽然这种谈判并不隶属或等同于北约与华约的战略谈判，但所发挥的实际效果则丝毫不亚于后者，其影响甚至远远超过后者。因此，美国与苏联的限制战略武器谈判，以及北约与华约的远程战术导弹与中程核力量谈判，两者共同构成 1970 年代和 1980 年代东西方对话（East-West Dialogue）的一个重要内容，它们都对推动北约核战略转变发挥了重大影响，进而确立了 1970 年代和 1980 年代北约核战略中以对话与协商为基调的主题。

可以肯定，北约核战略所形成的威慑之势，只是暂时缓和了北约与华约的军事竞争，在某些方面降低了北约与华约军事对抗的烈度，但始终未能消除双方在欧洲地缘政治中的竞争关系、重大安全利益纷争、意识形态与价值观分歧等。因为在北约与华约之间存在的许多分歧与矛盾可谓根深蒂固，并非暂时的或权宜性的，因此不会随着北约核战略的变化而减弱。而且，鉴于北约核威慑战略在根本上亦存在对

---

① Ivo H. Daalder, *The Nature, and Practice of Flexible Response: NATO Strategy and Theater Nuclear Forces since* 1967, New York: Columbia University Press, 1991, p. 162.

抗性与竞争性，在客观上必然会推动苏联与华约保持更强硬的核安全姿态，坚持更尖锐的军事竞争战略，我们从冷战时期苏联与华约的核政策及其实践中可见一斑。

事实上，许多西方学者一直就对北约的核威慑政策持怀疑和否定态度，美国学者罗纳德·斯蒂尔（Ronald Steel）在其著述《北约的终结》（*The End of NATO*）一书中提出的观点颇具代表性。"为了回答危机如何严重这一问题，我们需要稍稍深入探讨一下三个关键问题：第一就是军事战略。我们在其中见证了核武器的悖论，美国决策者们在 1960 年代早期就得出结论，核武器是靠不住的。在抗美援朝战争中，美元曾威胁使用核武器但未使用；在 1957 年中国海峡两岸的危机中，威胁对金门和马祖两岛使用核武器但也未使用；在越南战争中威胁使用核武器但也未使用。"① 由此可见，北约的核威慑战略在其成员国中并非众望所归，其发展进程展示了该战略的功用并非人们所想象的那样大，任何对核威慑战略功用的高估，都有可能造成对北约政治与安全战略的认知误区。

冷战时期的北约核战略及其变化，虽然在客观上始于国际冷战环境变化，但同样也反映了北约核战略自身的发展脉络与变化规律，这种内在的发展理路和规律在一定程度上说明一个基本事实：即核战略在北约的政治与安全实践中确实拥有一定影响，并且对欧洲与国际安全环境产生了重大影响。不仅如此，冷战时期北约核战略所形成的逻辑与规律，在很大程度上亦影响到后冷战时期北约核战略，使之只能沿着既定的路线与轨迹发挥作用。可以充分肯定，不论北约核战略做出何种变化与调整，实际上都离不开北约及其成员国的安全需要，都离不开其既定的发展线路与规律，否则就会失去存在的意义。即便在形式上能够继续存在，也会丧失在国际或欧洲安全形势中的现实功用。

---

① Dr. Jamie Shea, "1967: De Gaulle pulls France out of NATO's integrated military structure," 3 March 2009, http://www.nato.int/cps/en/natohq/opinions_139272.htm? selectedLocale = en. 2017 年 5 月 11 日。

第五节　北约横向安全联合战略及其功效

一　北约提出横向联合概念

贯穿整个冷战时期，北约一直自我认定为跨大西洋两岸最具权威性的防御安全组织，其目标始终立足于保卫北大西洋区域安全，以确保北约及其成员国疆域、人民以及财产为己任，全心全意致力于维护美欧各国的政治体制、意识形态以及社会价值观。"北约的形成包括建立许多机构，它们不仅与苏联军事力量打交道，而且与西方共同体的组织打交道。这一共同体的属性仍有疑问，在许多方面就像1949年。但在国际社会生活中努力建立一个更加合理的组织，不论大西洋联盟或欧盟，这种需要仍然很重要。只要没有更好的选择，北约仍是一种主要手段。"[1]

事实上，北约的功用绝不止步于此。北约在持续推进冷战政治目标的过程中，尤其是在建立以北约为主导的欧洲安全架构的过程中，已经意识到自身力量的有限性，为此竭力推动北约与其他欧洲安全组织或国家展开安全联合。北约的目标非常明确，就是实现与其他欧洲安全组织或国家的战略对接，弥补北约自身安全战略的空档。

诚如上文所述，北约始终致力于在战略层面创立一种能够集中所有美欧国家力量于一体的跨大西洋集体安全架构（Trans-Atlantic Collective Security Architecture），力图将每个成员国、每个欧美政治、经济或者安全组织都能最大程度联合在一起，将西方阵营中所有政治、安全、经济、军事等资源都能汇集在一起，将其集中转化为北约所需要的综合性力量，最终能为北约政治与安全战略所用。正像美国政治学学者阿诺德·沃尔弗斯（Arnold Wolfers）所强调的那样："推进集体安全概念，催生了一种心理状态，其中，美国无法将集体安全再变

---

① Lawrence S. Kaplan, *The United States and NATO*, *The Formative Years*, Lexington, KY: The University Press of Kentucky, 1984, p. 13.

回概念，这并非源于集体安全可以实现……而是源于数以百万计的人们……相信集体安全可以及时实现，集体安全已经成为一种首要的希望象征……即可以在不再有战争的环境下发展国家共同体。"① 北约横向安全联合战略的目标非常明确，就是通过多层面战略合作，挖掘并运用美欧各国所有的资源与能力，确保北约安全战略能够发挥最大功效。

北约所属意的跨大西洋集体安全架构所包含的内容非常丰富，从狭义上讲，该架构包括了北约安全战略所设置的各项内容，即防御安全对策、军事作战计划以及武装力量发展政策等，也包括了北约及其成员国共同信奉的价值观、世界观以及安全观等。北约安全战略在跨大西洋集体安全架构的前台发挥了某种显性作用，而北约的价值观、世界观与安全观等则在跨大西洋集体安全架构的后台发挥了某种隐性作用，而且后者的作用似乎更为持久。从广义上讲，北约所属意的跨大西洋集体安全架构还包括了北约一直着力建构一个欧洲安全平台（European Security Platform），这一平台直接表现为北约对联合国、西欧联盟、欧洲防务共同体（European Defense Community，简称 EDC）、欧共体、欧安会等国际或区域组织所采取的不同政策以及实践，还包括上述组织就欧洲安全秩序建构所采取的相关战略与政策，使之能够最大限度满足北约的安全利益需要。②

然而，对于北约与欧洲安全平台的关系，美欧学界一直存在不同看法，许多学者并未将北约视为欧洲安全平台的集大成者，而只是将

---

① Richard K. Betts, "Systems of Peace as Causes of War? Collective Security, Arms Control, and the New Europe," in Jack Snyder and Robert Jervis, eds., *Coping with Complexity in the International System*, Boulder, San Francisco and Oxford: Westview Press, 1993, p. 265.

② 1991 年 11 月，美国在罗马峰会期间一再强调安全联合问题，正像"罗马峰会宣言"（关于和平与合作的宣言）所宣称的那样："我们在西欧洲所遇到的挑战，无法仅凭一个机构就能全面应对，但可将其置于欧洲与北美各国一起促成的、由许多连锁机构构成的框架中。因此，我们正致力于建立一个新欧洲安全架构，北约、欧安组织、欧共体、西欧联盟、欧洲委员会等机构在其中相得益彰。"见 "The Alliance's new Strategic Concept," 7 Nov. 1991 - 8 Nov. 1991, http://www.nato.int/cps/en/natohq/official_texts_23847.htm? selectedLocale = en. 2016 年 10 月 5 日。

其视为欧洲诸多安全行为体中的普通一员。美国学者大卫·约斯特（David S. Yost）就认为："北约并未融入'全欧洲的安全架构'（Europe-Wide Security Architecture），而只是作为欧洲一个关键的、单一的、最有效的多国安全组织继续存在。"① 事实上，欧洲并未在理论上形成一个"全欧洲安全架构"，而只有一些政治、经济以及安全组织零散存在，并未形成一个完整的体系，各个组织所掌握的资源和力量不仅缺乏有序的整合，彼此也缺乏有机联系，它们在大多数情况下各自为政，少有关联。

但不论是否承认，北约为构建跨大西洋集体安全架构所付诸实践的政策与努力，却是一个不容否认的客观事实，虽然在形式上始终未能将欧洲各种政治、经济、军事、安全以及文化资源完整地统合在一起，但也在一定程度上推动了欧洲安全秩序建构。

北约所属意的跨大西洋集体安全架构属于一种开放式的、包容式的区域性安全平台，即北约一直致力于将欧洲各种政治、经济以及安全组织有序地置于这一平台上，将其列为北约集体安全体系的外围和边缘，使其能够直接或间接服务于北约防御安全战略及其实践，最大限度确保北大西洋区域安全与稳定。为此，北约大力支持西欧各国建立各种政治、经济以及安全组织，从西方联盟到西欧联盟，从欧共体到欧洲防务共同体，甚至就连以欧洲国家为主体的欧安会，北约也表现出相当积极的态度。北约推动横向安全联合的战略，其意图非常明确，就是各种新创立的欧洲政治、经济以及安全组织无法替代北约，亦无法削弱北约在北大西洋安全秩序建构中的主导地位，不得与北约争夺各种自然、军事以及人力资源，就可以得到北约的支持和帮助，就可以与北约一道推动欧洲安全秩序建构。

在此基础上，北约还采取措施，不断扩大横向安全联合战略的施用范围。此举不仅使与北约同根同源的各种欧洲联合组织不断向北约

---

① David Yost, *NATO Transformed*, *The Alliance's New Roles in International Security*, Washington, D. C. : United States Institute of Peace Press, 1998, p. 27.

靠拢，使其政治、经济与安全资源能够直接或间接助力于北约主导的跨大西洋集体安全架构，使这些联合组织都能为北约的安全战略所用，这在很大程度上弥补了北约安全战略自身所无法克服的一些缺陷与不足。

1952 年 2 月，北大西洋理事会召开里斯本会议，正式决定建立一支规模庞大的武装力量，以满足北约防御安全需要。即北约将建立 96 个师，在接到命令后可以在 30 天内在欧洲实施部署。在这些武装力量当中，大约 35 个师将用于欧洲，其中又有 25 个师将将部署在中央前沿地带，这个新目标将在 1954 年完成。[1] 不仅如此，北约还提出了更具体、更详细的武装力量建设目标。"北约军事指挥官们坚持认为，（北约防御）需要强大的海军作战力量、大约 9,000 架飞机、总数达 96 个现役师的陆军部队。政治家们认为不能马上批准这些数字，但是保证在 1952 年底，（北约）现役师应达到至少 50 个师、40 个预备役师、4000 架飞机以及大量海军力量。"[2]

很明显，规模如此庞大的武装力量，既不可能由美国独立负担和组建，也不可能由欧洲盟国所承担，更何况这些武装力量涉及经费分担、力量分配、前沿布防、协同行动、信息与情报共享、共同决策等，客观上需要北约全力以赴，全面统筹并汇聚各成员国的所有资源、政策以及努力，共同支撑并推进北约的安全战略目标。很显然，北约设定标准如此之高的武装力量建设计划，其直接目的看似为了提高自身的防御安全能力，但更重要的目的是，充分调动各成员国的资源，将各成员国相对分散的武装力量、军费开支以及防御努力等，全力汇聚于北约安全战略及其实践中，避免这些宝贵且有限的资源出现不必要的分散和浪费，或者出现某种低效能消耗。

---

① William Park, *Defending the West*, *A History of NATO*, Brighton, Sussex: Wheatsheaf Books Limited, 1986, p. 28.

② David Gates, *Non-Offensive Defense*, *An Alternative Strategy for NATO*? Houndmills, Basingstoke and London: MacMillan Academic and Profession LTD, 1991, p. 4.

面对欧洲盟国在 1950 年代启动的各种自发性防务联合或者经济联合，北约也采取积极肯定态度，不同程度予以支持和帮助。1952 年 5 月 27 日，法国、联邦德国、意大利、低地国家以"煤钢共同体"（European Coal and Steel Community，简称 ECSC）为模版，签订《欧洲防务共同体条约》（European Defense Community Treaty，简称 EDCT），提出建立一个最高权力机构和欧洲军队，正式创建"欧洲防务共同体"。① 为了表示对欧洲盟国防务联合的支持，北约连续召开防长与外长会议，公开支持"欧洲防务共同体"。

1954 年 4 月，北大西洋理事会召开会议，重申北约支持"欧洲防务共同体"的积极立场和态度。"北约秘书长伊思梅勋爵（Lord Ismay）报告了'欧洲防务共同体'的工作，强调了在北约内部正在运行的有效工作关系，这种关系超出其成员国所承担的义务。外长们利用这一时机重申了各国在北约内部的联系，对于各国政府的政策是至关重要的；他们回想到《北大西洋公约》的防御及和平目标，决心保持和发展北约，不仅将其作为各国人民实现集体安全的坚实基础，而且作为各成员国在每个领域采取共同行动与合作的持久联系纽带。"② 北约的态度非常明确，就是要将"欧洲防务共同体"完全纳入北约防御安全联合框架，使其能够为推进北约的集体安全目标添加助力。

1954 年 8 月，《欧洲防务共同体条约》在法国国民议会表决中未获通过，"欧洲防务共同体"建设宣告失败。为了防止欧洲防务联合受挫而使北约防御安全能力被弱化，作为北约横向安全联合战略的一项重要内容，在美国国务卿约翰·杜勒斯（John F. Dulles）和英国外交大臣安东尼·艾登（Anthony R. Eden）的主持下，由英国出面，在

---

① "Germany's Access to NATO: 50 years on," http://www.nato.int/cps/en/natohq/opinions_22005.htm?selectedLocale=en. 2017 年 5 月 5 日。

② "Final Communiqué," 23 April 1954, http://www.nato.int/cps/en/natohq/official_texts_17405.htm?selectedLocale=en. 2017 年 5 月 5 日。

西方联盟的基础上，美国、加拿大、英国、法国、低地国家、联邦德国、意大利等九国召开伦敦会议，旨在化解法国对联邦德国重新武装的疑虑，将联邦德国纳入欧洲防御联合进程。1954 年 10 月 23 日，英国、法国、低地国家、联邦德国、意大利在巴黎正式签署《巴黎协定》（Paris Agreement），建立西欧联盟。同日，北大西洋理事会召开会议，正式邀请吸收联邦德国入盟北约。1955 年 5 月，联邦德国在经过议会批准后正式成为北约一员，总条约、武装力量公约、关于萨尔区地位的欧洲条约都开始生效，联邦德国的占领机构停止工作……①

　　由此可见，欧洲防御联合政策及其实践尽管出自西欧各国，但北约也是这一安全实践的最终受益者。吸纳联邦德国入盟北约，确保北约能够在事实上拥有并运用联邦德国的战略地位、武装力量以及在中欧地区的传统地缘政治影响，此举堪称是北约搭建欧洲安全平台、构建跨大西洋集体安全架构中最令人瞩目的成果之一。此举同样也使北约的安全战略获得极大收益，赋予其安全战略以前所未有的重大现实意义，包括"前沿防御战略""剑与盾战略"以及横向安全联合战略等在内。

二　北约横向联合概念的运用抑制了欧洲一体化

　　然而，自西欧联盟创建后，该组织在欧洲防御安全联合中始终成果寥寥，乏善可陈。形成这一局面的原因有多个方面，其中，北约横向安全联合战略是造成这一状况的主因。北约在欧洲安全秩序建构中所确立的强势地位，在很大程度上抑制了西欧联盟的发展，即北约横向安全联合战略存在两面性：北约既要支持欧洲安全联合实践，同时也强调抑制欧洲安全联合无限扩展，防止其脱离北约控制。"（西欧联盟）附加功能原本可以很宽泛实现，但北约是一个关键的防御结构，

---

　　①　"Germany's Access to NATO：50 years on"，http：//www.nato.int/cps/en/natohq/o-pinions_22005.htm？selectedLocale＝en. 2017 年 5 月 5 日。

因此对西欧联盟来说，复制北约的军事计划毫无意义。"①

与之相对应，西欧联盟长时间处于静默状态，同样离不开西欧各国对欧洲防御联合现状的立场和态度。因为他们深知，构建西欧防御安全秩序离不开北约，西欧各国在欧洲防御安全中有各自的利益需要，各国在彼此安全利益上存在分歧与矛盾。事实上，西欧各国虽然有自身的安全关切与利益需要，但在综合实力、自然与社会资源、国家意志等方面始终无法实现自强自立，无法独力支撑欧洲安全架构。这种状况使北约的横向安全联合战略得以在政治、经济与安全等多个领域全面覆盖西欧各国的安全战略与利益诉求。这就注定在北约建构跨大西洋集体安全架构的进程中，西欧国家只能充当配角。

按照这种逻辑，是不是说西欧联盟并不重要，或者可有可无。答案当然不是。"西欧联盟在1980年中期以前一直处于休眠状态，它依赖于北约的'信息与建议'，这使西欧联盟缺乏一个'明确身份'，只能延续北约的制度优势。"② 事实上，西欧联盟的真正功用在于，向北约建构跨大西洋集体安全架构提供了政治与安全支持。这种功用具体表现在两个方面：其一，使西欧各国的自我防御意识最大限度得到满足，杜绝出现与北约离心离德的倾向。因为自西欧联盟创建后，欧洲盟国实际上再未有过在北约之外推进防御联合的尝试。其二，使西欧各国的政治、安全、文化以及战略资源等得到全面整合，避免了不必要的分流和分散，使西欧联盟始终处于北约所设定的跨大西洋集体安全架构内，使西欧各国防御资源及其努力最终只能服务北约，别无他选。

同样，在北约横向安全联合战略的作用下，北约对这一时期欧洲

---

① Michael Quinlan, *European Defense Cooperation: Asset or Threat to NATO?* Washington, D. C.: Woodrow Wilson Center Press, 2001, p. 3.

② Mary M. McKenzie, "The Construction of the European Pillar: Beyond the Status Quo?" in Mary M. McKenzie and Peter H. Loedel, eds., *The Promise and Reality of European Security Co-operation, States, Interests, and Institutions*, Westport, CT and London: Praeger, 1998, p. 103.

一体化运动也表现出积极支持的态度。尽管欧洲一体化的方向与目标不同于北约，两者相距甚远。但从 1950 年代初西欧六国创建"欧洲煤钢共同体"，到 1950 年代中期创建"欧洲原子能共同体"（European Atomic Energy Community，简称 EURATOM）以及"西欧共同市场"（West European Common Market，简称 WECM），再到 1960 年代创建"欧洲经济共同体"（European Economic Community，简称 EEC），北约从未排斥欧洲一体化政策及其实践，相反，北约在各种场合都对欧洲一体化表现出极为乐观和支持的态度，乐见其成。"欧共体六个初始成员国在 1970 年代外交政策上开始了一种非正式的政府间合作，这就是著名的'欧洲政治合作'（European Political Cooperation，简称 EPC），但其防务政策却被排除于'欧洲政治合作'以外，留给了北约。"①

很明显，尽管欧共体等组织并未直接涉足欧洲防务安全事务，但这并不等于欧洲安全问题对欧共体不重要，而正是由于欧洲国家自身防务联合长期缺失，导致北约在欧洲安全架构中发挥主导作用。另外，欧共体通过自身的经济联合，加速了西欧内部政治合作，进而为各国在更大层面的战略联合奠定了基础。就此而言，欧共体不仅在政治上与北约紧密相连，而且在战略上也与北约声息相通。

对此，最明显的例证莫过于法国退出北约后所确立的北约—法国双方关系。众所周知，法国曾在 1966 年宣布退出北约军事一体化组织，北约所有军事指挥机构、武装力量以及重大军事设施均由此撤出法国。但是，法国仍然是推动欧共体发展的火车头，同时还是西欧联盟的主要成员国，法国甚至一直保持了在北约政治架构中的一席之地。同样，北约也并未因此对法国彻底关上大门，而是始终与之保持密切的政治联系，双方在政治、经济、军事以及安全政策上达成高度

---

① Finn Laursen, "The EU, North America and Shifts in Transatlantic Security Relations", in Finn Laursen ed., *The EU, Security and Transatlantic Security Relations*, Belgium：Eurolio, 2002, p. 21.

默契。在冷战时期数次重大政治与安全危机中，法国始终在政治与战略立场上与北约保持一致，法国的武装力量，特别是其核力量，仍然一直在为北约安全战略提供支持，而不是相反。"事实上，在 1974 年'渥太华宣言'（Ottawa Declaration）中，北约通过承认法国核力量为联盟团结做出贡献，而与法国言归于好。"①

在北约横向安全联合战略中，北约不仅需要积聚美欧各国的武装力量，使其成为能够维护北大西洋区域安全与稳定的有效保障，同时也需要积聚西欧各国的经济力量，进一步强化欧洲政治—安全联合的经济、社会基础。在北约看来，欧共体的目标在于复兴和强大西欧盟国的经济，只要它们处于北约建构的跨大西洋集体安全架构内，就不会使欧洲盟国出现独立倾向，就不会脱离北约的实际影响和控制，更不会使欧共体等组织与北约在政治与安全事务上分庭抗礼。因此，北约对欧共体的支持与认可，实际上就是以双方保持政治一致、拥有共同安全追求为前提，其最终目标就是推动北约所主导的跨大西洋集体安全架构。"（政治联盟的）政策与行动的统一性和一致性，应当通过诸多强大而且民主的机构来实现。要实现这一目标，欧共体从一个主要建立在经济联合基础上的实体，转变为一个具有政治特性的联盟，包括拥有共同的外交与安全政策。"②

对西欧各国来说，北约横向安全联合战略的功用可谓意义重大。因为正是由于得益于北约的大力支持，欧共体得以心无旁骛地推进西欧经济联合进程，不断扩大经济联合的深度和广度，而丝毫不用顾忌欧洲安全环境的起落与变化，更少考虑国际冷战形势的好坏。至少在表面上，欧共体所展示的远离政治和安全等敏感领域的种种做法，使

---

① Dr. Jamie Shea, "1967: De Gaulle pulls France out of NATO's integrated military structure", 3 March 2009, http://www.nato.int/cps/en/natohq/opinions_139272.htm? selectedLocale = en. 2017 年 5 月 11 日。

② *European Community News*, No. 24/9（June 17, 1990）, p. 8. 转引自 Werner J. Feld, *The Future of European Security and Defense Policy*, Boulder and London: Lynne Rienner Publishers, Inc., 1993, p. 60.

其似乎超越了冷战政治，获得世界许多国家的认可与支持，甚至苏联与华约也对欧共体的各项发展政策及其实践采取默认态度。虽然在欧共体创建初期，苏联对其予以强烈谴责，将其视为西方冷战政策的重要组成部分，但此后苏联与华约均未对欧共体采取任何攻击性政策，反而在大部分时间内与欧共体和平共处，双方甚至还保持了比较频繁的经贸交往。其中的原因固然离不开苏联与华约发展经济与加强贸易的现实需要，但更重要的原因则是，苏联与华约认定，已处于北约主导下跨大西洋集体安全架构中的西欧经济一体化，固然会强化西欧各国的经济实力，但不希望西欧各国会就此另行开辟一个新的冷战战场，更不希望欧共体会改变北约与华约、美国与苏联业已达成的战略平衡。

总体而言，和北约安全战略的许多显性表达相比，横向安全联合战略的表达是隐性的，但这并不妨碍其在协同美欧各国政治、经济、军事与安全力量等方面发挥重要作用。北约横向安全联合战略的时限之长、涉及之广、对象之多以及情形之复杂，在北约安全战略体系中堪称独树一帜，无出其右。当然，横向安全联合战略所发挥的功效也称得上别具一格。尤其是在推动跨大西洋集体安全架构、搭建欧洲安全平台的进程中，北约几乎将美欧各国所有的政治、经济与安全联合都纳入其中，使之直接或间接服务于北约安全战略，使美欧各国的政治、经济、军事、社会以及思想资源，都汇聚到北约设计的跨大西洋集体安全架构中。从这个角度看，北约横向安全联合战略及其实践似乎取得一定收效。

第四章 北约政治与安全战略的思想、文化以及理论

第一节 北约政治理念中的自由主义与新自由主义

一 北约政治理念中思想

自北约创建后，不论是在世界范围内还是在美欧多国，大多数人均将北约视为一个军事同盟，但北约绝不只是美欧各国的冷战军事联盟，实际上也是美欧各国的政治联盟、文化联盟以及意识形态联盟，只不过与防御安全联合相比，其政治、文化以及意识形态的联合更为隐蔽。虽然北约自身并未公开对此详加说明，但在现实中却常常以其政治理念作为自身的行动准则和评判标准。因此，北约政治理念所发挥的作用实际上丝毫不亚于其防御安全理念，有时甚至更突出。北约及其成员国领导人一致认为："北约在后冷战时期的创建、持续以及成功，可以解释为三个分析不同而且相互关联的交互共同体：一是服务于其成员国工具性目标的单一目标团体，即单一目标共同体；二是支持一整套共同价值观的团体，即价值观共同体；三是为共同命运所绑定的团体，即命运共同体。"①

第一，军事联合只能算作一种单一性目标，目的是满足北约即时

① Emil J. Kirchner and James Sperling, "From Success to Uncertainty," in Emil J. Kirchner and James Sperling, eds., *The Federal Republic of Germany and NATO*, 40 *years after*, London and Houndmills, Basingstoke: MacMillan, 1992, p. 252.

性和功利性的安全需要，满足战后初期美欧各国在国际冷战斗争中自卫、自保以及自防的需要，这显然符合北约作为单一目标共同体的要求。

第二，在欧美人士看来，作为一种价值观共同体，北约客观上反映了美欧各国长期奉为圭臬的西方主流价值理念，包括自由、平等、公正、法治等观念，北约既要使其价值观成为凝聚和团结各成员国的政治黏合剂，又要使其价值观在战后欧洲安全秩序建构中充分展示示范性与影响力。他们甚至毫无争议地认定："民主政治、个人自由、法治这些价值观，在《北大西洋公约》中得到清晰表述，不仅巩固了北约联盟，而且有助于确定北约各成员国政府和社会的民主基础。"①

第三，北约自诩为美欧各国的命运共同体，其目标并不止于北约及其成员国在防御安全中同进共退，而是强调北约及其成员国在国际冷战斗争中保持一致立场，充分实现政治团结、经济协作、军事合作、社会融通，强调各成员国在北约联盟框架内一荣俱荣、一损俱损的利益关联。"在西方社会内部，北约开始在人们口中的大西洋文明中充当组织制度上的黏合剂，它在政治和文化中所发挥的作用，远比它的军事作用要重要得多。"②

北约在上述三个层面对自身作为跨大西洋联盟的角色认定，客观上反映了北约秉持的自由主义方法论与认识论。"复杂自由主义强调，即使无政府的国家体系或世界资本主义无法被改变或消除，国际规则和制度也可以造就不同。"③ 北约从不同方向对自身角色的塑造，必然导致北约及其成员国对北约联盟框架的发展方向、战略决策、政治理

① Stanley R. Sloan, "Continuity or Change? The View from America", in Victor S. Papacosma, Sean Kay, Mark R. Rubin, eds., *NATO after Fifty Years*, Wilmington, DE: A Scholarly Resources Inc., 2001, p. 3.

② ［丹麦］戴维·格雷斯：《西方的敌我：从柏拉图到北约》，黄素华、梅子满译，世纪出版集团、上海人民出版社 2013 年版，第 380 页。

③ ［美］罗伯特·O. 基欧汉：《局部全球化世界中的自由主义、权力与治理》，门洪华译，北京大学出版社 2004 年版，第 101 页。

念、安全定位等出现认识错位，进而导致北约塑造跨大西洋集体安全架构的战略设想无法固定。首先，无论是北约的政治战略，还是其安全战略，似乎并没有一个终极目标；其次，北约并不局限于某种固定不变的行动模式；再次，北约构建跨大西洋集体安全架构所采取的方法和手段与众不同。因此，北约对自身角色有三重认定，使其既不同于传统意义上的军事联盟，亦有别于同一时期其他政治或安全联盟，尤其是使北约在北大西洋区域政治与安全秩序建构中独树一帜，常常一专多能，一物多用，在多个层面或领域同时存在并且发挥作用。

二 北约的自由主义理念及其影响

就其表现而言，北约政治理念的形成并非单纯为自由主义思想所使然，在以政治理念为载体的北约思想与理论体系中，同时还存在着多种政治思想元素，这些思想元素并非各自独立，互不相干，而是在北约政治与安全理念这一平台上相互影响、交叉和渗透，逐渐融为一个不可分割的整体，最终作用于北约的政治与安全实践。不容否认，北约政治理念所蕴含的多种政治思想元素，尤其以自由主义在北约政治理念酝酿与形成的过程中所发挥的作用最显著。"自由主义不仅关注国家，而且关注私人组织的社会团体与公司……它们并非与国家的行为相隔离，而是与之密切相连……自由主义并不强调军事力量的重要性，而是寻求有着特殊利益的单独安全行为体可以自己组织起来提供经济效益、避免毁灭性的物质冲突，并不抛弃自由主义奉为圭臬的经济和政治自由。"① 由此可见，自由主义思想为北约政治理念的形成奠定了必要基础，进而为北约政治、军事、经济以及安全实践的全面铺开提供了最大的自由空间。

第一，就北约创建而言，自由主义思想主导下对北约的初始设计堪称是其最重要的初始动机之一。1945 年 10 月，《联合国宪章》签

---

① ［美］罗伯特·O. 基欧汉：《局部全球化世界中的自由主义、权力与治理》，门洪华译，北京大学出版社 2004 年版，第 86—87 页。

署，就此确立联合国在维持战后国际和平与安全中的权威性与代表性。尽管美国为建立北约而在《联合国宪章》中添加了第51、第52条款，但此举无法证明美欧各国建立北约在政治上就是正确的或是合理的，因为上述条款只强调遭受攻击的国家拥有以单独或集体方式实施自卫的权力，但并未直接授权任何国家建立区域安全组织。"联合国任何会员国在遭受武力攻击时，在安全理事会采取必要办法，以维持国际和平及安全以前，本宪章不得认为禁止行使单独或集体自卫之自然权利。会员国因行使此项自卫权而采取之办法，应立即向安全理事会报告。"①

显而易见，北约的创建实际上是美欧各国故意放大集体自卫权的一种必然结果。因为在联合国所维系的普遍国际安全体系及其规则中，不论以任何借口，再以另起炉灶的方式建立某种特殊的区域安全组织，必然会在理论和实践上与联合国所奉行的基本安全规则产生矛盾和冲突，必然会损害联合国的国际权威。

自创建之日起，北约就一直自认为一个特殊的区域安全组织，拥有特殊的政治与安全权利，不仅其政治与安全利益具有某种优越性和特殊性，而且其秉持的思想动机与行为准则亦具有天然的"合理性"与"公义性"。"美国领导人当然想要促进美国的利益，他们愿意使用国家的权力有能力去这样做。但人们还能发现很多官员具有这样一种愿望，即要建立一个能对其他国家的精英产生规范性吸引力的战后体系。"② 北约政治理念之所以独特，原因就在于北约在战后世界开创了建设跨大西洋集体安全架构的先河，它所创立的防御安全规则、架构以及方法等都堪称独一无二，即北约将其政治、文化以及意识形态等理念寓于军事联合机制之中，寓单一安全诉求于集体安全规则之中，

---

① 《联合国宪章》，available at http：//www. gov. cn/ziliao/flfg/2005 – 12/26/content_137072. html，2016 年 10 月 17 日。

② 约翰·G. 伊肯伯里：《创造昨天的世界新秩序：凯恩斯的"新思维"与英美战后安排》，载［美］朱迪斯·戈尔茨坦、罗伯特·O. 基欧汉编：《观念与外交政策：信念、制度与政治变迁》，刘东国、于军译，北京大学出版社 2005 年版，第 85 页。

寓军事防御职能于政治安全职能之中，寓区域安全理念于国际安全理念之中，等等。也正是基于北约创设跨大西洋集体安全架构的上述特殊性，使北约得以在向北大西洋区域提供安全保护的同时，亦能向全世界传输其政治、社会、军事、安全以及思想文化理念。

第二，正是在北约政治理念中自由主义思想元素的作用下，北约形成一种相对松散的指导方针、安全战略、联盟机制以及发展方式。但是这种发展方式同样也在北约内部造成许多纷繁无序的矛盾与分歧，使北约自身深受其扰。例如，北约既强调"进攻性防御"（Offensive Defense），又强调"主动防御"（Active Defense）；北约既强调"无害威慑"（No-Damage Deterrence），又强调"防御性威慑"（Defensive Deterrence）或者"非挑衅性威慑"（No-Provocative Deterrence）；北约既强调防御安全联合，又强调价值观联合；北约既强调自身在北大西洋区域政治与安全联合中的引领作用，又强调各成员国对北大西洋区域防御安全的独立贡献，甚至强调北约在全球政治与安全事务中的示范作用；北约既强调自身的武装力量建设，又强调与苏联和华约展开缓和与谈判；北约既强调在综合战力上压制华约，又强调双方共同推进武器控制与裁军谈判、建立欧洲战略平衡，等等。

许多学者都对北约的上述种种矛盾现象提出批评，但大多数批评者均基于现实安全利益和实用主义的角度提出意见，很少触及北约政治理念中的自由主义思想根源。在诸多批评声中，尤其以美国学者西奥多·德雷帕（Theodore Draper）提出的否定意见最具代表性。西奥多·德雷帕认为："北约的部分问题是言语上的，北约及其盟国似乎要开放的条款已经结束并且终结。"① 事实上，北约政治理念中许多看似相互矛盾但又彼此相容的内容，并不仅仅是在言辞或语言上存在歧义，而是反映了一个基本事实：即自由主义思想大大模糊了传统政治与安全理念中的许多固有界限，这使北约能够充分运用其强势政治、

---

① Theodore Draper, "The Phantom Alliance", in Robert W. Tucker and Linda Wrigley, eds., *The Atlantic Alliance and its Critics*, New York: Praeger, 1983, p. 3.

精确设计以及价值观输出，建立某种有效的军事代偿（Military Compensation）。

　　第三，受自由主义思想影响，北约在表面上似乎非常重视武装力量发展，但实际上其武装力量建设并未真正受到重视，也从未被并列为北约谋求联盟发展、推进安全战略、实施防御实践等首要目标。自北约创建一直到冷战结束，其武装力量建设从未达到应许的标准，甚至也从未达到过各个阶段性目标。北约一直将其武装力量用于一些大小不等的军事演习，或者部署在北大西洋区域防御前沿地带，以此确立某种战略威慑态势，但这种做法实际上相距构建真正有效的跨大西洋集体安全架构这一现实目标所差甚远。冷战时期的北约常规武装力量建设，从未对华约占据过优势，而且其核力量与核技术优势也并非贯穿始终。

　　然而，即便北约武装力量建设未尽人意，但却并未导致北约在与华约的军事对峙中全落下风、一败涂地，也未妨碍北约在战后欧洲安全秩序建构中发挥作用。很明显，北约并未将强化武装力量当作构建北大西洋区域安全的唯一方法，而是将联盟机制、威慑理念、防御战略、政治团结、价值观输出等，均当作构建北大西洋区域防御安全的重要手段，以此补偿其军事手段相对不足的缺陷。

三　北约的新自由主义理念

　　与自由主义思想因袭相承，从 1970 年代开始，新自由主义理论逐渐在美欧各国兴起，该理论以此独特的视角、特殊的理论建构以及对国际关系、国际利益的新见解，开始对北约政治理念及其发展发挥影响。就其逻辑关系而言，新自由主义理论在很大程度上是对传统自由主义思想的高度凝练与提升，当然，北约的指导思想与理念也由此得以发展和深化。作为新自由主义理论的领军人物，罗伯特·基欧汉（Robert O. Keohane）敏锐地指出，国际组织或区域组织普遍存在模糊性问题。基欧汉在其代表作《跨国关系与世界政治》（*Transnational Relations and World politics*，Cambridge：Harvard University Press，1972）

一书中指出，"问题领域的差异意味着，将不同的问题联系起来的战略越来越行不通，它将削弱而非增强国际等级制度。"① 虽然基欧汉斯言并非专指北约而言，但却道出北约所积存问题的真谛，即如果北约继续沿着目前的思路发展，就只能陷入虽处处现身、但却无处发力的窘境，而且北约也只能局限于固定的区域或领域发挥作用，无法走出欧洲乃至北大西洋区域的限制。

事实上，北约在冷战时期积存的各种问题与矛盾在 1980 年代仍得以延续，这使其难以在短期内适应国际政治、经济和安全形势急剧变化的需要，无论在客观上还是在主观上，北约都需要新的思想与理论。"冷战的结束打碎了关于世界政治的全套信念。冷战期间的国际政治理论实际是物质主义的，反映了国家追求'国家利益'的世界观，而这种国家利益是由地缘政治和经济现实所塑造的。"② 对北约来说，新自由制度主义理论的出现可谓恰逢其时，新自由制度主义明确提出，制度建设的目标在于谋求联盟内部各成员国的共同利益，确保其能够长期存在，而且不会出现利益耗损。"如果各种问题之间的联系并不完善，跨国和跨政府之间形成了各种联盟，在这样的世界里，国际制度在政治谈判中的潜在作用将大为增加。"③

总体而言，包括军事指挥机制、政治领导机制、财政分摊机制、政治协商机制等在内，北约的联盟机制基本上属于一种内向型机制（Inward-Orientation Mechanism），该机制更多着眼于各成员国之间安全利益的协调，目的在于更好地调动和运用北约成员国所拥有的各种资源、技术、决策等，这一联盟机制很少关注北约以外的国际安全环境，亦很少关注相距北约安全利益较远的问题。

---

① ［美］罗伯特·O. 基欧汉、约瑟夫·奈：《权力与相互依赖》，门洪华译，北京大学出版社 2002 年版，第 32 页。

② ［美］罗伯特·O. 基欧汉：《局部全球化世界中的自由主义、权力与治理》，门洪华译，北京大学出版社 2004 年版，第 199—200 页。

③ ［美］罗伯特·O. 基欧汉、约瑟夫·奈：《权力与相互依赖》，门洪华译，北京大学出版社 2002 年版，第 36 页。

在新自由制度主义的指导下，北约开始着手调整冷战时期联盟机制所积存的问题。例如，由于北约在国际秩序建构中无法发力或者发力甚少，北约渴望扩展的跨大西洋模式无法产生更大的影响力与示范作用，而且也使北约在国际安全体系建构中贡献有限，只能局限于军事联合的范畴，或者只能关注东西方军事对峙与竞争。不仅如此，由于北约与华约的军事对峙，北大西洋区域安全秩序建构进程缓慢，成就较少而问题较多。为此，从 1970 年代初起，北约就开始关注新安全机制建设问题，着手从更宏大的层面考虑全局性安全问题。在相当长一段时间里，北约将其战略视野转向北大西洋区域以外地区，从军事与安全领域转向非军事领域，开始关注全球范围内出现的危机与冲突，着眼从更加宏大层面上构建北约的安全战略与发展设想。

最典型的例证就是，1969 年 11 月，北约成立"迎接现代社会挑战委员会"（Committee on the Challenges of Modern Society，CCMS），该机构成为北约推行制度调整与功能创新的一次重大尝试。"迎接现代社会挑战委员会"创建后，将其工作重点瞄准全球性非传统安全领域，其工作内容涉及空气污染、道路安全、灾害救援、开放水域的污染、内陆水源污染等各种环境问题的整治。为此，北约不仅投入巨资，还设置专门研究和管理部门，对上述环境问题的治理统筹展开研究，并且牵头各成员国，甚至还与苏联达成一致，共同就环境问题展开各种试点性研究，包括定期出版空气检测报告、水源污染监控报告等。很明显，北约之所以设置"迎接现代社会挑战委员会"，实际上就是将其联盟模式或者联盟功能放大到更多领域、更大空间，此举不仅大大满足了北约谋求突破旧的联盟机制与功能限制的目标，而且也使北约得以在北大西洋区域以外展示其影响力，使北约在军事与安全领域之外构建欧洲—大西洋区域安全秩序的外缘。

与之相比，"相互依存关系学说"（Interdependence Theory）同样为北约解决政治与安全合作问题提供了一种全新的思路，为北约更好地利用并调整其现行联盟机制提供了一种新路径。基欧汉认为："可以设想这样一个世界：非国家的行为体直接参与世界政治，世界政治中的问题不存在明确的等级之分，而武力并非有效的政策工具，这些就是我们称之为复合相互依赖的特征。在这些条件下，我们可以预料：世界政治和现实主义条件下的情况是极为不同的。"①

按照上述观点，国际政治、经济与安全环境不断发生变化，导致影响欧洲安全秩序建构的角色日渐增多，导致影响国际和平与安全的因素就会有更多，而北约在欧洲安全架构中的影响力必然会进一步下降。因此，北约在政治与安全战略及其实践中竭力强调"特殊性"与"优越性"，不过是北约的一种自我夸耀与政治宣传而已。作为欧洲安全架构中众多行为体的一员，北约已经越来越感觉到，无法完全按照自身的意愿独力构建欧洲—大西洋区域安全秩序，北约政治与安全战略的实施难度进一步加大。

因此，强化北约与其他国际组织或区域组织的相互依赖关系，遂成为北约调整和改革其发展思路、改善其政治与安全环境的一个关键。从1970年代开始，北约就已着手在联盟内部进一步强化各成员国之间的协商与合作，同时与欧安会、欧共体等各种区域组织展开更广泛的对外合作，其中也包括与很多区域大国展开普遍合作。例如，在多次危机处置与域外军事行动中，北约不仅与联合国展开紧密合作，而且还与欧安会、西欧联盟、欧共体、欧洲自由贸易联盟等组织建立合作关系。

但必须要说明的是，北约与多个国际或区域组织建立的合作关系，归根到底是局部性和阶段性的，主要是针对某些具体问题或者围绕某些特殊的领域展开，并未形成系统、完整的相互依赖关系，许多对话、协商以及合作关系还处于摸索和实践中，并未形成定式，更未定型。对北约来说，要想与区域组织或大国构建真正的相互依赖关系，形成整体性、长时段良性互动，显然还须做更多工作。但是所幸

① ［美］罗伯特·O. 基欧汉、约瑟夫·奈：《权力与相互依赖》，门洪华译，北京大学出版社2002年版，第25页。

的是，欧美等国领导人都认识到，一个更加开放、平等、进取、包容的北约，显然要比一个自我封闭、墨守成规、抱残守缺的北约更有价值，这一点已经在北约及其成员国中形成一种共识，而且也已成为北约及其成员国在未来推进政治与安全战略的一个重要方向。

第二节　北约安全理念中的多边主义、双边主义以及单边主义

一　北约联盟与多边主义思想

在北约安全理念中，不论是政治与安全结构，还是战略方向与行动方式，多边主义（Multilateralism）、双边主义（Bilateralism）以及单边主义（Unilateralism）等思想与理论始终贯穿其中，这些思想与理念在理论上看似相互矛盾，彼此之间似乎难以相容，但它们在现实中不仅同时存在，而且在不同层面、方向、时段共同作用并指导北约的政治与安全战略及其实践，这种现象实际上反映了北约安全理念所拥有的多层面、多维度以及多方向等特征。显而易见，北约安全理念很难以一种方法、一个角度、一种理论对此做出清楚而且准确的诠释。

众所周知，多边主义是一种古老的外交思想与国际关系概念，拥有悠久绵长的历史，但是这一概念真正能够成为国际关系理论中的一个重要内容，则是在第二次世界大战后。新制度主义理论大师基欧汉曾为多边主义做出非常简明的定义："（多边主义就是）三个或者更多国家团体之间政策协调的实践。"[①] 如果我们要说得更详细一些，即多边主义就是在国际关系结构与国际行为中有两个以上参与者，在这些行为方之间所展开协商、妥协以及合作。多边主义既是一种国际力量结构或者制度模式，也是一种国际行为方式，同时它还是一种国际行为规则。多边主义的目的是，在多方力量共同参与的基础之上，建立

---

① Robert O. Keohane, "Multilateralism: An Agenda for Research", *International Journal*, Vol. 45, No. 4, 1990, pp. 731 - 764.

一种各种参与者或行为方利益共享的均衡态势。

北约属于一种非常典型的多边主义联盟（Multilateralism Alliance），因为它具有同盟多边主义的诸多特征。北约不仅在联盟内部强调平等、互利、多元、合作、自主等思想理念，而且主张所有成员国在北大西洋区域防御安全实践中共同参与、共享利益、共担风险等。虽然在其创建之初，北约内部各成员国一直存在许多差别，诸如国土疆域、自然资源、综合国力、国家利益、政策偏好等，为了更好地推进政治与安全联合，北约一直强调实现权力平等化、建立多边化联盟等方式，试图以此消除横亘在各成员国之间的各种内外差别，使它们至少在北约内部能够享有平等的政治地位、自主的发言权、均等的行动权等。"北约成员国疆域加在一起，大概有 800 万平方英里，人口达 4500 万；北约既有（君主立宪制）王国，也有共和国和总统制国家，许多种族、人民以及国家在其边境内联起手来。北约各成员国的（大小）规模从卢森堡到加拿大，人口从冰岛的 16.3 万到美国的 1.8 亿。就像它应该待在这样一个组织中一样，最小的国家和最大的国家都能在作为北约最高（权力）机构的北大西洋理事会中发出同样的声音，进行同样的表决。"①

北约的多边主义原则不仅体现在其联盟模式与结构中，还体现在北约的诸多机制建设中。自北约创建后，北约建立的所有权力机构几乎都秉持这种多边主义理念，建立了共同参与、平等协商、一致决策的权力运行模式，各成员国在北约联盟内部公平合理地分享和行使权力。不论是在北约政治领导机构还是在军事指挥机构中，北约各成员国都恪守多元、平等以及自由的精神理念，自由而且平等地分享各项权力。例如，在北大西洋理事会、北约防务委员会、北约军事委员会、欧洲盟军最高司令部、大西洋盟军最高司令部等最高政治与军事指挥机构中，各成员国都派出代表，通过协商一致的方式做出最后决

---

① Prince Hubertus zu Löwenstein, Volkmar von Zühlsdorff, *NATO and the Defense of the West*, Westport, CT: Greenwood Press, 1960, pp. 4 − 5.

策，最终由北约付诸行动。北约前秘书长罗宾逊勋爵（Lord George M. Robertson）曾专门就北约权力机制中的多边主义原则做出评论："通过北约的所有会议，北约成员国定期展开交流，它们在一种结构化格式下分享不同意见；通过定期谈判，它们形成共同立场，并且在实施过程中互相合作。从许多方面看，北约的许多委员会就是达成共识、形成北约基本行动原则的论坛。"①

为了体现权力平等，所有成员国代表既要反映各自国家的利益诉求，但也要符合北约内部的权力运行规则，即他们必须通过集体协商方式，表达彼此对北约及其成员国权力运行、安全战略及其实践的意见，采取一致认可的表决方式，制定统一的政治与安全决策。该决策一经做出，任何成员国都必须无条件遵守，不得随意违反。

另外，多边主义原则还体现在北约的防御安全方针上。在其创建之初，北约就确立了集体安全思想，强调"一国即全部、全部即一国"的安全理念，强调每个成员国都有保卫北大西洋区域和平与安全的责任，而且都有义务向遭受攻击的成员国提供各种支持与援助，确保所有成员国都能参与北约政治与安全实践。《北大西洋公约》第5条款明确规定："缔约国一致同意，对欧洲或北美一个或数个成员国发动武装攻击，将被视为对全体缔约国的攻击。因此，缔约国一致同意，如果发生上述武力攻击，每个成员国都有权行使《联合国宪章》第51条款所赋予的单独或集体自卫权力，应单独并且会同其他缔约国采取必要的行动，包括使用武力，以协助遭受攻击的单个或数个成员国恢复并且维持北大西洋区域的安全。此类武装攻击以及为此所采取的一切措施，均应立即上报联合国安理会，在安理会采取恢复并维持国际和平与安全的必要措施时，应终止此类措施。"②

---

① 王义桅等编译：《北约是什么——北约重要历史文献选编之一》，世界知识出版社2013年版，第33—34页。

② "The North Atlantic Treaty", Washington, D. C., 4 April 1949, http：//www. nato. int/cps/en/natohq/official_ texts_ 17120. htm. 2016 年 10 月 20 日。

由上可知，北约集体安全思想自确立之日起，就一直深受多边主义原则的浸染，尽显多边主义原则所宣扬的各种平等、合作以及互利等精神理念，北约推出的一系列制度设计、战略规划以及权力规则等，更是将这种多边主义原则发展到极致，最终以条约的形式予以明确表达。

不仅如此，多边主义原则还体现在北约的政治与安全行为方式上。北约武装力量属于多边化武装力量，基本上由各成员国军队组成，战时归属北约统一指挥，和平时期则归各成员国拥有和管理。"正如有证据可证明的那样，（美国）采取最极端措施是建立（北约）多边武装力量，目的是向欧洲盟国特别是联邦德国提供了一种属于自己的核能力。"[1] 另外，各成员国还负责向北约政治与军事活动提供各类场地、基地以及设施等，供北约武装力量驻军、调动、换防等。在北约内部，所有成员国共享信息、情报、教育、训练等各种资源，以便能在军事战略、行动以及决策等方面最大限度保持协调一致。

为了保持其战力，对苏联与华约形成某种威慑，北约还定期举行各类联合军事演习，所有成员国根据其所在的地理位置、北约军演需要、演习目标与功能等，派出军队参与其中，毫无例外。在北约防务开支方面，所有成员国按规定均须以各自国民生产总值2%的比例列支防务，在共同负担北大西洋区域的防务安全财政的同时，还要承担本国防务安全实践、武装力量建设、武器装备供应和更换等各项支出。

北约之所以选择多边主义同盟原则，其着眼点主要集中在三个方面：第一，多边主义原则可以最大限度反映了北约自诩的"民主、平等、自由、开放"等思想理念和价值观追求，可以确保北约最大限度发挥美欧各国在政治理念、价值观以及意识形态等方面的"引领和示

---

[1] Lawrence S. Kaplan, "NATO: An Atypical Alliance and Its Longevity", in Vojtech Mastny and Zhu Liqun, eds., *The Legacy of the Cold War: Perspective on Security, Cooperation, and Conflict*, Lanham, MD: Lexington Books, 2014, p. 19.

范作用",确保北约联盟模式更为持久和有效。第二,在战后初期国际冷战斗争中,北约客观上确实需要一个更加包容、平等、独立的多边联盟,可以最大限度将美欧各国的政治意志、经济资源、军事力量以及意识形态等诸多要素整合在一起,充分调动北约的各种资源和力量,有效确保北大西洋区域安全。第三,多边主义安全模式能够使北约在战略、决策、结构、行动等方面保持足够大的自由选择与行动空间,使北约及其成员国能有多种政治与安全选择,确使北约及其成员国的政治与安全利益实现最大化。"北约的存在为欧洲国家的安全政策提供了不同选择,它们可以从北约获得好处,在推崇北约的同时分享欧洲的倡议,或者从伤害北约的自主型欧洲安全机制中获得好处,这些选择反映欧洲执政党围绕多边主义、主权以及欧洲这些话题的核心价值观。"①

　　但不可否认的是,多边主义在带给北约自由选择与行动空间的同时,在现实中也不可避免地给北约带来许多消极影响,甚至多边主义在美国与欧洲盟国之间造成许多龃龉与纷争,导致北约联盟模式在很长时间筚路蓝缕,发展局促。美国学者梅尔文·克拉斯(Melvyn B. Krauss)对此现象曾不无伤感地评论到:"北约已经由一个老式'国际'组织,被转化为一个工具性的欧洲多边组织,能够而且确实使用羁绊美国工作的方式,抵御苏联在第三世界影响的扩大。"② 针对多边主义造成美国的安全战略及其行动在北约内部多受制于人的种种境况,美国专栏作家查尔斯·克劳萨默(Charles Krauthammer)也曾颇为尖锐地指出:"当前,多边主义亦成为美国行动的一种真正障碍,它成为麻痹的一个同义词或者借口。"③ 可见,多边主义就像一把双刃

---

　　① Stephanie C. Hofmann, *European Security in NATO's Shadow*, *Party Ideologies and Institution Building*, Cambridge: Cambridge University Press, 2013, p. 5.

　　② Melvyn B. Krauss, *How NATO weakens the West*, New York: Simon and Schuster, 1986, p. 47.

　　③ Melvyn B. Krauss, *How NATO weakens the West*, New York: Simon and Schuster, 1986, p. 47.

剑,在推动北约联盟架构保持平衡的同时,亦给北约联盟模式的发展平添了重重阻碍,削弱了这一模式的发展潜力。

二 北约联盟与双边主义思想

与多边主义思想与理论相并列,双边主义思想及其理论同样在构建北约联盟模式的过程中发挥了重大作用。而双边主义思想与理论更是在二战后盛极一时,其中的原因不仅在于战后初期美苏双方构建的两极冷战世界,而且源于两极冷战格局所造就的国际关系秩序以及行为规则。对于国际关系体系究竟是以多边安全架构(Multilateralism Security Architecture)为佳,还是以双边安全架构(Bilateralism Security Architecture)为佳,西方学界一度曾出现激烈争论。有相当多国际学者坚持认为,在国际关系体系中,双边安全结构将更有利于国际安全与稳定,原因在于两种力量可以相互牵制和影响,容易形成某种平衡,达成某种力量均势,从而避免单极化安全结构(Unilateralism Security Architecture)的种种弊端。例如,单极化安全结构极易形成的某种绝对力量优势,进而在国际或区域安全架构中造成某种权利失衡、不平等以及不公正现象等。但在另一方面,双边安全结构在很大程度上亦避免了多边安全结构固有的力量相对分散、安全架构缺乏足够凝聚力、战略与政策成本相对较高、联盟内部相对无序等缺陷,在很大程度上避免了由于多边力量竞争而造成的国际关系体系持续动荡与不稳定。国际关系学者理查德·贝茨(Richard K. Betts)就此曾评论到:"在单边主义的软弱之处与集体行动的僵硬之处两者间,联盟可以提供一种最好的妥协。"①

双边安全结构主要是指两个国家或者国家行为体为争取各自安全利益而采取的国际安全行动,以及上述行为所构成的某种安全结构、

---

① Richard K. Betts, "Systems of Peace as Causes of War? Collective Security, Arms Control, and the New Europe", in Jack Snyder and Robert Jervis, eds. , *Coping with Complexity in the International System*, Boulder, San Francisco and Oxford: Westview Press, 1993, p. 272.

定式以及规则。在理论上，双边主义思想与理论似乎与北约的多边安全联盟模式相去甚远，两者似乎并无直接关联，因为北约属于典型的多边主义联盟。但在实践中，双边安全结构与多边安全结构实际上在北约内部同时存在，只是两者在北约联盟模式中所处的地位各自有别，但这并不妨碍它们在北约联盟模式构建中占据同等重要的地位。双边安全关系确实在一定程度上减少了北约内部的相关利益方、对话方以及合作方等复杂关系，大大简化了北约的决策程序与行动步骤，进而提高其政治与安全实践效率。

在北约创建之初，北约实际上一直依照双边主义原则来规划和建构美国与欧洲国家之间的军事关系。在《北大西洋公约》订立后不久，美国随即通过《共同防御援助法案》（Mutual Defense Assistance Act），美国要求以相互提供军事援助的方式向欧洲国家提供帮助，以此确保北约能够迅速拥有足够的防御安全力量。"这是一个在相互援助下的双边主义维度，（欧洲）盟国并不欢迎，但却不得不接受。"[1]事实上，北约在其防御安全理念中提出"自助和互助"概念，就是在双边主义原则的基础上认识美欧关系，并且为其做出定位，这使美欧双边关系成为北约联盟模式以及欧美安全架构的基础。"因为《北大西洋公约》第3款中'自助和互助'的概念在实践中并不清楚，欧洲国家要求得到军事供应，这使美国官员们对《北大西洋公约》各项条款关于军事援助计划的协调提出疑问，目的是使欧洲在军事上能够重建，从盟国那里得到互惠性收益。"[2]

对美国来说，订立《北大西洋公约》并非仅仅向欧洲国家提供安全保护，通过《共同防御援助法案》向欧洲盟国提供援助，其目的是希望欧洲国家能够在军事上自强自立，美欧各国能够共同为维护北大

---

① Lawrence S. Kaplan, *NATO Divided*, *NATO United*, *The Evolution of an Alliance*, Westport, CT and London: Praeger, 2004, p. 6.

② Timothy P. Ireland, *Creating the Entangling Alliance*, *the Origins of the North Atlantic Treaty Organization*, Westport, CT: Greenwood Press, 1981, p. 121.

西洋区域安全与稳定做出贡献。对欧洲国家来说，《北大西洋公约》既可使美国承担起维护包括欧洲在内的北大西洋区域安全的责任，也可使欧洲盟国通过《共同防御援助法案》得到必要的军事援助，建立美欧双方的双边军事合作。"对欧洲各国来说，（批准）条约的过程不仅带有放松感，也拉开了《北大西洋公约》第 3 条款的序幕……美国向北约成员国提供军事援助的条款，这一条款正是被冠之以'相互援助'的醒目标志。"① 因此，双边主义原则在很大程度上满足了美欧双方的共同防御安全要求，同时推动了北约内部的防御安全架构建设。

北约号称大西洋联盟，其核心含义就是推动跨大西洋两岸国家的政治、文化、军事以及价值观联合。不论是北约成立之初的 12 个成员国，还是伴随着北约联盟扩展而成员国数量不断增多，对北约来说，美欧双边关系始终都是至为关键的安全关系。在北约内部，美国和欧洲盟国实际上构成支撑联盟体系的两大支柱，两者缺一不可。"美国的安全与二战后欧洲在苏联霸权下的独立地位，都有赖于创建一个可以信得过的联盟，该联盟将美国与欧洲绑在一起。"② 不论北约是否认可，持续维系和深化美欧关系，实际上一直就是北约推进安全战略及其防御实践的一个重要目标。这一目标不仅使北约在做出重大决策时首先要考虑美欧关系及其变化，而且在北约的许多政治与安全实践中，亦随处充斥着美国和欧洲盟国在彼此利益和政策偏好中不断实现妥协、达成某种战略中和。因此，美欧双边关系实际上成为双边主义原则指导下北约联盟模式中的一项重要内容。

不仅如此，双边主义原则同时还体现在北约内部的欧洲盟国关系中，例如，美英关系、美德关系、美法关系、英法关系、法德关系

---

① Lawrence S. Kaplan, *NATO Divided*, *NATO United*, *The Evolution of an Alliance*, Westport, CT and London: Praeger, 2004, p. 5.

② Emil J. Kirchner and James Sperling, "From Instability to Stability", in Emil J. Kirchner and James Sperling, eds., *The Federal Republic of Germany and NATO*, 40 *Years After*, London and Houndmills, Basingstoke: MacMillan, 1992, p. 1.

等，都在北约政治与安全实践中有比较醒目的展示。其中，自联邦德国创建后，尤其在其入盟北约后，美国与联邦德国一直保持着良好关系，这种关系堪称是北约内部最稳定的一种双边安全关系，因为"对于美国和联邦德国来说，北约一直是一个命运共同体"①。另外，法美关系则是北约内部最为动荡与波折的双边关系。在酝酿创建北约的过程中，法国就试图与美国建立双边关系。"（法国政治家）誉安和比约特倾向于让法国和迄今为止最强大的潜在盟友美国直接谈判，与华盛顿直接签订双边防御协定。"② 而且在北约此后的发展中，法、美两国屡生龃龉，双方终因争夺北约的南欧司令部指挥权、核事务决策权而发生决裂，导致法国于 1966 年 7 月宣布退出北约军事一体化机构，北约设置在法国境内的军事设施、指挥机构以及派驻军队等均不得不撤出，北约建构跨大西洋集体安全架构的实践严重受挫。

同样，作为欧洲安全体系中最重要的一种关系，法德关系也在北约联盟模式下经受了历史性考验。欧洲一体化从经济角度推动了法德关系的正向发展，但北约联盟框架有助于从政治与安全维度抹平法德双边关系中的裂痕。不仅如此，美英关系、英法关系等，也在北约联盟框架下获得新的发展。众所周知，美英特殊关系可谓由来已久，但是同样在北约联盟框架下得到进一步发展。无论在北约政治领导机构与军事指挥机构中的任职人数，还是担任北约各级权力机构的职务层级，英国在众多欧洲成员国中可谓鹤立独行，其作用仅次于美国。另外，在北约解决各种内外危机、应对安全挑战的过程中，英国始终发挥着举足轻重的作用，成为辅助美国在跨大西洋安全架构中推进其政治与安全意志的重要支撑。例如，在朝鲜战争、两次柏林危机、古巴导弹危机以及越南战争中，美国与英国一直保持着非常密切的切磋和

---

① Emil J. Kirchner and James Sperling, "From Instability to Stability", in Emil J. Kirchner and James Sperling, eds., *The Federal Republic of Germany and NATO*, *40 Years After*, London and Houndmills, Basingstoke: MacMillan, 1992, p. 1.

② Charles G. Cogan, *Forced to Choose*, *France*, *the Atlantic Alliance*, *and NATO—Then and Now*, Westport, CT and London: Praeger, 1997, p. 29.

沟通，这对于全面深化北约政治与安全战略可谓意义重大。

由此可见，在跨大西洋集体安全架构中，虽然存在多个政治、经济、安全等组织，亦存在多种纵横交错、盘根错节的关系，但这种双边关系堪称至关重要。许多西方学者对北约安全理念中的双边主义并不看好："几年来，美国与欧洲国家关系所处的环境发生变化，这使大西洋联盟成为'一种即将消逝的伙伴关系'。"① 但在事实上，美欧关系与其他双边关系并行不悖，在推动北约安全理念的过程中发挥着不可替代的作用。

不仅如此，许多学者甚至更为悲观地认定："在大西洋两岸（国家）努力保卫其政治势力范围、防备另一方入侵时，大西洋两岸已在不断破坏其统一目标。"② 但在经历了冷战后短暂的政治动荡与混乱后，北约内部多种双边关系仍得以延续，而且随着北约不断推进"和平伙伴关系计划"以及东扩进程，在双边主义原则下的北约联盟模式得以进一步扩展，北约不仅在其联盟内部继续推进双边关系，而且还与各种伙伴国、对话国以及合作国展开双边合作，在全球范围内进一步扩展北约双边关系的外延，以此扩大北约的政治与安全影响。

三 北约联盟模式中的单边主义思想

与多边主义和双边主义思想与理论相对应，单边主义思想同样也反映在北约的政治与安全实践中，与前两者相比，单边主义最大的好处就是，大国非常容易在北约联盟内部贯彻其国家意志、推进其利益诉求，最大限度减少各种因素掣肘，谋求提高战略决策与安全实践效率。

单边主义在理论与实践中有两个前提：（1）联盟内部各成员国力

---

① Simon Serfaty，"Atlantic Fantasies"，in Robert W. Tucker and Linda Wrigley，eds.，*The Atlantic Alliance and its Critics*，New York：Praeger，1983，p. 95.

② Erwan Lagadec，*Transatlantic Relations in the 21ˢᵗ Century*，*Europe*，*America and the Rise of the Rest*，London and New York：Routledge，2012，p. 132.

量极端不均衡，相互之间存在较大力量差距，拥有强大力量的成员国更强调其特殊利益。单边主义与霸权主义有一定相似之处，但是不能完全画等号。"霸权系统中最具实力和影响力的国家是霸权国。霸权国对系统的影响、主导或统治之所以成为可能，主要是因为霸权国占绝对优势的国家权力，而这种权力又从根本上依赖于霸权国的政治、经济和军事力量。"① （2）单边主义思想及其实践并不伤及多边联盟的基础，而且许多单边主义政策及其实践都是打着多边主义的旗号进行的。霸权主义强调其霸权体系，其手段和规则并不完全拘泥于传统、习俗、道德、规则以及法律，其最终目标在于维护其绝对霸权。而单边主义在名义上强调自由、平等以及利益共享，但实际目标在于通过建立多边或双边联盟体系确保自身的特殊利益，进而实现自我利益最大化。

在北约的联盟模式中，美国所拥有的政治作用、经济规模、军事力量以及文化影响等，远远超出欧洲盟国，这使美国有充足的资本得以在北约内部大肆推行单边主义。因此，在北约一些重大战略问题上，例如，军事力量部署、武装力量建设、核战略及其运用、防御安全开支、欧洲盟军最高司令与大西洋盟军最高司令等重要职位任用等，美国始终发挥着决定性作用，而欧洲盟国在大多数情况下则只能唯美国马首是瞻。因此，北约防御安全政策及其实践大多为美国所主导，此举加剧了美欧双方的矛盾与分歧，进而造成北约政治与安全实践效率持续低下。对此，美国学者佩里格林·沃索恩（Peregrine Worsthorne）曾强调："然而，就所有意图和目标而言，同盟国促进了所谓的美国单边主义，当前这些国家有时更成为一种障碍而

---

① Robert O. Keohane, *After Hegemony: Cooperation and Discord in World Political Economy*, Princeton, NJ: Princeton University Press, 1984, pp. 30 – 40. 同见于 Joshua S. Goldstein, *Long Cycle: Prosperity and Ears in the Modern Age*, New Haven, CT: Yale University Press, 1988, p. 125. 转引自秦亚青《霸权体系与国际冲突——美国在国际冲突中的支持行为（1945—1988）》，上海人民出版社 1999 年版，第 104 页。

非助力……"①

北约单边主义思想及其实践的最大弊端，就是美欧双方矛盾与冲突持续存在，甚至一直延续至冷战结束，难以消解。另外，单边主义思想在理论上极大地损害了北约作为多边联盟所尊奉的平等与合作精神，造成北约联盟模式赖以为基础的"民主、自由原则"遭到破坏，在实践上则导致北约政治与安全行动效率低下，难以产生积极有效的作用，以致影响并削弱北约在战后国际政治与安全事务中的地位。

第三节　北约区域安全原则中的功能主义与新功能主义

一　北约区域安全原则中的功能主义

"二战"后，功能主义思想与理论在国际政治、经济与安全事务中大行其道，不仅对早期欧洲一体化运动发挥着指导作用，而且还在北大西洋区域安全秩序建构中发挥着重要作用。在功能主义思想与理论体系中，尤其以功能主义学派的创始人、英国学者戴维·米特拉尼（David Mitrany）、乔治·华盛顿大学经济社会学教授艾米塔伊·艾兹奥尼（Amitai Etzioni）等最具影响力。与之相对应，美欧各国的新功能主义思想与理论在1950年代和1960年代兴起，同样在指导同一时期欧洲一体化运动、推动北约政治与安全联合的过程中发挥了重要作用。新功能主义思想与理论的代表人物则是加州大学伯克利分校国际关系学教授厄内斯特·哈斯（Ernest B. Hass）、加州大学洛杉矶分校社会学教授杰弗里·亚历山大（Jeffrey C. Alexonder）等学者。

功能主义思想的核心意涵在于，弱化民族国家在国际行为中的地位，突出基层力量在国际政治、经济以及安全合作中的重要性，尤其强调国际共同体的自发性，既不强调共同体的政治成本，也不强调政

---

① Melvyn B. Krauss, *How NATO weakens the West*, New York：Simon and Schuster, 1986, pp. 46 – 47.

治收益。"随着国际活动及其代理机构网络的扩展，将会克服政治分歧，所有国家的利益和生活，将会因此而逐渐合成一体。"① 但是功能主义所强调的国际联合机构并不完全是政治化的利益联合体，也不是政治化的权力综合体，而具有非政治性或者低政治性，更强调技术人员与专家在联合机制中的核心作用。与之相比，新功能主义则在批评功能主义的基础上，强调超国家组织在联合领域、部门以及机构等方面的"外溢效应"，强调联合成本与收益的关联性，强调联盟模式不仅出自内在需要，还出自对外部压力所做出的持续反应。

针对美欧各国着力推进的政治、经济以及军事联合，功能主义与新功能主义之间最大的差别在于，前者强调联合模式出自技术管理的内在需要而自发产生，因此其联合形式亦多为政府间合作，其联合的基础在于社会大众，其最终联合方向是建立某种专门的职能性联盟。后者则强调，联合出自相关利益各方追求自身利益的客观需要。因此，其联合形式更多集中于建立超国家组织，其联合的基础在于政治精英，其联合的最终方向是建立政治共同体。然而，功能主义和新功能主义的思想理念虽颇多差异，其思想与理论亦非专指北约，但这并不妨碍这两种思想与理论在不同时段和领域持续推动北约的政治与安全实践，进而不断推动北约联盟模式的发展。

自《北大西洋公约》订立后，北约确定了区域安全原则，不仅强调北大西洋区域是北约的防御安全中心，而且强调"一国即全部，全部即一国"（One is All，All is One）的集体安全方针。在北约的区域安全原则中，北约为其政治与安全实践做出不同的功能定位，将其防御安全目标聚焦于三个层面：（1）强调北大西洋区域的整体防御安全；（2）强调向北约各成员国提供有效的安全保护；（3）维护并扩

---

① David Mitrany, "A Working Peace System", in Brent F. Nelsen, Alexander C - G. Stubb, eds., *The European Union: Readings on the Theory and Practice of European Integration*, Boulder, CO: Lynne Rienner Publishers, 1994, p. 79. 转引自陈玉刚《国家与超国家——欧洲一体化理论比较研究》，上海人民出版社 2001 版，第 28 页。

展北约及其成员国所恪守的政治理念、价值观以及意识形态。北约的区域安全原则取决于《北大西洋公约》诸项条款及其相关规定："《北大西洋公约》并未明确规定建立一个国际组织，而是要么以政治官僚机构的面貌出现，要么以统一军事结构的面貌出现。该条约所包含的条款与段落，即使是 1949 年签约国所要求的内容，也要比短暂和非正式组成的军事联盟更为坚固和永久。"①

《北大西洋公约》最初对美欧双方军事联合的约定，只是为了满足双方在多个领域的即时性政治与安全需要，并未专注于建立某种永久性联盟。而且，在对其联盟模式的设计中，北约亦从未考虑将其确定为超国家联盟，而是将其当作某种政府间合作组织。北约的所有重大政治决策与安全战略，一概非由北约一己确定，而是依赖各成员国的对话与协商，而且北约的政治与安全实践均取决于各成员国通力合作。事实上，北约各成员国均将其参与北约的动机，锁定为某种功能性目标，以此确定其在北约中的政治与安全立场。"（各成员国）参与北约，出自为得到对其自身安全保证的愿望。"② 因此，功能化的防御安全定位，在很长时间主导了北约的发展方向与进程。

为了更好践行北约的区域防御原则，美欧各国在签订《北大西洋公约》后，随即建立北大西洋理事会、北约军事委员会、北约防务委员会、理事会常设代表会议、成员国大使会议等一系列权力机构。一方面，北约上述机构专为维持北约自身运转而设，许多机构设置实际上并不稳定，因此在北约以后的发展中一直处于变动和调整中。另一方面，北约上述机构大都采取政府间合作方式，由各成员国共同协商、平等对话，共同确定北约所有政治与军事决策。即便是一直为美国所垄断的北约核武器和核战略，北约亦设立由美、英、法三国代表

① Martin A. Smith, *NATO in the First Decade after the Cold War*, Dordrecht and Boston and London: Kluwer Academic Publishers, 2000, p. 1.

② Heiko Biehl, Bastian Giegerich and Alexandra Jonas, "Conclusion", in Heiko Biehl, Bastian Giegerich and Alexandra Jonas, eds., *Strategic Cultures in Europe*, *Security and Defence Policies across the Continent*, Potsdam, Germany: Springer VS, 2103, p. 392.

组成的核计划小组，北约此举并非为了垄断，而且旨在谋取各成员国的联合与合作。北约在设计上述权力机构的过程中，一直避免出现任何政治偏向或者好恶，确保上述机构在各成员国当中能够保持中立态度，确立其非政治化立场。

不止于此，在北约的权力机构与运行中，北约还特别强调设置各种临时性功能机构，用于弥补其现有权力架构中的空白地带。例如，1956年5月，北约设立由加拿大外长莱斯特·皮尔逊（Lester B. Pearson）、挪威外长哈瓦尔德·兰格（Halvard Lange）、意大利外长加埃塔诺·马尔蒂诺（Gaetano Martino）组成的"三人委员会"。[①] 该小组就包括北约及其成员国关系在内的许多重大战略问题展开研究，最终推出"三智者报告"（Three Wise Men Report），用于指导北约各项政治与安全实践。

1966年，北约成立以比利时外长皮埃尔·哈默尔（Pierre Harmel）为首的专家小组，就未来北约安全战略方向及其实践展开研究。该委员会在1967年12月提出"联盟未来的任务"——"哈默尔报告"（Harmel Report），在美苏关系缓和的背景下提出以"防御与缓和"为主导的北约新指导方针。尽管"三智者报告"和"哈默尔报告"既非各成员国政治或军事领导人亲为，亦非北大西洋理事会、防务计划委员会和军事委员会等最高权力机构文件，但并不妨碍其成为北约历史上最重要的文献，亦不妨碍其在指导北约政治与安全战略中发挥举足轻重的作用。"（1990年代）北约弹性防御战略保留了1967年'哈默尔报告'中北约联盟的第一功能，该职能就是保持足够的军

---

① 事实上，早在1951年9月，北约大西洋理事会就曾授权建立类似的"三人委员会"，由美国艾夫里尔·哈里曼（Averell Harriman）、法国让·莫内（Jean Monnet）以及英国休·盖特斯克尔（Hugh Gateskell）组成，后来休·盖特斯克尔为埃德温·普鲁登（Edwin Plowden）代替，该小组负责研究欧洲安全需要以及北约各成员国的政治与经济力量。见 Andrew J. Goodpaster, "The Foundations of NATO: A Personal Memoir", in James R. Golden, Daniel J. Kaufman, Asa A. Clark Ⅳ, and David H. Petraeus, eds., *NATO at Forty*, *Change*, *Continuity*, *& Prospects*, Boulder, San Francisco, & London: Westview Press, 1989, pp. 30 – 31.

事力量和政治稳定，以抵抗侵略以及其他形式的压力，而且在侵略发生时保卫成员国疆域。"①"哈默尔报告"的影响一直延续至今，由此足见北约功能性权力机构作用的特殊之处。

事实上，也正是在功能主义思想及其理论的指导下，北约将自身定位为区域性防御安全组织，因此在其区域安全原则中，北约对其防御安全区域做出明确规定，仅将北大西洋区域设定为防御安全中心，对许多成员国要求保护其"旧势力范围"（Old Sphere of Influence）的安全主张保持模糊态度，对成员国的纠纷亦持保留和克制态度。为此，北约只在《北大西洋公约》第6条款做出象征性说明，仅提及北大西洋区域北回归线以北岛屿以及阿尔及利亚，并未提出有关成员国的其他势力范围。而且在此后北约防御安全战略与设计中，北约亦未对此做出进一步说明，甚至很少提及。北约对北大西洋防御区域的这种功能性限定，使北约维系了其作为区域安全组织的基本功能。

二 北约区域安全原则中的新功能主义

从1950年代后期起，北约开始更多受到新功能主义思想与理论的影响，北约的机构设置、安全战略、发展方向等在其作用下发生重大变化。首先，北约对在其权力机构的功用与定位的认识予以更新，对旧的多边权力机构实施调整，增强现有机构的统一意志与工作效率。在新功能主义的理论家们看来："机构在三个方面被视为是有用的：第一，它们有助于克服妨碍合作的羁绊，例如对高交易成本的不信任和不确定性；第二，它们在解决集体行动困境的过程中扮演了一个重要角色，例如搭便车、相对收益问题、背离以及'公有物的变形'；第三，它们为政策的协调提供了现实手段（信息分享、科层化

---

① Drew S. Nelson, Keith W. Dayton, William J. Ervin, Keck M. Barry, Philip C. Marcum, *The Future of NATO*, *Facing an Unreliable Enemy in an Uncertain Environment*, New York, London, Westport, CT: Praeger, 1991, p. 157.

等等）。"①

在新功能主义理论的指导下，北约权力机构已不再是单纯的官僚政治体制，而成为北约强化其超国家联合的一种权力象征，目的是在持续强化各成员国政治与安全合作的基础上，进一步强化北约的联盟安全模式。

为了加强北约最高权力机构对其政治与军事事务的决策与领导作用，北大西洋理事会多年来对其早期设立的国际秘书处（International Staff，简称 IS），持续实施改革和调整，不断细化国际秘书处的综合职责，加强其对北约政治事务、防御计划、行动能力、防务开支、紧急事务、公关外交、行政管理等各方面的统筹能力，强化北约对指导方针与安全战略的统一和协调。通过加强上述机构工作人员的国际化程度，加强国际秘书处在北约内部的独立性，加强其对各成员国工作人员的超国家领导，最大限度体现北大西洋理事会以及国际秘书处的综合协调与领导能力。

作为新功能主义理论指导下政治机制建设的一部分，北约还建立了许多咨议性权力机构，例如大西洋议会（NATO Parliament Assembly，简称 NATO PA）②，目的是在北约与其成员国之间架设一座新桥梁，推动公众理解和支持北约外交与安全政策。1967 年 12 月，北大西洋理事会授权北约秘书长进一步研究该机构与北约的合作关系，③该机构由此得以在更大的政治与社会层面持久发挥作用。此类机构虽

① Peter. A. Hall and Rosemary. C. R. Taylor, "Political Science and the Three New Institutionalism," *Political Studies*, Vol. 44, No. 5, 1996, 936 – 957. 同见 Robert O. Keohane and Lisa L. Martin, "The Promise of Institutionalist Theory," *International Security*, Vol. 20, No. 1, 1995, pp. 39 – 51. 转引自 Mark Webber, James Sperling and Martin A. Smith, *NATO's Post-Cold War Trajectory, Decline or Regeneration*? New York: Palgrave Macmillan, 2012, p. 38.

② 1955 年，北约成立"大西洋议会"。1999 年 6 月 1 日，"大西洋议会"正式更名为"北约议会大会"。上述机构的成员由各成员国议会指定的议员担任，各国议员名额按照各国人口比例分配。作为北约各成员国的议会联合组织，目的在于进一步密切各成员国议会与北约权力机构的合作。

③ NATO Parliament Assembly, 7 April 2016, http: // www. nato. int/cps/en/natohq/topics_50080. htm? selectedLocale = en. 2016 年 10 月 25 日。

算不上北约核心权力机构，亦未直接参与北约战略决策，但却从另一个层面填补了北约及其成员国现有权力架构的空隙，发展并完善了北约的权力机制。北约类似的机构设置还有许多，例如，面对当代社会日趋复杂化的发展趋势，北约遇到越来越多非政治性、非军事性安全挑战，特别是非传统性安全挑战，北约"迎接现代社会挑战委员会"（The Committee on the Challenges of Modern Society，CCMS），就是要应对包括自然灾害、环境污染、生态危机等在内的各种新型社会与环境挑战。上述机构无疑推动了北约成员国在更多领域展开协商与合作，同时也扩大了北约权力机制的基础与适用范围。

1960 年代初，北约还仿效国际秘书处的权力模式，建立旨在加强北约军事委员会功能的超国家机构设置——国际军事参谋部（International Military Staff，简称 IMS），负责制定北约的各项军事计划，协调北约的后勤保障、情报收集与分享、财政共同负担等。国际军事参谋部工作人员虽出自北约各成员国，但均要求其独立于所属国，以充分显示北约在军事指挥、协调与合作方面的超国家性质等。"在国际军事参谋部各级军事机构中，北约聘用了大量高级军官、技术专家、文职人员在内的国际职员，大约有 150 名军官、150 名士兵、80 名文职雇员。"① 之后，北约又对国际军事参谋部的机构与制度设计做出进一步调整，不断增加其军事行动效率与功用。"国际军事参谋部除负责财政、公共信息、秘书事务、法律事务、支持行动等各局之外，还设立计划与政策局、合作与区域安全局、后勤暨武器资源局、司令部 C3 系统。"②

在此基础上，北约还在国际军事参谋部各局之下设置许多职能性处室，直接落实北约的各项战略计划与行动方案、早期预警以及危机处置职能等，以便进一步落实国际军事参谋部的统筹和综合能力，进而凸显军事委员会对北约重大安全事务的领导能力。

---

① *NATO：Facts and Figures*，Brussels：NATO Information Service，1976，p. 221.

② *NATO Handbook*，Brussels：NATO Office of Information and Press，2001，p. 525.

不仅如此，北约还持续对防务委员会、军事委员会等最高军事决策机构实施改革。1966 年，北约成立防务计划委员会（Defense Planning Committee，简称 DPC），将防务委员会的职能完全纳入新机构。毫无疑问，此举有助于强化北约的共同防务预算，并且对建立在共同防务预算的防务决策将大有裨益。[1] 紧随其后，北约又在"核计划小组"的基础上，建立"核防务事务委员会"（Nuclear Defense Affairs Committee，简称 NDAC），全面负责北约核事务的相关决策。另外，北约还全面启动了自身的标准化建设，将早先建立的"军事标准办公室"（Military Office for Standardization，简称 MAS）迁往北约总部，正式将其纳入北约最高指挥机构。[2] 北约此举旨在统一各成员国的武器装备、军事生产、后勤补给等标准，最终在安全事务上实现更紧密的团结合作。

　　与此同时，北约还对欧洲盟军最高司令部、大西洋盟军最高司令部等各大战区指挥机构实施改革，进而对北约最高军事指挥机构所属的各个次战区级司令部、军种级司令部等实施改革。北约在不断增加最高军事指挥机构中辅助性军事指挥职能的同时，也不断发展和完善北约的军事指挥体系，使北约的军事指挥权力能够全方位覆盖每一个领域、层面以及角度，以便最大程度提高北约的军事指挥效能。[3]

----

①　2010 年，北约"防务计划委员会"宣告解散，该委员会的职能均纳入北大西洋理事会。

②　2000 年，北约将"军事标准办公室"合并为"北约标准办公室"（The Office of NATO Standardization），之后又将其变更为"北约标准化机构"（NATO Standardization Agency，简称 NSA）。2014 年，"北约标准化机构"进一步改革，正式建立"北约标准化办公室"（NATO Standardization Office，简称 NSO）。

③　冷战结束后，北约对上述军事机构大规模实施改革与调整，军事指挥机制的层级不断减少，各指挥机构权力重合减少，综合指挥能力不断提高。北约将欧洲盟军最高司令部改组为盟军作战司令部（Allied Command Operations，简称 ACO），将大西洋盟军司令部改组为盟军转型司令部（Allied Command Transformation，简称 ACT），前者将北约十多个区域级司令部减少到九个，并且大规模转移且合并次区域级司令部的功能；后者则将其功能锁定为军事机构改革、军事理论探索、军事人员训练等。"北约内部主要的体制变化，就是重建北约的区域性和次区域性指挥司令部，它们将会被改变，以适应联合特遣部队的计划。"见 Sean Kay, NATO and The Future of European Security, Lanham, Boulder, New York, Oxford: Rowman & Littlefield Publishers, Inc., 1998, p. 146.

三 北约防御安全合作的新变化

同样在新功能主义的影响下，北约防御安全合作机制发生相应变化。就其传统而言，北约防御安全合作包括三个层面含义：（1）北约各成员国之间的防御安全合作；（2）北约与其成员国的防御安全合作；（3）北约与国际或者区域组织等各种国际行为体之间的防御安全合作。在传统安全理论中，北约所倡导的防御安全合作均以共同利益为基础。"事实上，许多机制性安全合作都是从非敌手关系这一点开始的，举例而言，在北约内部，合作一直建立在几十年的共同利益之上。"①

在新功能主义思想与理论的影响下，北约对防御安全合作的理解出现新变化。北约过去一直强调与那些拥有共同利益的盟友或伙伴展开合作，以便使其防御安全合作战略及其实践实现利益最大化，这种思路更多考虑的是北约防御安全合作的目标而非成本。但是北大西洋区域乃至更大的防御区域环境却是，北约不可能永远与对手处于对抗状态，也不可能不计成本地实现北大西洋区域安全目标。因此，北约不仅需要与其盟友和伙伴国展开合作，同样也需要与对手展开某种有限度合作。但是两者的根本区别在于，前者旨在从整体上强化北约的政治与安全态势，增加北约防御安全政策及其实践的功效；后者则是为了改善北约所处的政治与安全环境，降低北约防御安全政策及其实践的成本，减少北约政治与安全实践所承担的风险。

还是在功能主义理论的指导下，北约不仅需要与欧共体、西欧联盟等各种伙伴组织展开密切合作，而且也需要与华约、经互会等对抗性或竞争性组织展开具体合作。与此同时，北约还须与持中立立场的欧安组织、联合国等展开宏观性合作，唯有如此，北约才能进一步扩大自身的政治与安全功用。北约之所以在防御安全政策上采取合作立

① Mark Webber, James Sperling and Martin A. Smith, *NATO's Post-Cold War Trajectory, Decline or Regeneration?* New York: Palgrave Macmillan, 2012, p. 38.

场，在很大程度上并非源自北约自身的防御安全需要，而是出自北约所面对的巨大政治与安全压力。因为从 1970 年代开始，国际政治与安全形势发生很大变化，北约面临着相比冷战初期更为复杂的安全危机与挑战，北约实际上无法应对所有政治、经济、社会以及安全威胁，因此不得不一再对其防御安全战略做出调整，在国际或者区域层面积极发展安全联合与协作，以此填补北约安全力量的严重不足。对于强化北约政治与安全功能而言，不断加强与周边组织的联合，无疑是一种上佳选择。"北约仍然是欧洲最重要的安全机制，但是它正变得更少凝聚力，对安全安排更少约束力。"①

在 1980 年代末 1990 年代初，国际政治与安全环境空前复杂，北约既需要对苏联与华约所施加的军事压力做出回应，还需要积极响应苏联与东欧国家出现的政治、经济与社会变革，使其能够按照美欧等国所设计的方向推进，最大限度防止苏联与东欧出现改革失控，祸及北大西洋区域。因此，北约必须改变旧的政治与安全战略，通过推进多层面、多领域、多角度的合作实践，以便最大限度弥补北约自身由于综合实力不逮而造成的缺憾。北约前秘书长夏侯雅伯（Jaap de Hoop Scheffer）曾就北约与欧盟关系展开论述："（建立）强有力和值得信任的北约—欧盟关系是一种战略需要。然而，北约—欧盟关系仍然陷入一种矛盾中，阻止了两个组织更密切地在一起工作。原因何在，就是有太多的人从竞争而不是从合作的角度看待北约—欧盟关系……这一状况必须改变。"② 由此可见，北约持续强化其防御安全合作政策，既是一种时代的现实需要，也是未来北约的发展方向所在，

---

① Alexander Moens, Lenard J. Cohen, Allen G. Sens, "NATO in Transition", in Alexander Moens, Lenard J. Cohen, Allen G. Sens, eds., *NATO and European Security*, *Alliance Politics from the End of the Cold War to the Age of Terrorism*, Westport, CT and London: Praeger, 2003, xixx.

② Peter van Ham, "EU, NATO, OSCE: Interaction, Cooperation, and Confrontation", in Gunther Hauser and Franz Kernic, eds., *European Security in Transition*, Burlington, VT: Ashgate Publishing Company, 2006, p. 23.

这一趋势只会不断强化而不会被减弱。

但是，北约防御安全合作政策的重点明显有别，北约在冷战时期偏重于与华约、欧安会、联合国等展开合作，目的是抑制风险，北约从 1990 年代初开始偏重于与欧盟、西欧联盟等组织展开合作，目的是弥补自身力量的不足，以便更强势推进其政治与安全实践。进言之，同样是在新功能主义思想的指导下，北约不再满足于在国际安全架构的整体转型中只扮演防御安全联盟这样的角色，也不再满足于仅仅在国际事务中发挥军事影响，北约正在向政治共同体的方向发展。从 1990 年代初的北约转型所见，北约逐渐致力于从军事联盟转向政治—军事联盟，从区域安全组织转向国际安全组织，从关注北大西洋区域安全秩序建构转向欧洲—大西洋区域安全秩序建构，北约实际上已经自觉或不自觉地成为当前国际关系体系中最具代表性的新功能主义理论的践行者。

第四节　北约政治与安全战略及其实践中的现实主义与新现实主义

一　现实主义理论与北约政治与安全战略

众所周知，现实主义从古至今一直是指导国家与国家之间交往的一种重要思想。自威斯特法利亚体系（The Peace of Westphalia）创建后，现实主义就在近代国际关系思想体系中逐渐成为一种主导性思想与理论，其主导地位一直延续至"二战"结束。就其思想重点而言，现实主义思想与理论大致可分为政治现实主义（Political Realism）与古典现实主义（Classical Realism），前者以"权力政治学派"（The School of Power Politics）创始人、美国芝加哥大学教授汉斯·摩根索（Hans J. Morgenthau）的思想主张为代表，后者以德裔美国学者约翰·赫兹（John Hertz）的思想主张为代表。就其功用而言，现实主义理论又可以细分为制度现实主义（Institutional Realism）、结构现实主义（Structural Realism）、功能现实主义（Functional Realism）等。这些思想理论从不同层面和角度表达了现实主义的种种理念与主张，虽然它们在基本方向、功用、方法以及利益诉求等方面存在许多差别，但这些差别实际上并非泾渭分明，很难截然分开。

现实主义理论具有非常丰富的思想内容，其核心思想在于强调，主权国家是国际关系的基本单位，是各种国际行为与实践的主体，而国家所拥有的政府形式、政治意识、经济体系、社会结构以及利益偏向等，事实上都构成世界范围内频繁出现战争或者冲突的基本要素。在世界范围内保持"均势"，无疑是有效维持国际安全秩序的一种最佳选择，也是大多数主权国家追求的理想目标，因为"均势"是解决国际竞争与冲突的一种有效方式，国际关系体系本身实际上就是一个从"均势"到"非均势"、再从"非均势"到"均势"的循环过程。"摩根索的第三个主要概念是均势，他将均势视为权力政治的'必然产物'。在摩根索看来，均势是一个'普遍性概念'。"①

与之相对应，古典现实主义竭力强调"安全两难困境"之说（Security Dilemma），该学说直接指明，国际行为体失控、进而导致冲突的原因，在于不同国际行为体之间对安全问题的不同认知、误解以及冲突。"……由无政府状态中个体间的相互疑惧导致的两难局面，本质上是一种自我毁灭性的作用与反作用的恶性循环过程，而作为这一过程表征的两难局面，实际上包含了滋生紧张和敌意的逻辑必然性。即由于缺乏对个体行为的有效制约因素，因而无政府状态中个体间的相互疑惧难免导致它们的紧张和敌意升级为对抗和冲突。"② 但是，不论是政治现实主义还是古典现实主义，它们都无一例外强调国际关系中的基本要素，例如力量、利益、权力、制度、架构、方法以

① ［美］罗伯特·O. 基欧汉编：《新现实主义及其批判》，郭树勇译，北京大学出版社 2002 年版，第 12 页。

② John Hertz, "Idealist Internationalism and the Security Dilemma", World Politics, 1950, No. 2, p. 157. 转引自吴征宇《从霍布斯到沃尔兹——结构现实主义思想的古典与当今形态》，《欧洲》2003 年第 6 期，第 73—84 页。

及路径等，认定这些基本元素构成国际安全秩序的建构基础。

现实主义思想与理论针对力量、制度以及权力的直白说教，适时地迎合了战后美欧各国以联合谋求发展、以力量争取权力的客观需要，因此得以成为战后美欧各国创建北约的一种重要思想动力，为北约联盟模式提供了一种简易便行的理论体系。首先，美欧各国创建北约是基于这样一个基本认识，即认定冷战后国际秩序混乱无序，或者至少认为北大西洋区域处于不稳定和冲突状态，因此，北约只有将美欧各国政治、经济、军事以及文化力量汇聚于一身，形成一个强大的防御安全体系，才能为北大西洋区域乃至全世界提供一种强有力的安全保证。"掌握绝对优势或者非极化国家的存在，将会在理论上导致许多派生性的可能：一是'硬平衡'或者军事平衡，即组成一个强大的反向联盟，足以使优势力量受到控制（行动方案极有可能的是，霸权主义国家被视为一种直接的军事威胁，除去只是作为占主导地位国家的来源）。二是'软平衡'，辅之以目标是挫败主导国家政策的外交活动。"① 从某种意义上讲，北约在事实上被西方国家视为能够有效抵御并抗衡苏联的一种有效联合机制，能够最大程度抑制、威慑并且抵抗苏联与东欧国家"侵略政策与行动"，能够最大限度扩大西方国家在全世界的影响。

自其创建后，北约就一直认定，集体的力量大于单个的力量，最强大的力量将会提供最有效的安全保障。换句话说，绝对的力量将提供绝对的权力，进而可以获取绝对的利益。美国地缘政治学者布热津斯基（Zbigniew Brzezinski）曾就北约力量与欧洲安全关系提出其看法，强调了现实主义理论影响下的北约发展目标。"结果是，北约将会变得更强大，因为这将出自非常现实的预期，而且这会越来越多反映西欧与美国的真实利益……我相信，正像北约作为一个区域联盟一样，北约仍然是和平威慑的重要支柱，它越来越代表了为促进更加真

---

① Mark Webber, James Sperling and Martin A. Smith, *NATO's Post-Cold War Trajectory, Decline or Regeneration?*, New York: Palgrave Macmillan, 2012, p. 34.

实的欧洲稳定而采取的新措施的一个起点。"①

正是由于受现实主义思想的影响，北约始终追求以扩大规模和数量为主导的发展路径。冷战时期，北约一直坚持不断扩展其联盟模式，先后三次将四个欧洲许多国家拉入北约。例如，1952 年将希腊、土耳其拉入联盟，1955 年将联邦德国拉入联盟，1982 年将西班牙拉入联盟。北约的目标就是通过不断增加其成员国数量、扩大联盟规模，以此谋求获得更大程度的安全保证。与此同时，美欧等国还按照北约的联盟模式，在世界其他地区建立了多个类似的军事联盟，例如，东南亚条约组织、巴格达条约组织、澳新美安全条约组织（太平洋安全条约组织）等。甚至在冷战结束后，北约实际上仍未放弃不断扩张其联盟的发展模式。这种扩大数量与规模的发展类型，实际上反映了北约的现实主义安全需要。"北约扩张是矛盾的，原因在于将许多国家纳入一种安全机制中，当然注定会加强其力量，但是要么就更宽泛的欧洲安全来说，要么就北约来说，此举绝不会自动变成这样。事实上，扩张在安全利益上给北约带来了许多并发症，既有政治上的，也有功能上的。"②

同样受现实主义思想与理论的影响，北约一直孜孜以求发展和壮大其武装力量。贯穿整个冷战时期，北约曾制定了许多旨在发展并扩大其武装力量的军事计划，并且为此付出巨大努力。尽管北约武装力量的数量与规模始终未能达到预设标准，但这却无法否定北约重视发展武装力量这一客观现实。摩根索曾对此表达了其担心。"北约的军事计划只不过是针对苏联威胁所做的一种轻率反应，该计划提出，如果欧洲恢复了其力量与繁荣，鉴于其拥有的财富以及其新近赢得的军

---

① 　James R. Golden, "The Challenge to NATO", in James R. Golden, Daniel J. Kaufman, Asa A. Clark Ⅳ, and David H. Petraeus, eds., *NATO at Forty, Change, Continuity, & Prospects*, Boulder, San Francisco, & London: Westview Press, 1989, p. 293.

② 　Julian Lindley-French, "Dilemmas of NATO Enlargement", in Jolyon Howorth and John T. S. Keeler, eds., *Defending Europe, The EU, NATO and the Quest for European Autonomy*, New York: Palgrave Macmillan, 2003, p. 183.

事力量，它将更有可能成为社会帝国主义的目标。"①

　　无独有偶，布热津斯基也曾对北约武装力量建设与防御安全目标之间存在的差距表达了类似的担心。"就像其原来一样，欧洲文化快乐主义（European Cultural Hedonism）与在政治上的自鸣得意确定了一个事实，（它们）无法做更多事情，北约在 1978 年所做的最谨慎的承诺——每年增加 3% 防务开支，亦未得到大多数欧洲国家的尊重。因此，美国应启动一个长期的程序，在总体上改变美国在欧洲军事存在的性质，同时要让欧洲国家明白，改变并非是（表示）愤怒和威胁的行动……更确切地说，只是一种旨在促进欧洲团结以及历史性复苏而精心设计战略的产物。"② 不论最终结果如何，可以肯定的是，北约致力于发展武装力量，实际上直接源于其追求安全利益的内在需要，目的显然是通过建立一支强大的武装力量，满足保护北大西洋区域的安全目标。

　　现实主义理论在北约政治与安全战略中的又一重大表现就是，北约从 1970 年代开始推行"均势战略"。众所周知，美苏关系在 1970 年代进入缓和期，北约与华约的军事对峙亦进入一个相对停滞阶段。"冷战并未随着缓和而结束，缓和自身亦被融入 1970 年代末的背景中，事情已经很清楚，苏联不仅阻止关于不对称武装力量削减的谈判，而且在每次北约减少其军事开支时，都在稳步建构其战争机器。"③ 尽管如此，北约还是改变了以对抗和斗争为基调的旧防御安全方针，开始推行威慑和防御并重的"均势战略"，一方面着眼于对苏联和华约实施更有效的战略威慑，包括核力量和常规武装力量的双重

---

　　① Hans J. Mogenthau, *In Defense of the National Interest: A Critical Examination of American Foreign Policy*, New York: Knopf, 1951. 转引自 Lawrence S. Kaplan, *The United State and NATO*, *The Formative Years*, Lexington, KY: The University Press of Kentucky, 1984, p. 192.

　　② Zbigniew Brzezinski, "The Future of Yalta," *Foreign Affairs*, Vol. 63, No. 2, (Winter 1984/1985), pp. 279 – 302.

　　③ Lawrence S. Kaplan, *NATO 1948*, *The Birth of the Transatlantic Alliance*, Lanham, MD and New York: Rowman & Littlefield Publishers, 2007, p. 234.

威慑，以此阻遏战争与冲突爆发；另一方面则继续发展和强化其武装力量，使北约综合力量能够达到相对足够的防务标准，确保北约能够对北大西洋区域安全实施积极防御。

作为北约"均势战略"的一个附属内容，北约既需要在战略、力量以及体制等方面，与苏联和华约建立某种外在的均势，以均势实现并推动一种相对稳定与缓和的国际安全秩序。与此同时，北约还需要在其成员国之间建立某种内在的均势，减少各成员国在各自力量、机制以及战略倾向等方面的差异，在北约内部建立某种平衡。美国政治学大家肯尼斯·华尔兹（Kenneth B. Waltz）对均势和制衡思想曾做出非常细致的阐述："在国际上，如果本国在实力上被其他国家落下，各国就会更加奋力地增加自身力量，或者与其他国家建立联盟。在争夺领导人位置的竞争中，相互制衡在这种情况下是一种明智的行为；一方联盟战胜了另一方联盟之后，取胜联盟一方中的弱势成员被强势成员国摆布。"①

很明显，北约"均势战略"的内外体现，并未改变北约既定的战略方向与行动目标，但却在压制和抗衡苏联与华约的长期安全战略中，增加了更多的方法、手段以及路径，其目的显然是要使北约在欧洲的战略均势中实现利益最大化。

二　新现实主义与北约政治与安全战略

与现实主义相比，新现实主义还从科学主义的角度，重新解读政治现实主义和古典现实主义，将结构、功能、制度、规则等新理念加入现实主义理论中，赋予其一种新的解释体系，包括以科学逻辑为基础的方法论、认识论以及解释学。针对 1970 年代以来国际关系演进中出现的诸多新特征，肯尼斯·华尔兹提出国际体系结构这一新概念，强调以国际关系中的体系、结构以及制度等元素，进一步建构并

---

① ［美］罗伯特·O. 基欧汉编：《新现实主义及其批判》，郭树勇译，北京大学出版社 2002 年版，第 116 页。

强化北约在国际政治与安全关系中的主导地位。"国际结构的两个因素是恒定的：（1）国际体系处于无政府状态，而非等级状态；（2）国际政治的特征表现为，互动的单位执行类似的功能。这些根本性特征持久难变，它们构成了我们意指的'国际政治'。"①

受上述思想影响，北约从1970年代起开始推行以"缓和"为基调的防御安全政策，意在向华约释放"善意"，以期得到华约的"善意回应"（Well-Intentioned Response），推动双方形成某种良性战略互动。"建构主义模式（Constructivism Model）则认为，自我的界限受到互动的影响，所以在互动过程中可能会发生变化。因此，在合作过程中，国家可以建构集体认同。"② 因此，北约防御安全政策的目标，实际上就是要与华约形成某种集体安全认同，保证双方能够在持续保持竞争的同时，营造一种相对缓和的国际安全氛围，着力打造一种相对松散、汇聚竞争与缓和于一体的新国际安全架构。

在北约构想的新国际体系结构中，北约与华约不仅可以在一些重大战略问题上达成默契，而且彼此还能就双方共同关注的热点问题展开定期沟通、联络、交流以及协商，以某种松散的均势安全机制来减少双方由于战略误判而可能出现的无谓对抗与冲突。"制度化是一种将具体的秩序稳固化以及持久化的手段……制度提供了处理冲突、降低武力使用至最低限度的手段。"③ 尽管北约致力于搭建欧美集体安全架构，实际上并未再缔结任何专门的政治条约或者安全协定，亦未形成某种固定不变的模式或者独立实体，但任何人都无法否认北约在欧美集体安全架构中持续发挥主导作用这一客观事实，亦无法否认这一集体安全架构在推动东西双方关系、维持欧洲安全与稳定局面中所发

① ［美］罗伯特·O.基欧汉编：《新现实主义及其批判》，郭树勇译，北京大学出版社2002年版，第153页。

② ［美］亚历山大·温特：《国际政治的社会理论》，秦亚青译，上海人民出版社2000年版，第401页。

③ ［美］罗伯特·O.基欧汉编：《新现实主义及其批判》，郭树勇译，北京大学出版社2002年版，第202页。

挥的重要作用。

特别需要说明的是，尽管在构造欧美集体安全架构的过程中，欧共体、西欧联盟、欧安会等组织以及美国、苏联、英国、法国等国家均在其中发挥了重要作用，北约并非唯一角色，但无疑它是最重要的一个角色。

贯穿1970年代，面对美苏双方限制战略武器谈判以及随后的欧洲安全与合作会议谈判，北约均置身其中，积极推动欧洲安全平台构建。为此，北约成立专项职能委员会——"高层小组"（High-Level Group，简称HLG），就欧洲重大战略问题展开研究。该小组还针对北约远程战术核力量（NATO Long-range Theater Nuclear Forces，简称 LRTNF），提出"逐渐向上调整方针"（Gradually Upward Adjustment），最大限度适应欧洲安全形势渐趋缓和的基本态势。与此前不同，北约所要搭建的欧美集体安全架构，始终保留较大的政治活动空间、较为灵活的安全政策，同时辅之以缓和与谈判为基调的国际关系规则，这在一定程度上弥补了雅尔塔体系中非黑即白、非战即和的竞争与对抗规则，最终确使北约苦心孤诣建设的欧美集体安全架构得以在东西方安全格局中持续发挥作用。

不仅如此，北约在打造欧美集体安全架构的同时，亦着眼于对北约内部关系实施调整，强化北约政治与安全机制建设，以便更好地调动欧洲盟国的主观积极性，使其在北约内部承担更大的防御责任。"加强欧洲国家在北约中的作用，升级西欧联盟以及法德军事合作、增强欧共体中欧洲政治合作的外交活动，上述活动一直以来支撑着这一概念。"① 1974年6月26日，北约成员国在布鲁塞尔召开峰会，发表"未来跨大西洋关系宣言"（Declaration on Atlantic Relations），宣布建立新大西洋关系（New Transatlantic Relationship）。即在美欧之间建立一种更为平等的合作伙伴关系，既能使双方分享更多的共同政治

---

① Michael R. Lucas, *The Western Alliance after INF*, *Redefining U. S. Policy toward Europe and the Soviet Union*, Boulder and London: Lynne Rienner Publishers, 1990, p. 18.

与安全利益，又能进一步稳固大西洋联盟的基本架构。因此，北约调整并持续强化其联盟机制，已经成为北约在 1970 年代推进其政治与安全实践的一个主要内容。正像新自由主义学派的代表人物基欧汉所认为："一般而言，任何制度的规则都将大致反映了制度所覆盖绝大多数成员的相对实力地位。"① 北约对其内部机制的调整和强化，实际上也直接反映了欧洲各盟国的实力不断增强。

在新现实主义思想的主导下，北约逐渐改变了过去一味发展和壮大其武装力量的做法，亦不再将掌握优势武装力量视为可否对抗苏联侵略的唯一手段，更不再将北约的防御安全任务仅仅锁定为与华约对抗并且战而胜之，而是将国际安全结构的建构与内部机制建设当作双方相持相斗的重点。虽然"在冷战时期，北约抵消了苏联的威胁，因此也拥有明确的目标，该目标维持了北约几十年（存在）"②。但北约深知，单凭其武装力量，北约注定难以赢得军事对峙的胜利，因为如果缺乏有效而且稳固的国际维和机制与稳定结构，有可能导致北约与华约的争斗愈演愈烈，北约除无法掌握与华约争斗的规律外，还会经常遇到各种各样的安全危险或者局部危机。因此，构建新型国际维和机制与稳定架构，强化北约内部机制建设，这在客观上已经成为北约管控并且消除欧洲各种安全危机与危险的一种有效办法，也成为有效维护北大西洋区域安全的一种保障。

1980 年代末 1990 年代初，新现实主义思想及其理论获得更大的用武之地，北约调整和改革其内部机制、建构新型国际维和机制与稳定结构等诸多实践进入一个新高潮。为了应对纷纭而至的国际安全危机与挑战，北约大幅度调整大西洋联盟框架，对内加强美欧关系，对外加强与联合国、西欧联盟、欧安会等各种国际或区域组织的横向合

---

① Robert O. Keohane, "International Institutions: Two Approaches", *International Studies Quarterly*, December 1988, pp. 379–396. 转引自［美］罗伯特·O. 基欧汉编《新现实主义及其批判》，郭树勇译，北京大学出版社 2002 年版，第 21 页。

② Mark Webber, James Sperling and Martin A. Smith, *NATO's Post-Cold War Trajectory, Decline or Regeneration*? New York: Palgrave Macmillan, 2012, p. 64.

作。与此同时，北约还加快实施战略转型，加强政治、外交、安全以及民事等功能建设，尤其是加强民事能力建设。而且北约还开始筹谋进一步扩张，竭力扩大北约联盟模式的外延，大力发展伙伴国、对话国以及合作国等，在全世界范围扩大北约的影响，等等。"最近北约的转型既起因于国际体系的结构，也出自各种制度、组织或官僚政治因素……新现实主义将北约的转型归因于国际体系的具体特征，但它们对转型的模式有不同解释。悲观主义者对北约的自我改造和适应新使命所要求的能力表示怀疑……结构主义则将北约自我改造的能力归因于国际机构的具体发展动态。"①

很明显，无论1990年代初北约的战略转型出自何种原因，建立以北约为中心的国际维和机制与稳定结构，全面发挥北约内部机制的功用，这已成为北约谋求可持续性发展、有效应对各种安全威胁与挑战的一种重要途径。

由此可见，伴随着1990年代以来国际政治与安全形势极端复杂化，新现实主义为北约的存在与发展提供了新生命力。北约声称，虽然苏联已经解体，但它所遗留的绝大部分国土、人口、资源、常规武器力量以及核力量均为俄罗斯所继承。在北约眼中，不论俄罗斯做出何种表态，俄罗斯的政策及其实践客观上都对北约及其成员国构成一种潜在威胁，更何况俄罗斯屡屡表现出与北约分庭抗礼之意。因此，防堵俄罗斯在旧的势力范围内扩大影响、防范其将战略级别武器向周边国家扩散，顺理成章成为北约构筑其新政治与安全战略的重要理由。

与此同时，北约还要积极应对包括国际恐怖主义袭击在内的各种非传统安全威胁，同时还要应对过去为美苏冷战所掩盖的各种区域性政治、经济、安全、民族、宗教等冲突，所涉及领域既包括北大西洋区域，也包括世界其他地区。很明显，北约需要在新现实主义指导下

---

① Ivan Dinev Ivanov, *Transforming NATO*, *New Allies*, *Missions*, *and Capabilities*, Lanham, MD: Lexington Books, 2011, pp. 49 – 50.

更完整的理论建构、实用性更强的指导方针、更有效的政治与安全实践，只有如此，才能有效解决冷战体制所遗留的某些顽症痼疾，才能真正按照国际政治与安全的现实需要，有效面对各种新型安全危机与挑战。

第五节　北约政治与安全战略中的理想主义

一　理想主义的缘起与北约

众所周知，《北大西洋公约》的各项条款虽然非常简单，但却集中体现了北约及其成员国的集体安全精神，这一集体安全精神不仅反映了美欧各国立志维护北大西洋区域安全秩序的政治追求，也反映了北约及其成员国所共同尊奉的政治理念、信仰以及追求。贯穿冷战时期，不论是北约政治与安全战略宣传，还是在其外交联合与军事行动，无一不体现出北约的思想与精神追求。换句话说，北约虽然在名义上是美欧各国的军事联盟，但这个军事联盟却异乎寻常地提出许多政治、社会、价值观以及意识形态理想，使其在众多传统型军事联盟中鹤立独群，别具一格。对此，欧美各国几乎持有一般无二的偏执和谬误。"北约在1949年创建，旨在弥补联合国缺乏向西方（国家）提供安全的能力，而西方（国家）在第二次世界大战后的大破坏中一直寄希望于此。大西洋联盟从均衡的需要中获得力量……帮助陷入分裂的欧洲获得政治与经济团结。"①

北约上述特质在客观上向北约及其成员国领导人提出拷问，即北约所追求的政治与社会理想究竟是什么？北约政治与社会理想的终极目标究竟落在何处？同样，这也给研究北约问题的学者们提出一个新课题，即北约作为西方防御安全联盟，为何会一再对外彰显其政治与社会理想？北约的政治与社会理想与其他组织相比究竟有何区别？如

---

① Lawrence S. Kaplan, *NATO Divided*, *NATO United*, *The Evolution of an Alliance*, Westport, CT and London: Praeger, 2004, p. 149.

何看待支撑北约政治与社会理想的深层思想与理论动因？事实上，北约的政治与社会理想并不是美欧等国特有的政治发明，也不是北约防御安全需求、政策以及实践的附带品，而是在美欧各国在文化、思想以及精神层面浸润已久的理想主义思想，这一理想主义思想在其文化与思想渊源上，既可追溯到美欧等国由来已久的共同文化、思想以及精神理念，亦可追溯到孕育并植根于欧洲近代早期社会的人性主义、和平主义以及道德主义等。

同样，理想主义的国际行为可以推溯到一战后在全世界大行其道的理想主义构想及其实践，尤其是"二战"后甚嚣尘上的大西洋主义等。理想主义思想理念最重要的代表人物是美国第 23 任总统伍德罗·威尔逊（Thomas Woodrow Wilson），他在 1918 年 12 月英国曼彻斯特发表演讲，曾提及"一战"后美国的外交方针以及对未来世界的构想，可谓尽显其理想主义理念。"你们知道，美国从建国开始就一直认为，她必须避免与欧洲的政治有任何联系，我想坦率地告诉你们，她现在对欧洲政治仍然没有兴趣，但是她对美欧之间基于正义的伙伴关系有兴趣。对我们来说，如果未来还是通过均势维持世界安定的一种新尝试，美国没有任何兴趣，因为美国不会加入强权联合，除非这种联合包括所有国家。她有兴趣的是世界的和平，而不是局限于欧洲的和平。"①

作为与现实主义相对应的另一种国际关系理论，理想主义大大推动战后国际政治与安全秩序建构。理想主义思想与理论所尊奉的核心理念是，人类并非只有通过战争才能解决彼此之间的矛盾与冲突，每一个民族国家都可以通过和平协商、对话以及合作，解决相互间的利益冲突与政策分歧，战争不仅无助于从根本上解决矛盾与纷争，还会

---

① Address in Free Trade Hall, Manchester, Dec. 30, 1918, Wilson, *War and Peace*: *Presidential Messages*, *Addresses*, *and Public Papers*, *1917 – 1924*, Vol. 1, p. 353. 转引自王立新《踌躇的霸权：美国崛起后的身份困惑与秩序追求（1913—1945）》，中国社会科学出版社 2015 年版，第 52—53 页。

造成各个民族及其国家之间的冲突陷入恶性循环。对此，基欧汉曾特别强调："在人类社会中，占统治地位的应该是和谐、幸福、自由、博爱，而不是冲突、悲惨、专制、敌视。国际社会也是一样，国家间的关系和人与人间的关系有根本的相似之处，它是基于和谐和各国不断完善自己的基础之上的。"①

对解决纠纷和冲突而言，虽然实现积极有效的对话与协商非常重要，但首先需要营造一种乐观、健康、有益的国际政治与安全环境，而这种良好国际环境必须以此为基础。即建立拥有国际性或区域性权威、高效多能的国际机构或组织，它们既能够有效领导各个民族国家以及其他各个国际行为体，使其共创和平，同时又能大力制约各种不合理的政策与行动；制定公平合理、放之四海而皆准的国际法律与规则，能够有效约束各种不规范的国际政策与行为，能够对各种违法行为实施制裁与惩戒，确保国际公理、法律、规则等得到世界的充分尊重，并且能够畅行无阻；倡导建立能够包容不同国家、组织以及集团在内的共同国际道德标准，营造一种受到各种国际行为体普遍尊重的基本国际原则、共同行为规范以及全世界都遵守的传统理想氛围。

二　理想主义在北约政治与安全战略中的应用

受理想主义理论的范式、范畴以及传统的影响，理想主义理论大致可分为两类：政治理想主义（Political Idealism）与道德理想主义（Moral Idealism），作用于北约政治与安全实践的理想主义思想与理论亦不例外。对北约而言，虽然政治理想主义与道德理想主义均取自理想主义理念，相互之间有许多相似之处，而且在内容上也有很大交叉，但它们各自的着眼点并不一致，因此各自发挥作用的路径与手段亦不尽相同。前者集中于政治、军事、安全以及意识形态诸目标，强

① Kenneth Waltz, *Man, the State and War: a Theoretical Analysis*, New York: Columbia University Press, 1959, p. 103. 转引自秦亚青《霸权体系与国际冲突——美国在国际冲突中的支持行为（1945—1988）》，上海人民出版社 1999 年版，第 18 页。

调北约在联盟框架、机制、规则以及条约义务等方面拥有绝对优势，同时强调北约对北大西洋区域乃至更宽泛区域拥有防御安全责任，强调北约实现和平与稳定的特殊手段与路径；后者则集中追求道德理念、传统习俗以及社会文化等目标，更强调北约与联合国在安全方向、规则以及路径等方面保持一致，强调北约及其成员国必须共同恪守其安全责任与道义，强调北约及其成员国必须运用宣传、舆论、新闻、媒介等手段，施用于北约的政治与安全目标。

第一，北约的政治理想主义截取了传统理想主义思想中的许多思想元素，诸如宣传和平主张，建立世界性组织，传播人道主义等理念，但在东西双方持续对峙的冷战环境中，北约将其理想主义思想与理论又发展到另一个极致：即北约将其联盟框架、机制、规则以及条约义务等所谓的成就完全归诸冷战政治，并且服务冷战政治。进而，这种极端冷战化的理想主义情愫还被灌输于北约的政治、安全政策及其实践中。按照冷战的政治与安全逻辑，北约的创建目标、指导方针、发展规划以及政治实践等，统统被披上政治理想主义的外衣。"（北约）成员国承诺，一旦发生武装进攻，它们将共同保卫彼此。但是遏制苏联是北约建立的一种驱动力，这一组织也努力对欧洲复兴工作予以弥补，并且将西欧（国家）在政治上捆绑在一起。"①

因此，北约的领导者们为其设定了所谓的和平主义目标，就是全面遏制和威慑苏联与东欧各国，彻底消除来自苏联或者华约的军事入侵危险，而阻遏这种侵略威胁的最有效工具，就是建立类似北约这样的政治或安全联盟，确保北约不仅能够对各成员国拥有足够的影响力和控制力，并且还能在国际政治与安全事务中发挥引领作用。

和现实主义和新现实主义所倡导的安全原则有别，北约并不完全局限于自身的机制、规则以及程序等建构，而是更强调通过自身的联盟安全模式，构建并营造一种和谐、稳定以及宽松的国际安全环境，

---

① Andreas Etges, "Western Europe," in Richard H. Immerman and Petra Goedde, eds., *The Oxford Handbook of The Cold War*, Oxford：Oxford University Press, 2013, p. 162.

在更大范围内有效制约、遏制和抵消以任何形式出现的威胁和侵略，使任何潜在的威胁或者危险都丧失其存在的条件与基础。北约及其成员国甚至一致认为，在这种国际大环境中，如果苏联和华约敢于对北大西洋区域发动军事进攻，不仅会遇到全世界所有爱好自由以及民主的组织、国家及其人民的一致反对，还会遇到来自苏联和东欧各国人民的一致反对。

在北约领导人看来，维护北大西洋区域安全与和平的最佳途径，就是既要在北大西洋区域营造一种安全环境，还要在欧洲—大西洋区域内营造一种安全氛围，以此制约和禁绝一切可能的威胁与侵略行径。"对于北约及其跨大西洋联合而言，北约处于非常独特的位置，可以使西方安全有序转入某种态势，该态势更适合较少冲突的欧洲环境的演变。"①

北约深信，其联盟模式、指导方针、发展方向、防御机制以及安全规则等，堪称浸染西方的"民主、平等、法治以及自由"精神，而且最大限度保持了与《大西洋宪章》（The Atlantic Charter）与《联合国宪章》（The Charter of the United Nations）相关条款的一致性。"对冷战时期将北约捆绑在一起的思想价值而言……特别是对那些为北约存在而寻求连续性基本原理的人来说，对北约作为大西洋共同体有充分理解可谓至关重要。就像美国学者托马斯·里斯－卡朋（Thomas Risse-Kappen）所说的那样，'西方联盟代表了跨大西洋安全共同体的制度化，而该共同体的基础是共同的价值观以及自由的民主国家的安全认同。'"② 北约非常固执地认为，北约不同于一般性区域防御安全组织，北约拥有丰富的思想内涵、恒定不变的政治目标、高尚的道德理念、独树一帜的综合力量等。这些特质大多都是其他区域安全组织

---

① Drew S. Nelson, Keith W. Dayton, William J. Ervin, Keck M. Barry, Philip C. Marcum, *The Future of NATO, Facing an Unreliable Enemy in an Uncertain Environment*, New York, London, Westport, CT: Praeger, 1991, p. 14.

② Ellen Hallams, *The United States and NATO since 9/11, the transatlantic alliance renewed*, London and New York: Routledge, Taylor & Francis Group, 2010, pp. 18 – 19.

所不具备的。

在北约看来，所拥有的上述特质不仅使北约拥有某种天然的领导能力、强大的意志力以及政治感染力，使其对内能够不断获得各成员国对联盟的忠诚与贡献，对外则持续影响其他区域安全组织、集团以及国家，甚至对某些东欧国家产生巨大影响。对此，北约充满自信，极为自得。

1980 年代末，北约政治理想主义理念进一步发展。北约挟冷战胜利之威势，在延续旧冷战目标的同时，更是空前放大了其政治目标。冷战的胜利进一步助长了北约的理想主义情怀，使其借势将价值观、意识形态以及文化理念进一步放大。美国学者朱利安·林德莱－法兰奇（Julian Lindley-French）曾非常详尽地描述了北约所谓的"政治胜利"，并且就此指出未来北约的责任和使命。"尽管当前还不确定，北约的历史仍然是一个成功，北约为赢得冷战做出重大贡献，这一点毋庸置疑，民主国家的政治团结是一个很棒的武器，既可信赖又有凝聚力……同样，北约就是'巨大的安全共同体'，正适合对付'全局'安全。因为北约是其所致力的跨大西洋安全关系的扩展，北约从未特别舒心或者实际上成功处置'局部'安全。"[1] 上述总结表明，北约认定自己会顺理成章地成为一个拥有重大国际影响的安全共同体或者安全模式，并且会在国际政治与安全舞台上继续发挥主导性作用，而不仅限于旧的北大西洋区域安全。

第二，北约的道德理想主义并非独立于一般意义上的道德理想主义，而是从中吸收并借用了大量的思想理念、范式以及词汇，例如所谓的人性善良、人道主义、道德至上以及和谐共存等。北约自诩集西方文明之大成于一身，自认所奉行的集体安全精神、平等理念、协作精神等，不仅被美欧各国奉为圭臬，而且放之四海而皆准。因此，相比其他区域安全组织、政治与安全对手等，北约自认拥有更高层次的

---

① Julian Lindley-French, *The North Atlantic Treaty Organization*, *The Enduring Alliance*, Second Edition, London and New York: Routledge, 2015, p. 2.

道德水准、更宏大的使命观、更具代表性的道义责任。为此，北约经常将其道德标准运用于其政治与安全战略及其实践，以至于人们常常混淆北约的道德界限与政治疆界。美国政治学大师汉斯·摩根索曾专门就此强调："关于国际道德的讨论必须防止两个极端，一是过高估计伦理道德对国际政治的影响，一是过低估计其影响，否认政治家和外交家会受物质权力考虑之外任何其他考虑的驱使。事实上，政治家在推进他们各自国家的权力目标时，他们实际所做的总会比他们想要并且能够做的事要少。他们或者根本拒绝或者在某些条件下拒绝考虑某些目的和使用某些手段，这是因为某些道德规则设置了绝对的障碍。"①

事实上，按照道德理想主义的一般说教，世界的道德标准本来就没有善恶之分，既没有绝对正确的道德，也没有绝对错误的道德，因为对于不同的集团、组织、国家等国际行为体来说，它们各自奉行的道德标准并不一致。构建国际关系中的所谓共同道德，必须具有一个不可或缺的前提，那就是各个国际行为体必须拥有共同的政治理念、价值观以及利益趋向，否则很难建立某种共同的国际道德。显然，不论是按照北约自身的道德标准，还是按照华约的道德标准，实际上都无法成为构建冷战时期共同国际道德的参照物。然而，尽管在理论上构建共同的国际道德非常困难，但北约从未停止相应努力，一直或明或暗彰显构建共同国际道德的努力。

与道德理想主义的一般理念相左，北约的道德理想主义将自身确立为"善"的道德，而将华约标榜为"恶"的道德。为此，北约一直自认集西方"民主、自由、和平、法治、平等、博爱"等各种价值观、社会理念以及意识形态之滥觞于一身，北约及其成员国保护北大西洋区域安全，不仅意味着它们将担负崇高的道德使命，而且也担负着延续西方文明理想与道统的道义责任。与之相对照，苏联与东欧各

---

① ［美］汉斯·摩根索：《国家间政治：权力斗争与和平》，徐昕等译，北京大学出版社 2006 年版，第 266—267 页。

国则被北约视为"天然的侵略者"，因为其人民生活在"暴力"与"非文明"状态，其武装力量时刻威胁着北大西洋区域疆土安全，其政治宣传与意识形态时刻有染指、侵蚀并且颠覆西方文明及其传统的危险。因此，北约的政治理想就是对抗、压制、削弱以及瓦解苏联与东欧各国，也包括持续削弱华约组织，这似乎已经成为北约的一种宿命。就像美国著名政治学学者肯尼斯·华尔兹（Kenneth Waltz）所强调的那样："把政治实体分为好与坏、善与恶两大种类的做法为意识形态化的圣战式讨伐做出了充分的铺垫，使所谓善的力量萌生了一种道德责任感，这就是消灭恶的力量，从暴力政体和非文明社会中把本质上善良、具有理性的人民解救出来。"①

从 1990 年代初起，北约开始着力于同样无限放大其道德理想主义，将自身视为整个西方世界的绝对保护者，而不仅仅是北大西洋区域保护者，视自身为西方文明的唯一传承者，而非西方安全规则之所在。北约奉行理想至上主义，推动北约尽最大可能美化其联盟模式，全力宣传其"民主、平等以及自由"理念，竭力鼓吹其尊奉的道德标准、安全规则以及国际法律等。"冷战后，北约强调'欧洲—大西洋价值观'，通过扩大成员国资格，实施人道主义干预，设立旨在扩展这些价值观的政策目标。"②

为了实现上述目标，北约实际上很少顾及其行动成本，也不再关注其行动效能。在后冷战时期北约数次大规模域外军事干预行动中，例如波斯尼亚战争、科索沃战争、阿富汗反恐战争、伊拉克战争、利比亚战争以及叙利亚战争等，北约更是将其道德理想主义发挥到极致，到处推广和移植所谓的市场经济、开放社会、自由思想、法制意识等理念。毋庸置疑，北约的上述军事干预行动，无一不付出极其高

①　秦亚青：《霸权体系与国际冲突——美国在国际冲突中的支持行为（1945—1988）》，上海人民出版社 1999 年版，第 20 页。

②　Sean Kay and Magnus Petersson，"NATO's Transformation and Global Security"，in Sebastian Mayer ed.，*NATO's Post-Cold War Politics*，*The Changing Provision of Security*，New York：Palgrave Macmillan，2014，p. 292.

昂的人力、物力以及财力成本，但最终结果并不令人满意。

究其原因在于，北约的理想主义思想与理论尽管大大满足了其思想与精神层面的需要，但并未满足北约在现实层面的需要，这等于说北约是以一种理想的姿态关注现实问题，以一种出世的态度解决入世的问题，在本质上完全超脱并背离现实环境和实际情况，因此，这就注定北约的所想所思有极大可能性行不通。尽管理想主义思想与理论在北约政治与安全实践中时有体现，甚至不乏某些亮点和出彩之处，但总体上并未有助于解决北约在冷战时期遭遇的各种重大问题，亦未能为冷战结束后北约所遇到各种安全危机与挑战找到恰如其分的解决之道。

尽管北约对自身理想主义思想与理论从不乏赞誉之声，但是在西方新闻媒体、公众舆论始终占据国际话语优势的前提下，对北约理想主义思想与理论的评价很难说得上公正客观，也很难获得世界的普遍认可。事实证明，北约理想主义思想与理论何时能够真正适合国际环境的需要，何时能够产生积极影响，并不完全取决于北约及其成员国对自身的认识，还在很大程度上取决于北约对国际现实问题的正确认知、回应以及实践。

第六节　北约的文化"软实力"与功利主义

一　北约的"软实力"概念

与普通的区域性安全组织不同，北约作为大西洋两岸国家的命运共同体，其联合实践并不局限于政治和军事领域，同样也存在于文化和意识形态等领域。因此，北约既重视发挥其防御安全职能，同样也重视在文化与意识形态等方面发挥示范和引领作用。在大多数情况下，北约在防御安全领域基本上采取守势，但在文化与意识形态等领域却采取攻势，形成"军事防御、文化进攻"的特殊政策姿态。"在西方社会内部，北约开始在人们口中的大西洋文明（Atlantic Civilization）中充当组织制度上的黏合剂，它在政治和文化中所发挥的作用，远比它的军事作用要重要得多。"①

在持续完善其防御安全能力的过程中，北约无疑非常重视"硬实力"（Hard Power）建设，包括持续发展和壮大武装力量、强化前沿防御地带、完善防御安全战略等，北约将上述"硬实力"建设视为确保北大西洋区域安全的重大保障。与此同时，北约也非常重视"软实力"（Soft Power）建设，包括广泛利用公共舆论、推进媒体宣传、实施文化渗透、推广价值观、实现意识形态同化、实施社会与科技合作等，北约将上述"软实力"建设视为不断强化其防御安全态势的另一项重要手段。美国国防部前助理部长、哈佛大学教授约瑟夫·奈（Joseph Nye, Jr.,）曾就"软实力"做出非常翔实、具体的论述："从全球范围内确定安全的定义，赋予推进'软实力'能力以一种很高的价值，通过非军事手段获得与某个国际行为体利益相对称的结果。'软实力'的成果就是将一个国际行为体的行动确立为榜样，其他国际行为体可能会效法。'软实力'的关键手段在于，承诺是可信的，国家行动必须获得合法性，可以针对全球性问题的解决而有能力组成集体多边联盟。"②

就此而言，北约的文化"软实力"实际上既是一种理念、政策以及姿态，也是一种引发模仿与效法的实践与行动。在概念、理念、政策以及姿态的层面上，北约非常强调其文化的优势地位和影响，强调其文化的历史渊源与传承。丹麦历史学家戴维·格雷斯（David Gress）曾对北约所自我标榜的这种文化渊源与继承关系做了概括："宏大叙事赋予北约时代的西方一种'神奇时刻'的史前史，它从希腊开始，以《大西洋宪章》这一最后的'神奇时刻'作结。从柏拉图到北约这一图表在其 2500 年的全部历史中是围绕着一条与历史无

---

① ［丹麦］戴维·格雷斯：《西方的敌我：从柏拉图到北约》，黄素华、梅子满译，世纪出版集团、上海人民出版社 2013 年版，第 380 页。

② Sean Kay and Magnus Petersson, "NATO's Transformation and Global Security", in Sebastian Mayer ed., *NATO's Post-Cold War Politics*, *The Changing Provision of Security*, New York: Palgrave Macmillan, 2014, p. 292.

关的轴线运转的。"① 很明显，北约将其文化的继承和发展，自诩是一种自成一体的独立体系，始终按照其特定的逻辑与线索得以延续，而这种文化的传承在更大范围内构成北约"软实力"的基础。

不仅如此，北约的文化"软实力"实际上就是其秉持的一些特殊政治理念、政策以及姿态，这些政治理念、政策以及姿态又直接表现为北约孜孜以求的"国际信用与权威、号召和行动能力、示范与榜样作用"。在冷战时期，尽管北约并未特意突出"软实力"这一概念，但这并不等于北约的"软实力"不存在或者从未发挥作用，只不过其"软实力"的作用被其"硬实力"的光环遮掩和屏蔽。北约一直强调其在国际政治与安全事务中拥有信用与权威，这不仅体现在北约的指导方针、安全战略以及政治对策中，而且还表现在北约的政治与安全实践中。

北约一再强调"一国即全部，全部即一国"的防御安全原则，以及反复重申的集体防御精神，实际上就是重视和运用其信誉与权威的一种直接体现，这也成为北约展示其号召力和行动力的精华所在，亦成为北约针对其成员国以及其他安全组织发挥其示范与榜样作用的重点所在。不仅如此，北约在发展过程中还推出其他许多政治方略、安全政策以及行动规则等，也都直接或间接展示了其尊奉的信誉、权威、示范、榜样等理念与态度，这始终是北约推动政治与安全实践的一项重要内容。

在实践与行动层面，北约对其"软实力"的定位更加具体和翔实。因为北约所追求的国际信用与权威、号召和行动能力、示范与榜样作用等，在实践中常常难以截然分开，在大多数情况下总是交织在一起。在北约发展历程中，北约一般都会对大小不等的国际或区域安全危机表示态度、做出反应，以此显示其存在、威信以及能力。例如，在冷战时期，北约积极介入希腊与土耳其围绕塞浦路斯的主权争端，介入与马耳他的安全地位争论，介入法、美、英三国对北约核事务决策权的争执等。同样，面对许多国际政治危机与安全冲突，北约

---

① ［丹麦］戴维·格雷斯：《西方的敌我：从柏拉图到北约》，黄素华、梅子满译，上海人民出版社 2013 年版，第 381 页。

实际上也都做出不同的战略对策与反应。

事实上，虽然北约并未像许多人期待的那样，采取某些非常具体而且影响深远的重大政治或军事行动，但却无一例外都表现出解决矛盾与危机的主动意向、外交导向、行动动向等。这些趋向虽未达到大规模动用"硬实力"实施干预的程度，但却处处展现了北约"软实力"的存在及其影响，这对于上述危机与冲突进一步发酵起到掣肘和制约作用。

如果将北约的文化"软实力"与军事"硬实力"做一比较，我们就会发现，两者发挥功用的逻辑、路径、步调以及方法并不完全一致。虽然北约的文化"软实力"与军事"硬实力"具有密切关联，但两者并不完全亦步亦趋，虽然它们时有交叉和重合，但并不能完全画等号，亦无法实现职能互换。在现实生活中，北约从未尝试以"软实力"来替代"硬实力"，亦从未让"软实力"在其政治与安全实践中占据主导地位。相对于北约的防御安全职能而言，"软实力"在大多数情况下发挥着某种战略辅助作用，从另一个层面强化了北约的综合安全能力。而在文化、社会、意识形态以及科技等民用领域，北约的"软实力"所能发挥的作用则更大、更具影响力。因此，北约的文化"软实力"和军事"硬实力"实际上形成某种互补关系，两者相辅相成，共同强化了北约的综合安全能力，并且在此基础上全面扩展了北约在全世界的影响力。

除去在国际关系领域发挥作用，北约的文化"软实力"还有更大、更多的场合发挥作用，尤其在许多政治立场相对中立的领域，例如非殖民化进程、应对环境污染、社会进步与民主化、自然灾害救助等领域，"软实力"的作用似乎更大。"国家安全每次都被理解为一种有多个维度、有多个成员参与的努力，将其活动等同于军事行动显得远远不够。"[1] 从表面上看，上述领域似乎与北约的基本安全职能与定位风马牛不相及，但北约同样涉身其间并且发挥作用。就像美国著名

---

① Heiko Biehl, Bastian Giegerich and Alexandra Jonas, "Conclusion", in Heiko Biehl, Bastian Giegerich and Alexandra Jonas, eds., *Strategic Cultures in Europe, Security and Defence Policies across the Continent*, Potsdam, Germany: Springer VS, 2103, p.388.

学者约瑟夫·奈所坚称的那样："世界政治行为体的变化导致目标的变化。从传统的角度看，为确保生存，国家优先考虑军事安全。今天，国家必须考虑安全的新维度。随着威胁由军事层面转向经济和生态层面，国家安全变得愈加复杂。"[①] 北约所奉行的安全理念属于一种大安全观，并不仅仅局限于防御安全领域，因此，与"硬实力"所注重的区域防御安全效能相比，"软实力"所致力的环境安全、生态安全以及社会安全等大目标，同样显得极其重要。

二　北约"软实力"运用

针对全球范围内频频发生的各种环境、生态、灾害以及交通问题，北约实际上一直在展示并运用其"软实力"，以此弥补"硬实力"所无法企及的领域。"北约承认遇到许多环境挑战，特别是北约正在展开工作，以减轻环境对军事行动的影响，并且对环境中衍生的安全挑战做出回应。"[②] 以1969年11月6日建立的"迎接现代社会挑战委员会"为契机，北约在冷战时期陆续建立了许多非军事机构，其范围包括灾害营救、环境保护、地震研究、生命科学、通信与信息技术等，这些组织或机构在很大程度上扩大了北约在全球公域的影响力。[③]

---

① ［美］约瑟夫·S. 奈：《硬权力与软权力》，门洪华译，北京大学出版社2005年版，第100页。

② "Environment-NATO's Stake", 9 December 2014, http：//www. nato. int/cps/en/nato-hq/topics_ 91048. htm？ selectedLocale = en. 2016 年 11 月 3 日。

③ 冷战结束后，为了适应国际政治、经济、社会以及安全环境的急剧变化，北约开始着力在非军事领域发展新的职能。为此，北约创设一系列科学研究机构，例如"北约科学与技术组织"（NATO Science and Technology Organization，简称 STO）、"北约科学与技术中心海上研究和实验中心"（STO Centre for Maritime Research and Experimentation，简称 CM-RE）、"北约卓越军事工程中心"（The Military Engineering Center of Excellence，简称 MILENG COE）、"北约环境保护工作小组"（The Environmental Protection Working Group，简称 EP-WG）、"北约提高能源效率与环境保护特别小组"（ The Specialist Team on Energy Efficiency and Environmental Protection，简称 STEEEP）、"北约通信与信息机构"（NATO Communications and Information Agency，简称 NCIA）、"欧洲—大西洋灾害反应协调中心"（ Euro-Atlantic Disaster Response Coordination Centre，简称 EADRCC）等，这些组织或机构在很大程度上既推动了北约在冷战后的全面战略转型，亦构成北约转型与发展的重要内容。

毋庸置疑，上述机构在一定程度上有助于改变北约只能作为军事联合组织这一冷冰冰的形象，极大地丰富和发展了北约的综合安全职能，在国际层面特别是欧洲层面空前扩大了北约在民用领域的影响力。

针对冷战时期世界范围内风起云涌的民族独立运动，北约虽然并未明确表态支持欧洲国家大规模推行非殖民化政策，但这并不等于北约对大量新兴民族独立国家无动于衷、对正在形成的第三世界视若无睹。尽管美国学者加里·弗利泽（Cary Frazer）认为，北约继承了欧洲殖民主义，以构建新殖民体系取代了旧殖民帝国。"北约代表了一个欧洲殖民国家与美国的联盟，该联盟在1945年以后开始影响非殖民化进程。因此，北约作为冷战时期一个重大联盟体系，它变成美国'非正式帝国'在全球舞台上实施拓展的工具，它象征着西方联盟对保持种族霸权政治的保证，而这一种族霸权旨在加固1945年以前世界秩序的基础。"① 但在事实上，不论是从新自由主义角度还是从理想主义角度出发，北约都不可能继承和延续欧洲国家的殖民政策，尤其是在非殖民化运动高潮迭起之际更加不可能。

因为北约非常注重发挥"软实力"的作用，致力于在国际事务中充分运用其信用、权威、号召力、行动力、示范性以及榜样性，所以北约不可能延续欧美各国在近代历史中陈腐、过时、落后的殖民政策，避免对北约造成某种不必要的负面影响。尽管在订立《北大西洋公约》之初，美、英等国为照顾法国的情绪，曾一度考虑将阿尔及利亚等国家或地区也纳入北约防御安全的范围内，但这并未影响北约支持非殖民化进程的事实。北约向落后国家或地区提供技术援助，对世界范围内出现的大规模自然灾害提供帮助，实际上表明北约在非殖民化运动中表现出某种积极心态，亦表明北约对已成为世界发展趋势的南北谈判与合作给予某种理解。正像约瑟夫·奈所做的解释一样：

---

① Cary Fraser, "Decolonization and the Cold War", in Richard H. Immerman and Petra Goedde, eds., *The Oxford Handbook of The Cold War*, Oxford: Oxford University Press, 2013, p. 470.

"如果一个国家可以使得本国权力在其他国家眼里是合法的，则它实现愿望的过程将遭受较少抵制。如果该国的文化与意识形态具有吸引力，则其他国家更愿意追随其左右。如果它能够建立与其社会一致的国际规范，它更少可能不得不有所改变。"① 由此可见，对一个国家来说，如果权力、文化、思想、意识形态、法律制度、国际规范果真具有如此重要的功效，那么对于像北约这样的区域安全组织来说，其功用应该也不会弱于前者。

在 1980 年代，美苏政治与军事对峙相对固化，谋求经济发展、构建政治稳定、放缓军备竞赛，已成为北约与华约、美国与苏联所共同面对的一个常态主题。在很长时期，鉴于国际政治与安全环境相对平稳，强化武装力量建设的要求急剧下降，在这种国际大背景中，北约对"硬实力"的建设力度有所减弱，开始将其工作重点转向大规模改造现有的机制、权力、文化、意识形态、国际规范等。因此，北约开始注重进一步强化并且完善"软实力"建设，以便使北约"软实力"不仅能够找到更大的着力点，而且能够发挥更大的功用。"北约已经扮演了有别于集体防御的新角色，以回应在一个时间段内即将到来的挑战，其间，大规模集体防御的偶发事件——针对北约的重大侵略威胁或者威压，似乎越来越遥远，而且变得不大可能。"② 就此而言，伴随着 1980 年代末 1990 年代初国际形势的变化，北约深化并且运用其文化"软实力"，在理论和实践两个层面都具有非常迫切的需要，北约渴望着使其文化"软实力"在新国际安全秩序建构中能够大显身手。

为此，在 1990 年代初北约开启的数次大规模军事干预行动中，北约一直将运用"硬实力"和输出"软实力"等量齐观，将两者平

① ［美］约瑟夫·S. 奈：《硬权力与软权力》，门洪华译，北京大学出版社 2005 年版，第 118 页。

② David S. Yost, *NATO Transformed*, *The Alliance's New Roles in International Security*, Washington, D. C.：United States Institute of Peace Press, 1998, pp. 273 – 274.

行视为建构国际新秩序的两个重要环节。北约虽然在表面上采取了武装干涉行动，但在短暂运用军事"硬实力"的背后，则更为持久地输出其文化"软实力"。在其军事干预得手后，北约无一例外地将其尊崇的市场经济、民选政府、开放社会、新闻自由等理念，硬性加诸阿富汗、利比亚、伊拉克等国，丝毫不顾忌这些价值观与意识形态是否会出现水土不服？这些被干预国家是否会对此食古不化？它们是否会陷入新的麻烦？或者是否会出现新的混乱？

特别需要强调的是，鉴于北约文化"软实力"所涉及的范围非常广泛，绝不止于上述提及的各个领域和各项内容，但是北约并未全力以赴，许多具体的问题、领域以及方向实际上都未曾涉及，而只是对某些相对重要、比较突出的领域、方向以及问题给予关注，对大多数存在问题的领域或者事项，北约实际上都采取了有意忽视或者淡化的态度。因此，这种现象在很大程度上反映了北约在运用"软实力"时，经常会采用某种功利主义态度，即只关注与北约直接相关的文化与社会领域，或者只触及北约力量所能企及的领域，或者只触及那些比较容易解决或面对的问题，等等。

那么，为何北约在运用其文化"软实力"过程中会采取功利主义态度？北约选定实用目标、采取功能态度的现实依据究竟如何？这必然会成为解读北约文化"软实力"功效的一个重要依据。在客观上，北约运用文化"软实力"的功利主义态度，其根源大致可概括为两个方面：其一是受到国际或区域安全环境与条件的种种限制，其二是为北约自身的政治与安全意愿所驱使。就前者而言，北约虽然是历史上最大的西方防御安全联盟，但无论其军事"硬实力"还是文化"软实力"，远未达到无保留贯彻其指导方针、安全战略以及扩展影响的程度，尤其是北约文化"软实力"建设，基本上采取了比较有限、克制以及隐性的态度，此举导致北约文化"软实力"实际上并不具备可以收放自如的影响力，使其能够畅行无阻地对外输出。就后者而言，北约的文化"软实力"毕竟需要服从于防御安全功能建设，通过强化北约政治、安全以及文化领导力而发挥作用，因此，北约自身不可能采取喧宾夺主方式发展其"软实力"。

北约运用文化"软实力"的功利主义态度，注定北约不可能毕其功于一役，单凭运用"软实力"或者输出价值观与意识形态，就能全面解决北约面临的所有安全问题，或者以此强化北约的综合防御安全能力。这种功利主义的态度同时也注定北约的文化"软实力"必然是不完整的，它对北约军事"硬实力"的补充也是选择性的，充斥着实用主义和机会主义元素，这就注定这种"软实力"的运用不可能产生完全积极的结果。北约数次军事干预行动后的"软实力"输出，实际上已经证明了这一点。如果未来北约不改变其在运用"软实力"中的功利主义态度，其未来的发展结果仍不容乐观。

第五章　北约政治与安全战略的话语、机制以及体系

第一节　北约政治协商话语、原则以及机制

一　北约政治协商制的定义

正如前文所言，北约在国际政治与安全事务中扮演了双重角色，一方面，北约是战后西方世界中最大的防御安全组织，负责抵御和抗衡任何公开或者潜在的外来威胁和侵略，确保北大西洋区域的安全与稳定。另一方面，北约已经成为推动美欧各国政治、军事、文化以及意识形态全面联合的一个重要平台，肩负着将战后欧洲有效连成一体的重任，并且充当维护大西洋两岸国家全方位团结协作的纽带。

然而，不论北约扮演何种角色，北约及其成员国都必须展开协商与合作，因此，建立并完善必要的协商与合作制度，遂成为北约在国际事务中持续发挥作用的一个重要前提。而北约的协商与合作制度不仅停留在达成某种政治共识与默契的层面，实际上也已形成某种实实在在的政治话语，并且在此基础上建立了一系列相关制度与架构。那么，北约协商与合作的政治话语与机制，在本质上究竟属于一种联合机制下的多边力量合作？还是属于由多边力量共同构成的一种新联合机制？对上述问题的解答，直接关系到北约协商与合作制度的功用与地位。

美国哈佛大学政治学教授约翰·鲁杰（John Ruggie）曾经专门论

述"制度的多边主义"（Institution of Multilateralism，简称 IM）与"多边主义制度"（Multilateralism Institution，简称 MI）之间的区别。他认为，"制度的多边主义"是指组织或国家行为应该展示其不可分割的特性，这一思想被概括为组织原则以及互惠扩散，具有某种多边主义的建构概念。而"多边主义制度"也是指正式的组织，拥有三个以上成员，其集体决策建立在某种平等和加权投票原则的基础上，拥有正式的组织特征。两者的区别在于，一种属于正式的组织结构或决策模式，另一种则属于国家行为范式。鲁杰认定，北约和《关贸总协定》一样，更像"制度的多边主义"，而不像"多边主义制度"。①

事实上，北约兼具"制度多边主义"和"多边主义制度"的共性，两种属性在北约身上很难从本质上截然分开。就其联盟架构而言，北约似乎更像一个多边主义组织，就其机制设置而言，北约则更像一个统一制度下的多边力量组合，具有国家制度的某种权利属性。国际系统模式理论的创始人、美国芝加哥大学教授莫顿·A. 卡普兰（Morton A. Kaplan）曾就北约的联盟安全模式提出："北约结构本身内部潜在的一体化水平就足以将北约维持为一个稳定的组织。一旦某种突如其来的紧张情况引起这一性质改变，北约就被转化为一个一体化的系统。"②

贯穿整个冷战时期，北约建立了一套旨在推动政治与安全联合的机制，其中，最具影响力、也是最有代表性的制度，当属政治协商制。北约政治协商制无疑属于一种比较典型的"制度多边主义"，就其源头而言，该制度源自北约的政治联合、协商与合作精神，亦取自北约的"民主、平等以及自由"价值理念；就其形成与发展而言，离不开北约政治与安全联合实践，包括北约为增强各成员国凝聚力所付

---

① Steve Weber, *Multilateralism in NATO, shaping the Postwar Balance of Power, 1945 – 1961*, University of California, Berkeley, CA: Institute of International Studies, 1991, p. 1.

② ［美］莫顿·A. 卡普兰：《国际政治的系统和过程》，薄智跃译，中国人民公安大学出版社 1989 年版，第 146 页。

出的种种努力，以及北约对苏联与东欧国家、华约采取的军事对抗战略与实践；就其所处位置而言，则离不开北约建立的一系列政治领导机构与军事指挥机构，尤其离不开北约由上至下的所有政治、军事以及社会机构。

总之，政治协商制散布于北约的发展进程、机制建设以及话语体系当中，存在于北约权力决策的每一个层面，也许这正是政治协商制在北约政治与安全实践中能够发挥重大作用的原因所在，也是该机制在北约众多制度建构中脱颖而出的关键所在。事实上，北约内部早已就此达成共识，即不论对北约的发展还是对其功用而言，政治协商制度堪称至关重要。"因为对所有成员国来说，普遍存在一种紧迫的要求，即将北约的政治协商变为制定某项国家政策的组成部分，没有这些，北大西洋共同体的存在可能会处于危险中。"①

二　北约政治协商制的基本表现

北约政治协商制并非仅仅停留在制度层面，实际上也体现在北约各项政治与安全实践中，寓化为北约各项制度、规则、程序以及传统等，具体而言，北约政治协商制主要表现在以下几个方面。

第一，北约政治协商直接体现在北约的制度设计与建设中，尤其在北约的权力机构中表现极为突出。众所周知，自北约创建后，北约为了尽快发挥其政治与安全职能，非常重视制度建设，很早就建立了一系列政治与军事权力机构，并且伴随着政治与安全形势变化的需要，不断完善机制建设。"从1950年5月北约代表会议召开首次会议起，政治协商作为北约内部的一种系统实践而开启。"② 鉴于北约成员国在资源、国力、目标以及环境等方面存在的天然差别，因此对每一个成员国来说，在北约内部追求政治地位平等、利益共享、权力均分

---

① *Report of the committee of Three on Non Military Cooperation in NATO*, Paris: NATO Information Service, 1956, pp. 12 – 13.

② *NATO*, *Facts and Figures*, Brussels: NATO Information Service, 1976, p. 97.

等，就成为它们普遍一致的要求，尤其对于北约内部规模小或国力弱的成员国来说，情况更是如此。

因此，在北约各级权力机构的设置中，各成员国均采取了政治协商方式，强调在北约内部实现绝对的权力平等。例如，从北大西洋理事会到北约常驻代表会议；从北约国际秘书处到大西洋议会，从北约军事委员会、防务计划委员会到各战区司令部以及次战区司令部，从华盛顿到布鲁塞尔，从伦敦到那不勒斯，几乎所有的北约政治领导机构和军事指挥机构都充斥着各成员国代表。几乎每一个委员会、联合组织机构以及权力执行机构，不论规模大小，都由各成员国代表参加。北约几乎所有重大决策以及行动，都要事先在内部达成高度一致，各成员国不论大小，在名义上都拥有平等的话语权与投票权。北约之所以如此重视政治协商制度，其根本原因在于："在北约内部，如果盟国就共同关注的问题做出许多承诺，那么对北约协商机制的运用，至少涉及一个公认的事实：即北约的利益受到影响。"[①] 因此，政治协商制在制度层面直接体现了北约政治联合、协商合作的思想精髓，这是确保北约历经半个世纪磨难、坎坷不衰、在冷战后存而不废的根本原因所在。

对所有成员国来说，在北约权力机构中贯彻和推进政治协商制，可以最大限度防止北约权力出现独裁，或者被滥用，或者被误用。政治协商制的最终目标，原本就是要避免各种传统政治联盟或军事联盟中常常出现的大国越俎代庖、小国利益被忽略等不良现象。政治协商制可以在一定程度上提高北约的权力效用，亦在一定程度上确保北约运用权力过程中的政治正确。鉴于北约在欧洲冷战格局中所占据的重要地位，以政治协商方式对北约政治与军事权力及其运行予以制度保证，无疑是至关重要的。

与欧洲历史上各个传统军事联盟或政治联盟不同，北约首次以所

① Paul Buteux, *The Politics of Nuclear Consultation in NATO, 1965 – 1980*, Cambridge：Cambridge University Press, 1983, p. 181.

有成员国权力和义务一律平等、享有充分自由的原则，建构基本的联盟架构，并且在联盟内部实现权力均等与利益共享。"北约是一个不同于其他联盟的组织，它拥有一个军事委员会、一个基本结构委员会、一个预算委员会，它有能力在日常生活中采取行动。"① 这和欧洲历史上所有联盟完全以各成员国综合国力或军事力量决定其话语权大小、利益分享度的现象形成鲜明对比，此举实际上开创了国际关系史中欧美各国实施全方位政治与安全联合的新型进程，为从根本上改善和推进北约及其成员国在国际事务中的地位和作用奠定了基础。对此，北约及其成员国一直自视清高，极为自得。"就其本身而言，创建北约协商体系是北约取得的一项最高成就。事实上，许多国家将组织并利用政治合作，当作制止武装侵略的工具，此举已有几个世纪之久，北约的这一成就与此前令人沮丧的努力可谓大相径庭。"②

第二，政治协商制同样体现在北约内部的权力分享、利益妥协以及政策折中等方面。对北约而言，政治协商制绝不是一种简单的权力分配或者安排，也不是一种旨在协调和平衡各成员国利益与权力的临时性应对权谋，实际上蕴含了《北大西洋公约》所自我标榜的意识形态、价值观以及安全理念，同时也表达了北约孜孜以求的一种政治理想和精神追求。通过政治协商制这一渠道，北约实际上在其内部实现了某种程度的权力平等、共有以及共享，在确保北约权力平稳运行的同时，亦保证各成员国将其部分主权与治权向北约平稳转移或者过渡。反过来，政治协商制亦保证北约的权力意志与政治决策能够向其成员国正常表达，最终确保北约及其成员国在各自的权力体系及其运转中实现有效接驳和顺畅联通。从这个意义上讲，北约政治协商制成为连接北约权力体系与各成员国权力体系的纽带，成为两种权力实现

① General John R. Galvin, "Structures for Security in Europe," in Kenneth W. Thompson ed., *NATO and The Changing World Order*: *An Appraisal by Scholars and Policymakers*, Lanham, MD and London: University Press of America, 1996, p. 51.

② "The evolution of NATO political consultation, 1949 – 1962," WWW. nato. int/archieves/docu/d630502e. htm. 2016 年 11 月 8 日。

互换与连接的一座桥梁。

长期以来，北约一直自我标榜为"民主国家联盟"，因此在其权力机制及其运行中也试图最大限度展示其价值观和世界观。政治协商制体现了北约及其成员国对权力的理解，北约一直试图在联盟权力与成员国权力之间建立某种平衡，发挥某种制动器的作用，既要防止北约的决策权与行动权过于强大，又要保持其对各成员国权力能够拥有足够而且有效的影响。因此，政治协商制并非简单对北约权力或者成员国权力实行单方面维护，因为北约与各成员国并非简单的依附与从属关系，双方所拥有的权力在理论上是平等的，并无从属或者高低之分。至少在理论上，政治协商制在北约与各成员国之间扮演了某种权力杠杆的角色，保证小国在北约内部也有一定话语权，保证各成员国权利均等。

进言之，北约政治协商制在维系权力机制及其有效运行的同时，亦为解决北约内部权力纠纷与龃龉留出空间。因为北约深知，毕竟在北约分配和行使政治与军事领导权力时，绝对无法避免北约及其成员国之间的种种分歧与矛盾，北约也不可能指望政治协商制能够解决蕴含其中的所有问题与矛盾。因此，政治协商制在其设计之初，或者在其运行过程中，北约实际上已有非常充分和成熟的考虑，其解决方案就是重视大国的引导作用，注意发挥其优势影响。正像前美国驻北约大使哈兰·克利夫兰（Harlan Cleveland）一直强调的那样："因为在其看来，当北约各成员国在一些适当的事务上与其伙伴磋商时，这种磋商的责任分担必须依赖于北约共同体更强大的成员国。"① 在理论上，北约政治协商制强调权力的平等与共享，但在实际运行中则往往将大国置于推进政治协商制的首要位置，依靠大国的权威和影响确保政治协商制能够有效运行。

然而，借重大国力量和影响推动政治协商制度发挥作用，势必会在推动北约权力共享的同时，造成新的权力独享或者不平衡。因为政

---

① Harlan Cleveland, *NATO*, *Transatlantic Bargain*, New York: Harper & Row, 1970, pp. 14 – 15.

治协商制只是在一定程度上改变各成员国的矛盾与竞争状况，缩小了它们在地缘位置、社会资源、生产总量、科学技术、综合国力等方面的差距。尽管政治协商制竭力要在北约内部促成权力平等和利益共享，但权力不平衡现象却始终存在，北约的许多核心权力始终为少数几个关键国家所掌控，大多数成员国则与此无缘。即使冷战结束后，北约着手推进重大战略转型，实施大规模机制改革，但这种状况始终没有根本性改变。例如，北约军事委员会主席、欧洲盟军最高司令、大西洋盟军最高司令等领导职位，一直由美国人担任，欧洲人绝少染指。而负责北约日常运转、负责贯彻北约重大决策的秘书长，虽一直由欧洲人担任，但尽数历任北约秘书长，以英国人数量最多，其他欧洲国家政治人物出任秘书长职务的机会则相对较少。

　　第三，北约政治协商制在构建内部力量平衡、维持联盟机制等方面，同样发挥了重要作用。众所周知，北约创立之初只有 12 个成员国，随着联盟规模不断扩大，在冷战结束时北约成员国达到 16 个，这些成员国在地理环境、历史习俗、传统文化、自然资源以及综合国力等方面始终存在差异。"自其创建后，大西洋联盟一直就盟国如何或者采取何种手段、在任何可以想象的层面上对付苏联进攻，以及令人信服地设计抵抗这种侵略，而处于持续激荡中。人们丝毫不应感到惊讶，在这些有如此差异的盟国中，从来未曾就这些重大问题轻易达成任何协议。这些盟国中有一个全球超级大国和 15 个其他国家；有 3 个核国家以及 13 个无核国家；4 到 5 个拥有重大常规力量的国家以及没有这种力量的国家；有的国家要直接应对潜在敌国，有的国家则处于遥远的边缘地带，还有国家位于海洋地区；有的国家领土会被占领或者被争夺，或者在常规与'有限'核战争中被湮灭，有的国家可能有希望保持相对不变。"① 但是，正是在政治协商制的作用下，北约各成员国才能在其基本政治与安全目标上达成普遍一致。

　　① A. W. Deporte, "The Uses of Perspective", in Robert W. Tucker and Linda Wrigley, eds., *The Atlantic Alliance and its Critics*, New York：Praeger, 1983, p. 39.

以荷兰、比利时、卢森堡为例，低地国家在现代历史上对国际事务少有发言权，而且由于其疆土、国力、资源都非常有限，它们对北大西洋区域防御安全所做的贡献也较小，根本无法与大国相提并论，但低地国家、美、英、德等国在理论上在北约内部平起平坐。在北约大多数政治领导机构、军事指挥机构以及战区司令部或者次战区司令部中，低地国家均占有一席之地，可以对北大西洋区域政治与安全事务充分发表意见，自由行使其表决权、决策权以及行动权。"一个多边联盟有助于抵制其成员国在任何时候各成员国相对能力的变化，因为大国在开会时不会被允许公开持有特权，由于成员国相对分散而对联盟结构直接挑战的可能性会很小。"①

三 北约政治协商制面临挑战

众所周知，美国不仅是世界超级大国，而且还是全球霸主。自北约创建后，美国就一直为其提供绝大多数武装力量，包括常规武器装备、核武器及其发射装置在内，甚至美国还承担了北大西洋区域防御开支的绝大部分。但从《北大西洋公约》各项条款看，各成员国在北约内部的政治地位一律平等，在防御安全任务中没有孰轻孰重之分，美国至少在理论上并未从中享有任何特殊好处，使自己有别于其他北约成员国。"在北约的军事或者政治结构中，《北大西洋公约》并未赋予美国以特权地位。"②

事实上，美国拥有巨大的政治、经济、军事以及文化影响，这使美国在北约联盟中掌握了无限的话语优势，拥有压倒一切的特殊影响，美国就是以此确保北约能够完全服务于自身利益。但是，北约政治协商制度至少在表面上并未遭到破坏，始终在发挥作用。为了对外

---

① Steve Weber, *Multilateralism in NATO, shaping the Postwar Balance of Power, 1945 – 1961*, University of California, Berkeley, CA: Institute of International Studies, 1991, p. 375.

② Steve Weber, *Multilateralism in NATO, shaping the Postwar Balance of Power, 1945 – 1961*, University of California, Berkeley, CA: Institute of International Studies, 1991, p. 31.

展示北约"团结一致形象"，美国在大多数情况下都与北约其他成员国展开协商，甚至给外界留下印象，即美国甚至在许多问题上还迁就盟国，例如大多数成员国始终未能达到北约所规定的防御开支占本国GDP的2%的标准。

由此可见，政治协商制实现了北约内部权力的再配置，将各方力量有机地结合在一起，有效推动了北约联盟模式建设。换句话说，政治协商制在抑制大国力量及其影响的同时，客观上也拔高了规模较小、实力较弱国家的权力等级，使北约内部达成某种权力平衡。"北约是一个由主权和独立国家组成的联盟，而不是一个可以干预成员国内部事务的超国家权力机构，事实上，创建北约的原因之一就是保护成员国主权受到外来干涉。"① 由此可见，在政治协商制度的作用下，北约不仅使自身权力与成员国权力以及利益处于均衡状态，也使各成员国的权力与利益实现平衡，进而确保北约不会因为大国或者特殊国家的内部问题而受到干扰，由此确保自身的发展方向与进程不会受阻。

然而，自北约创建后，北约为了满足自身政治与安全要求，连续将希腊、土耳其、西德以及西班牙等纳入跨大西洋联盟体系。北约联盟规模一再扩大，成员国数量不断增多，横亘在各成员国之间的政治与安全差距在客观上进一步扩大，例如综合国力、文化传统、宗教信仰、民族结构、地缘政治位置等。北约在表面上同样延续了政治协商制的基本权力架构与规则，北约内部差距实际上一直存在，虽然北约联盟发展方向和进程并未受到严重困扰，但是北约政治协商制不得不面对越来越大的压力。

相对而言，北约联盟机制虽然并未出现裂缝，而且政治协商制仍旧发挥作用，但是政治协商制还是或多或少受到影响。例如，在冷战时期东西双方的军事对峙与安全危机中，许多欧洲盟国实际上都不同程度表达了对美国实施强硬外交以及军事冒险政策的反对立场，美国

---

① Cavin Kennedy, *Burden Sharing in NATO*, New York：Holmes & Meier Publishers, Inc. , 1979, p. 85.

无法通过政治协商制这一渠道，强迫北约介入朝鲜战争、越南战争、古巴导弹危机等战争或安全危机，结果是美国只能纠集北约少数国家参与危机处置和军事冒险，这种状况虽然使北约政治协商制成果寥寥，但对于缓解美苏冷战形势无疑具有帮助。

总之，政治协商制作为北约制度建设的一个重要组成部分，不仅直接反映了北约在价值观、世界观以及道德观等方面的政治话语，也反映了北约一直引以为傲的制度建设成就，这对于北约的政治与安全权力体系建构、对于减少北约的权力运行效率、提高其政治与安全战略及其实践的社会成效等，均发挥了一定作用。但是我们也应注意到，尽管政治协商制有一定的功效，但它实际上并不能解决北约所面对的所有问题，不仅对北约自身如此，而且对北约所面临的外来危机与挑战更是如此。

归根到底，北约并不是超国家组织，北约在政治协商制下所做的决策、所付诸的行动，不仅需要依赖各成员国团结一致，精诚合作，而且还需要克服彼此间的分歧与矛盾，最终就各自的安全利益和政治诉求达成妥协。事实上，政治协商制是对北约政治权力渐趋均衡化、平面化的一种补充，这既不是对北约内部民主权力的强化，也不是内部绝对权力的弱化。正是由于政治协商制存在，以及持续在北约政治与安全实践中发挥作用，确保北约欧洲成员国在冷战期间未能走到美苏对抗的最前沿，使北约在一定程度上规避了美苏双方激烈的政治、军事与经济对抗所带来的负面伤害。

很显然，华约的情况也大致相当，虽然在纸面上规定各成员国一律平等，但华约内部却一直存在不平衡。欧美学界就一致认定："苏联对每个华约成员国实施控制，已经历了过去的怀疑时期，但这种控制无法与1988—1989年的变化相提并论。"① 一直到华约在1992年解散之前，华约其他成员国都一直生活在苏联的政治阴影下，少有平

---

① Colin McInnes, *NATO's Changing Strategic Agenda*, *The Conventional Defence of Central Europe*, London: Unwin Hyman, 1990, p.57.

等、协商以及真正的合作，这种状况导致东欧国家与苏联乃至此后的俄罗斯始终存在隔阂和积怨，难以在短时期内实现和解。

第二节 "双轨制"与北约的"选择性"话语及决策

一 北约"双轨制"的内涵

与北约政治协商制相并列，"双轨制"也一直是指导北约政治与安全战略及其实践的一种重要制度建构，同时也是北约在战略与实践层面特有的一种政治话语。相较政治协商制，北约"双轨制"产生的时间相对较晚，而且适用的层面也相对具体，这些特点在一定程度上决定了"双轨制"既不可能贯穿北约发展进程的全部，亦不可能像政治协商制那样，在北约战略方针、政治与安全实践中无处不在，时刻都在发挥作用。但是"双轨制"作为北约制度体系以及话语体系中的一个客观存在，同样与其他制度设计与政治话语一样，深刻且系统地作用于北约的战略与实践。

北约"双轨制"属于一种非常宽泛的政治或社会概念，它既没有特定的思想与理论规范，也没有非常明确的学术定论。很多人从实用主义或者功利主义的逻辑出发，将"双轨制"归诸北约的一种政治权变，目的是使北约适应由于冷战形势变化而出现的应急性政治与安全需要。更有甚者，有些人并未将北约"双轨制"当作常态化的制度建设，而是将其归于某种临时性的政治要求或方法，或者政治与安全话语。还有些人将"双轨制"归因于欧洲盟国对美国搞越顶外交、抛开盟国与苏联举行战略武器谈判的不满反映。"欧洲盟国不满于美、苏两国'限制战略武器条约'谈判的预知性结果，这是导致北约在1979年12月做出双轨制决定的因素之一。"① 诸如此类，不一而足。

---

① David Yost, *NATO's Balancing Act*, Washington, D. C. : United States Institute of Peace Press, 2014, p. 313.

很明显，上述对北约"双轨制"所做的种种认知和推测，只是在表面上解释了"双轨制"存在的理由或者历史依据，但仍未完整、透彻地解释清楚北约"双轨制"的真实含义，亦未准确说明"双轨制"在北约话语体系以及制度体系中所占据的地位及其影响。

从北约"双轨制"的内涵看，大致可以分为狭义和广义两种，从狭义的角度看，"双轨制"就是专指1970年代以来美苏双方进入缓和时代后北约特殊的政治与安全战略，既强调推进缓和，同时又强调防御和威慑。美欧学界大多数学者都持这种看法。从广义角度看，"双轨制"主要指北约的一种多维度双向政治方针和安全战略，不仅强调北约在政治上保持"缓和姿态"，同时也强调在军事上保持"积极防御态势"。

另外，"双轨制"也是一种机构设置，同时也是一种制度功能，就前者而言，"双轨制"就是指在一种统一权力机构下所采取的不同行为方式，以及这种行为方式之间的相互关联；后者则是指在机构彼此衔接的基础上，形成某种相对稳固并且系统的权力框架以及运行规则。由上可见，不论是狭义的"双轨制"还是广义的"双轨制"，其话语重点均强调北约政治指导方针以及安全战略所拥有的两面性。

二 北约"双轨制"的基本表现

北约"双轨制"的立足点主要集中在三个层面：战略、机构以及制度。这三个层面并非相互隔绝，孤立存在，事实上，三者紧密相连，构成了北约"双轨制"的基础，指导北约的一系列政治与安全实践。

第一，与其他领域相比，"双轨制"在北约政治与安全战略中的表现极为突出。1967年12月，北约在"哈默尔报告"中首次提出"双轨制"概念。在这份报告中，北约明确提出，鉴于美苏两国开启了一系列削减武器、限制战略武器部署等谈判，国际关系在整体上进入缓和状态，北约应该顺应历史发展的潮流和趋势，参与并且促进东西方关系全面改善。"（我们）认识到，国际形势自 1949 年以来已发生变化，'哈默尔报告'重申了北约的众多目标与目的，以及其双重功能——政治与军事功能。该报告也提出一种新维度，即承认北约的双轨制政策：即在北约保持足够防御的同时，提倡有必要寻求改善东西方关系，即在军事防御威慑与政治缓和之间实现平衡姿态。"① 很显然，"双轨制"并非北约发明，亦非北约最早提及、运用或者专擅。实际上，早在"哈默尔报告"推出前，还有许多国家、组织、集团也屡屡提及并且推进"双轨制"。但相对于这些国家、集团或者组织而言，"双轨制"在北约战略方针调整及其运用中发挥了巨大作用。

在"双轨制"持续作用下，北约设定了政治实践与军事手段两者并重的安全目标：即在政治上持续保持对华约的谈判与协商姿态，继续推进东西双方已出现的缓和形势，以政治缓和代替军事对抗，以政治对话代替军事竞争。与此同时，北约也明确提出，持续加强军事力量建设不仅必要，而且对北约发挥安全职能不可或缺。虽然北约致力于持续推进国际缓和形势，但却不以牺牲自身军事利益、削减武装力量的规模与实力为前提。为此，北约将继续加强武装力量建设，保持足够强大的自卫能力，保持积极有效的防御安全态势，以此作为北约推进政治缓和的军事基础。

为了实现这一目标，北约各成员国外长及其代表曾在 1968 年 1 月特别召开北大西洋理事会，就"相互与对等削减武装力量"发表宣言，明确将"双轨制"的思想与政策主张纳入北约防御安全政策及其实践中。"（1）相互武器削减在空间和时间上应该是互惠的、对等的；（2）相互武器削减应该代表了一个有实质意义的、重要的步骤，该步骤应该有利于保持当前在削减成本基础上的安全水平，但不应该变成使欧洲形势变得不稳定这样的危险行动；（3）相互武器削减应该与全面建立欧洲互信的目标保持一致，并且与每一个相关参与国保持一

---

① "The Harmel Report", 11 November 2014, http：//www. nato. int/cps/en/natohq/topics_ 67927. htm? selectedLocale = en. 2016 年 11 月 8 日。

致；（4）为达到这一目标，任何关于武装力量的新安排都应该与所有参与方的重要安全利益保持一致，都应该得到有效执行。"①

由此可见，北约在战略层面上推进"双轨制"，最终目的并不是要以政治缓和完全代替军备建设，反之，也不是要军事建设代替政治缓和。对北约来说，"双轨制"在本质上就是一种平衡政策，目的就是在北约的政治目标与军事目标之间建立某种平衡，"军事安全与缓和政策并不矛盾，而是互补的"②。甚至对于这一时期美苏双方削减武器谈判，也被北约纳入"双轨制"的方向统一予以考虑，以便使之最终服务欧洲安全与稳定这一宏大的战略目标。"军事安全与缓和政策是不矛盾的，集体防御在世界政治中是一个稳定性因素；实现更放松紧张局势的有效政策是一个必要条件。在欧洲实现和平与稳定的方式，特别依赖于为了缓和利益而富有建设性地使北约发挥作用，有苏联与美国参与，对于解决欧洲政治问题将是必要的。"③

第二，北约"双轨制"并未仅停留或止步于战略层面，它还存在于北约的机构设置和运行层面。鉴于北约属于多边主义安全组织，在联盟层面与国家层面拥有不同的制度内容，客观上需要建立某种制度衔接。尽管北约各成员国拥有共同的价值观、意识形态以及政治、经济与社会制度，而北约自身也一直以拥有"民主与自由"制度架构而自诩，但北约与各成员国仍在权力、规则、习惯以及利益等方面存在差距。因此，如何顺畅并且完整地接驳北约与各成员国两种不同类型的制度建设与功能，既不使联盟侵蚀各成员国的权力，又能确保联盟正常运转、各成员国利益得到维护，这一直是北约建立后着力解决的

---

① "Mutual and Balanced Forces Reduction", 24 January – 25 January1968, http：//www. nato. int/cps/en/natohq/official_ texts_ 26739. htm？ selectedLocale = en. 2016 年 11 月 8 日。

② David Yost, *NATO's Balancing Act*, Washington, D. C. ：United States Institute of Peace Press，2014，p. 189.

③ "The Harmel Report", 11 November 2014, http：//nato. int/cps/en/natohq/topics_ 67927. htm？ selectedLocale = en. 2016 年 11 月 8 日。

一个难题，也是各成员国入盟北约后始终耿耿于怀的一块心病。毫无疑问，"双轨制"为北约与各成员国的制度接驳开创了一种有效而且积极的尝试。

与政治协商制极为相似，北约"双轨制"在政治偏好和意识形态方面并没有特定归属，属于一种典型的中立主义制度。而且，"双轨制"在北约及其成员国之间并无固定偏好，始终属于介于超国家制度与国家制度之间的一种联动机制。该制度的目标是在全面发挥联盟制度功能的同时，最大限度保持国家制度的功能。北约"双轨制"设计以及运行还表现在许多方面，例如北约武装力量的组成及其运用，就属于"双轨制"直接指导并作用下的一种制度设计。

鉴于北约武装力量由各成员国军队联合组成，因此，这一武装力量在不同时期拥有不同的政治归属关系：在和平时期，北约武装力量需要听从各成员国军事指挥机构的指令，按照北约的统一军事要求，由各成员国负责部队组建、动员、训练、演习等；而在战争时期，各成员国武装力量则统一归属北约最高军事机构指挥，由北约最高军事指挥机构负责统一调配、驻扎，制定统一的军事计划，实施共同作战行动。"成员国所作的贡献在于，可以使北约在一个准备就绪的适当状态、通过建立'权力转移'（Transfer for Authority，TOA）所建立的一致认可机制而采取行动，以便于北约政策与程序保持一致。负责实施北约行动和任务的武装力量，应该被置于北约盟军最高司令部（Supreme Allied Command，SACEUR）的领导以及军事委员会（Military Committee，MC）的指导下。"①

与北约武装力量在不同时期表现的双重属性及不同功用相似，北约"双轨制"同样也表现在其他许多机构设置中，例如"北大西洋议会"。作为北约内部类似议会的这一机构设置，"北大西洋议会"由各成员国议会推荐议员担任，共同组成议会，各国代表的数额按照其人

---

① "The NATO Forces Structure"，13 February 2015，http：//www. nato. int/cps/en/natohq/topics_ 69718. htm？selectedLocale = en. 2016 年 11 月 13 日。

口多寡，制定比例分配。这些议员同时具有双重身份，在不同场合分属于北约或者各自国家，其职能亦有相似之处，在"北大西洋议会"中负责对北约防御安全政策提供咨询，实施监督，就各成员国内政政策及其实践提出建议，履行监督义务，同样负责对各国防务、安全以及外交政策展开咨询，实施监督。在北约权力机构设置中，类似机构还有很多，"双轨制"正是在联盟权力机构与各成员国权力机构的交叉地带发挥作用，以便减少两类机构相互掣肘，推进其共同发挥积极功用。

第三，"双轨制"还表现在北约的制度建设中，并且时刻显示出在制度功能方面的作用。但是与政治协商制不同，北约"双轨制"并不是一种常态化政策，也并非固定不变的制度建设，而是讲求较强功能性与实用性，经常会随着国际形势的起伏和变化，提出自身的制度建设需要。"1979 年 2 月，苏联入侵阿富汗引起紧张局势，苏联部署 SS-20 导弹，这使北约还之以启动双轨制决定。它要求华约对中程弹道导弹和中远程弹道导弹实施限制，但是并未得到莫斯科的积极响应，北约遂威胁要部署'潘兴导弹'和'巡航导弹'，最终北约部署了上述两种导弹。缓和推动美苏双方达成第一阶段'战略武器限制条约'（Strategic Arms Limitations，简称 SALT Ⅰ）以及'反弹道导弹系统'，以及第二阶段'战略武器限制条约'（尽管并未获得批准），还签署了'美苏战略武器削减谈判'（US-Soviet Strategic Arms Reduction Talks，简称 START），还有'中远程核力量条约'（Intermediate-range Nuclear Forces Treaty，简称 INF）。"①

从这个意义上讲，北约"双轨制"在制度建设层面并非恒定不变，始终存在较大的随机性与或然性。这就决定了在"双轨制"建设过程中，或者"双轨制"融入北约制度体系的过程中，北约会经常做出某种功能性选择。这种功能性选择虽然便利了"双轨制"能够及

---

① "Strategic Concepts," 11 November 2014，http：//www. nato. int/cps/en/natohq/topics _ 56626. htm？selectedLocale = en. 2016 年 11 月 13 日。

时、有效地产生影响，但也在一定程度上限制了其功用，使"双轨制"注定不可能成为北约制度体系的基础或者主干，亦无法从根本上影响北约制度建构的方向、进度以及程序。与此同时，"双轨制"的这种选择性功能也决定了其基本定位，即只能在北约政治与安全联合中充当润滑剂，在北约战略抉择、政治实践、安全机制等方面拾漏补缺。

三　北约"双轨制"的影响及其评价

进言之，"双轨制"使北约在战略、机构以及制度等方面保持了较大灵活性，这在一定程度上弥补了北约各项政治策略与战略决策之间的空隙，同时填补了北约各种制度设计中的盲区与短板。虽然"双轨制"更多存在于北约的政策运用以及实践层面，但它同样需要"民主与平等"精神，同样也需要协商、对话与合作精神，因为"双轨制"不仅需要北约各成员国展开协商、对话与合作，而且也需要北约与华约实施协商与合作，甚至需要与各种不同类型的国际行为体展开对话、协商以及合作。正像英国学者乔治·里奇（George Richey）所强调的那样："提高我们的世界性能力将会加强北约自身的战略地位，为了实现这一目标，不仅要与北约盟国展开谈判，而且还要与美国、澳大利亚、新西兰展开讨论，即如何在未来几十年中更好地实现我们共同的世界性一致利益。"①

北约"双轨制"既是一种政治与安全手段，也是一种政治话语，因为"双轨制"在很大程度上拓宽了北约在国际事务中的话语权，有效维持了北约作为欧洲安全秩序构建者与维护者的角色。因此，"双轨制"实际上就是对北约作为冷战安全工具这一初始定位以及政治功能的一种修正，因为如果北约在国际缓和大背景下逆流而动，一味强调军事力量建设或者军事对抗方针，不仅会徒劳增加北约的政治与安

---

① George Richey, *Britain's Strategic Role in NATO*, Houndmills, Basingstoke and London: Palgrave Macmillan, 1986, p. 160.

全成本，而且还会使北约丧失其在欧洲安全秩序建构中的影响力。"即使与苏联举行的限制此类导弹的武器控制谈判告败，北约在冷战时期所做的最显著的反应性选择之一，就是 1979 年颇有远见的'双轨制'决定，该决定启动了一个部署中远程核导弹的计划。"① 相反，如果北约能够审时度势，适时做出符合时代需要以及自身安全利益需要的决策，就可以确保自身不被边缘化，而且还会影响甚至把控欧洲安全秩序建构的方向。

总体而言，北约"双轨制"所要表达的政治话语，其政治立场在表面上似乎已趋缓和，北约也愿意与对手达成妥协，并且愿意推进国际缓和。但是，北约"双轨制"也特别强调威慑与防御，要求在防御安全实践中保持足够数量的武装力量、先进的武器装备、稳固的军事设施，特别是战略核力量等。这也就是说，北约不会单方面削减武力，只会与华约共同面削减武装力量，以此推进国际缓和局面。进言之，北约绝不会以损失军事利益换取政治利益，以绝对的军事牺牲赢得相对的政治缓和。例如，北约防务计划委员会在 1977 年 6 月召开渥太华会议，北约强调："（北约）不会提供一个低成本的、便宜的方式，以此保持可信、有效的威慑；如果以一种及时而且统一的方法，以及富有想象地运用，部署新技术，那么高效运用新技术，就会强化北约战略部署能力。"②

从这个意义上讲，"双轨制"所要达到的目标似乎是矛盾的，北约既要加强自身武力，又要推动普遍的政治缓和；北约既要与华约实施有限对抗，又要和华约共同推进国际和平……这种看似相互矛盾的政策目标以及战略，反映了北约应对日趋复杂国际形势的双重态度与手法，这表明北约的政治与安全政策及其实践愈加成熟，能够更加灵

① David Yost, *NATO's Balancing Act*, Washington, D. C. : United States Institute of Peace Press, 2014, p. 367.

② NATO Planning Committee Communiqué, Ottawa, 8 – 9 June 1977. 转引自 Paul Buteux, *The Politics of Nuclear Consultation in NATO 1965 – 1980*, Cambridge: Cambridge University Press, 1983, p. 157.

活且有效地维护自身政治与安全需要，确保北约的战略、机制以及机构能够在政治与安全实践中发挥最大功效。"如果北约还想拥有重大意义，北约就必须明确处置好四个基本问题：（1）集体防御下降；（2）北约对集体安全预测的实际限制；（3）美国所持续扮演的关键角色；（4）需要明确追求可以比较北约新角色与其传统集体安全功能的双轨制政策。"① 由此可见，北约"双轨制"的道路还非常漫长，任重而道远。

第三节　大西洋主义中的话语、决策与机制

一　传统与现代大西洋主义

大西洋主义并不是一个新名词，在历史上曾被用于描述新航路开辟后大西洋两岸的联系与沟通。但是，历史上的大西洋主义只能算作一个概念，并无明确的思想理论支撑，大西洋两岸的实际联系亦相当有限。事实上，大西洋主义真正作为一种政治与安全联合理念，或者一种合作伙伴关系，具备比较完整的思想与理论论述，最终演化为一种政治与安全联合范式，只能从"二战"后美欧联合算起。"北美和西欧由历史、文化、哲学以及战略利益捆绑在一起，跨大西洋伙伴关系共享个人权利与法制神圣不可侵犯这一承诺。他们通过一个统一的经济网络而被捆绑在一起，这一经济网络的特点是不断扩展其相互依赖，共同体更宽泛的构架由那些围绕战后出现的安全措施的共同纽带所构成。"②

因此，现代大西洋主义不是一种国与国之间简单的联络和沟通，而是一种现代联合体系。在这一联合体系中，既有大西洋两岸国家共

① David S. Yost, *NATO Transformed*, *The Alliance's New Roles in International Security*, Washington, D. C.: United States Institute of Peace Press, 1998, p. 272.

② James R. Golden, "The Challenge to NATO", in James R. Golden, Daniel J. Kaufman, Asa A. Clark Ⅳ, and David H. Petraeus, eds., *NATO at Forty*, *Change*, *Continuity*, & *Prospects*, Boulder, San Francisco, & London: Westview Press, 1989, p. 6.

同尊奉的集体主义精神、协商与合作理念、"民主与自由"价值观等政治话语，也有在此基础上建立的政治、经济、安全以及文化联合机制，还有为推进彼此联合而付出的种种努力。这些话语、理念、机制以及实践汇聚在一起，在不同层面将大西洋两岸有机连接在一起，对内构成大西洋两岸的连接纽带，对外则表达了美欧双方政治、经济、文化以及安全的共同利益诉求。作为现代大西洋主义最重要、最典型的承载者，北约虽非唯一承载者，但它所强调的政治、经济、安全、文化以及意识形态联合，使北约相较其他组织或者国际行为体能够更全面反映大西洋两岸实现联合的共同主张。

大西洋主义之所以有新旧之分，关键在于无论大西洋主义作为一种政治与安全理念，还是作为政治与安全联合范式，其本身就是一个持续发展、变化的过程，正是这种时段性造就了所谓的新旧大西洋主义之分。因此，新旧大西洋主义只能算作一个相对概念，并不绝对。抛开历史上的大西洋主义不论，现代大西洋主义本身就是一个新旧转换的过程。1960 年代末，美国尼克松政府提出建立新型美欧伙伴关系，提出构建一种不同以往的新大西洋伙伴关系。[①] 贯穿冷战时期，虽然美欧关系经历了一系列重大变化，但是支撑大西洋主义的思想动机、制度架构、基本规则以及传统习惯等因素始终变动不止，这是导致大西洋主义变化不断的重要原因。

自北约创建后，北约及其成员国就提出大西洋主义，将其贯穿于政治与安全实践，渗透于机制建设，作用于安全战略与行动规则。大西洋主义的提出既有防御安全需要，也有丰富的思想与实践基础，直接承袭《大西洋宪章》以及《联合国宪章》。上述两个文件并非各自独立，而是相互关联，其基本原则和宗旨可谓一脉相承。前者明确提出："……（美、英两国）不希望看到与有关人民自由表达意愿不相一致的领土变更；尊重所有人民选择其愿意委身其下政府的权力，两

---

① 1990 年代初，老乔治·布什总统重新提出"新大西洋主义"，强调全方位扩大美欧合作关系，最终建立一种全新的大西洋主义结构。

国希望看到主权权利与自治政府重归被残酷剥夺的人民的手中；两国将竭诚支持现存的规则，使所有国家，不分大小以及胜负，均以平等方式获得其经济繁荣所必需的贸易和世界原材料……"① 后者则在第51 项条款中强调："在当前的宪章中，如果出现对联合国某一成员国的攻击，没有什么会损害固有的个体或集体自卫权，直到联合国安理会采取必要措施保持国际和平与安全。联合国成员国在实施自卫权过程中所采取的措施，应及时上报安理会，并且不能以任何方式影响安理会的权威和责任，即为维持或恢复国际和平与安全，在当前宪章下在任何时候采取其认为必要的措施。"②

在欧美人士看来，北约及其成员国在其指导思想中，很明显将大西洋主义视为推进美欧双方联合的一种精神圭臬，他们不仅强调大西洋两岸国家享有平等、自由、和平以及法制等基本权利，而且还将这种权利推广至北大西洋区域以外地区。大西洋主义不仅成为北约及其成员国保持团结一致的一种政治纽带，而且也成为北约对外展示其"民主与自由"理念的一种政治话语。《北大西洋公约》在其前言中明确提出："各缔约国重申其对《联合国宪章》目标和原则所抱有的信念，重申其对一切民族和政府和平相处的意愿；它们决心保卫以民主、个人自由、法制原则为基础的人民自由、共同传统以及文明；它们愿意促进北大西洋区域的安全与幸福；它们决心将其所有努力用于集体防御，以及维护和平与安全……"③ 由此可见，《北大西洋公约》吸收了《大西洋宪章》和《联合国宪章》的许多政治话语，将其寓化于北约集体安全精神与共同防御政策中。

从这个意义上讲，大西洋主义实际上为北约确立了较高层次的政

---

① "The Atlantic Charter", 14 August 1941, http：//www. nato. int/cps/en/natohq/official_ texts_ 16912. htm？. 2016 年 11 月 16 日。

② "Article 51 of the Charter of the United Nations", 24 October 1945, http：// www. nato. int/cps/en/natohq/official_ texts_ 16937. htm？. 2016 年 11 月 16 日。

③ "The North Atlantic Treaty," 9 April 1949, http：//www. nato. int/cps/en/natohq/official- cial_ texts_ 17120. htm？. 2016 年 11 月 16 日。

治目标、相对具体的安全目标、比较虚幻的道德目标，这成为北约能够对外全力应对各种外来政治与安全挑战，对内尽力弥合各种政治分歧与对立的重要基础。正是在大西洋主义的指导下，北约得以持续推进政治、经济、文化以及安全联合。尽管北约在发展进程中并非一帆风顺，经常会出现各种显性或隐形矛盾，有时会出现某种停顿、波折与反复，甚至还会出现较大的倒退，但是大西洋主义赋予北约的话语空间、制度空间以及体系空间，在一定程度上确保了北约能够在较大时空间中有效运转，使北约能够有效克服自身的某些局限，运用更多资源推进大西洋两岸联合。

大西洋主义在理论上一直宣称凝聚了"自由、平等以及民主"等思想，北约也一直试图建立一种完全"民主、平等"的权力机制以及联盟架构，大西洋联盟实际上始终处于不平衡状态，这种不平衡表现在多个层面、多个领域。例如，在防御安全领域建设与政治、文化以及意识形态建设之间，并不完全处于平衡状态，即北约一直偏重于军事建设，不太重视经济、社会、文化以及意识形态建设。美国前国务卿迪安·艾奇逊在 1950 年代末就明确提出上述问题，他一直将北约视为静止且不可改变的，并且确信由于艾森豪威尔（政府）领导缺失，将北约变成一个更大组织的努力已经失败。为了维持这一联合，他建议建立大西洋共同体——一个对北约成员国以及其他欧洲国家开放的统一政治和经济联合，甚至北约自身在军事上亦得到强化。尽管艾奇逊对大西洋共同体的描述比较模糊，但他明显希望大西洋共同体有权以西方的名义、作为一个整体采取行动。①

另外，北约过分强调自身的联合体系建构，对其他形式的政治与安全联合重视不足，例如西欧联盟、欧安会、欧共体等。即使北约对某种政治、经济以及安全联合予以关注，或者表示支持，也必须以不

---

① Douglas G. Brinkley, "Dean Acheson and European Unity", in Francis H. Heller and John R. Gillingham, eds., *NATO: The Founding of the Atlantic Alliance and the Integration of Europe*, New York: St. Martin's Press, 1992, p. 145.

妨碍北约防御安全职能、不削弱其综合力量、不影响其现有的联盟体系等为前提。

进言之，大西洋主义虽然赋予北约某种"民主、平等、自由以及法制"的话语，但最终却并未使北约建立一种能够保持利益与权力完全平衡的联合机制，也未能建立一种让所有成员国满意的联盟体系，北约内部不平衡已成为一种常态，这在很大程度上羁绊并影响到北约的发展及其实践。在关于北大西洋区域的防御重点、阶段性目标、防御开支负担、武装力量构成、决策与行动方式等方面，美欧双方无法保持一致，双方的差异和分歧始终存在。由于在北约武装力量、军费开支、武器装备以及科学技术等方面掌握绝对优势，美国一直掌握着联盟领导权与决策权，并且对北约以及其他欧洲盟国的安全政策与战略发挥重大影响。"北约防御依赖于美国战略威慑的可信性，也依赖于美国对北约伙伴国的政治决策权。"[1] 与之相比，受制于经济、财政以及军事等力量限制，欧洲各国在北约内部始终处于附属和服从地位，在政治与军事上不得不听命于美国。

北约及其成员国虽然一直试图在大西洋主义旗帜下，将大西洋两岸国家紧紧联成一个整体——大西洋共同体，将欧洲盟国以及美国的政治与安全需要统一起来，使欧洲国家创建的诸多政治、经济以及安全联合组织都服务于跨大西洋集体安全架构的战略需要，或者在国际或欧洲事务中与北约保持高度一致，在战略方向和安全步骤上同进共退。但大西洋主义所提供的思想支撑，显然不足为美欧双方实现更紧密的联合提供新动力。英国著名学者、伦敦战略研究所所长阿拉斯泰尔·巴肯（Alastair Buchan）曾就此做出分析："冷战所带来的世界发达国家之间的明确关系、特别是两大联盟各自内部和衷共济感，已经变得模糊了；关于大西洋两岸国家有着天然的共同利害关系的设想，已经不那么强烈，东欧和苏联之间的利害一致感，也遇

---

① Lawrence L. Whetlen，"A European View of NATO Strategy"，*Military Review*，Vol. 51，No. 9，September 1971，pp. 25–37.

到了同样的情况；对西欧内部的经济联合自然会导致政治联合的信念，人们产生了怀疑；欧洲国家间分裂的传统根源、民族主义以及在战后相当一个时期已经销声匿迹的对政府日益增长的不信任，又重新抬头了。"①

因此，在北约创建后相当长一段时间，所谓的大西洋共同体实际上一直处于涣散状态，大西洋主义似乎有名无实，美欧双方同床异梦，北约不仅在许多欧洲安全问题上缺席，而且也在国际事务中寂然无声、大有被边缘化之虞。

二 "新大西洋主义"及其深化

1968年底，理查德·尼克松（Richard M. Nixon）当选为美国第37任总统，宣布实施"新大西洋主义"，改善美欧关系，建立美欧新合作伙伴关系。尼克松在1969年2月出访欧洲时发表声明："把欧洲和美国联在一起的纽带，并不是出于对危险的考虑，随着恐惧程度的变化而时紧时松。把我们两个大陆联系在一起的纽带，是共同的自由传统、对进步的共同愿望以及对和平的共同热爱。本着这种更富有建设性的精神，让我们用新的眼光来看待新的形势，并且通过这样做，给全世界树立榜样。"② 在该思想主导下，美欧双方展开谈判，美国承诺不撤出驻欧军队，亦不削减军队数量，而且还要将有关美苏双方削减武器谈判的信息与政策向欧洲盟国及时通报，等等。作为对美国上述积极姿态的一种回应，欧洲盟国旋即宣布制定并启动"欧洲防务提升计划"（European Defence Improvement Program，简称EDIP），加强基础设施建设，使用综合通信系统，采取措施保护其飞机免遭攻击，

---

① Alastair Buchan, *Europe's Futures*, *Europe's Choices*：*Models of Western in the 1970s*, New York：Columbia University Press, 1969, p.7. 转引自［美］亨利·基辛格《白宫岁月》（第一册），世界知识出版社2003年版，第105页。

② ［美］亨利·基辛格：《白宫岁月》（第一册），世界知识出版社2003年版，第103页。

尽可能早地启动这一计划……①无论如何，美国与欧洲盟国之间的互动，在很大程度上推动并深化了北约机制建设以及联盟体系建构。

1973 年 4 月，美国宣布 1973 年为"欧洲年"（Year of Europe），重点发展与西欧盟国的合作关系，就美欧各自的防务、经济以及贸易政策展开对话与协商。在此基础上，1974 年 6 月 26 日，尼克松政府发表《大西洋宣言》（The Atlantic Declaration）。不可否认，这一宣言对改善北约内部关系发挥了重要作用，特别是对法国退出北约后缓和美法关系紧张化发挥了很大作用。"该宣言事实上几乎完全由美国人和法国人撰写，它在一年多以后结束了（法美联合谈判）这一事件。"②

总体而言，大西洋联盟架构下的美欧关系在 1970 年代确实有所改变，欧洲各国在欧洲安全秩序建构中的影响与作用明显增强。例如，在欧安会谈判中，欧洲盟国围绕北约与华约各自成员国关于欧洲安全、经济合作、人员交流等一系列问题，都明确表达了自己的立场和态度，美欧双边关系中的不平衡状态有所缓解。"欧共体和北约的核心小组在贝尔格莱德相比在日内瓦，展现出更大程度的团结一致，除去罗马尼亚，世贸组织核心小组所表现的团结一致，也依然很强大。"③ 因此，在 1970 年代和 1980 年代，大西洋两岸国家基本上保持了相对稳定以及和缓的状态，旧的矛盾与分歧在一定程度上得到有效遏制，新的对抗与冲突亦大幅减少。

但我们必须承认，尽管美欧双方都为发展大西洋共同体、深化大

---

① The Final Communiqué Defence Planning Committee of the North Atlantic Treaty Organization, 28 May 1971, http：//www. nato. int/cps/en/natohq/official_ texts_ 26815. htm? selected-Locale = en. 2016 年 11 月 8 日。

② Pierre Mélandri, "France and the United States", in Lawrence S. Kaplan, Victor S. Papacsma, Mark R. Rubin, Ruth V. Young, eds. , *NATO after Forty Years*, Wilmington, DE：A Scholarly Resources Inc. , 1990, p. 68.

③ K. J. Holsti, "Bargaining Theory and Diplomatic Reality", in Michael E. Smith ed. , *European Security*, *Critical Concepts in Military*, *Strategic and Security Studies*, *Vol. Ⅰ*, *European Security from World War Ⅱ to the Cold War*, London and New York：Routledge, 2016, p. 272.

西洋主义付出巨大努力，而且大西洋两岸关系也确实相较此前有大幅度进步；但是我们还不能就此断言新大西洋主义由此而生，因为大西洋主义并未在根本上发生变化，大西洋联盟的基本架构亦未在本质上发生变化。因此，简单断言或者区分新旧大西洋主义，无论是在理论层面还是在实践层面都为时尚早。

1989 年 12 月，美国总统老布什在北约总部发表政治演说，再度提出"新大西洋主义"。老布什宣称，要在美国与欧洲之间建立一种全新的大西洋关系，既要继续保持北约在推进大西洋两岸国家政治、经济以及军事联合的作用，同时又要加强美国与欧共体之间的联合及合作，在推动苏联和东欧各国政治、经济以及社会转变的同时，使北约成为包容大西洋两岸所有国家在内的一个国际共同体。

12 月 14 日，北大西洋理事会召开会议，北约各成员国一致决定，将"新大西洋主义"作为构建未来美欧关系的基础。"大西洋联盟是我们人民安全的主要基础，它维持了过去 40 年的和平，并且使我们的人民在自由和民主价值观中尽享繁荣，对其他社会形成一种激励。在变化和不确定中，北约是可信赖的安全保证，它为未来欧洲稳定、安全以及合作提供了必不可少的基础……我们共同任务的严峻挑战超过了北美和西欧任何单个一方，只有大西洋联盟能够将民主国家连接在一起，共同支持我们的政治与安全目标，为我们自身的广泛合作提供了一个框架……"①

很明显，面对世界政治与安全格局的种种变化，不论是美国还是北约自身，它们所推崇的"新大西洋主义"，并不是要取代北约，重起炉灶，而是要进一步加强美欧关系，尤其要加强北约在未来大西洋两岸关系的影响，不仅要加强北约在军事领域的影响，还要加强北约在经济、社会以及文化等领域的作用。正如英国学者、阿伯丁大学教授大卫·盖茨（David Gates）所说的那样："创建一个有效的安全组

---

① "Final Communiqué", 14 December 1989 – 15 December 1989, http：//www. nato. int/cps/en/natohq/official_ texts_ 23540. htm? selectedLocale = en. 2016 年 11 月 17 日。

织不是一件很容易的任务……在我看来，任何新组织必须包括美国在内，或者令人满意地取代统一的军事指挥结构，这一结构不仅是北约最大的资产，也是其制定有效防御计划的关键所在。"①

因此，美欧各国任何试图替代北约的政治联盟或者安全联盟的设想及努力，实际上都是不现实的，因为它们既不具备任何类似大西洋主义的思想与精神指导，也不具备像北约一样的一体化军事指挥机制，它们不仅无法承担构建大西洋共同体这样宏大的历史任务，也不具备整合欧洲安全政治、经济以及安全力量的权威与综合实力。

然而，尽管无法建立可替代北约或与之并肩的安全组织，但这并不等于"新大西洋主义"不会产生任何结果。事实上，美欧关系此后确实出现较大变化，大西洋两岸关系确实发生了转变，但这种变化却并未完全按照美国设计和规划的单一路线进行，而是按照双向或者逆向的路线行进。不可否认，"新大西洋主义"确实推进了美欧双边合作关系，双方在后冷战时期的联合大幅增多，在冷战结束后美欧各国数次对外军事干预行动中，不仅美国与欧洲盟国多有合作，而且北约还与其他多个区域组织或者国际组织展开多方合作。但单凭美欧双边合作增多，并不足以支撑或验证"新大西洋主义"，因为北约还远未达到整合欧洲各种安全力量的程度，亦未能真正建成新大西洋共同体。

与美欧双边联合不断增多这一趋势相反，北约实际上正经历着一场由强转弱的逆向变化。虽然北约通过持续东扩，规模不断扩大，但其核心凝聚力、政策执行力以及军事行动力却相对下降。随着许多国力参差不齐、发展水准迥异的国家入盟北约，北约在政治、经济、安全以及文化领域的差异进一步加大，羁绊北约战略以及实践的难点增多，这使北约不仅无法在短期内完成内部整合，更遑论整合欧洲的所有安全力量。

---

① David Gates, *Non-Offensive Defence, an Alternative Strategy for NATO?* Houndmills, Basingstoke and London: MacMillan Academic and Profession Ltd., 1991, pp. 184 - 185.

就此而言，"新大西洋主义"实际上正在发生异化，北约虽然推出许多政治方案与安全战略，甚至采取了许多颇具影响的政策与战略，但其战略或者实践似乎均非寻常之路，并非某种合乎逻辑、理智以及规范之举。北约在后冷战时期的政治与安全地位相对突出，但这一状况更多出自北约在后冷战时期独一无二的地位，而非北约战略及其实践所致。北约虽然参与多次域外军事干预，但大多是以各成员国自愿参与"意愿联盟"的方式进行，既非北约独立为之，且大多为后期介入，如此种种，不可尽数。

很明显，"新大西洋主义"虽然出自大西洋主义，但无论是其思想主张还是实践，目前均处于某种政治话语阶段，不仅与建设稳固、合理的机制这一目标相距甚远，而且距离形成新联盟体系则更远。要想使"新大西洋主义"按照北约及其成员国的意愿稳步推进，合乎逻辑地产生积极效果，跨大西洋两岸国家还需做大量工作。如果北约只满足于目前状态，显然只能使"新大西洋主义"永久性地处于话语阶段，无法真正进入制度建构乃至联盟体系建构的实际阶段，无法真正将"新大西洋主义"落在实处。

第四节　北约与欧洲安全合作体系的话语以及决策参与

一　从大西洋联盟构建到欧洲安全合作体系

与大西洋联盟构建进程并不一样，欧洲安全合作体系建构不仅在形式上比较松散，而且其实际运作方式也极不正式，该体系并未拥有非常明确的既定规则、完整的发展目标、系统的体系规划等，甚至该体系也没有一个显而易见、实实在在的安全行为体，就像大西洋联盟拥有北约一样。尽管如此，我们并不能因为欧洲安全合作体系缺乏某种具体的安全实体，就否认其存在与功用。

需要特别强调的是，欧洲安全合作体系并不同于北约所着力建构的跨大西洋集体安全架构，欧洲国家尤其是西欧各国，一直是积极推进欧洲安全合作体系建构的基本单位，这种情形一直持续到1970年代。伴随着欧洲安全与合作会议启动，苏联与其他华约成员国也开始参与构建欧洲安全合作体系，欧洲安全合作体系的建构速度进一步放缓。总体而言，欧洲安全合作体系建构并没有一个完整、有序的安排，亦缺乏某种高高在上的权威，该体系主要体现为以下几个重要参照坐标：即英法同盟（1947年4月）、西方联盟（1948年3月）、北约（1949年4月）、欧洲防务共同体（1952年5月）（European Defense Community，简称EDC）、西欧联盟（1955年5月）①、欧洲自由贸易联盟（1960年1月）（European Free Trade Area，EFTR）、欧共体（1965年4月）（European Community，EC）②、欧安会（1975年7月）（Conference on Security and Cooperation in Europe，简称CSCE）。

这些不同的政治、经济或安全联合组织，看似各自独立，实际上相互关联，互相作用和影响，它们所展开的各种实践及其互动，在很大程度上成为欧洲安全合作体系建构的重要内容。当然，它们或者作用于大西洋联盟建构，或者为欧洲安全合作体系以及大西洋联盟建构所共有，或者为欧洲安全合作体系建构所独有。这些不同联合组织发挥作用的方式、路径以及程度各不相同，上述特点尽数反映在欧洲安全合作体系以及大西洋联盟建构进程中，将欧洲安全合作体系与大西洋联盟以特殊方式连在一起。

欧洲安全合作体系的建构核心在于，欧洲各国一直致力于打造一

---

①　1984年6月，"西欧联盟"重新启动。作为北约的欧洲支柱，全面推进欧洲安全防务进程，"西欧联盟"着力推进人道主义行动、维和行动以及各种军事演习计划。2010年3月，"西欧联盟"宣布解散，其职能正式纳入欧盟防务安全联合进程。

②　自欧共体建立后，欧洲一体化进程获得长足进步。1986年2月，欧共体成员国签署《单一欧洲法令》，强化欧洲意识，推进欧洲统一进程。1991年12月，欧共体成员国签署《马斯特里赫特条约》（Treaty of Maastricht），该条约又称《欧洲联盟条约》（Treaty on European Union），正式建立欧洲货币联盟。欧洲一体化进程获得重大发展，欧共体正式成为欧盟（European Union，简称EU），由此开始从经济与货币联盟向政治联盟迈进。

个欧洲安全平台，能够最大限度按照欧洲自身需要，确立一种相对独立、适合自身政治与安全需要的安全架构。① 欧洲安全体系建构的实质是，欧洲盟国不再将维护安全与稳定的使命简单寄托于美国或者北约，因为毕竟美国与欧洲国家有不一样的安全需要。"在将北约变成一个相互军事援助条约而非保证条约的过程中，欧洲的利益不亚于美国，因为条约使欧洲安全只能处于美国战略核力量的威慑以及为全面战争而防御的摆布之下"。②

事实上，欧洲安全合作体系建构几乎是与大西洋联盟建构同时开启，同步发展。英、法两国订立《敦刻尔克条约》、西欧五国订立《布鲁塞尔条约》，这几乎既是大西洋联盟的前奏，同样也构成欧洲安全合作体系建构的前奏。然而，在欧洲安全合作体系建构之初，以美国为代表的许多国家并不赞成，认为欧洲安全合作体系有喧宾夺主、替代北约之嫌。"北约从 1950 年代起就为各成员国提供了一种综合安全保证以及军事政策论坛……欧洲的多边安全已经在北约内部得到成功表达，没有必要再建立一种额外的、自主性的安全机构。"③ 因此，北约对欧洲安全合作体系的态度，实际上也经历了一个从排斥和不支持到有条件支持，再到全面支持的变化。

自欧洲一体化进程开启后，西欧各国率先开启了欧洲安全合作体系建构，北约不仅肯定和帮助欧洲国家经济联合，而且也支持欧洲安全合作体系建构，北约甚至直接参与欧洲安全合作体系建构。毋庸置疑，北约的真实目标并非要使欧洲盟国脱离北约另起炉灶，而是要欧

---

① 冷战时期，欧洲国家受其综合实力所限，一直有意或者无意推动欧洲安全平台，但均未取得积极成效。一直到冷战结束，随着欧洲自主意识加强，欧洲国家着力推动打造"欧洲安全与防务同一性"（The European Security and Defense Identity，简称 ESDI），在建立一个属于自己的欧洲安全合作体系的进程中取得重大进展。

② Arnold Wolfers, "Europe and the NATO Shield", in Michael E. Smith ed., *European Security, Critical Concepts in Military, Strategic and Security Studies*, Vol. I, *European Security from World War II to the Cold War*, London and New York: Routledge, 2016, p. 178.

③ Stephanie C. Hofmann, *European Security in NATO's Shadow, Party Ideologies and Institution Building*, Cambridge: Cambridge University Press, 2013, pp. 2 – 3.

洲盟国更深程度推进安全联合，最终使其能更好地服务大西洋联盟建构。不仅如此，北约的最终目标实际上还要使欧洲安全合作体系服从大西洋联盟的总体安全目标。因此，北约并不惮于欧洲盟国会建立一个相对独立的欧洲安全平台，亦不害怕欧洲盟国会在一定程度上挤占大西洋联盟所需要的少量军事资源。为此，北约不仅支持和鼓励欧洲盟国实现"欧洲安全与防务的同一性"，而且也支持欧洲盟国在大西洋联盟防御实践中承担更多责任，包括分摊更大额度的防御安全支出，向北大西洋区域派驻更多武装力量，为北约防御安全实践提供更多支持和便利等。

早在 1950 年 10 月，法国以"煤钢共同体"（European Coal and Steel Community，简称 ECSC）为蓝本，提出"普利文计划"（Pleven Plan），试图创建"欧洲防务共同体"（European Defense Community，简称 EDC）。美国首先表态支持，西欧其他国家随后亦表示热烈支持。1952 年 5 月，法国、联邦德国、意大利、低地国家签署《建立欧洲防务集团条约》（Treaty of European Defense Community），又称《欧洲军条约》或者《巴黎条约》。此举亦得到北约的支持，北约寄希望在大西洋联盟框架下实现欧洲防务联合，以此减轻其在欧洲防御安全中所承受的巨大压力。1954 年 8 月，法国国民议会正式否决《建立欧洲防务集团条约》。为此，北约宣布重启西方联盟，在英国积极支持下，联邦德国与意大利被纳入西欧联盟，与此，北约也正式吸纳联邦德国入盟。"'法国国民大会'（French National Assembly）恰恰没有批准该条约，但是此举并没有削弱北约，'欧洲防务共同体'计划失败，毫无疑问加强了北约的力量。"[①]

"欧洲防务共同体"的失败无疑加速了北约参与欧洲安全合作体系建构进程，加强了北约对欧洲安全合作体系建构的领导力和影响力。不仅如此，该事件亦大大推动"欧洲安全与防务同一性"建设进

---

① 许海云编著：《挑战欲迎战：新世纪的北约——北约战略转型与发展研究文献汇编》，世界知识出版社 2013 年版，第 3 页。

程，但同时也使"欧洲安全与防务同一性"的发展方向有所变化，使之只能在屈身于北约联盟框架下谋求延续和发展，西欧联盟虽建立但却长期囿于大西洋联盟框架就是例证。"创立一种'欧洲安全与防务同一性'的努力，尽管有时精力充沛，但以产生具体结果这种方式却一直未能取得进展，对于传统的'欧洲安全与防务同一性'而言，最喜欢的轨迹一直是西欧联盟，它实际上在 1948 年就已胎死腹中，但定期经历着复苏，以便使其既能成为欧盟或欧共体潜在的防御武装，也能成为北约的'欧洲支柱'。"①

　　事实上，欧洲各国寻求创建"欧洲安全与防务同一性"的努力并未结束，只不过走向一个更宽泛的范围，同时步入一条更艰难、更复杂的道路。欧洲各国加紧推进一体化进程，加速欧洲各国的经济联合步伐，以便在更宏大的范围内推进安全合作进程。很显然，伴随着欧洲经济的恢复与发展，欧洲国家构建"欧洲安全与防务同一性"的基础变得更加雄厚，"欧洲安全与防务同一性"所具有的现实意义亦由此得到进一步加强。伴随着 1960 年代末美国启动"新大西洋主义"，美欧关系在一定程度上得以改善，西欧各国大规模增加了参与欧洲集体安全活动的频率，而且开始以更加独立的姿态思考未来欧洲安全与和平，而不是由北约或者美国越俎代庖。

二　欧安会与欧洲安全合作体系

　　与此同时，不仅北约、西欧联盟、欧共体、欧洲自由贸易联盟等组织及其成员国继续推进欧洲安全合作体系建构，而且苏联、东欧以及南欧等国亦开始加入建构欧洲安全合作体系的行列。欧洲西部与东部绝大部分国家就形成欧洲长期缓和局面逐渐达成一致意见，共同着

---

① Steve D. Boilard, "From double containment to double vision: The Fragmentation of America's Europe Policy in the Post-Cold-War Era", in Mary M. Mckenzie and Peter H. Loedel, eds., *The Promise and Reality of European Security Cooperation*, *States*, *Interests*, *and Institutions*, Westport, CT and London: Praeger, 1998, p. 25.

手推进欧洲缓和平台——"欧洲安全与合作会议"。① 在欧洲各国共同努力下，从 1972 年 11 月至 1973 年 6 月，双方召开了一系列"欧安会"大使级筹备会议；从 1973 年 9 月至 1975 年 7 月，双方又召开了多次"欧安会"专家级会议，系统探讨建立"欧安会"相关各种问题，其覆盖层面之广，远远超出安全领域。例如，欧洲安全问题、国家间关系准则、经济开发与合作、科学技术合作、环境治理合作、人员往来与交流、情报与信息交流、文化合作等。联合国秘书长库尔特·瓦尔德海姆（Kurt Joseph Waldheim）曾这样评价赫尔辛基预备会议："赫尔辛基预备会谈的成功和通过协商一致对议程达成的协定提供了新型和乐观的坚实基础。"② 1975 年 7 月底，北约与华约的成员国在芬兰首都赫尔辛基召开"欧安会"首次会议，与会各方正式签署《赫尔辛基最后文件》（Final Documents of Helsinki）。正是在这份被誉为"欧洲人之间关系的大宪章"③ 文件的基础上，北约与华约的成员国共同建立"欧洲安全与合作会议"。

自"欧安会"创建后，虽未能从根本上改变冷战格局下欧洲的基本政治与军事对抗局面，但却在很大程度上缓和了美苏双方军事竞赛与对抗，亦大大缓解了东西方紧张局势，推动了国际缓和局面出现。因为"欧安会"相对中立的政治立场，较北约或者华约更容易为世界所普遍接受，因此得以在推动欧洲安全形势方面发挥更特殊的作用。

---

　　①　关于欧洲安全会议这一理念，最早由华约及其成员国提议，并非由北约及其成员国提议。而且华约及其成员国坚决要求由欧洲国家充当欧洲安全与合作的主角，拒绝欧洲以外国家参与，言外之意，就是杜绝美国和加拿大染指欧洲安全与合作建设。华约的意图主要表现在两个方面：其一，在跨大西洋集体安全架构中打入楔子，扩大北美与西欧各国的分歧，突出苏联与东欧国家的地缘政治优势；其二，防止北约全面主导欧洲安全与合作建构，建立一种没有北约参与的欧洲安全与合作建构。但经北约欧洲盟国力争，美国和加拿大最终得以参与"欧洲安全与合作会议"建构。
　　②　CSCE/1/PV.1, p.11. 转引自陈须隆《区域安全合作之路——欧安会/欧安组织的经验、模式及其亚太相关性研究》，世界知识出版社 2013 年版，第 49 页。
　　③　"Magna Carta of inter-European relations," See Luigi Vittorio Ferraris ed., *Reports on a Negotiation*: *Helsinki-Geneva-Helsinki 1972–1975*, p.436. 转引自陈须隆《区域安全合作之路——欧安会/欧安组织的经验、模式及其亚太相关性研究》，世界知识出版社 2013 年版，第 65 页。

在许多欧洲国家看来："由于客观性以及中立性，欧安组织完成这些任务要比北约更加容易，在北约应对其扩张计划所引发骚动的过程中展开重大思考。进言之，因为它与相关安全（事务）的国际部分和国内部分相关联，欧安组织使真正的安全依存变得具体化。"① "欧安会"召开了一系列续会，分别就欧洲建立信任与安全措施、裁军问题、常规军力等展开谈判，而且达成一系列相关裁军与互信的协议，持续推动了欧洲安全合作体系建设。

正是在"欧安会"的作用下，欧洲安全合作体系的建构方向开始出现重大变化，过去"欧洲安全与防务同一性"相对简单的单一特质，开始让位于复杂的多元特质，这使欧洲安全合作体系的基本定位、方向、功能、成效等就此出现变化，从谋求竞争性安全转向重视合作安全；从孜孜以求不断强化自身安全力量、有效威慑对手，转向通过与对手展开必要合作，获取自身的安全保证；从单方面谋求局部安全与稳定，转向追求自身与竞争对手的共同安全。以"欧安会"及其实践为起点，欧洲安全合作体系建构开启了一个新阶段，即北约的欧洲成员国开始更加积极地投入欧洲安全合作体系建构，并且将其视为确保欧洲安全与稳定的一条新通道，而不是将其简单归属或者依附大西洋联盟建构。以此为标志，欧洲盟国开始更加独立地投身欧洲安全合作体系建构。

欧洲安全合作体系的建构进程，几乎囊括了与欧洲安全事务相关联的所有组织或者国家，其战略目标旨在建立一种宏观性安全制度与行为框架，实现欧洲所有重大安全力量的整合，包括当前欧洲拥有的所有政治、经济以及军事联合组织在内。北约坚持认为，正是由于北约的支持，最终推动了欧洲安全架构不断进步。"欧洲安全架构是由

① Peter H. Loedel and Mary M. McKenzie, "Interests, Institutions, and European Security Cooperation", in Mary M. Mckenzie and Peter H. Loedel, eds., *The Promise and Reality of European Security Cooperation, States, Interests, and Institutions*, Westport, CT and London: Praeger, 1998, p. 181.

欧洲的制度（欧盟、西欧联盟）和跨大西洋制度（北约）构成，它也包括成员国涵盖所有欧洲国家和北美国家的最具包容性的欧洲安全制度（欧安组织）。在欧安组织框架内，对欧洲安全至关重要的框架协议（《欧洲常规武装力量条约》和《稳定条约》）得以缔结。"①

由此可见，建构欧洲安全合作体系的内容相当丰富，其涉猎层面极为广泛，该体系从表面上看似乎相当松散，似乎只是将当前欧洲各种组织杂乱无章地排列或汇聚在一起，大有将欧洲各种联合组织及其实践尽数囊括在内之意，但是这并不能排除欧洲安全合作体系实际上一直坚持自身的内在发展逻辑、线索以及规律，同样也不能否认欧洲安全合作体系在欧洲安全秩序建构中拥有特殊的地位和影响。

正是在国际安全形势急剧变化的压力下，同时也为欧洲安全合作体系建构新趋向所驱动，北约进一步调整对待欧洲安全合作体系建构的旧思路，不仅主动承认建构欧洲安全合作体系的合理性与必要性，而且也不再强调将欧洲安全合作体系附着于大西洋联盟之下，转而开始修正和调整欧洲安全合作体系建构与大西洋联盟建构的关系，开始平等、理性地看待两者关系。因为北约开始意识到，即使欧洲盟国所致力构建的欧洲安全合作体系有别于北约的跨大西洋集体安全架构，或者无法打造一个北约所希冀的欧洲安全平台，但是在欧洲建立某种局部和平、建立某种稳定秩序，这对于北约所构想的跨大西洋集体安全架构无疑将是有益的，无疑将有助于推进北约政治与安全战略。

正像美国学者休·法林顿（Hugh Faringdon）曾就此对北约与华约各自利弊所做的评论那样，即北约与华约所拥有的力量与战略各有利弊，一方不可能完全战胜另一方，反之亦然。双方与其开启一场两败俱伤的战争，不如建立某种战略平衡，保持和平状态，这一观点在美欧学界颇具代表性。"（华约）卫星国为苏联提供了一个防御缓冲区以及发动进攻的平台，这两个目标不可分割，卫星国获准建立一个社

---

① 王义桅等编译：《北约是什么——北约重要历史文献选编之一》，世界知识出版社2013 年版，第 242 页。

会主义集团，以支持和陪伴苏联。这意味着华约试图做一些北约所不愿尝试的事情，即在名义上加强意识形态的一致性，但结果却是北约有一个脆弱的物理边界，而华约则有一个脆弱的心理边界。"[1] 因此，北约直接支持欧洲安全合作体系建构，等于间接帮助自己建构并完善大西洋集体安全架构，同时抑制华约的军事侵略或者军事侵略危险。

不可否认，欧洲安全合作体系建构与大西洋安全联盟建构几乎齐肩并行，两者在许多方面有相似之处，甚至不排除各自的建构过程有大量重合之处。前者在很长时间一直表现得相当低调，在其发展过程中，其被动状态亦多于主动状态，一直到1970年代，欧洲安全合作体系开始形成比较强烈的自我意识。与之相比，后者自始至终拥有比较明确的自我意识，而且始终表现出比较强烈的主动性和进取性。但是无论哪种安全体系建构实际上都离不开北约，北约在两者当中一直扮演着非常重要的角色。北约不仅在大西洋联盟体系中充当着中流砥柱，而且也在欧洲安全合作体系中占据着不可或缺的地位。也正是基于这种特殊关系，导致欧洲安全合作体系建构的方向、进程以及特点必然会受到大西洋联盟建构的影响。因此，欧安会所设定的复杂的方向与功能定位，为欧洲安全合作体系建构的转变奠定了基础，这种转变甚至一直延续到冷战结束。

有些西方学者不承认欧安会以及后来的欧安组织在欧洲安全秩序建构中的地位，甚至不承认欧安会在欧洲安全合作体系中所发挥的功用。即："作为联合国的分属机构，欧安组织在1990年复活后，很快就被人们所遗忘，欧洲与世界的未来滑落到一个缺乏系统范式以及丰富新概念的境地。"[2] 这种做法实际上等于否定了欧洲安全合作体系的发展规律，歪曲了北约与欧洲安全合作体系建构的客观存在，这显然

---

[1] Hugh Faringdon, *Strategic Geography*, *NATO*, *the Warsaw Pact*, *and the Superpowers*, Second Edition, London and New York: Routledge, 1989, p. 115.

[2] Mary M. Mckenzie and Peter H. Loedel, eds., *The Promise and Reality of European Security Cooperation*, *States*, *Interests*, *and Institutions*, Westport, CT and London: Praeger, 1998, X.

不符合欧洲安全合作体系建构的基本事实。事实上，相对于欧洲各国时断时续推动欧洲安全合作体系建构的种种实践，北约相对完整的制度、力量以及规则，使其不仅在大西洋联盟建构中始终掌握着决策权，而且也在欧洲安全合作体系建构中掌握着优势话语权，这成为大西洋联盟与欧洲安全合作体系同步向前发展的基础。

第五节　北约的"对话""合作"与"联合"话语及决策

一　北约倡导"对话"与"合作"

如前所述，从 1960 年代末 1970 年代初开始，随着国际政治与安全形势由对抗逐渐转向缓和，欧洲安全环境在整体上开始趋于稳定。不仅美苏双方的政治与军事对抗相对凝固，而且北约与华约军事对峙亦进入一个停滞期。为此，北约开始调整其政治与安全战略，提出某种相对缓和的战略姿态，代替一贯强硬的政治立场与安全态度；以相对灵活的方针、政策以及手段，处置其内部矛盾与分歧，应对种种安全危机与挑战。由此，北约在其政治与安全战略中提出一种新话语，即"对话""合作""协商"。这种新话语及其表达在很大程度上更正了北约的战略语境，丰富了其战略表达。

需要特别强调的是，北约政治与安全战略中的新话语及其表达，并不是对北约战略的根本性颠覆，实际上是一种战略话语更新。在北约新话语体系中，北约无意以"对话""合作""协商"等新话语完全代替竞争、对抗以及对峙等旧话语。事实上，这些新话语在为北约话语体系增添新内容的同时，也为北约增加了新的政治与安全选择，预示着北约政治与安全战略增添了新方向。上述变化使北约政治与安全战略变得更加复杂，其实践手法也变得更加灵活机动。为此，北约可以在持续实施对抗的基础上，打着"对话"与"合作"的旗帜，以"缓和"的名义释放由于欧洲政治与军事对抗而带来的巨大压力；

反过来，北约则以"对话"与"合作"为名，更加隐蔽、曲折地推进政治与安全利益诉求。

1968 年 6 月，北大西洋理事会在雷克雅未克召开会议，提出东西双方相互削减战略武器的提议，以此推进东西双方实现战略缓和。"外长们重申，他们打算继续努力推进缓和。每个盟国都应在提升东西方关系中尽全力，牢记北约内部及时协商的规程。外长们商定，采取适当政策建立公正和稳定的欧洲秩序，克服德国分裂，巩固欧洲安全；在北约内部对这一政策展开进一步检查和审核将非常有价值，而且应该继续下去。这项任务将会成为目前东西双方积极和持续准备工作的一部分，即它们会以双边或多边方式对这些问题展开富有成效的讨论。"① 北约的上述主张得到了苏联与华约的响应，因为毕竟北约与华约双方只能在和平环境中实现其政治与安全利益最大化，而任何规模的冲突和战争都有可能使双方的战略利益两败俱伤，毁于一旦。退言之，北约与华约都在以往的军事竞争与对抗中付出巨大代价，双方同样迫切需要欧洲建立和平与稳定秩序。

北约之所以提倡"对话"与"合作"，主张以谈判与协商方式谋求自身的政治与安全利益，并非一时心血来潮，盲目追求轰动效应。北约的新话语及其背后的战略深意，实际上不仅有强烈的现实需要，而且还有特殊的历史渊源，堪称是北约"哈默尔主义"所倡导的"缓和与对话"方针的延续。北约前助理秘书长杰米·谢伊曾总结道："进入 1970 年代后，许多伤痕并不是冷战所造成的；危机并不经常发生，冷战双方变得更加保守，更加安于现状。事实上，东西双方开始经历内部紧张而非外部的对抗与冲突。"②

对北约来说，实施手段相对简单的政治对抗或者军事对峙，不论

---

① "Final Communiqué", 24 Jun 1968 – 25 Jun 1968, http：//www. nato. int/cps/en/nato-hq/official_ texts_ 26740. htm? selectedLocale = en 2016 年 11 月 21 日。

② Dr. Jamie Shea, "1979：The Soviet Union Deploys its SS20 Missile and NATO Respond", 4 March 2009, http：//www. nato. int/cps/en/natohq/opinions_ 139274. htm? selectedLocale = en. 2017 年 5 月 10 日。

在理论上还是实践上都比较容易。因为贯穿整个冷战时期，对抗与竞争是冷战政治与军事战略的常态化内容，是东西双方惯常采用的实践内容、行为方式以及博弈途径，北约的政策及其实践可谓不足为奇。因此，北约采取既对抗又对话、既竞争又合作、既专断又协商等战略路径与行为手法，目的就是要以灵活、权变以及机动的态度，应对纷繁复杂的国际安全环境，此举对北约如此，而且对华约同样如此。正像美国前国务卿亨利·基辛格（Henry Kissinger）针对这一时期东西方关系时所强调的那样："我们愿意迎来一个谈判的时代，但是，实在的对抗因素依然存在；谈判必须是严肃而具体的，不能徒有其表。而要做到这一点，联盟的团结和实力至关重要。绝不能让苏联幻想只是同某些盟国而不是同另一些盟国搞有选择的缓和，从而分裂我们的联盟。"①

北约在积极鼓励欧洲各成员国参与欧洲集体安全建构的同时，还采取各种积极措施，竭力压制北约内部出现的分离主义倾向，极力消除欧洲盟国或隐或现的仇美排美情绪，最大限度确保北约及其成员国在政治上始终团结一致，尤其是确保美欧双方能够团结协作，在苏联和东欧各国频繁发动的"和平攻势"中不会被分化和离间。因为对美国许多政治家来说，北约一直被视为美国对欧洲的安全保护。"在1949 年北约建立后，北约基本上就是美国在联盟名义下为欧洲安全提供的单方面核保护。"② 甚至更有许多美国学者更是毫无忌惮地强调："《北大西洋公约》自订立后就算不上一个联盟，它实际上就是美国单方面对欧洲安全的保证。"③

欧洲安全合作体系建构的主导方针不再只强调对抗与竞争，同时

---

① ［美］亨利·基辛格：《白宫岁月》（第一册），世界知识出版社 2003 年版，第521 页。

② Melvyn B. Krauss, *How NATO Weakens the West*, New York: Simon and Schuster, 1986, p. 21.

③ Theodore Draper, "The Phantom Alliance", in Robert W. Tucker and Linda Wrigley, eds., *The Atlantic Alliance and its Critics*, New York: Praeger, 1983, p. 1.

也强调协商与合作。北约的欧洲盟国已经认识到，竞争与对抗无法解决欧洲安全秩序建构存在的所有问题，建立欧洲安全秩序同样离不开必要的协商与合作。这就要求欧洲盟国与华约及其成员国既要保持竞争，还要展开合作；既要不放弃与之对抗，还要与之展开持续协商与谈判。但必须要明确的是，协商与合作只是欧洲盟国采取的政治与安全手法，归根到底并不是欧洲安全合作体系赖以存在的根本，事实上，协商与合作无法从根本上改变北约与华约对抗的实质，进言之，欧洲盟国只是想通过运用协商与合作方式，达到通过竞争与对抗等手段无法达到的实现国际缓和或者欧洲缓和的大目标。

正是在坚持这一认识的同时，北约仍然极其重视武装力量建设，但是将其规模限定在必要和足够的范围内。在 1976 年 6 月召开的防务计划委员会会议中，北约就特别强调集体防御效率最大化，包括推动防御力量的合理化与专业化，使相关研究标准化，并且就此建立合作。"（北约）军事委员会主席就当前北约的防御发表声明，再次强调有利于华约组织武装力量平衡的持续性变化。各国部长们关注到，近年来，苏联军事力量中每个部分在规模和有效性方面所取得重大进展，他们认定，苏联非常有可能直接或间接地在全球范围内使用武装力量，或者威胁使用这一武装力量。"[①]

二　北约在欧洲安全合作体系中的角色

特别需要强调的是，欧洲安全合作体系的最终目标是建立欧洲集体安全秩序，这就注定该体制在本质上只能属于一种复合型政治安排，其中既包含了多元化立体安全架构，也包括了多种逆向性行动方法，在表现形式上既有来自敌手的对抗与竞争，又有与敌方之间的对话、协商以及合作。在欧洲安全合作体系建构启动后，美国及其欧洲盟国虽然没有做出公开声明，但实际上已经不完全将华约及其成员国

---

① "Final Communiqué", 10 June 1976, http：//www. nato. int/cps/en/natohq/official_texts_ 26946. htm？selectedLocale = en. 2017 年 4 月 23 日。

简单视为"侵略者"或者"施加侵略威胁者",而是在某种程度上将其视为可以实现有限政治合作的对象,至少是可能达成某种政治或安全妥协的"对话者"与"协商者"。

不可否认,在"欧安会"建立后,北约在其中扮演了非常重要的角色,虽然欧洲盟国在建构欧洲安全合作体系的进程中作用很重要,但是北约的作用亦不容忽视,因为"欧安会"所扮演的角色,或者与北约休戚相关,或者与其间接相连。"欧安会"所关注的几乎所有问题,实际上也正是北约关注的重点。与之相比,北约在上述问题上的话语权与行动权似乎远远超过"欧安会",因为毕竟"欧安会"着力推进的欧洲安全合作体系,离不开北约的理解和支持,否则,不仅"欧安会"的影响或作用无从谈起,而且欧洲安全合作体系的建设成效也会大打折扣。

很显然,北约与"欧安会"形成相互交织的关系,这种关系未来将会持续下去,北约注定将会在欧洲安全合作体系中长期发挥作用,影响并控制欧洲集体安全秩序建构进程。英国学者朱利安·林德莱 - 弗兰奇(Julian Lindley-French)一直强调:"21 世纪安全的特征是一种机构与国际联合的一种复杂排列,这种联合将使不同的联盟伙伴适应不同层次和类型的任务。进言之,这些任务的政治与军事合法性将会由一系列机构所提供,例如欧盟、北约、联合国、欧安组织,或者很不正规的政治集团,例如英联邦、合作集团,这将会影响联盟的形成及其行为。"①

由此可见,北约对华约所做出的"妥协",等于间接承认了欧洲盟国构建欧洲安全合作体系的设想与实践,也等于承认了欧洲安全合作体系构建有利于北约推进其政治与安全战略,而不是相反。北约对构建"欧洲安全合作体系"的态度发生变化,实际上说明北约政治与

---

① Julian Lindley-French, "Is Canada a European Country?", in Alexlander Moens, Lenard J. Cohen, Allen G. Sens, eds., *NATO and European Security*, *Alliance Politics from the End of the Cold War to the Age of Terrorism*, Westport, CT and London: Praeger, 2003, p. 123.

安全战略正在发生调整。

1970 年 12 月 3—4 日，北大西洋理事会在布鲁塞尔召开会议。"参加'北约统一防御计划'（NATO's Integrated Defence Program，简称 NIDP）的成员国部长们重申了他们所坚持的相互平衡削减武器的重要性，将其当作减缓欧洲紧张形势、缓解欧洲军事冲突的一种手段。针对该问题的 1968 年雷克雅未克声明（Reykjavik Declaration）以及 1967 年罗马声明（Rome Declaration），他们同时指出，华约成员国并未直接对这些声明做出回应，但他们提到，有可能在未来某个时刻，围绕驻守在欧洲各国疆域内的外国武装力量削减问题展开讨论。"①

1972 年 5 月 24 日，北约防务计划委员会在布鲁塞尔召开会议。各成员国防长提到，为了各成员国，也是为了作为一个整体的北约，必须确立"1973—1978 年武装力量建设计划"。"这些计划所取得的成就之一，就是推进'北约 1970 年代防务问题研究报告'（AD/70 计划）这一个重大步骤。为此，他们强调，这些目标将会考虑成员国在其国家计划中所尽可能达到的范围。他们亦强调，北约内部的目标将会被分为多个防御目标，成员国经济能够负担，而且在其正在增长的国家财富中会占有稳定且更大的比例。"②

由此可见，北约所强调的"对话""合作"以及"协商"等新话语，不是一般意义上的联合或者沟通，是有深远意义的潜台词，这个潜台词就是北约要以不断充实和发展武装力量为实力后备，以做好充分的武装准备为基础。归根到底，虽然北约对苏联与华约的态度有变化，但是终究不能改变北约政治与安全战略中追求敌视、排斥和削弱苏联与华约的根本属性。

---

① "Final Communiqué", 3 December 1970, http：//www. nato. int/cps/en/natohq/official_texts_26793. htm? selectedLocale = en accessed on 11 May 2017.

② "Final Communiqué", 3 December 1970, http：//www. nato. int/cps/en/natohq/official_texts_26793. htm? selectedLocale = en accessed on 11 May 2017.

第六章 北约政治与安全战略的"地缘边际"与"心理边际"

第一节 北约政治与安全战略的"地缘政治边际"

一 北约提出"地缘政治边际"

众所周知，北约作为战后美欧各国共同构建的军事联合组织，其创建目的在于强化美欧各国的政治与安全联合，以便使其在东西方冷战中掌握更大的战略优势，最终有足够的实力应对苏联与东欧各国的"侵略"或者"侵略威胁"。从表面看，北约的一举一动似乎只是美欧各国专为冷战对峙而设，其战略指导方针、武装力量建设、防御安全战略、军事指挥体系构建、防御作战计划等，无不按照冷战的政治或军事规则行事，这使北约的战略及其实践体现出强烈的冷战时代特征。英国政治家迈克尔·霍华德（Michael Howard）一直在思考长达 30 年的冷战思想束缚，他在"英国国际战略研究所"（International Institute for Strategic Studies，简称 IISS）的"阿拉斯泰尔·布肯演讲"中提出："我们实际上已经习惯了历史为我们打造的监狱，就像惯犯和医院的长期病号一样，我们已经无法想象其他方式的存在，似乎不可能有其他世界存在。"①

---

① Michael Howard, "The Remaking of Europe", *Survival* 32, No. 2 (1990)：99. 转引自 Jolyon Howorth, "Ideas and Discourse in the Construction of a European Security and Defense Policy for the Twenty-First Century", in Alexander Moens, Lenard J. Cohen, and Allen G. Sens, eds., *NATO and European Security*, *Alliance Politics from the End of the Cold War to the Age of Terrorism*, Westport, CT and London：Praeger, 2003, p. 36.

然而，虽然冷战在北约政治与安全战略中占据重要地位，但冷战并非维系北约存在、持续发展的全部或唯一动机，北约的存在与发展显然另有动机，别有其他支撑。但学者们太过执迷于冷战的解读，几乎将冷战时期国际安全事务的所有动机都诉诸冷战。冷战结束后，北约从军事联盟向政治—军事联盟转型，从北大西洋区域安全组织向全球安全组织转型，从专事北大西洋区域防御转向实施域外军事干预行动等。如果仅仅按照冷战的逻辑推演，就无法解释清楚冷战后北约为何没有止步，联盟规模反而越来越大，成员国数量越来越多，在国际事务中的影响力愈加突出。

针对冷战后北约在国际秩序建构中的强势作风，联合国助理秘书长达尼斯·哈利戴（Danis J. Halliday）曾提出批评："北约当前的扩张绝非遭遇经济困顿、充斥贫困人口的世界所需，它不过是一种消极力量，正在破坏已陷入衰落的联合国。北约并未授命充当世界警察，北约是自私的，而且缺乏完整性，这表明它的领导得不到信任，亦未产生积极作用。北约只会带来破坏、人口贫困、不安全以及痛苦，它应予废除。"①

很明显，北约持续发展和推进战略转型不唯事出有因，其发展与结果亦别有支撑，并非完全按照国际冷战的政治逻辑运行。究其根源，相较其他政治与安全要素，北约政治与安全战略的"地缘政治边际"发挥了重要作用，贯穿其发展始终。英国伦敦大学教授彼得·高恩（Peter Gowan）认定："（北约与欧共体）的政治结构是破碎的，它们的政治经济前景由于西欧地缘政治与地缘经济内容的剧烈变化而颇受质疑……由于苏联或俄罗斯不再是一种威胁或敌手，（欧洲）地缘政治的内容发生重大改变。"② 事实上，冷战后欧洲安全建构实际上

---

① Denis J. Halliday, "A UN Assistant Secretary-General's Warning", Mahdi Darius Nazemroaya, ed, *The Globalization of NATO*, Atlanza, GA: Clarity Press, 2012, p. 15.

② Peter Gowan, "The Euro-Atlantic Origins of NATO's Attack on Yugoslavia", in Tariq Ali ed., *Masters of the Universe? NATO's Balkan Crusade*, London and New York: Verso, 2000, pp. 19 – 20.

亦未脱离传统的地缘政治与经济，北约所受到的影响远超欧共体等其他组织。

二 北约"地缘政治边际"的主要展示

北约政治与安全战略拥有明显的"地缘政治边际"，这种"地缘政治边际"看似无形，既存在于北约及其成员国的心理与感知，但却实实在在让人感觉到其存在。具体而言，北约"地缘政治边际"主要体现在以下几个方面。

第一，北约延续了欧洲地缘政治的传统逻辑与规则，但增添了许多新内容。众所周知，欧洲在历史上一直战乱频仍，持续遭遇各种内乱与外患，始终处于不安定状态。欧洲各国具有某种天然的不安全感，这是其形成特有地缘政治传统的原因之一，这些传统包括：寻求安全保护、建立安全均势、实现安全共治等。欧洲地缘政治锁定的安全目标，并非旨在寻求绝对的安全保护，根本不像英国学者埃尔文·拉盖迪克（Erwan Lagadec）所说的那样："从公元 476 年罗马帝国陷落开始，欧洲就一直在寻求由某个单个霸权国提供某种广泛的安全保护。"①

这一观点实际上是将欧洲地缘政治逻辑简单化，欧洲地缘政治实际上着力于以竞争、对抗、谈判、合作以及战争等方式，建构欧洲安全秩序，其基础是绝对的权力、力量、话语以及制度。自近代威斯特法利亚体系确立后，法国确立了其在欧洲大陆的霸权地位，英国则通过"光荣孤立"政策，确立并不断稳固其作为世界海上霸主的地位。在维也纳体系确立后，俄罗斯对欧洲大陆霸权获得重大话语权。从 19 世纪后半期起，德国开始在欧洲大陆称霸。"一战"后，英、法两国成为欧洲大陆的共同霸主，直到德国法西斯崛起，欧洲大陆再次陷入"二战"战火中。美国学者休·法林顿的观点在欧美学者中颇具代表

---

① Erwan Lagadec, *Transatlantic Relations in the 21st Century*, *Europe*, *America and the rise of the rest*, London and New York：Routledge，2012，p. 6.

性:"地缘政治的伟大之处在于,它鼓励人们在最近的时间和地点这些限制以外确立对形势的理解,组成其自身的词汇和各种想象的库藏。"①

"二战"结束后,欧洲地缘政治的基本逻辑与发展理路发生重大变化。"贯穿整个冷战时期,欧洲并未从长期寻求的罗马(帝国)梦中恢复过来:它并未得到一种普遍的安全保护,它只是再现了一种不同的历史模板,即欧洲大陆在两个相互平等的霸主之间陷入分裂状态。"② 为此,欧洲开始借重外来力量维系自身的力量平衡。美国则按照自身安全需要,将欧洲地缘政治与大西洋区域地缘政治两者相结合,在战略层面将欧洲大陆与大西洋区域并列为新的地缘安全区域,形成以欧洲—大西洋区域为中心的新地缘政治逻辑。

北约的创设及其安全目标的设定,在客观上按照美国的安全战略展开,兼顾西欧各国的安全需要,所以不可能解决欧洲地缘政治的所有需求,但至少部分满足了战后欧洲安全秩序建构的某些现实需要。贯穿整个冷战时期,美国及其欧洲盟国一直围绕着北约防御安全战略方向、安全负担、权力分享等问题多有争论,这实际上反映了欧洲—大西洋区域地缘政治内在的逻辑分歧与利益矛盾,西欧各国怀疑美国保卫欧洲的决心和意志力,美国则怀疑欧洲盟国在战略安全上的区域主义与本位主义。"如果美国自身的疆土遭到攻击,那么美国还会保持其对欧洲的承诺吗?这类问题一直是法兰西第五共和国总统查尔斯·戴高乐将军向北约盟国及其人民询问的问题。"③

美国学者威廉·帕克(William Park)认为:"北约的构成是主权

① Hugh Faringdon, *Strategic Geography*, *NATO*, *the Warsaw Pact*, *and the Superpowers*, Second Edition, London and New York: Routledge, 1989, p. 15.

② Erwan Lagadec, *Transatlantic Relations in the 21st Century*, *Europe*, *America and the rise of the rest*, London and New York: Routledge, 2012, p. 14.

③ Lawrence S. Kaplan, "Strategic Problems and the Central Sector, 1948 – 1968", in Jan Hoffenaar and Dieter Krüger, eds., *Blueprints for Battle*, *Planning for War in Central Europe*, *1948 – 1968*, Lexington, KY: The University Press of Kentucky, 2012, p. 11.

国家的自愿结合,这已使西方军事态势变得不再纯洁。地理、历史经验、政治偏好、经济环境以及文化塑造,在北约内部并未共享或者达成完全一致,一直存在不同意见,这应该不足为奇。"① 这一观点实际上忽视了北约在历史、地理、文化与意识形态等方面的特殊性,低估了欧洲地缘政治传统,尤其是欧洲安全架构的历史传统。

北约是大西洋地缘政治与传统欧洲地缘政治两者逻辑的结合,因此,其政治与安全战略必然会保留欧洲传统地缘政治的逻辑与规则,尽管其中夹杂了许多冷战式的政治、经济、文化以及意识形态元素,而且,美欧双方对传统地缘政治的理解不乏分歧,但在北约执行安全战略、推进防御安全实践的过程中,传统地缘政治逻辑与规则始终是一个挥之不去的重要考量因素,不仅全面渗透于北约的指导方针、安全战略以及防御思想中,而且还直接作用于北约政治与安全实践。

为此,北约始终将欧洲视为东西方冷战的主要区域,并且一直注重在欧洲冷战架构下发挥作用,不破坏或者削弱欧洲在战后世界格局中的中心地位。与此同时,北约还将欧洲设定为防御安全重点,将中欧地区设定为北大西洋区域防御前沿地带。尽管美国与欧洲盟国出于不同的地缘战略压力,对北约的政治与安全指导方针多有分歧与对立,甚至有美欧学者认为,"跨大西洋友谊不可避免会成为一种短暂的现象"②,但美欧双方对欧洲地缘政治同样取得更多共识,因此它们一直立足于运用对话与协商方式,以此解决彼此之间的矛盾与分歧。美欧双方的共同目标就是,最大限度保持北约及其成员国的政治团结与安全协作,这是北约跨越整个冷战时期、持续存在近半个世纪之久的依据所在,这也是北约得以在国际事务中持续发挥重要作用的原因所在。

---

① William Park, *Defending the West*, *A History of NATO*, Brighton, Sussex: Wheatsheaf Books Limited, 1986, p. 190.

② Lawrence S. Kaplan, *NATO Divided*, *NATO United*, *The Evolution of an Alliance*, Westport, CT and London: Praeger, 2004, p. 91.

第二，北约虽然重视其在欧洲—大西洋区域的地缘政治地位，但在潜意识中一直将自身视为某种国际组织。不论是美欧各国的海权主义者还是陆权主义者，都极其重视传统地缘政治的逻辑与规则。因为欧美各国一直坚持："在北约的军事安排中，虽然在技术上、组织上以及其他方面已做出某些改变，但是 1949 年所达成的基本共识却从未发生变化。"① 作为西方阵营中最大的防御安全组织，北约的政治与安全战略尽管恪守欧洲传统地缘政治逻辑，但北约实际上从未禁锢于北大西洋区域，而是将其政治与安全视野一直投向世界，既关注北大西洋区域，也关注世界其他地区，只不过前者着力多，后者着力少。

同样，对于华约及其成员国来说，它们的视野与行动也不局限于欧洲，而是着眼于世界。对欧洲国家来说，不论是北约成员国还是华约成员国，都希望按照自己的意愿和方式确立欧洲安全秩序、力量架构以及行为规则等，而且，双方都竭力试图在冷战对峙中有效维系欧洲西半部和东半部的安全现状。"美、苏两大国和欧洲内部对缓和的理解并不相同，对欧洲人而言，它意味着欧洲将摆脱这种动荡不稳的安全秩序，它是双方陈兵百万通过互相对抗建立的不对等均衡。欧洲对立双方的关切是战争与和平的分界线，它们的不同困境界定了它们不同的安全认知。"②

在北约与华约的军事竞争与对抗中，北约不仅重视欧洲—大西洋区域，它还极其重视欧洲—大西洋区域以外地区，直至从全球安全角度考虑北约的政治与安全战略。此举所导致的结果是，北约与华约的对抗绝不局限于欧洲—大西洋区域，而是在全世界范围内普遍存在，双方都按照传统地缘政治的逻辑发展武力、争取盟友、壮大力量，北约与华约不仅在欧洲—大西洋区域保持有序对抗，而且还针对世界其

---

① Theodore Draper, "The Phantom Alliance", in Robert W. Tucker and Linda Wrigley, eds., *The Atlantic Alliance and its Critics*, New York: Praeger, 1983, p. 3.

② ［美］沃伊切·马斯特尼、朱立群主编：《冷战的历史遗产：对安全、合作与冲突的透视》，聂文娟、樊超译，社会科学文献出版社 2016 年版，第 24—25 页。

他地区的竞争与对抗达成某种默契。"地缘政治大大增加了华约的团结，但也在北约内部产生了决定性影响，这在很大程度上是大西洋的产物，它给西方国家提供了某种程度的积极力量。但在另一方面，这也成为军事弱点与潜在利益冲突的根源。"①

对北约及其成员国来说，北约既是北大西洋区域最重要的防御安全组织，也一直自诩为美欧各国的"民主共同体"。② 北约一直将自身视为全世界所有安全联盟的"样板"或"典范"，即以西方普世价值为基础，以强大的防御安全力量为后盾，在国际或区域政治与安全事务中充当所谓的中流砥柱。因此，北约一直努力在全世界范围内将其联盟模式、观念、机制以及规则等推而广之，这一目标实际上一直是北约政治战略所追求的一种理想。纵观整个冷战时期，美、英等国一再复制大西洋联盟模式，进而在世界其他地区建立一系列双边或多边联盟体系，此类联盟在亚太地区亦有充分展示，美、英等国最终形成一个以大西洋联盟为中心的全球性防御安全体系。

冷战结束后，北约更是将其政治与安全战略中"地缘政治边际"发展到极致，使"地缘政治边际"的功效得到淋漓尽致发挥。对此，北约领导人颇为自得。"事实上，北约已经从一个专注于静态的联盟疆土防御的区域性军事组织，转向一个致力于全球性行动的组织，并在实际上在全世界每个角落都拥有伙伴国。"③ 按照北约政治与安全战

① Hugh Faringdon, *Strategic Geography*, *NATO*, *the Warsaw Pact*, *and the Superpowers*, Second Edition, London and New York: Routledge, 1989, p. 188.

② 事实上，西方学者对这一看法的认识也不尽相同。英国历史学家诺曼·戴维斯曾认定，西方国家在西方文明观念的基础上提出"历史的联合方案"，他认为："西方文明的一个举世无双的世俗的新品种，已经从盎格鲁—萨克逊式的民主和自由的资本主义，从二战的追求民主的安格鲁—美利坚联盟中浮现出来，在这个新品种里，大西洋共同体或者说北约达到了人类进步的顶峰。"见［丹麦］戴维·格雷斯《西方的敌我：从柏拉图到北约》，黄素华、梅子满译，上海人民出版社2013年版，第17页。美国社会学家阿米泰·艾泽奥尼对此持相反看法："对西方，尤其是美国而言，问题在于：强调支持共享价值观，对自治设置一些新限制的时机是否已经成熟。"见［丹麦］戴维·格雷斯《西方的敌我：从柏拉图到北约》，黄素华、梅子满译，上海人民出版社2013年版，第415页。

③ Nigel P. Thalakada, *Unipolarity and the Evolution of America's Cold War Alliances*, New York: Palgrave Macmillan, 2012, p. 21.

略的设计，不论是在冷战时期还是后冷战时期，欧洲—大西洋区域始终居于战后世界政治、经济以及安全秩序的中心，北约则是维系这一安全秩序的唯一而且最重要的力量。

尽管北约一直认定自己是一种新式安全联盟，拒绝承认承袭了旧的地缘政治逻辑，否认其最终目标是争夺势力范围或者霸权，强调北约拥有不同于各种旧式军事联盟的一切特质，因为北约在现实中一直扮演着美欧等国"民主共同体"的特殊角色，担负着传播西方自由经济、公民社会、法治国家等社会进步理念的重任，因此，北约认定自身在战后世界中的功用可谓与生俱来，但这并不能使北约摆脱国际地缘政治的影响。"在北约进入20世纪最后十几年后，一些新的色彩和丰腴之物被织入欧洲挂毯的政治织物中，而这一挂毯已经随冷战对抗的岁月而消磨褪色。"①

实际上，北约在重视地缘政治的同时，也一直突出自身的文化、价值观以及意识形态追求，以此强化美欧各国在东西方冷战对峙中团结协作，这在很大程度上已成为北约在政治与安全战略中扩展其"地缘政治边际"的一种重大辅助力量。从这个意义上讲，北约政治与安全战略所追求的"地缘政治边际"，实际上是北约在新战略视野下对传统地缘政治的一种革新和变更，这对北约来说具有特殊含义，使北约能够从全球视野或者域外视野来关注欧洲—大西洋区域安全。

第三，北约在竭力确保其核心政治与安全利益的同时，一直致力于扩大欧洲—大西洋区域安全范围，在冷战时期如此，在后冷战时期仍然如此。因为受北约政治与安全战略中"地缘边际"的影响，北约始终尊奉规模与力量成正比、数量和质量成正比的政治理念，竭力追求成员国越多、大西洋防御安全体系越完善的安全理念。因为在北约

---

① Nelson S. Drew, Keith W. Dayton, William J. Ervin, Barry M. Keck, and Philip C. Marcum, *The Future of NATO*, *Facing an Unreliable Enemy in an Uncertain Environment*, New York, London, Westport, CT: Praeger, 1991, p. 3.

看来，入盟北约的国家越多，就意味着北约会越强大，北约防御力量就会越强，其政治向心力与影响力也越大。与之相对应，入盟北约的国家越多，也意味着疏远和敌视苏联与华约的国家就越多，华约的离心力就会进一步增大，华约针对北大西洋区域发动"侵略"与"侵略威胁"的可能性就会减小。

为此，北约在冷战时期持续不断地实施扩展，最大限度吸纳更多成员国加入北约，全力扩大北大西洋区域的安全范围。例如，北约在1952年吸纳希腊与土耳其入盟、1955年吸纳联邦德国入盟、1982年吸纳西班牙入盟。通过上述扩展，北约最终实现了两个目标：一是将北大西洋区域内部具有重大战略意义的大部分国家或者地区，悉数纳入北约的势力范围内，以此完善和扩展北约的防御安全体系；二是将北约所认可的大多数欧洲"民主国家"，悉数纳入北约的"民主与自由"旗帜下，以便使北约的政治宣传与示范作用得到充分展示。就像欧美各国所坚信的那样："（北约）盟国有推动扩张的多个动机，就其根本而言，盟国一直努力寻求在其优选的政治价值与其所感知到的安全利益之间建立平衡，抛开安全考虑占主导地位外，盟国在其政策声明中强调推进其政治价值的理论基础。"[1]

由此可见，北约在其政治与安全战略中，所谓的"地缘政治边际"并不是一个单一的概念，而是兼具政治、安全、文化以及价值观等多种意涵。即北约的政治目标实际上并没有一个确定无疑的地理界限，其安全目标实际上也没有确定无误的界限。从地缘政治的角度看，北约要赢得冷战胜利，客观上需要瓦解苏联和东欧社会主义阵营，最大限度削弱社会主义阵营的影响，同属还能确保北约及其成员国保持政治团结协作，全面扩展北约在欧洲—大西洋区域的政治与安全影响，这无疑反映了北约政治与安全战略中"地缘政治边际"的扩展。伴随北约"地缘政治边际"持续扩大，北约也由此滋生出许多问

---

[1]　David S. Yost, *NATO's Balancing Act*, Washington, D. C.: United States Institute of Peace Press, 2014, p. 281.

题甚至危机，这些问题及矛盾甚至一直延续到冷战结束。[①]

很明显，北约将政治与安全战略中"地缘政治边际"持续放大，虽然反映了北约传统地缘政治与欧洲安全环境的分歧与冲突，但其最终目标显然是为北约谋求最大化的政治与安全影响。"当人们今天谈到正在试图使自己适应不同优先等级的联盟时，地缘政治的维度仍然非常重要。"[②] 也正是在北约政治与安全战略中"地缘政治边际"的作用下，欧洲—大西洋区域安全被全面放大，北约在上述区域的安全任务亦被空前放大，这使北约可以在更大的地域范围内发挥作用、扩展影响、调动更多自然与社会资源、驱动更多的国家或组织，共同施用于新的政治与安全目标。就此而言，北约政治与安全战略中"地缘政治边际"确实在一定程度上使北约的安全效能倍增。

总之，北约政治与安全战略中"地缘政治边际"在一定程度上凝聚并扩展了北约的政治与安全目标，使北约能够按照国际形势急速变化，特别是按照欧洲安全形势急剧变化，在不同时期不断扩大、缩小或者转移其基本安全诉求，最终实现北约政治与安全利益最大化这一目标。

第二节 北约政治与安全战略的"冷战心理与意识边际"

一 关于北约的冷战心理与意识形态争论

与"地缘政治边际"的处境与作用类似，北约政治与安全战略还

---

① 从 1999 年北约首次东扩，迄今经历六轮东扩，目前北约正在推进吸纳瑞典入盟的进程，这实际上也是北约"地缘政治边际"持续扩展的一种表现。"东扩将会从根本上改变北约，首先是削弱了《北大西洋公约》第 5 条款，其次是将北约至关重要的核安全保护与常规武装力量分离开来。某些人会说这很好，但从北约的可信度着想，面对这种已变化的现实将非常重要。"Julian Lindley-French, "Is Canada a European Country", in Alexander Moens, Lenard J. Cohen and Allen G. Sens, eds., *NATO and European Security*, *Alliance Politics from the End of the Cold War to the Age of Terrorism*, Westport, CT and London: Praeger, 2003, pp. 116 – 117.

② Andrew A. Michta and Paal Sigurd Hilde, *The Future of NATO*, *Regional Defense and Global Security*, Ann Arbor, MI: University of Michigan Press, 2014, p. 6.

存在冷战心理和意识形态边际，在推动北约安全战略及其实践的过程中同样发挥作用。但两种边际存在和发挥作用的路径、手段大不相同，前者更多存在于地理和环境层面，而后者则更多存在于思想和认知层面，有时直接表现为美欧各国政治精英的心理活动，有时则表现为普罗大众的社会心理；有时表现为政治与社会思潮，有时则表现为国家领导人的个性与政治判断等。这些认知活动或者形态的相似之处就在于，它们并非以某种固定方式存在，也无法简化为某些具体事务，其伸缩性相对较大，难以捉摸和把握。

正因为如此，许多西方学者对于意识形态在冷战中的作用看法不一，挪威学者文安立（Odd Arne Westad）就曾否认意识形态在冷战中的作用。"因为某些意识形态据称是一种单一因果、命中注定的方式，坚持意识形态方向，意识形态由此决定着每一个行动。然而，有充分证据表明，情况不是这样的……因此，意识形态不是一种可行的方式审视信仰以及它们对这些行动所产生的影响。"①

但也有学者持见相左，以美国冷战史大家约翰·加迪斯（John Lewis Gaddis）为代表，他认为意识形态对于冷战的起源和发展极为重要，其功用丝毫不亚于政治与军事对抗。"冷战不仅仅是一场地缘政治的对抗，不仅仅是一场核武器竞赛，冷战是一场如何回答上述问题的较量（两个超级大国处于什么样的生存状态？在各方的制度下，生活是什么样？各国社会制度下的经济发展如何？社会正义如何？人们是否在决定自己的生活方式方面有自由？），对双方来说，这个较量的意义非常重大，就像人类生存一样重要，其核心问题就是：应该如何组织人类社会。"② 对于北约政治与安全战略而言，"冷战心理和意

① Odd Arne Westad, *Reviewing the Cold War*: *Approach*, *Interpretation*, *Theory*, New York: Frank Cass, 2006, p. 186. 转引自 Albert L. Weeks, *Myths of the Cold War*, *Amending Historiographic Distortions*, Lanbam, Boulder, New York and London: Lexington Books, 2014, p. 33.

② ［美］约翰·刘易斯·加迪斯：《冷战》，翟强、张静译，社会科学文献出版社2013年版，第98—99页。

识形态边际"实际上堪称无处不在，别具特色，这是北约处身东西方冷战斗争的一个新维度。

我们认为，北约作为东西方冷战的产物，确实在思想、心理以及意识等领域有冷战组织的预设，这种预设既有先天性成分，也有后天性成分，一方面相伴于冷战的发端与发展，另一方面则与北约的创建与发展浑然天成，无法分割。一旦冷战对峙沉寂，北约的冷战心理预设就会降低；反之，一旦冷战对抗升级，这种冷战心理预设则会因为持续得到"印证"而被不断放大。与之相对应，北约的心理预设越低，其政治与安全战略就越简单，北约的心理预设就越高，其政治与安全实践的密度与力度就越大。

二 北约冷战心理与意识形态的发展轨迹

在北约政治与安全战略中，冷战心理与意识形态发挥了主导作用，但是这种冷战心理与意识形态实际上无法固定，只能依照冷战的政治与安全需要而不断调整和变化，但其发展轨迹与特点大致可以概括为三个方面。

第一，北约政治与安全战略的"冷战心理与意识形态边际"，具有鲜明的意识形态色彩，坚持意识形态目标。在"非黑即白、非强即弱"二元政治逻辑的指导下，北约认定，自身的创建源于苏联与东欧各国对美欧各国构成威胁，北约越是强大，所遭受侵略的危险就越小。贯穿整个冷战时期，北约一直试图将苏联打造成一个穷凶极恶的意识形态对手，时刻准备将共产主义目标与理想推广至全欧洲。"美国遏制政策的制定者乔治·凯南（George Kennan）并未对苏联共产主义的最终目标抱有幻想，但他相信，在莫斯科支持下，对意识形态的热情将会遍及欧洲，这对西方民主政府将构成真正的威胁。"①

北约及其成员国一致认定，苏联共产主义的最终目标就是摧毁美

---

① Lawrence S. Kaplan, *NATO 1948*, *The Birth of the Transatlantic Alliance*, New York: Rowman & Littlefield Publishers, Inc. , 2007, p. 230.

欧各国的"民主与自由"价值观,颠覆西方文明成果,以"极权政治"和"警察统治"代替西方现行的政治、经济与社会制度。因此,北约必须阻止苏联共产主义思想与意识形态的全面渗透,确保其成员国不受任何影响,始终处于绝对安全地位。在欧美各国领导人的有色眼镜中,"(苏联)红军作为世界革命的工具,将有意染指它所占领国家的政治、经济以及社会生活,目的是实现根本性结构变化;它赋予共产主义少数派以独裁权力,它扭曲了人性的基本观念,用武力迫使被征服者陷入苏联思想与行为的严苛模子中。"①

事实上,北约政治与安全战略的"冷战心理预设"具有典型的经验主义和先验论色彩,过度放大了苏联共产主义思想与意识形态的危险,将其等同于某种现实威胁,将其与西方价值观与意识形态截然对立,将精神世界的差异与现实世界的冲突相等同,这种做法不论在理论上还是实践中都是错误的。但是北约这样做的目的也非常明显,即通过无限放大其政治与安全战略的"冷战心理与意识形态边际",为自身的存在与发展寻找合理性,为北约扩展武力、实施战略转型提供借口。北约将共产主义思想与意识形态威胁提升至前所未有的高度,甚至将其与苏联的"地缘扩张行为"紧紧联系在一起,虽然在理论上有牵强附会之嫌,但在实践中却为北约坚持不懈地发展武力、不断扩大联盟规模、强化成员国团结协作、保持对苏联东欧各国的政治压力等提供了依据。

相对于北约政治与安全战略而言,防范共产主义思想与意识形态渗透,实际上是一项无法完成的任务,其艰巨和复杂程度远远超出北约与华约的地缘政治对抗的界限。因为这既需要北约付出有形的努力,例如花费难以数计的金钱、耗费宝贵的资源,又需要北约付出持久的无形努力,例如保持经济繁荣、推动社会进步、推广"自由与民主"价值理念等,而这些任务是否能够完成,或者其预期效果究竟如

---

① Prince Hubertus zu Löwenstein, Volkmar von Zühlsdorff, *NATO and the Defense of the West*, Westport, CT: Greenwood Press, 1960, p. 42.

何，最终只能靠长久的时间来检验。然而，作为西方防御安全联盟，北约的基本属性在很大程度上决定了北约可以防范有形的威胁，确立有形且确定的安全目标，但却无法应对无形且不可掌握的安全目标，因为这些目标显然已超出北约能力建设之外。因此，北约政治与安全战略的"冷战心理与意识形态边际"，客观上确立了一个遥遥无期、自身无法全面掌控的目标，对北约来说，该目标具有某种象征性意义，并不具备真正的现实意义。

冷战结束后，由于苏联和东欧国家社会主义遭受挫折，很多西方学者将这一结果归功于北约及其成员国长期推行带有冷战色彩的政治与安全战略，这种观点实际上极为牵强。因为在东西方思想与意识形态的长期斗争中，北约贡献甚少，它甚至未能建立用于政治文化与意识形态宣传的权力机构，而且其相关行动与实践也较少，或者影响非常有限。但可以肯定的是，北约政治与安全战略的"冷战心理与意识形态边际"，并未随着世界范围内社会主义相对沉寂而销声匿迹，而是保持了一种更隐蔽的方式，北约不仅继承了过去的冷战式思维、决策以及行动方式，而且还有继续延续和扩大之势。就此而言，"冷战心理与意识形态"可谓已深入北约骨髓，而且发展到极致，其边际效应亦达到最大化。毋庸置疑，此举将对未来北约安全战略与战略转型产生重大影响。

第二，北约政治与安全战略的"冷战心理与意识形态边际"，将核时代下的核战争危险空前放大，使核危险成为北约谋求扩张与发展的一个重要借口。北约不仅将苏联预设为一种迫在眉睫的安全威胁，而且还预设苏联正准备运用其令人生畏的核力量以及规模庞大的常规武装力量征服或占领全欧洲。"出于威慑的目的，或者出于弥补常规武装力量不足的目的，北约对核武器的依赖，拥有深厚的历史与现实根源。"①

① David N. Schwartz, "A Historical Perspective", in John D. Steinbruner and Leon V. Sigal, eds., *Alliance Security：NATO and the No-First-Use Question*, Washington, D. C.：The Brookings Institution, 1983, p. 19.

事实上，就像北约所臆想的其他安全威胁一样，北约所面对的核战争危险是一种普遍性威胁，对所有国家或者组织同时存在，并非专门针对北约，因此不具有所谓的特殊性和专属性；因为无论对于苏联与华约来说，或者对美欧各国与北约来说，在欧洲发动核战争将不可想象，这意味着交战双方将没有任何赢家，任何一方都无法实现其战争目标，而且最终结构将会导致所有冲突方同归于尽。很明显，北约有意扩大苏联与华约发动核战争的威胁，可谓"醉翁之意不在酒"，不过是为制定更加严苛的安全战略、大规模增加军事开支、持续稳固北约内部团结等，寻找一个更为紧迫、更为合理的借口而已。

　　北约对核威胁与核战争的渲染和炒作，实际上是其持续放大"冷战心理与意识形态边际"的直接结果，其结果就是使北约得以在防御核突袭的旗号下，大规模建设和发展其武装力量，特别是加强核力量建设。为此，北约制定了一系列从常规武装力量到核力量的防御安全计划，从军事委员会系列文件（MC1-X），到防御委员会系列文件（DC1-X），再到核计划小组系列文件（SG1-X），等等。在北约核防御计划中，其"冷战心理与意识形态"不断发酵，甚至达到登峰造极的程度，北约甚至提出开战即核战争的威慑政策。在"防务委员会第6号文件"（DC6）中，北约明确宣布，战争一旦爆发，北约会马上使用核武器。"确保北约有能力实施战略轰炸，包括迅速投掷原子弹，这主要是美国应该担负的责任，它会得到（北约）其他国家的现实帮助。"①

　　不仅如此，北约在"防务委员会第6号文件第一修改稿"（DC 6/1）中则更为决绝地强调以核武器作为重大威慑手段的政治决心与战争意志。"确保北约有能力通过所有手段实施战略轰炸，运用所有类型武

---

　　① D. C. 6 29 November 1949 Pages 1 – , incl. Note by The Secretary to the North Atlantic Defense Committee on The Strategic Concept for the defense of the North Atlantic Area, http：// www. nato. int/docu/stratdoc/eng/a491129a. pdf, 2016 年 8 月 16 日。

器，毫无例外……"① 进言之，北约在 1962 年 5 月召开北约雅典会议，此次会议制定了"雅典方针"，该方针对此前宣传的一旦战争爆发即核战争的论调予以调整，但北约立足打核战争的基调始终未变。"北约强调对核武器实施取政治控制，即在不同环境下使用核武器，必须进行协商，在苏联发动核攻击后，北约实际上要自动使用核武器；一旦苏联发动全面的常规武装力量进攻，如果时间允许的话，也要展开协商。"②

很明显，北约在防御安全战略中看似采取守势，实则采取攻势，因为北约明确设定将在战争开启初期使用核武器，常规武装力量被视为战争之盾，负责牵制敌方行动，核武器将成为北约的战争之剑，负责向敌方实施打击，而且核武器打击的对象既包括军事目标，也包括民用目标等。无论如何，北约对核武器的定位以及对核战争的规划，不能被简单视为一种单纯的防御姿态。虽然有些西方学者对北约核武器做出非常夸张的定位，视之为一种战争威慑政策，但即使是战争威慑，实际上也远远超出正常战略威慑的范畴。北约对核威慑做出的上述定位极为矛盾，实际上反映了北约政治与安全战略中"冷战心理与意识形态边际"被无限放大，所蕴含的危险性大大增加。因为北约将核武器在战略层面的威慑作用，降为战术层面的实战手段，而且强调不加限制使用核武器，这种做法无疑受到极端化的冷战心理和意识形态的主导和影响。

目前，尚无证据说明，北约政治与安全战略之所以有效，究竟是得之于北约对"冷战心理与意识形态边际"的有效掌控和运用？抑或得之于苏联或华约原本就没有入寇西欧的战略安排，难得让北约有机会施展其防御安全战略。一个不可否认的事实是，后者所占的比例要

① D. C. 6/1 1 December 1949 Pages 1－7, incl. Note by The Secretary to the North Atlantic Defense Committee on The Strategic Concept for the defense of the North Atlantic Area, http：// www. nato. int/docu/stratdoc/eng/a491201a. pdf, 2016 年 8 月 17 日。

② Dr. Gregory W. Pedlow ed., *NATO Strategy Documents*, *1949－1969*, http：//www. nato. int/docu/stratdoc/eng/intro. pdf, 2016 年 8 月 18 日。

更大一些。

受政治与安全战略中"冷战心理与意识形态边际"之累，北约持续推进其政治与安全战略的结果就是，直接导致北约与华约展开长达近40年的核军备竞赛，间接推动了美苏双方激烈的核竞争与核对抗。不仅如此，北约对核武器与核威慑的认知与运用，实际上在冷战后仍然继续存在，其"冷战心理与意识形态边际"仍然持续发酵。与之相对应，尽管华约已经不复存在，但俄罗斯不仅继承了苏联绝大多数核力量，而且也延续了苏联的核威慑观点。因此，这也在很大程度上决定了欧洲大陆不得不继续处于核威慑与核战争的恐怖氛围中。纵观整个冷战时期，实施核威慑与核反制一直是双方实施战略角逐的重要手段。即使冷战已经结束，但是北约的"冷战心理与意识形态边际"并未萎缩，反而增添了新的内容，并且以新的方式继续存在，持续作用于北约的政治与安全战略及其实践。

第三，北约政治与安全战略中"冷战心理与意识形态边际"，旨在最大限度谋求在全世界推广西方的政治理想、精神追求以及思想理念等。欧美各国一直顽固地认定，北约既是西方防御安全组织，还是美欧各国共同的政治、价值观以及意识形态联盟——"民主共同体"，前者是显性的，后者是隐性的。北约及其成员国敌视共产主义思想与意识形态，视之为"洪水猛兽"，原因就在于北约预设了一个重要前提，即北约所恪守的"民主与自由"价值观、意识形态操守、文化理念等，相较共产主义思想与意识形态，或者与世界其他的思想观念、文化体系，具有某种天然优势，不仅"放之四海而皆准"，而且自然而然肩负着与共产主义思想与意识形态持续斗争、最终战而胜之的重任，同时还担当着教化、驯服以及同化其他各种异质性文化与意识形态这样的重大使命。

北约甚至更为夸张地认定，它之所以能够成为西方历史上"最成功"的安全联盟，其根源就在于各成员国拥有共同的政治理想、精神追求以及思想理念，这些共同的价值观与思想理念一直是各成员国不断克服民族国家政策分歧与利益冲突的关键。就像美国前国务卿、北约组织的创始人之一迪安·艾奇逊（Dean Acheson）所鼓吹的那样："北大西洋组织的人民在基本人权、个人尊严与尊重民主原则、个人自由、政治自由等方面拥有共同的信仰……我们相信这些原则以及共同的传统可以得到最有力的强化和保护；北大西洋地区人民享有的公共福利将会发扬光大，其根源就在于在北大西洋地区和平与安全、共同利益等问题上所做的合作安排。"① 在北约及其成员国看来，确保欧洲—大西洋区域和平与安全，实际上就是确保美欧各国能够保持其在世界文明进程中所累积的先进地位，进而确保美欧各国在世界发展潮流中始终能够居于主导和优先地位。

不仅如此，北约还非常自信地认定，北大西洋区域拥有辽阔的战略地理分布、强有力的经济支撑、强大的军事力量、先进的军事技术等，这些都构成北约为其成员国提供有效安全保护的硬实力，这是北约发挥其防御安全功能的基础。与此同时，北约还更为自信地坚持认为，它拥有引以为傲的"民主与自由"价值观、"先进而且独特"的文化理念、"普世化的"意识形态追求等，这些构成北约的软实力，为北约在世界范围内最大限度发挥政治、文化以及意识形态引领作用奠定了基础。北约的硬实力与软实力互为补充，相辅相成，缺一不可，两者共同作用于北约安全战略及其实践，贯穿北约发展、转型与扩张的全程。

很明显，在推进其政治与安全战略中，北约空前放大了"冷战心理与意识形态边际"，这等于是将北约指导方针、理念、规则、制度等的边际效应无限放大，此举不仅意味着北约为欧洲—大西洋区域提供的安全保护变得无处不在，而且也意味着北约可以在更大范围内扩展其思想、文化以及意识形态等，其结果必然会夸大北约在战后欧洲

---

① "Text of Acheson Remarks", *New York Times*, 27 January 1949, 4（A）. 转引自 Sean Kay, *NATO and The Future of European Security*, Lanham, Boulder, New York, Oxford: Rowman & Littlefield Publishers, Inc., 1998, p. 30.

政治、经济、安全事务中的功能预设。甚至有许多西方学者将战后欧洲经济复兴、社会稳定以及安全有序，归功于北约对其政治与安全战略的成功运用，"在西方世界的心理恢复中，美国与欧洲的联系被断定为一个主要因素，这种心理复兴激发了下一代的经济奇迹"[1]。

上述观点实际上难免有瓜田李下、片面夸大北约作用之嫌。北约之所以放大"冷战心理与意识形态边际"，究其原因，北约更多是在思想文化、社会心理以及意识形态等方面增加成员国的归属感，但这种做法不可能改变欧洲—大西洋区域政治、经济、军事以及安全的基本形态。

总之，北约政治与安全战略中的"地缘政治边际"与"冷战心理与意识形态边际"是统一的，两者在很大程度上勾勒出北约政治与安全战略的基本轮廓，确定了北约的基本政治与安全指导方针，甚至决定了北约采取政治与军事行动的方式与手段。从学理层面上讲，北约的"地缘政治边际"与"冷战心理与意识形态边际"是一对相对概念，并非确定无误，它们存在较大的模糊性与不确定性，有时相互交叉，互有替代，有时则泾渭分明，彼此独立，但是两者却在现实生活中共同作用于北约政治与安全实践。

从冷战开始一直到冷战结束，尽管北约所处的政治与安全环境发生巨变，北约在不同时期提出许多新战略目标，但北约政治与安全战略中"地缘政治边际"与"冷战心理与意识形态边际"却始终存在，始终支撑着北约的战略思维及其实践，甚至通过扩大北约影响作用于国际政治与安全事务。

第三节 北约与北大西洋区域安全危机应对

一 冷战时期北约所面对的安全危机

自北约创建后，应对危机就一直是北约政治与安全战略的一项重

---

① Lawrence S. Kaplan, *The United States and NATO*, *The Formative Years*, Lexington, KY: The University Press of Kentucky, 1984, p. 27.

要内容，北约在冷战时期确立的所有指导方针、安全政策、行为规则以及力量建设等，大都出自应对危机的现实需要。尽管北约一直致力于与苏联以及华约的军事对峙，但这并不妨碍北约在政治与安全实践中有效处置各种危机与矛盾。就像北约助理秘书长、发言人吉米·谢伊所说的那样："北约必须准备两类行动，一是达成北约共识，二是成为与之相关的多边安全的提供者。"① 事实上，鉴于北约与华约的军事对峙一直处于某种相对稳定状态，两者在整体战略与战术力量上始终保持着某种有序平衡，因此北约亦得以保持常态化方针、政策以及实践。与之相比，鉴于各种危机与冲突所具有的或然性以及破坏性，危机处置由此成为北约政治与安全实践的另一个重点内容。

贯穿整个冷战时期，北约遭遇的危机可谓多种多样，就其属性而言，既有各成员国之间的利益冲突与政见分歧，又有北约所认定的华约与苏联军事侵略威胁等种种压力。就其地理而言，既有北大西洋区域内部的危机，又有虽身处北大西洋区域之外、却与北约安全利益直接相关的危机。就其时段而言，既有长期的常规性危机，也有短时的偶发性危机。无论做何划分，这些形形色色的危机多有重叠，影响各异，它们在给北约增加负担和难题的同时，也给北约政治与安全战略添加了更丰富的内容。因为北约要想克服危机，就需要制定更加卓有成效的方针、政策以及策略，不断优化政治与安全战略，同时也需要北约拿出更加灵活、机智的方法与手段，确保北约政治与安全利益能够最大化。

出于处置危机的考虑，北约始终重视北大西洋区域内所有国家，不仅包括各个成员国，而且也包括那些身处北约与华约之间的政治中立国家，例如瑞士、奥地利、芬兰、南斯拉夫等。北约不仅允许它们

---

① Jamie Shea, "NATO at Sixty-and Beyond", in Gülnur Aybet and Rebecca R. Moore, eds., *NATO in Search of A Vision*, Washington, D. C.: Georgetown University Press, 2010, pp. 11 – 33. 同见 David Yost, *NATO's Balancing Act*, Washington, D. C.: United States Institute of Peace Press, 2014, p. 189.

在冷战中保持中立立场，而且还与之保持了适度的政治与安全合作。因为在北大西洋区域内，各个地区或国家的战略重要性不尽相同，任何一个地区或国家出现安全危机或战乱，或者北约在危机处置中出现失误，势必都会对整个北大西洋区域安全秩序造成重大影响。"非常有可能的是，如果中部地区出现重大侵略，北方地区也会在同时或者在此之前出现军事行动，如果北方地区出现军事侵略，可能不会发生同样的事情。"[1] 北约上述做法实际上既出自欧洲防御安全的客观需要，亦出自冷战政治考虑。

在理论上，北约所面对的政治与安全危机有内外之分，但两类危机在现实中很难截然分开。尽管北大西洋区域一直是北约防御战略及其实践的重点，但这并不等于北大西洋区域遇到的危机是孤立的，也不意味着北大西洋区域危机的影响只会局限于本地区，更不意味着北约只能在危机区域内着手解决危机。因此，北约政治与安全战略的核心就是以最佳方式解决危机，最大程度维护北约及其成员国的安全利益，因而并不在乎危机发生的地点或者场合。事实上，鉴于北约面对的危机往往具有国际影响，因此就注定北约处置危机的政策与战略不仅不会止步于北大西洋区域，而且其方法与手段也会更加丰富和多样。北约在冷战时期如此，在冷战结束后更是如此，北约甚至更热衷于以解决域外危机的方式推进各种域内危机的有效控制和处置。

纵观冷战时期，北约应对北大西洋区域危机的立场和态度，在大多数情况下都显得比较被动，不论是应对内部危机还是外来危机，概莫如此。尤其是在解决北约内部危机与利益纠葛时，北约既未制定某种强势的主动干预政策，亦未采取先发制人式的重大措施。针对许多危机与冲突，北约始终倡导对话、协调以及谈判的原则，反对生硬、僵化以及过于强势的处置方法。即使是针对由于苏联与华约"军事侵略威胁"这样的外来安全压力，北约亦在表面上不放弃政治缓和、热

---

① George Richey, *Britain's Strategic Role in NATO*, Houndmills, Basingstoke and London: Palgrave Macmillan, 1986, p. 167.

衷于对话与协商，有时也不排除会采取某种比较夸张、过激的政策与步骤。这些在很大程度上决定了北约处置危机的结果必然会难尽人意。

二 北约危机应对的基本方针与政策

总体而言，北约处置北大西洋区域危机的方针与政策大致表现在两个层面：一是北约内部分歧与矛盾，包括北约与成员国之间分歧以及各成员国之间的矛盾；二是北约在冷战环境中所遭遇的各种安全危机。

第一，作为一个多国安全联盟，北约实际上无法避免一般安全联盟惯常受扰的问题和烦恼。事实上，自北约创建后，其内部始终存在着许多常态化的利益纠葛与政治分歧，这些问题一直困扰着北约发展，但其消极影响基本上处于可控制范围内。"北约一直遇到同样的问题，每一次它都会实现某种战略创新，但也可能会遇到缺乏共识、缺乏资源的情况。很幸运的是，每一次北约迈向前进的愿景，都足以克服这些羁绊。"[1] 在北约内部的诸多矛盾与纷争中，最突出的莫过于各成员国围绕防御安全开支而产生的矛盾。"在一个联盟中，在成员国的国家收入与国家用于防御开支的百分比之间，将会达成一种明显的正向相互关系。"[2]

在冷战时期，围绕着北约防御安全支出份额、武装力量建设规模、防御安全重点等问题，北约各成员国一直争执不休，各方矛盾重重。"联盟理论的主要预测是，在价值不等之处必然会出现拨备费用的份额不均等，尤其是规模较大的成员国将会不成比例地承担公共开支，或者换个说法，规模较小的成员国将会占规模较大成员

---

① Richard L. Kugler, "Is NATO Obsolete?", in Kenneth W. Thompson ed., *NATO and The Changing World Order: An Appraisal by Scholars and Policymakers*, Lanham, MD and London: University Press of America, 1996, p. 87.

② Cavin Kennedy, *Burden Sharing in NATO*, New York: Holmes & Meier Publishers, Inc., 1979, p. 30.

国的便宜。"① 虽然北约明确要求各成员国均须将防御安全开支达到国民生产总值的2%，但事实上并没有几个国家能够达到这一标准。② 北约各成员国围绕防御安全开支产生了一系列矛盾，虽然在一定程度上影响到北约政治与安全战略，但不能从根本上改变跨大西洋集体安全架构的走向。

另外，北约各成员国对其在北约内部的权力分享始终存在异议，许多规模较小的成员国，或者处于北大西洋区域边缘地带的成员国，对美国等大国垄断北约权力的专断做法屡屡表示不满。其中，法国曾因争夺北约在南欧的军事指挥权以及核事务决策权而与美国闹翻，最终于1966年宣布退出北约军事一体化机构。为此，北约做了大量工作，采取打压、说服、利诱、缓和、离间等种种手段，但最终无法挽回法国远离北约的决定，从而酿成了北约历史上最大的一次内部危机。

然而，北约并没有就此解体或者停滞不动，虽然北约所有驻法军事机构与武装力量均撤出法国，但北约仍在其联盟体制外与法国保持联系，甚至彼此还保持了某些局部的政治与安全合作，此举为日后法国重返北约奠定了基础。③ 法国在冷战结束后重返北约，此举虽算不上是北约处置内部危机的一种直接结果，但这一结果显然与法国退出后北约一直向其敞开大门、双方始终保持密切沟通与合作渠道直接相关，这无疑是法国日后重返北约的重要原因之一。

---

① Cavin Kennedy, *Burden Sharing in NATO*, New York: Holmes & Meier Publishers, Inc., 1979, p. 29.

② 近年来，由于乌克兰危机引发北约与俄罗斯军事对抗，在强大的外来安全压力下，北约在威尔士峰会旧话重提，再度要求各成员国将其防御开支提升至GDP的2%的标准。可见，各成员国关于北约防御开支份额的争端虽持续经年，但并未伤及北约的存在与发展。

③ 2009年3月，法国萨科齐政府决定重返北约。3月17日，法国国民议会经过辩论，以329票支持、238票反对，通过重返北约军事一体化机构的决议。"法国已决定承担起全部责任——在北约以及北约架构中得到应有的位置，这完全取决于法国是否愿意参加'核计划小组'……就我们而言，法国正在全面恢复其在北约中的位置。"见James Appathurai, Weekly Press briefing, 1 Apr, 2009. http://www.nato.int/cps/en/natohq/opinions_52372.htm?selectedLocale = en. 2017年2月24日。

除此之外，北约各成员国还围绕各自政治与安全利益不断产生纠葛，最具典型意义的事件当属希腊与土耳其围绕塞浦路斯主权的斗争。在塞浦路斯主权争端中，北约既不想失去希腊，也不想失去土耳其，更不想由于希土争端而削弱北约防御体系的南翼防御建构。"北约从最小的南翼起步，这一局面已为北约领导人有条件地、很勉强地接受，主要以政治妥协而非地缘政治逻辑为基础。"[①] 为此，北约以前所未有的积极姿态介入两国纷争，在向希腊和土耳其两国做出利益承诺的同时，亦不放弃向双方施加政治、经济以及安全压力，力图在最短时间平息纷争。

然而，北约介入希土纷争的最终结果并不理想，希腊完全退出北约，而土耳其则远离北约，希土纷争不仅未得到缓解，还大有激化之势。甚至到冷战结束后，希腊与土耳其围绕塞浦路斯的矛盾仍未得到根本性解决。贯穿整个冷战时期，北约内部的种种分歧与矛盾一直存在，而且伴随着北约的发展，北约内部又不断滋生出各种新的矛盾与问题，凡此种种，不胜枚举，这几乎成为北约政治与安全实践的一项重要内容。

与北约大肆鼓吹和渲染的各种外来威胁相比，北约内部种种分歧与危机虽然影响到北约及其成员国的政治与安全利益，但并未伤及北约的根本利益，亦未危及北约的存在与发展。事实上，北约并未就解决其内部危机而设计或成立某个专项机构，但由于北约在创建之初就着力于建设政治协商制度和集体安全机制等，这些机制建设在很大程度上有助于缓解北约遭遇的安全危机、解决其政治矛盾、降低内部分裂危险。

从表面上看，北约似乎并未真正拥有解决危机的良方妙计，而且

---

① Douglas T. Stuart, "Continuity and Change in the Southern Region of the Atlantic Alliance", in James R. Golden, Daniel J. Kaufman, Asa A. Clark Ⅳ, and David H. Petraeus, eds., *NATO at Forty*: *Change*, *Continuity*, *& Prospects*, Boulder, San Francisco, & London: Westview Press, 1989, p. 75.

在介入大部分危机时,北约都表现得相当随意,有时甚至相当被动,况且北约应对每一次危机的对策与措施相对缓和、比较稳健,虽然在大多数情况下很难取得立竿见影的效果,但在一定程度上确实缓解了危机与冲突。

事实上,北约频繁遭遇各种内部危机,最主要的原因在于各成员国的政治与安全共识较少,存在的分歧较多。然而,在推动共同维护和发展联盟体系、加固政治与安全联合、推动北约政治与安全利益最大化等这些重大战略问题上,北约及其成员国取得的共识要远远大于分歧,只是在联合与协作的一些枝节问题上,例如权力分享、防务支出、战略重点等方面,各成员国的分歧相对突出。"贯穿整个冷战,北约的内聚力受到跨大西洋争端的连续冲击,这些争端包括防御开支负担、常规防御战略、核武器、联合分离、武器控制、缓和与新东方政策、域外问题等。"①

尽管北约内部分歧是产生内在危机的主要根源,但它们一直处于可控范围内,其危害程度远未达到撕裂北约联盟的程度,所以不可能从根本上干扰北约的发展方向,或者制约其演化进程。因此,北约为处置内部危机采取种种举措,不可能在其政治与安全战略中占据主导地位,甚至当北约在危机处置中出现各种低效和无效政策时,或者在北约的各项举措失败后,亦不可能对北约政治与安全战略产生颠覆性影响。反之,如果北约成功处置和化解其内部危机,反而会加强各成员国团结协作,进而强化北约政治与安全战略的功效和影响。

第二,与北约遭遇的内部危机有所不同,北约遭遇的外来危机所产生的压力无论在广度上还是深度上都要大得多。此类外来危机大致可分为两种,其一是突发性危机,此类危机并不具备普遍性,而且具

---

① Allen G. Sens, "The Widening Atlantic, Part Ⅱ: Transatlanticism, the 'New' NATO, and Canada", in Alexlander Moens, Lenard J. Cohen, Allen G. Sens, eds., *NATO and European Security, Alliance Politics from the End of the Cold War to the Age of Terrorism*, Westport, CT and London: Praeger, 2003, p. 21.

有很大的或然性，毫无规律可循。虽然危机发生的地点并不局限于北大西洋区域，而是立足于全世界，但对北约政治与安全利益却具有较大的消极影响，而且较难预测。其二是常态化危机，泛指由于美苏双方冷战对峙、北约与华约军事对抗而引发的冲突，它们具有一定的规律性，基本上伴随着美苏双方冷战格局的变化而起伏。此类危机或者发生于北大西洋区域，或者发生于北大西洋区域的边缘地带，虽然此类危机有时产生的消极影响相当大，危害性亦较强，但在总体上受制于美苏双方冷战格局演化的基本规律，因此反而能够得到比较好的控制。

面对各种突发性外来危机，北约在大多数情况下都扮演着旁观者的角色，或者屈服于国际冷战斗争的政治与安全需要，或者听命于美国等大国意志和决策，或者某些成员国以单个国家身份参与危机处置，等等。与北约积极介入每一次内部危机不同，北约对待外来危机与安全压力的态度更消极，战略选择空间也较大。事实上，北约并未参与解决每一次外来危机，而是按照危机的危害程度，或者按照其与北约政治与安全利益的亲疏远近，决定北约是否应该介入危机处置，进而决定以有限方式还是以完全开放方式介入危机。虽然北约自身并不愿承认这一事实，但国际冷战斗争有不同的类型，或者难度不等，这在一定程度上决定了北约在危机与冲突中将采取的立场、方法以及政策。

在整个冷战时期，国际形势诡秘多变，跌宕起伏，北大西洋区域也经历了种种危机，险象环生，北约政治与安全战略亦饱经考验。例如，1956年"匈牙利危机"与"波兹南事件"、1961年"柏林墙事件"、1968年捷克斯洛伐克危机等。在这些具有典型意义的外来危机与冲突中，北约所扮演的角色持续多变，游移不定。面对华约内部出现的种种危机，尤其是其成员国出现政治与安全冲突时，虽然它们直接关系到欧洲安全格局是否稳定，甚至大有打破欧洲政治平衡之势，但北约还是选择远离危机，其政治与安全对策表现出很大程度的克制。其中的原因非常清楚，即北约认定上述危机属于华约内部事务，害怕过度介入危机会引发北约与华约出现全面军事对抗，最终引发世界大战，乃至美苏双方爆发核大战。同样，对于不直接涉及华约核心利益但又事关自身安全的重大危机，北约则表现出积极态度，以此昭示北约成员国团结一致。虽然北约介入此类危机与冲突的深度实际上也非常有限，但其集体安全意识尽显无遗，其冷战政治倾向亦非常明确。

在"匈牙利危机"与"波兹南事件"发生后，为了避免与华约直接发生冲突，亦为维护自身的安全与稳定，北约极其含蓄地表达了对上述事件的立场。北约前秘书长斯巴克强调："北约在 1949 年建立后已阻止了共产党国家逐渐占领欧洲，亦阻止了第三次世界大战爆发。北约应继续保持其所需要的军事努力，适应不断变化的需要以及受其控制的新方法。然而，单有军事努力还不够，必须要以协调一致的外交政策为基础。最后，北约能够而且必须在'和平共处'时期发挥领导作用，因为它实际上掩盖了东西双方大规模经济与社会竞争。"①

很显然，北约虽然巴不得东欧各国都脱离华约，但因为忌惮苏联拥有令人敬畏的武装力量，特别是核力量。因此，北约将其危机处置对策基本上限定在政治层面，尽可能不在军事层面寻求解决办法，亦不谋求强行介入危机处置。面对苏联与东欧社会主义阵营出现的政治危机，甚至可能出现的政治大分裂，北约保持了应有的克制，以便为自己争取更大的政治活动空间。

同样，在"柏林墙事件"中，美苏双方一度剑拔弩张，欧洲战争一触即发。为此，北约除去在军事上全面强化其防御安全态势外，还在政治上完全屈从于美国的政治安排，积极配合其全面对抗路线，直至支持美国核军备竞赛政策。时任北约秘书长斯迪克（Dirk U. Stikker）曾为此公开表示了北约的强硬而且危险的态度："北约并不威胁任何国家，在当今这个真实的世界中，北约必须比任何时候都更关注防御，考虑到共产主义集团不断增强的军事力量，以及扩展其

①　"H. E. M. Paul-Henri Spaak' Speech"，24 October 1957，http：//www. nato. int/cps/en/natohq/opinions_ 17583. htm? selectedLocale = en. 2017 年 2 月 26 日。

控制的明确意图，只要共产主义集团不愿实现真正的裁军，北约各成员国就应继续加强武装力量以及装备现代化，以便能应付任何形式的攻击。只有不断增强防御能力，才能使北约继续抵御共产主义侵略。这就要求北约各成员国继续奉献和努力，面对清晰可见、不断增长的威胁，它们别无选择。"①

很明显，在国际形势由冷战趋向热战的关键时刻，北约及其成员国不仅没有独善其身，而且始终与美国保持高度的政治一致，积极发展军备，支持美国对苏联与华约推行战争冒险政策。

由此可见，虽然北约在历次外来危机中始终未能扮演主角，担当主要责任，但作为跨大西洋集体安全架构的工具，北约始终将自身的政治与安全利益和美国紧紧联系在一起，积极充当推进美国外交与安全战略的帮手。尽管北约对外来危机所采取的态度、方法以及举措并未对危机与冲突的缓和或解决发挥决定性作用，亦未在根本上改变美苏冷战斗争形势或者东西方军事对峙格局，但却从另一个方向推动了北约的内部联合，特别是通过增强各成员国团结协作，空前强化了北约政治与安全战略。

总之，北约实际上将应对内在危机置于战术层面，而将处置外来危机放在战略层面。就此而言，处置危机已经成为北约政治与安全战略及其实践的一项重要内容，而在事实上，北约正是通过持续不断处置内外危机，不断发展和深化其政治与安全战略，从这个角度看，处置危机实际上有意无意地成为北约显示自身价值、谋求自身发展的一种推力。

第四节　北约与北大西洋周边区域安全危机应对

一　北约对待周边区域危机的基本态度

在积极应对北大西洋区域安全危机的同时，北约同样参与了北大

---

① "Final Communiqué", 13 December 1961, http：//www. nato. int/cps/en/natohq/official_texts_ 26552. htm? selectedLocale = en. 2017 年 2 月 26 日。

西洋区域外围各种安全危机的处置，特别是对欧洲—大西洋周边地区安全危机的应对与处置。北约领导人特别强调："尽管我们务必要保持对北大西洋联盟的主要承诺，就像《北大西洋公约》所定义的，我们所面对的威胁并不限于北约地区。"① 因为在北约许多成员国看来，确保欧洲—大西洋周边地区的安全与稳定，不仅直接关系到北大西洋区域内部安全，而且对域外安全危机的处置效果，也在很大程度上影响到北约政治与安全实践的成效。但是北约处置域外安全危机的态度并非一以贯之，北约在冷战时期对域外安全危机的处置，无论方针与策略的深度，还是政策或实践的力度，都无法堪比北约对北大西洋区域内安全危机的处置。总体而言，北约域外危机干预政策不仅始终未能在其危机处置对策中占据主导地位，而且亦未能上升为北约政治与安全战略的主题。

在冷战时期，国际政治与安全危机大多为美苏冷战或者东西方军事对峙所掩盖，北约对北大西洋区域以外危机的认识相当有限，而且对域外安全危机的处置行动也相当有限，对欧洲—大西洋周边地区危机处置始终未能成为北约政治与安全战略的主题。事实上，"北约在朝鲜战争时期形成不会针对域外问题采取对策的立场，这一政策为整个冷战时期北约确立处置同样挑战的方法奠定了基础"②。为此，北约对欧洲—大西洋周边安全危机的处置，在方法、政策以及战略等方面始终保持了相当大的机动性和灵活性。在大多数情况下，北约对待上述危机的立场与态度偏重于政治而非军事，即在政治上旗帜鲜明地表达自己的立场和观点，态度相对强硬；在军事上则保持相对和缓与稳健的态度，即表态多，对策多，但实际行动少，当然实践效果也非常有限。

① Defense White Paper, 1984, part I, para, 407. 转引自 George Richey, *Britain's Strategic Role in NATO*, Houndmills, Basingstoke and London：Palgrave Macmillan, 1986, p. 160.

② Andrew A. Michta and Paal Sigurd Hilde, *The Future of NATO, Regional Defense and Global Security*, Ann Arbor, MI：University of Michigan Press, 2014, p. 17.

众所周知，冷战时期的国际或区域安全危机与冲突为数众多，但是直接关系到欧洲—大西洋区域安全的外来危机并不多，最具代表性的危机包括：1956 年"苏伊士运河危机"、1962 年"古巴导弹危机"、1955—1975 年"越南战争"、1979 年"苏联入侵阿富汗事件"、1978 年 12 月"越南入侵柬埔寨"等。虽然这些危机在地理分布上极为松散，几乎遍及亚非拉三大洲，但它们都直接或者间接关系到北约的政治与安全利益，但北约都无一例外采取高姿态、低举措的对应性政策与处置手法。在众多危机与冲突中，虽然北约大多数成员国并不认可美国、英国以及法国等在历次重大危机中所采取的各项政策与战略，甚至对美、英、法等国采取的各项战略与举措颇多微词，但各国还是表现出对北约政治与安全战略的整体性支持，亦表现出北约及其成员国团结一致的决心和意志。

在"苏伊士运河危机"中，北约各成员国实际上存在着严重的利益冲突，也存在着巨大的政策与战略分歧，这使北约无法直接介入危机与冲突处置中，只能置身事外。"美国、英国和法国都以各自的国家利益为中心，以各自的方式确保自身利益最大化，使北约的各项制度、规则等形同虚设，因此使北约只能充当一个旁观者。"① 虽然美国对英、法两国在"苏伊士运河危机"中所扮演的角色极不满意，但也不希望这种政治分歧会破坏北约成员国之间的团结协作。因此，美、英、法等国注定无法采取任何带有极端偏向性的决策或者举措，因为任何政治偏向都有可能进一步加剧北约内部分裂，增加各成员国之间的利益与政策纷争，进而弱化北约在北非及中东地区的影响力。因为中东和北非地区不仅对北大西洋区域安全极为重要，而且对跨大西洋集体安全架构的发展亦极为重要，北约不能承受失去中东和北非地区的损失。

为此，北约仍一如既往地对"苏伊士运河危机"表示严重关注，

---

① Douglas Stuart and William Tow, *The Limit of Alliance: NATO Out-of-Area Problems since 1949*, Baltimore, MD: Johns Hopkins University Press, 1990, pp. 58 – 66.

虽然北约并未直接插手危机处置，而是一直坐等危机参与各方结束冲突。但北约仍强调有必要加强各成员国团结协作，希望以此压制各成员国积蓄已久的分歧与矛盾，尽可能缩小危机给北大西洋区域安全造成任何消极影响，最大限度减轻危机给北约造成的种种不良影响。时任北约秘书长的保罗－亨利·斯巴克（Paul-Henri Spaak）特别指出："苏伊士运河在北约内部产生严重影响，毫不夸张地说，北约很难承受再出现类似的情况，因此，必须尽我们所能在未来避免出现这种情况。"①

在"古巴导弹危机"中，北约一改其在"苏伊士运河危机"中的保守做法，因为毕竟前者只是直接关系到英、法两国的政治与安全利益，而后者则关系到北约所有成员国的切身利益，因此，北约选择在政治上与美国保持高度一致。在北约看来，如果美苏双方发生核战争，将会从根本上伤及北约及其成员国的存在与发展。为此，北约确立了持续强化常规武装力量建设与核力量的对应性政策。"部长们仔细研究了北约所面对的威胁，以及 1962 年'三年评论'所确立的、可抵御威胁的那些触手可及的资源。他们一致同意，有必要增加常规武装力量的有效性。它们进而同意保持足够而且均衡的武装力量，包括核力量与常规力量在内，有必要在可能最宽泛的范围内针对北约安全的威胁做出回应。他们认定必须持续付诸努力，保持并提升这些力量。部长们要求常设会议审核程序，以便在北约军事要求与国家武装力量计划之间、在平等分享共同防御开支负担方面，保持更紧密的团结协作。"②

事实上，虽然北约绝大多数成员国并不愿与苏联和华约开战，也不愿因为美苏双方由于古巴纷争而影响欧洲政治与安全稳定，但在美

---

① "H. E. Paul-Henri Spaak's Speech", 6 November 1957, http：//www. nato. int/cps/en/natohq/opinions_ 17565. htm？selectedLocale = en. 2017 年 2 月 28 日。

② "Final Communiqué", 13 December 1962, http：//www. nato. int/cps/en/natohq/official_ texts_ 26579. htm？selectedLocale = en. 2017 年 2 月 28 日。

苏双方濒临战争边缘的关键时刻，北约的欧洲盟国却不得不与美国保持密切联络，毫无保留地对美国表示支持，甚至就连在北约内部一直与美国屡屡争权、多有龃龉的法国，也对肯尼迪政府的"战争边缘政策"给予大力支持。而英国首相哈罗德·麦克米伦（Harold Macmillan）则更是成为肯尼迪总统的亲密顾问，在危机期间不断向肯尼迪提供参考意见。不仅如此，英、法两国政府还公开表态，坚决支持美国在古巴导弹危机中的不妥协立场，甚至为此不惜动用英、法两国核武器，将其核武器纳入北约的统一部署和使用中。

尽管北约的这种态度无助于从根本上改变美苏双方的核对抗态势，亦无助于彻底改变东西双方的力量对比与平衡，更无助于从根本上改善北约政治与安全战略的发展状况，当然亦无法改变北约在冷战时期的存在与发展。"1962年'古巴导弹危机'爆发后……美国和苏联在西大西洋彼此对抗，北约则完全置身事外，尽管北约表态完全支持美国的行动。对北约来说，'古巴导弹危机'的结果之一，就是美国和英国将一些保存的核力量分配给北约，但是对北约占有和运用核力量的相关建议则成为泡影。"①

从美国介入印度支那战争，一直到美国全面发动越南战争，北约及其欧洲盟国一直坚持反对立场。北约及其欧洲盟国主要在两个方面深感担心：其一，担心美国因过度关注东南亚区域战事，会造成北约战略重心不得不转移和调整，进而弱化北大西洋区域防御安全建设，导致北大西洋区域出现防御空缺。其二，担心美国过度介入越南，会深陷战争泥潭而无法自拔，进而造成北约宝贵的战略资源被白白浪费，包括武装力量、防务开支、战争注意力、大众心理等，给苏联和华约留出可乘之机，使北约在与华约的军事对峙中败落下风。因为毕竟印支半岛远离北大西洋区域，印支半岛所发生的战事、社会变革以及历史变迁，与北大西洋区域安全防御关联甚少，北约与其欧洲盟国

①　David Miller, *The Cold War, A Military History*, New York: St. Martin's Press, 1998, p. 27.

并不愿北约尤其美国成为遏制越南独立同盟会（"越盟"，Việt Minh）社会主义革命的主力军。

但令北约同样深感不安的是，基于其冷战政治与文化思维的惯性，北约也害怕如果对印支半岛的社会主义运动无动于衷，听之任之，有可能造成美苏冷战局面失衡，尤其造成东西方冷战对抗失衡，在全世界连续出现社会主义革命高潮。因此，针对美国为越南战争制定的一系列相关北约的军事行动计划，例如"大搬运计划""半月计划"等，北约虽然在口头上对美国将军队抽调至印度支那半岛表达了不同意见，但在实践中却从未真正阻碍上述计划的执行。事实上，北约在越南战争时期从未减缓或者停止自身的防御安全建设，而是加快了自身军力建设。

贯穿冷战时期，北约实际上从未放弃将北大西洋区域作为防御安全核心地带这一基本战略理念，但对欧洲—大西洋周边地区的战略关注度不断发生变化和调整。"就像《北大西洋公约》第 5 条款所陈述的，北约最大的责任是保护和防卫我们的疆土和人民免受攻击；如果北约成员国安全受到威胁，没有一个国家应该质疑北约的决心。北约将保持必要的全方位力量，抵御和抗衡针对我们人民安全与治安的威胁，而不论其应该出自何处。"①

总体来看，北约对欧洲—大西洋周边地区安全建构越来越重视。很明显，确保欧洲—大西洋周边地区安全秩序，确保该地区种种安全危机能够得到有效管控，以周边地区安全推动核心地区安全，以欧洲—大西洋区域安全实现北约的全球安全利益最大化，这已经成为北约新政治与安全战略的又一个增长点。

除去欧洲—大西洋周边地区的上述典型性危机以外，北约同样也在欧洲—大西洋周边地区遭遇大量非典型性危机与冲突，包括传统安全危机与非传统安全危机。前者包括以苏联与华约持续军演而带来的

---

① "Wales Summit Declaration"，5 September 2014，http：//www. nato. int/cps/en/nato-hq/official_ texts_ 112964. htm? selectedLocale = en. 2017 年 4 月 26 日。

常规性安全压力，以古巴雇佣军介入安哥拉战争为代表的代理人战争，以两伊战争为代表的区域性冲突等；后者则包括国际恐怖主义、区域恐怖主义、海盗与国际走私行为、跨区域及跨国犯罪、非法移民与难民、空气与水资源污染等。这些安全危机反映在政治、经济、军事、社会等领域，常常以跨领域、跨地区、跨时段等方式存在，许多危机的产生有较大的偶然性，并无明显规律可循，亦无法提前预测或者积极应对。这在客观上不仅需要北约拿出更多的规则、技巧、手段以及方法，而且也需要更充分与合理的理论支撑。

很明显，虽然上述危机对北大西洋区域安全的危害程度不及苏联或者华约，但同样影响并掣肘北大西洋区域安全建构。北约无法像对付苏联或华约一样应对上述危机，北约需要另辟蹊径，别开局面。

二 北约应对周边危机的政策及其趋向

作为北大西洋区域安全危机处置的重要支撑，制定恰如其分的处置政策，一直是北约应对欧洲—大西洋区域周边地区安全危机的重要使命。总体来看，北约在上述政策制定中表现在以下几种趋向。

第一，鉴于北约不甘自身影响局限于北大西洋区域，不愿在国际事务中被边缘化，因此需要展示其对待危机的坚定立场和态度。一方面，北约对周边地区每一次安全危机均明确表达了自身的立场和态度，对侵略者予以谴责，对受害者提出声援和支持。另一方面，北约在大多数情况下并不直接介入危机，而是通过各成员国表达并贯彻其政策意图，尽可能将危机限定于个别区域或者某个具体问题，为北约自身最大限度预留出处置空间。北约上述做法既展示了其维护国际公理和正义的形象，又避免了其安全利益受损。

但是，北约处置欧洲—大西洋周边地区危机的目标，实际上并不完全为了彰显"自由与民主"价值理念，北约处置危机的动机具有多个维度，但核心目标始终是谋求北大西洋区域政治与安全利益最大化。"事实上，'南翼'这个词至少在一些北约决策者眼中，经常与一个狭窄地缘区域的行动概念联系在一起，主要的功用是保护北约的中欧（地区）。"①

　　第二，从 1960 年代开始，鉴于国际冷战形势渐趋稳定，北约与华约军事对峙逐渐定型，这使北约得以腾出手来，将部分资源用于维护欧洲—大西洋周边地区安全，包括自然与经济潜力、社会资源、高科技手段、新闻宣传渠道等。北约在持续关注北大西洋区域安全的同时，亦不断扩大其战略视野。北约不再孤立地看待欧洲—大西洋周边地区安全问题，而是将其纳入大西洋安全体系，使北大西洋区域安全与周边地区安全紧紧连接在一起，使之融为一个有机的安全整体。为此，北约强调与其他政治、经济以及安全组织展开横向合作，充分调动相关国家、组织或者集团的积极性和能动性，制定合作与协调政策，以他人之长补己之短，弥补北约在欧洲—大西洋周边地区危机处置中缺乏综合能力的不足。

　　第三，在处置欧洲—大西洋周边地区危机中，北约不断探索最适合自身安全利益的方法和手段，这些方法和手段有助于北约持续推进其安全目标。这些方法包括：（1）对竞争对手采取相对功利的做法，竭力抑制和打压力量较弱的竞争方，而对力量强大的竞争方则采取相对缓和的态度和措施，始终将危机处置行动置于可控范围内。（2）全力缩小非典型安全危机的影响，使之尽可能避免浸染意识形态色彩，去除任何有可能影响北约与华约军事对峙的意识形态因素，使非典型安全危机尽可能远离典型性安全危机，避免在处置危机的过程中将冲突的任何一方推向苏联或者华约。（3）鉴于许多非传统安全危机的背景极为复杂，在客观上不可能在短期内迅速解决，因此北约根据处置各种危机的难易程度，以及与北大西洋区域安全建构的远近程度，按

───────────

　　① Sergio A. Rossi, "NATO's Southern Flank, and Mediterranean Security", in H. F. Zei-ner-Gundersen, Sergio A. Possi, Marcel C. Daniel, Gael D. Tarieton, Milan Vego, *NATO's Maritime Flanks: Problems and Prospects*, Washington, D. C. : Pergamon-Brassey's International Defense Publishers, 1987, p. 50.

照从难就易的处置原则，采取不同的应对态度、介入深度以及管控方式等。

鉴于欧洲—大西洋周边地区各种矛盾纷繁复杂，多如牛毛，北约在客观上不可能也无力处置所有危机，因此，北约还是将欧洲—大西洋周边地区的危机分为若干类，按照其与北约安全利益的远近亲疏，确定了基本的危机处置原则，即：强调北约危机处置能力不是无限的，其域外干预行动必须具有某种优选性；强调北约危机处置的目标是多元的，核心是确保北约政治与安全利益最大化；强调北约危机处置的关联性和功利性，即全面协调北约危机处置所涉及的各方利益。

从表面上看，北约在冷战时期似乎从未有过完整和圆满处置欧洲—大西洋周边地区安全危机的成功例证，而且对许多安全危机的成功处置实际上亦非经由北约之手完成，许多安全危机大多通过自愈方式得到解决。从冷战开始直到冷战结束，欧洲—大西洋周边地区危机可谓持续不断，但北约真正亲身参与其中或者真正采取重大措施的案例堪称屈指可数，仅有的几次深度介入行动不是直接相关北约的政治与安全利益，就是间接关系到北大西洋区域安全建构。但是一个不容否认的基本事实就是，不论这些安全危机所涉及范围大小，亦不论它们所涉及关联方有多少，实际上并未真正阻碍北大西洋区域安全建构。从这个意义上讲，北约不论是通过直接方式还是间接方式，均在一定程度上实现了既彰显国际影响又避免其现实利益受损的目标。

总之，北约对欧洲—大西洋周边地区危机的处置行动，已构成北约政治与安全战略的一个重要组成部分，亦成为北约发展跨大西洋集体安全架构的一项重要内容。在理论上，北约的每一次危机处置都助力于压制各种敌对性或异质性力量，重新调整其在不同地区的力量分布，使欧洲—大西洋周边地区的安全态势朝有利于北约的方向发展。"在大多数北约—地中海国家中，已经出现了非常明显的稳定趋势。如果我们将1970年代晚期1980年代早期的政治形势与现在相比较，就会发现可以逐步解决葡萄牙、西班牙以及土耳其之间相当严峻形势的好方法。"①

　　但是在实践中，北约对欧洲—大西洋周边地区危机的处置政策及其行动实际上并不理想，因为北约在大多数危机处置中的存在感与展示度都相当有限。更进一步，北约对欧洲—大西洋周边地区各种危机所坚持的立场及处置方法，实际上都留下程度不等的后遗症，许多旧的安全危机尚未完全解决，却又产生了许多新矛盾与利益冲突。就此而言，北约对欧洲—大西洋周边地区危机的处置，在理论和实践上都须进一步优化，以便更好适应国际与区域安全形势变化的需要。

　　事实上，北约在处置欧洲—大西洋周边地区危机上展示出特有的立场与态度，一直延续到冷战结束。北约在处置危机中的低能和低效亦在很大程度上为冷战后北约进一步优化其政策埋下了伏笔。例如，在冷战后对欧洲—大西洋周边地区危机处置，北约对其处置行动展开进一步优选，以此提高其处置效果。许多欧美国家学者认为，这是避免北约出现内部分裂，确保北约谋求最大安全利益的最佳选择。"假使北约盟国被迫推动欧洲地区以外的责任又将会怎么样？假使美国决定北约不涉足类似索马里或卢旺达这样的地方又将会怎么样？美国的利益不会进一步深化，因此这会导致美国向北约提出了一份最后通牒——不是离开就是撤出。"② 但北约在处置行动中谋求北约安全利益最大化的这一基本目标始终未变。

　　① Sergio A. Rossi, "NATO's Southern Flank, and Mediterranean Security", in H. F. Zeiner-Gundersen, Sergio A. Possi, Marcel C. Daniel, Gael D. Tarieton, Milan Vego, *NATO's Maritime Flanks*: *Problems and Prospects*, Washington, D. C.: Pergamon-Brassey's International Defense Publishers, 1987, p. 72.

　　② Drew S. Nelson, "Post-Cold War American Leadership in NATO", in Kenneth W. Thompson ed. , *NATO and the Challenging World Order*: *An Appraisal by Scholars and Policymakers*, Lanham, MD and London: University Press of America, 1996, p. 13.

第五节　北约与亚洲安全秩序建构

一　北约涉足亚洲的战略构想

众所周知，北约在冷战时期一直将北大西洋区域视为防御核心地带，但这不等于北约不重视世界其他地区。事实上，从 1970 年代至 1980 年代开始，随着欧洲政治与安全形势逐渐趋于稳定，北约开始扩大其政治与安全视野，将防御安全视野扩大到北大西洋区域以外地区，更多关注世界范围内许多政治敏感区域与战略核心区域。由于 1970 年代至 1980 年代亚太地区经济发展迅猛，亚洲整体影响明显上升，亚洲在全球事务中的地位不断提升，进而注定亚洲在国际舞台上发挥的作用越来越重要。反过来，亚洲安全形势的变化必然又会对北大西洋区域安全秩序建构产生重大影响。

对于亚洲崛起，西方政界与学界的态度极为矛盾，既无法否定亚洲崛起这一客观事实，又不甘心让美欧各国在未来国际战略格局中只能充当陪衬角色。许多北约成员国将北大西洋区域称之为未来制衡亚洲崛起、保持世界稳定的一个"稳定器"。"'稳定器观点'同时是描述性的、说明性的、理论上的，它注定会引起反响，就像其支持者所认可的那样：他们必须使其理念与流行的风气针锋相对，这种风气是一种时尚典范：即将亚洲的崛起当成 21 世纪的主要特征。"[1]

为了扩大北约在北大西洋区域以外地区的影响，北约在其政治与安全战略中开始更多关注亚洲，虽然在其战略安排上尚不足以将亚洲与北大西洋区域安全秩序建构等量齐观，但北约已将亚洲某些重大战略地区逐渐纳入北大西洋区域安全秩序建构的整体考量中，将这些地区当作北约涉足国际安全秩序建设的一个重要步骤。美国芝加哥大学教授约翰·米尔斯海默（John J. Mearsheimer）就曾在其代表作《大国

---

[1]　Erwan Lagadec, *Transatlantic Relations in the 21st Century*, *Europe*, *America and the Rise of the Rest*, London and New York: Routledge, 2012, p. 58.

政治的悲剧》（*The Tragedy of the Great Power Politics*，New York and London：W. W. Norton & Company，2002）中坚持认为："（国家）由于害怕彼此，或者基于以其他国家为代价以便有机会持续获得权力，它们正在为获取最大化权力而展开竞争。"①

正是为了在北大西洋区域以外地区获得更多发言权，获取更多所谓的附带性政治利益，北约开始大用特用其政治与安全话语，规划并参与亚洲安全秩序建构，展开越来越多的政治与安全实践，以求影响亚洲安全秩序建构方向，使之朝着有利于北约政治与安全利益最大化的方向发展。

北约的目标很明确，就是通过有效影响并掌控亚洲的重大战略区域，使之更有利于北大西洋区域安全秩序建构，确保北约能够在国际安全秩序中占据最佳地位。很明显，不管其自身是否承认，北约实际上将影响并干预亚洲安全秩序建设，当作深化其政治与安全战略的又一个新增长点。就像北约前秘书长夏侯雅伯（Jaap de Hoop Scheffer）后来强调的那样："我们需要确保与那些能够并且愿意帮助我们捍卫共同价值观的国家，建立尽可能最紧密的伙伴关系。据我所知，此举意味着除欧洲以外，北约还需与那些抱有相同想法的其他国家共同建立一种最密切的伙伴关系，例如澳大利亚、新西兰、韩国和日本。北约不是世界警察，但我们拥有数量渐多的全球伙伴国。"②

贯穿整个冷战时期，亚洲一直是美苏双方在欧洲以外地区展开冷战斗争的另一个重要战场，但是由于美苏冷战斗争的重心一直集中在西半球，特别是欧洲。因此，亚洲政治与安全建构始终未能显示出独立存在，而是掩盖在东西方冷战格局的起伏与动静之间。然而，亚洲旧的国家冲突、民族矛盾、疆土纠纷、政治分歧、宗教纷争、地缘竞

---

① John J. Mearsheimer，*The Tragedy of the Great Power Politics*，New York：W. W. Norton & Company，2001，p. 5.

② "NATO Secretary General Jaap de Hoop Scheffer's Speech at the 42nd Munich Conference on Security Policy"，4 February 2006，http：//www. nato. int/docu/speech/2006/s060204a. htm.，2017 年 3 月 10 日。

争等积弊依旧，这使亚洲的政治、经济、社会与文化发展呈现较大的不确定性，尤其是亚洲许多地区或国家形势极不稳定。例如，在中东地区，巴以冲突持续经年，难以化解，而犹太民族与阿拉伯人之间的矛盾更是盘根错节，双方的冲突与碰撞比比皆是。在东亚地区，70多年来朝鲜半岛始终处于分裂状态，美国与朝鲜一直处于完全对立状态。在东南亚地区，受越南战争影响，美国与印度支那各国相互猜疑，各方矛盾重重。在中亚地区，苏联悍然入侵阿富汗，阿富汗出现大规模游击战争。

鉴于亚洲地域辽阔，民族国家众多，各自的政治体制、经济潜力、历史背景、宗教信仰、文化思想等大相径庭，北约无法使其政治、经济以及安全力量进入亚洲，只能按其战略偏好、利益倾向以及自我需求等，不同程度介入亚洲不同地区与国家，这些地区与国家或者在亚洲的地缘战略地位比较突出，或者与北约有重大利益关联，或者与北约各成员国有共同的价值观，或者与未来亚洲安全体系构建有重大关联。事实上，北约在介入战后亚洲安全秩序建构的过程中逐渐形成一些基本规则：北约有选择介入亚洲安全秩序建构，按照先急后缓的顺序展开，对那些事关北大西洋区域安全利益的重要地区，以渐进方式和多样方式介入亚洲安全秩序建构，强调政治与军事并举，局部与整体兼顾，对话与干涉同行。另外，北约也非常注重与亚洲盟国展开多方合作，强调以北约政治与安全利益为核心，使盟国的地缘位置、安全资源、武装力量、经济实力等均能为己所用，最大程度直接或间接服务于北大西洋区域安全目标。

在上述原则指导下，北约主要选择三个地区作为介入亚洲安全秩序架构的入口：东亚、东南亚以及西亚。上述地区或者拥有重要的地缘战略地位，或者与北约的政治、经济与安全利益有重大关联。北约对上述三个地区的染指和渗入，在方式、时间、深度、方向、重点等多个方面并不同步。其中，北约对有些地区直接实施军事干预，对有些地区的国家则以谈判和对话为主，强调协商合作；对有些地区的国家则订立双边军事条约，建立军事合作组织；等等。

另外，北约在不同地区的介入深度亦各不相同，有的介入程度相当深入，并不局限于军事领域，实际上还扩大到政治、经济、社会、文化、意识形态等各个领域，有的则浅尝辄止，仅仅体现为一些军事行动。最后，北约介入亚洲不同地区的时间点、时段以及频率亦不相同，有的持续经年，几经反复，有的刚刚起步，方兴未艾，有的正处于进行中，从形式到内容都存在变数。总体而言，北约对亚洲不同地区安全秩序建构的介入，固然有北约对自身安全利益的诸多思考与设计，但同样也离不开各个地区内部各国在各自区域安全秩序建构的自有规则与发展轨迹，很明显，后者在连接北约与亚洲安全秩序建构中所发挥的作用丝毫不逊于前者。

二　北约成员国在亚太区域构建安全体系

事实上，北约在亚洲安全秩序建构中介入不同地区，虽然在大方向上力争保持一致，但是具体对每个地区或国家而言，北约的战略期许并不一致。这主要表现在，在中亚地区，北约保持了一定的战略关注度，这既源于东亚在整个亚洲安全秩序建构中的战略地位相对突出，同时也源于北约在该地区有比较多的战略诉求。北约在冷战时期介入亚洲安全事务的行动，大都比较被动，主要着眼于抑制苏联在亚洲的侵略和扩张。为此，北约大多以单个成员国为单位，选择性介入亚洲安全事务。

在东亚地区，1950 年 6 月，朝鲜战争爆发。美国政府从其全球战略和冷战思维出发，做出武装干涉朝鲜内政的决定。美国还操纵联合国安全理事会通过决议，组成以美国军队为主，英法等 15 个国家少量部队参加的"联合国军"，扩大朝鲜战争，中国人民坚决反对。美国飞机甚至多次侵入中国领空，轰炸丹东地区，战火烧到鸭绿江边。1950 年 10 月 8 日，朝鲜政府请求中国出兵援助。中国应朝鲜政府的请求，作出"抗美援朝、保家卫国"的决策，迅速组成中国人民志愿军入朝参战，拉开了抗美援朝战争的序幕。中美双方在朝鲜半岛直接交战，东亚地区形势发生重大转变。① 为了孤立中国，同时也为了防堵苏联南下太平洋，美国开始大规模建立双边军事联盟，通过军事联合方式维持其在东亚地区的影响。1951 年 9 月 8 日，美日双方共同订立 "相互安全条约"——《日美安全保障条约》（Treaty of Security and Safeguard Between Japan and United States，简称 TSSJUS）。"鉴于'和平条约'与'相互安全条约'生效，日本授权、美国也同意在日本及其周边地区部署美国陆军、海军以及空军。这些武装力量可能被用于维持远东的国际和平与安全，防范日本受到外来的武装攻击，也包括应日本政府邀请，负责镇压日本国内由于外来某个国家或多个国家教唆和干涉而引起的大规模暴乱。"② 1953 年 10 月 1 日，美国与南朝鲜签署《美韩共同防御协定》（South Korea-US Mutual defense treaty），建立 "美韩双边安全联合模式"。

美国介入东亚安全事务，得到大多数欧洲盟国的积极支持，从朝鲜战争爆发到美国组织 "联合国军" 可见一斑。而且，美国与东亚地区多个国家或地区订立一系列军事联盟条约，着力构建一种多重安全联盟，实际上就是北约集体防御方针的再现，集中体现了北约政治与安全战略的精髓，体现了北约的冷战化价值观与世界观。

在东南亚地区，北约仍然以单个成员国介入的方式插手东南亚事务。早在 1946 年 7 月 4 日，美国就与刚刚独立的菲律宾签署《美菲关系条约》（US-Philippines Relations Treaty，简称 USPRT）和《美菲贸易问题与其他问题协定》。此后，双方又签订《美菲关于军事基地

---

① 中共中央党史和文献研究室：《中国共产党的一百年》，中共党史出版社 2022 年版，第 366、367 页。

② "Security Treaty Between the United States and Japan：September 8，1951"，*American Foreign Policy 1950 – 1955*：Basic Documents Volumes I and II，Department of State Publication 6446，Washington，DC.：GPO，1957，http：//avalon. law. edu/20th_ century/japan001. asp. 转引自 Panagiotis Dimitrakis，*Failed Alliances of the Cold War*，Britain's Strategy and Ambitions in *Asia and the Middle East*，London and New York：I. B. Tauris & Co Ltd，2012，p. 17.

的协定》（The Agreement on Military Bases in Philippines between US and Philippines）。1950 年 10 月 17 日，美国和泰国签署《美泰共同防御援助协定》（Treaty of Mutual defense between US and Thailand）。1951 年 9 月 1 日，美国与澳大利亚、新西兰签署《澳新美安全条约》（Australia，New Zealand，United States Security Treaty，简称 ANZUS），在西太平洋地区建立首个冷战军事组织——"太平洋共同体"（Asia-Pacific Community）。该组织在表现形式、指导方针、安全实践等各个方面都竭力模仿北约，俨然成为一个"太平洋版北约"。"'亚洲第一'小组的存在，产生了进一步影响，因为它们认定：美国的未来更多取决于亚洲事件的进展，而并非取决于欧洲（发生）的事件。"①

不仅如此，1952 年 1 月 5 日，印度尼西亚与美国签署双边安全条约，提出双方将充分利用政治、经济、人力以及自然资源，发展防御安全力量，确保地区安全，美国将承担保证条约责任的义务。1954 年 9 月 8 日，美国联合英国、法国、澳大利亚、新西兰、巴基斯坦、泰国、菲律宾等国，共同签署《东南亚集体防务条约》[（South-East Asia Collective Defence Treaty），又称《马尼拉条约》（Manila Treaty）]，正式缔结为"东南亚条约组织"（Southeast Asia Treaty Organization，简称 SEATO）。"通过在东南亚地区组织一个区域性防御联盟，艾森豪威尔政府希望能够与盟国共同抵抗侵略。"②

无独有偶，英国作为北约的重要成员国，同样积极插手东南亚事务。1957 年 10 月 12 日，马来亚联邦与英国共同签署《英马对外防御和互相援助协定》（Anglo-Malaysian Defense and Mutual Assistance Agreement，简称 AMDMAA），商定马来亚的领土安全与军事防御问题，英国继续保持其在马来亚的军事驻军与基地。1963 年，在马来西亚联

---

① Jennifer Medcalf, *Going Global or Going Nowhere ? NATO's Role in Contemporary International Security*, Bern：Peter Lang, 2008, p. 32.

② Melvyn P. Leffler, *For the Soul of Mankind*, *The United States*, *The Soviet union*, *and The Cold War*, New York：Hill and Wang, A division of Farrar, Straus and Giroux, 2007, p. 145.

邦建立后，该协议更名《英国—马来西亚防务协定》（Anglo-Malaysian Defense Agreement，简称 AMDA），使双方共同防务地区将沙巴、沙捞越和新加坡等包括在内。1971 年 4 月 15—16 日，英国、澳大利亚、新西兰、新加坡、马来西亚签订《五国防御协定》（Five Power Defense Arrangement，简称 FPDA）。该条约明确规定，英国、澳大利亚、新西兰可以在新加坡与马来西亚驻军，在两国面对武装威胁与侵略时，五国将展开协商，以单独或集体防御展开反击，五国将建立统一的防御体系、联合协商委员会、联合指挥部以及联合部队。

显而易见，美国、英国在东南亚地区订立的上述各项军事条约，客观上使每一个应用而生的安全组织都变成缩小版"北约"。换句话说，这些大小不等的安全组织客观上构成北约政治与安全战略在东南亚地区的扩展，因为这些防御安全条约为美、英等北约成员国插手东南亚安全事务提供了法理依据，间接扩大了北约在政治、经济、军事、文化以及意识形态等方面的影响。

在西亚地区，1955 年 2 月 24 日，在英国推动下，伊拉克和土耳其签订《伊拉克与土耳其互助合作公约》（Convention on Mutual Assistance and Cooperation between Iraq and Turkey，简称 CMACIT）之后，英国、巴基斯坦、伊朗等国先后入盟。12 月，中东地区首个军事同盟——"巴格达条约组织"（Baghdad Pact）正式宣告成立。[①] 该组织提出，缔约国将为实现中东地区和平与稳定而持续推进防御安全合作，而且该组织实行开放式发展政策，对其他国家一律敞开大门。

不可否认，美、英等国订立的上述军事条约，确实使北约或者美、英等国在把控亚洲安全秩序建构的方向上发挥了作用，但是这种作用并不稳定，因为它们忽视了亚洲民族国家自身在安全秩序建构中的角色。因此，这就注定北约及其成员国在冷战时期对亚洲安全秩序的介入行动不可能取得圆满效果。

---

① 1959 年 3 月，伊拉克退出"巴格达条约组织"，该组织于 8 月正式改称"中央条约国组织"（Central Treaty Organization，简称 CENTO）。

这种负面效果表现在：其一，不论其是否愿意，北约及其成员国在亚洲背上沉重包袱。美国学者斯蒂芬·沃尔特（Stephen M. Walt）曾对此总结到："'条约癖'是一个词汇，意思是美国在朝鲜战争期间及战后，为了遏制苏联，在亚洲和中东地区鼓励组建一系列反共产主义联盟。"① 很明显，不仅美国是这种"条约癖"的受害者，而且北约也是受害者。美国著名新闻评论家沃尔特·李普曼（Walter Lippmann）也曾就此提出批评，"事实往往是，它们按照自己的逻辑和判断行事，让我们面对并不想要的既定事实，或者是毫无准备的危机。这些'牢不可破的屏障'会使我们不时地陷入无法解决的困境。最终我们要么不信任这些盟友——那意味着绥靖、失败和屈辱；要么在一些我们不愿看到、接受或者不想要的问题上不计代价地支持它们……牢不可破的屏障是弱小的，弱小的盟国不是价值而是负担"②。

其二，北约及其成员国精心构建的亚洲安全秩序并不稳定，而且给亚洲新兴民族国家及其人民带来太多消极影响。毫无例外，北约及其成员国虽然劳师糜饷，花费浩大，但它们在亚洲安全秩序中的种种安排最终都被淘汰，而且给东亚、东南亚与西亚等地区留下严重的后遗症，使这些地区成为东西方冷战斗争烈度最大、牺牲最多、矛盾与冲突最激烈的地区，直到今天，这些地区仍然无法摆脱这些历史遗留的负面影响。其中的根本原因就在于，北约及其成员国在亚洲推行的政治与安全战略，既打破了上述地区旧有的政治与安全平衡，在整体上削弱了上述地区维持和平与稳定的安全能力，又未能建立起适合这些地区发展和长治久安的新平衡。"西亚北非各国政府所理解和体验的'安全'，要比西方的理解更加包罗万象，统治长达数百年的权威人士以及强势政府，确立了部落社会的传统，导致某种保守政策，即

---

① Stephen M. Walt, *The Origins of Alliances*, London and Ithaca：Cornell University Press，1987，p. 3.

② Walter Lippmann, *The Cold War：A Study in U. S. Foreign Policy*, First Edition, New York：Harper，1947，pp. 14 – 17. 转引自戴超武主编《亚洲冷战史研究》，东方出版中心2016 年版，第 205 页。

经常表现为很少质疑政府控制，而这对西方观察家来说似乎并不合理。"①

一直到冷战结束，世界关于建立"亚洲版北约"的呼声始终不绝于耳，尤其在近年来这种呼声更是甚嚣尘上。但从历史的经验看，北约在亚洲大肆扩展其势力范围，或者在亚洲创立类似北约的军事联盟，这种做法在现实中根本行不通。因为这一设想俨然沿袭了旧的冷战思维，继承了冷战时期的军事对抗模式，这种做法不仅是在重蹈冷战历史覆辙，而且在冷战后世界范围的经济一体化、政治民主化、社会公平化大潮中显然是逆势而为，不仅脱离世界各国谋求和平与发展的现实需要，而且也远离亚洲在政治、安全以及社会等领域不断发展与进步的现实需要，注定不可能成功。

---

① Grey E. Burkart and Susan Older, *The Information Revolution in the Middle East and North Africa*, Santa Monica: Rand, 2003, p. 41.

第七章　北约政治与安全战略的矛盾、困境以及错位

第一节　北约政治与安全战略的认知错位与困境

一　北约遭遇战略难题

在我们看来，北约是战后初期国际冷战斗争的产物，它既是美欧各国为对抗苏联与东欧社会主义国家而创立的防御安全组织，实际上也是美欧各国处心积虑夺取冷战优势的得力工具。因此，在东西方冷战对抗中谋求战略优势，最大限度分化、瓦解并且弱化华约，一直是北约政治战略的核心目标。与此同时，实现北大西洋区域有效防御，为北约攫取最大化安全利益，一直是北约安全战略的基本定位。贯穿整个冷战时期，北约政治与安全战略锁定的上述目标已成为北约谋求生存与发展的重要支撑，不仅如此，这一战略目标还一直延续到冷战结束。

从表面上看，北约对其政治与安全战略所做的基本认定，不仅符合北约自身的政治与安全特性，而且也符合国际冷战斗争的基本需要，但在事实上，北约上述战略定位却隐含着许多问题。"北约的部分问题是逻辑上的，联盟与盟国的条款看上去是公开和无限的，事实上北约的定义却非常狭窄。"① 许多问题因为所涉及的层面、领域以及

---

① Theodore Draper, "The Phantom Alliance", in Robert W. Tucker and Linda Wrigley, eds. , *The Atlantic Alliance and its Critics*, New York: Praeger, 1983, p. 3.

对象相对较多，因而既无法将其归纳为单纯的安全问题，也不能简单定义为纯军事与政治问题；许多问题不仅无法为其他安全组织或者国家所理解，即使北约自身亦很难给出确定无疑的答案。北约就许多问题的应对与处置实际上已经超出自身能力所能应对的范围，而且超出美苏冷战斗争的范畴，这一局面一直延续到冷战结束。

北约在冷战时期曾遇到来自多个方面的安全挑战，处境尴尬，从表面上看，这好像为冷战时期国际政治与安全环境所致，但在事实上却与这一时期北约政治与安全战略的认知错位直接相关。按照美国学者西摩·魏斯（Seymour Weiss）和肯尼斯·阿德尔曼（Kenneth Adelman）的观点："在我们看来，真相相当简单，即北约当前的问题在本质上基本上还是政治问题和社会问题，虽然带来许多经济和军事维度，除非有人注意到这些潜在的问题，人们不太可能设想到解决这些问题的方向。"① 北约政治与安全战略出现错位，使北约的存在与发展处境欠佳，而这一困难局面又由于国际安全环境日趋复杂化而持续加剧。

北约政治与安全战略不是一个平面概念，而是一个立体概念，这一战略认知始终处于不断发展和变动中。就北约政治与安全战略所涉及的层面而言，大致包含思想和实践两个层面，两者既相互区别，又互相联系；就其内涵而言，则涉及政治、军事、经济、思想、文化与意识形态等多个领域；就地域范围而言，虽然北约立足于北大西洋区域，但其活动也延展北大西洋区域以外地区等。由此可见，北约政治与安全战略涉及如此多层面，涉猎如此多领域，交汇于不同范围，这使北约政治与安全战略不得不面临极为复杂的国际或者区域安全环境，同样也意味着北约不得不将担负更繁多、更复杂的任务，许多任务实际上已超出北约能力之外。

---

① Seymour Weiss, Kenneth Adelman, "Healing NATO: Quick Fixes are not Enough", in David S. Yost ed., *NATO's Strategic Options*, *Arms Control and Defense*, New York and Oxford: Pergamon Press, 1981, p. 217.

北约政治与安全战略在认知层面的错位，使北约不得不面临重重难题，这些难题有的已然为北约有效处置，有的始终未能解决，甚至一直延迟至冷战结束。就像一些欧美学者所诟病的那样："通常在1950年代和1960年代，北约的批评者们指责北约内部缺乏政策共识。许多问题仍然与今天我们争论的问题一样，例如核武器扮演的角色、西欧国家的常规武装力量对其自身防御的贡献、域外问题等。"① 很显然，北约无法靠自身摆脱这种错位。

二 北约政治与安全战略错位的基本表现

可以肯定的是，北约政治与安全战略的错位与难题，在冷战时期一直影响和掣肘北约战略及其活动走势，也影响到冷战后北约对新政治与安全战略的打造。从总体上看，北约政治与安全战略的认知错位大致可概括为以下几个方面。

第一，北约政治与安全战略的认知错位表现为其基本定位失准，这是北约在欧洲政治与安全舞台上屡遇阻碍、无法达成目标的重要原因所在。诚如上文所言，美欧各国领导人在创建北约之初，只是非常笼统地将其定位为防御安全组织，将北大西洋区域确定为北约防御安全的核心地带，将跨大西洋关系定位为美国向欧洲盟国提供安全保护等。"从根源上看，北约堪为一个不太正式的组织。"② 因为按照《联合国宪章》相关规定，联合国是维护战后国际安全秩序规模最大、最具代表性的国际组织，任何与联合国安全原则与规则相异或者相抵触的势力范围与区域安全组织，实际上都不具备充分的法理基础。北约虽然在名义上符合《联合国宪章》第52、53条款规定，但实际上却成为以联合国为主导的国际安全体系中的"法外之地"，这已经对联

---

① Keith A. Dunn, *In Defense of NATO*, *The Alliance's Enduring Value*, Boulder, San Francisco, & London: Westview Press, 1990, p. 15.

② Ryan C. Hendrickson, *Diplomacy and War at NATO*, *The Secretary General and Military Action after the Cold War*, Columbia and London: University of Missouri Press, 2006, p. 13.

合国在国际事务中的政治与安全权威构成挑战。鉴于北约与联合国的政治与安全诉求相差迥异，因此，北约客观上既要尊崇联合国的相关规章制度，在联合国授权下推进其政治与安全实践，同时又要在国际安全秩序中体现北约政治与安全利益的特殊性、军事行动的独立性。这种自相矛盾的认知错位，导致北约不仅无法真正融入以联合国为中心的国际安全体系，而且只能在国际或区域政治与安全事务上画地为牢，自我孤立。德国波鸿鲁尔大学教授古斯塔夫·施密特（Gustav Schmidt）直接将北约视为庸人自扰之举。① 事实上，北约设计的初衷在于，防范苏联与华约对北大西洋区域的军事入侵，但这种军事入侵危险实际上并不存在，并非迫在眉睫。与之相对应，华约的战略目标同样是防范北约发动军事进攻，而这种危险实际上也不存在。因此，不论是北约或是华约，其存在与发展实际上都一直处于逻辑悖论中，这是北约战略认知错位的根源。

事实上，单靠北约自身的力量，并不足以构建稳定的北大西洋区域安全秩序，进言之，更不可能建立欧洲—大西洋区域安全秩序，即使北约略有所成，亦不可能长久维持。不仅如此，仅凭北约一己之力，同样也无法建立行之有效的跨大西洋集体安全架构，而且，北约向其成员国提供的安全保护实际上也相当有限，这在美苏冷战斗争中已经得到充分证明。北约各成员国的国土安全既须倚重北约，同样也离不开本国的防御安全政策。就此而言，要想真正建构有效的北大西洋区域安全秩序，不仅要进一步稳固现有的国际安全体系及其规则，而不是对其肆意破坏，还需以联合国为代表的各种国际或区域组织的积极支持和配合。北约只顾及北大西洋区域安全秩序而忽略其他的做法，无异于缘木求鱼，舍本逐末，因此注定不可能取得成功。

---

① Gustav Schmidt, at the Conference "Cooperative Security in East and Southeast Asia: Learning from History to Meet Future Challenge", Beijing, April 17 – 18, 2009. 转引自 ［美］沃伊切克·马斯特尼、朱立群主编《冷战的历史遗产：对安全、合作与冲突的透视》，聂文娟、樊超译，社会科学文献出版社 2015 年版，第 118 页。

第二，北约的战略认知错位还表现在所依据逻辑与思维出现不当混合和折中。北约虽然一再声称自己为军事联合组织，但其主导的战略方针更像一种政治逻辑，而非单纯的军事逻辑或者安全逻辑。尽管北约一直声称以保卫北大西洋区域安全为目标，其安全战略直接服务于北大西洋区域安全秩序建构，同时也施用于美国对苏冷战政治与安全目标。北约与华约军事对抗看似是东西方两大阵营之间的军事对抗，实质上却是美苏双方在政治、军事以及安全等方面的较量。因此，北约各成员国的防御安全需求被严重异化，不仅被打上各种政治标签，还要服从于空洞无物、遥远无期的冷战目标。"在北约创立的最初两年，北约更像是一种政治上的努力，而不是一种军事上的努力。"① 这种状况一直贯穿东西方冷战斗争全程，虽然北约在冷战期间一再调整其政治与安全战略，在思想、理论、方法以及程序等各方面不断强化针对性和准确性，但却始终无法彻底摆脱最原始、最初级的冷战政治逻辑。

　　正是在其混合逻辑的主导下，北约不仅将自身的战略方针、指导思想以及行为方式披上冷战政治外衣，使其防御安全目标屈从于冷战政治的需要。不仅如此，北约对竞争对手政策与行动所做的任何判断，都会求助于某种折中式的冷战思维模式；这导致北约的认知、行动以及博弈方式等不可避免会带有强烈的先验论色彩，不仅难以反映竞争对手的真实情况，也无法全面且真实地反映欧洲政治与安全状况，更无法助力北约制定有效的政治与安全战略，并在此基础上采取有效的针对措施。与北约战略认知的故步自封相比，战后国际政治、经济、社会、文化以及科技发展与进步，实际上并非为冷战政治逻辑所驱动，而是为世界文明发展的内在逻辑与规律所使然。北约以冷战化思想、方法、逻辑以及理论为主导，制定并完善自身的政治与安全战略，审视并且判断国际或者欧洲安全变化之势，这种做法可谓舍本

---

　　① Andreas Etges, "Western Europe", in Richard H. Immerman and Petra Goedde, eds., *The Oxford Handbook of The Cold War*, Oxford: Oxford University Press, 2013, p. 162.

逐末，注定不可能行得通。

第三，北约战略认知错位的第三种表现就是其思维方式与心理感知存在矛盾。北约在心理上始终认定自己在军事上弱于华约，但在政治与意识形态上则强于华约。北约一贯自我标榜倡导以"民主、自由、平等"理念为核心的普世价值观，但亦常常突出北约及其成员国的特殊利益诉求。在对待苏联与华约的态度这一问题上，北约的思维方式充满矛盾，有时竭力渲染并且故意夸大对方的侵略性与对抗性，并将此视为激励各成员国斗志、持续强化北约军事力量的借口；有时则认定对方日渐式微，行将就木，从而在政治、经济、文化、思想以及意识形态领域竭力突出北约的优势。这种飘忽多变的心理感知、抑己扬敌或者贬敌自夸的矛盾思维以及话语方式，在很大程度上造成北约政治与安全战略一直变动和调整，持续出现认知错位。

三　北约战略认知错位的消极结果

正是在这种心理感知与矛盾思维的作用下，北约常常误判欧洲冷战斗争的基本走势，而且对苏联与华约的政治与军事意图屡屡出现误断。英国布拉德福德大学教授杰拉德·霍顿（Gerard Holden）曾对苏联与华约的军事意图做出几种评判，这些观点在北约及其成员国中颇具代表性。"（1）入侵和占领西欧，或者威胁实施侵略，以便在西欧扩展影响（使西欧趋向'芬兰化'）；（2）通过威胁对西欧实施报复性入侵，防止美国对苏联发动攻击；（3）打消西德与其他西方国家干预东欧的企图；（4）保持对东欧的控制，加强勃列日涅夫主义（Brezhnev Doctrine）；（5）保持纯粹的惯性，即按照惯例强调苏联政治体系的军事力量与进攻相结合。"①

---

① Gerard Holden，"'New Thinking' and Defensive Defense: The Foreign and Domestic Policy Contexts of Gorbachev's UN Initiative"，*Peace Studies Briefing*，No. 37，Bradford: Department of Peace Studies，University of Bradford，1989，p. 12. 转引自 Colin McInnes，*NATO's Changing Strategic Agenda*，*The Conventional Defence of Central Europe*，London: Unwin Hyman，1990，pp. 85 - 86.

在我们看来，杰拉德·霍顿的观点虽然在欧美国家极受推崇，但并非正确无误，他对苏联政治与军事意图的判断显然是错误的，过分高估了苏联与华约安全战略的"对抗性"与"侵略性"。这一观点充满了主观臆想与意识形态偏见，虽然不符合事实，但却符合北约的思维方式与心理感知，因此得以为北约及其成员国所普遍接受，最终成为北约冷战政治逻辑的基本认知前提。而且，随着苏联与华约安全战略及其实践出现种种失误，北约对苏联与华约的错误认知更是被推向极致。

　　正是由于北约战略思维、逻辑以及话语存在内在矛盾，导致北约对苏联与华约的战略判断一再出现失误，这不仅使北约政治与安全战略失之片面，无法保持恒定不变，而且也使北约的政治与安全实践缺乏实效。因此，北约既无法针对苏联与华约量身打造其政治与安全对策，亦无法确保其每一个危机处置方案既有效又高效。因此，针对国际冷战斗争中出现的许多紧急事件，例如柏林墙危机、伊朗革命、印巴战争、古巴导弹危机、两伊战争、苏联入侵阿富汗等，北约实际上并无有效的应对之策，在大多数情况下只能听任美苏双方按照自身需要处置危机。进言之，即使面对许多对世界安全格局具有重大影响的局部冲突，北约也只能作壁上观，无所作为。

　　许多美欧学者把北约悄然度过危机视为北约存在的意义之所在，"在历史上，北约安然度过了众多危机，例如 1956 年苏伊士运河危机（Suez Crisis）、1961 年柏林危机（The Second Berlin Crisis）、从 1967 年到 1972 年《曼斯菲尔德决议案》（Mansfield Amendments）、1973 年赎罪日战争（Yom Kippur War）、1978 年中子弹（Neutron Bomb）、1981 年天然气管线（事件）以及中程核武器部署，（此处）只是列举了几个。"[①] 但这种解释非常牵强，因为北约将其政治与安全实践蜷缩于北大西洋区域，甘愿充当普通的区域安全组织，上述危机实际上既

----

　　① Keith A. Dunn, *In Defense of NATO*, *The Alliance's Enduring Value*, Boulder, San Francisco, & London: Westview Press, 1990, p. 14.

未涉及北大西洋区域，亦未触及北约的政治和安全利益，或者北约不愿承认它们已触犯其利益。可以想见，北约的这种消极态度以及只顾谋求自保的拙劣表现，显然并非其创立者之所愿。

基于北约在很多情况下表现欠佳，从而使欧洲大多数国家都认可了北约的"低效或无效存在"，以至于许多北约成员国一直对北约的存废与功用争论不休，这种争论可谓贯穿了整个冷战时期。北约某些成员国持肯定态度："不论对错，美国和欧洲出现不断强化的观点，即北约当前正处在历史演变中的一个关键时刻，北约（发展）在未来几年将是确定的。"[1] 但是也有许多成员国对其持否定态度："几年来，在美国与欧洲国家的关系中，改变了的环境已将大西洋联盟变成一种'正在消退的伙伴关系'。"[2] 但是，不论是肯定还是否定，北约及其各项政策始终处于争论和被质疑中，这实际上从另一个层面反映了北约战略认知错位已经造成严重困难。

总之，北约的战略认知错位给其留下深刻印记，使北约很难在短期内清除这一印记，更无法解决由于战略认知错位而给北约带来的种种难题。尽管北约在冷战时期为改变或者纠正这一认知错位而付出巨大努力，并且竭力试图解决这一认知错位所造成的诸多难题，但结果却始终难如人意。即使在冷战结束后，北约实际上也未能真正解决战略安全认知中的错位问题。虽然冷战一结束，北约就确立了新的战略发展方向，并且开启了战略转型，但这一新的战略方向亦未能完全清除掉北约战略认知错位留下的后遗症。对北约来说，北约战略认知错位堪称与生俱来，并非应景而生，它只能逐渐褪色，但不会绝尘而去。

虽然冷战后的北约已不甘作为一个简单的冷战军事联盟，逐渐转

---

① Pierre Lellouche, "Does NATO have a Future?", in Robert W. Tucker and Linda Wrigley, eds., *The Atlantic Alliance and its Critics*, New York: Praeger, 1983, p. 129.

② Simon Serfaty, "Atlantic Fantasies", *Washington Quarterly*, Vol. 5, Summer, 1982, pp. 74 – 81. 转引自 Robert W. Tucker and Linda Wrigley, eds., *The Atlantic Alliance and its Critics*, New York: Praeger, 1983, p. 95.

向一个集政治、军事、安全以及意识形态等多种功能于一体的综合安全共同体，其联盟建构的思想、理论以及现实基础都大大拓展。但由于北约受旧式政治逻辑的影响太深，以至于北约在冷战结束后的欧洲乃至国际安全秩序建构中一直进退失据，无法在国际政治与安全格局中找到应有的位置、正确的发展方向。

在很长时间，北约实际上一直抱残守缺，无法跳出旧式政治逻辑、思维以及话语的樊篱，以至于北约似乎一直热衷于寻找竞争对手，并在对抗性逻辑的指导下推进东扩与转型。虽然北约在名义上不再强调冷战化思维，但在实践中却仍不放弃对普世性价值观、世界观以及道德观的追求，甚至以此为基础推进欧洲安全秩序建构。北约上述做法无疑在一定程度上有助于纠正其战略认知错位，虽然给未来欧洲安全建构方向带来新的不确定性，但同时也给欧洲安全体系建构带来某种希望。

第二节　北约政治与安全战略的建设方向错位

一　北约政治与安全战略错位的根源

与北约战略认知错位相对应，北约政治与安全战略的功能也存在着严重的错位问题，这不仅表现在北约战略功能的初始设计、作用方向、后续影响等较大层面，而且也表现在非常具体的程序、方式、路径以及手段等具体层面。这些存在于不同层面的问题并非只是简单存留，而是深度作用于北约的政治安全实践，确保北约在应对外来危机时有较大的选择性，在处置内部危机时则表现得相当低调。对北约来说，北约能否解决其战略功能错位问题，能否解决由于战略功能错位而遇到的众多难题，直接关系到未来北约的发展前景。"如果北约无法使自己转变为西方国家政策的票据交易所，如果北约所代表的安全组织变得不再重要，我们就很难预测北约会有光明的未来。如果北约没有真正的内容和量级但却得以保留，北约的未来看起来就会是悲观的。"①

客观而言，北约政治与安全战略之所以出现严重的功能错位，首先得自北约战略认知错位，认知错位是导致功能错位的直接原因。然而，功能错位却并非认知错位催生的唯一结果。虽然两者紧密相连，但却并非亦步亦趋，越是随着北约持续发展，北约战略功能的错位就越明显。因此，北约政治与安全战略的功能错位，既是始于初始设计，但同样也源于北约在冷战中的政治与安全需要、军事实践，这种功能错位部分为北约的主观思想所使然，部分则源于客观政治环境。但是不管做何解读，北约战略功能错位始终相伴其发展历程，持续作用于北约政治与安全实践。虽然北约战略功能错位无法从根本上否定北约的作用与影响，但却对北约的存在、发展以及转型产生了巨大作用。

第一，北约的战略功能错位直接表现在北约对其功能定位始终模糊不清，初始功能设计始终保持多样化，强调一物多用，一专多能。在创建北约之初，美欧各国就将其设定为防御安全组织，这一基本定位堪为北约存在与发展的基础。北约也一直以向各成员国提供有效的安全保护、全力防护北大西洋区域为己任，其军事战略基本上围绕着这一目标展开。对此，北约首任秘书长伊思梅勋爵曾非常形象地描述到，创建北约的目标就是"留住美国、挡住俄国、压住德国"②。更准确地说，就是北约需要最有效地羁绊和钳制苏联与东欧各国，使其无法运用庞大的军事力量进攻北约及其成员国。"对北约来说，最主要的问题就是一旦欧洲发生重大冲突，如何阻止苏联实施其（军事）包抄。"③ 因

---

① S. I. P. van Compen, "The Future of NATO: An Insider's Perspective", in Lawrence S. Kaplan, Victor S. Papacsma, Mark R. Rubin, Ruth V. Young, eds., *NATO after forty years*, Wilmington, DE: A Scholarly Resources Inc., 1990, p. 251.

② Lord Ismay, "NATO the First Five Years, 1949 – 1954", 14 February 2001, http://www.nato.int/archives/1st5years/chapters/intro.htm, 2017 年 3 月 24 日。

③ Milan Vego, "The Soviet Envelopment Option in a NATO Contingency: Implications for Alliance Strategy", in H. F. Zeiner-Gundersen, Sergio A. Possi, Marcel C. Daniel, Gael D. Tarieton, Milan Vego, *NATO's Maritime Flanks: Problems and Prospects*, Washington, D. C.: Pergamon-Brassey's International Defense Publishers, 1987, p. 118.

此，北约政治与安全战略的初始功能，就是持续推进防御安全体系建设，构建有效的北大西洋区域安全秩序。乍看上去，北约的战略功能定位似乎非常合理，但实际情况却不尽然。

虽然北约在名义上是一个军事联盟，保卫北大西洋区域，但更重要的是，它还是一种政治联盟，因为美欧各国要借重北约整合各国政治资源，最大限度显示西方阵营反苏反共的政治意志和决心。"北约是一个旨在促进西方协调合作的机构，因此被确定为要实施多边联合。"① 不论北约是否承认，它都承担美欧各国抵御苏联和华约政治宣传、消解其分化政策等重要使命。很明显，推进美欧各国的冷战政治联合，已经成为北约的一种隐性战略功能，只不过这一战略功能相较前者更空泛。

不仅如此，北约还一直自我标榜为"西方自由共同体"，北约及其成员国都极为推崇所谓的普世价值、公民社会、法治精神、市场经济、民主与自由理念等，并试图在全世界推而广之，这构成北约又一项隐性战略功能，而这种以文化、思想与意识形态等软实力为主体的功能，相比北约的防御安全、政治联合等功能，目标要更大，而且更不容易把握。因此，北约的战略功能定位实际上存在政治维度与文化维度。"我们作为北大西洋共同体的人民，共同信奉基本人权、人的尊严与价值、民主原则、个人自由以及政治自由……我们相信，这些原则以及共同财富能够最大程度强化与维持北大西洋共同体人民的全部福祉，因为影响其和平、安全以及共同利益的合作安排而得到提升。"②

虽然北约在军事上强调"防御"，但在政治、文化与意识形态领

① Clay Clemens, "Changing Public Perceptions of NATO", in Emil J. Kirchner and James Sperling, eds., *The Federal Republic of Germany and NATO*, 40 *Years After*, London and Houndmills, Basingstoke: MacMillan, 1992, p. 46.

② "Text of Acheson Remarks", New York Times, 27 January 1949, 4 (A). 转引自 Sean Kay, *NATO and the Future of European Security*, Lanham, Boulder, New York, Oxford: Rowman & Littlefield Publishers, Inc., 1998, p. 30.

域却积极倡导进攻。在冷战时期，北约在其政治战略中积极鼓吹向苏联和东欧各国输出政治、文化与思想理念，竭力宣传"民主与自由"价值观，以普世价值、公民社会、法治精神、市场经济等理念，以此影响和浸润苏联与东欧各国。为此，北约一直不放弃在苏联与东欧各国之间制造障碍和隔阂，采取各种手段弱化苏联和东欧社会主义阵营的内在凝聚力，从根本上削弱苏联与东欧各国的政治团结。例如，在1950年代，北约各成员国故意在其所占领的西柏林，最大限度展示西方工业文明成果，包括政治民主、经济繁荣、科技进步、社会稳定以及高水准生活等，对包括东柏林在内的东德以及其他东欧国家政治拉拢，对其人民实施诱惑等。

北约战略功能的多元化，实际上使北约的战略方向、重点以及影响变得光怪陆离、斑驳多变，北约似乎同时在政治、军事、文化等多个领域着力于推进其使命，这种局面势必会造成北约战略功能严重错位。即北约虽然名为防御安全组织，但鉴于欧洲安全体系相对平稳，北约又绝少涉足国际危机与冲突，因此，北约的军事功能似乎并不突出。同样，鉴于国际冷战斗争具有的长时段、综合化、多领域等特点，所以北约在东西方冷战中所扮演的角色并不具体，相对虚化，北约既不是东西双方冷战斗争的主角，也不是承载和传播西方价值观与世界观的唯一平台，因此，北约的政治与文化功能同样也不够突出。总之，北约在战略功能上的严重错位，直接导致北约在欧洲乃至国际政治与安全舞台上长期处于弱势之态，无法保持强势之姿。

第二，北约战略功能错位还表现在其防御政策始终处于自相矛盾状态，即北约对实现防御安全目标的途径与方法始终不确定，对进攻态势与防御态势的界定不清楚，对使用核武器与常规武器的界限不明确等。就其表现形式看，北约虽一直强调构建北大西洋区域安全秩序，但是究竟通过何种方式实现其区域安全目标，北约并未在其政治与安全战略中明确说明。因此，北约特别强调建立并维持欧洲"缓和"局面，强调通过政治对话、协商以及合作方式实现"缓和"。与此同时，北约也极力强调建立强大的军事力量，在此基础上对苏联与华约实施"威慑"，使之惮于发动军事进攻。

但不幸的是，在与华约的军事力量对比中，北约似乎一直处于下风，在战略或战术层面都难有优势可言。即便如此，北约也还是把"威慑"当作其防御政策的重点，甚至为"威慑"或者实战而制定一系列军事进攻计划。由此可见，即使在防御政策上，北约的战略功能亦处于进退之间。

不仅如此，北约的防御安全政策尽管在名义上强调在北大西洋区域采取守势，强调通过不断强化北约军事力量和防御安全体系，回应苏联与华约的"军事挑衅"，但是北约所强调的守势，实际上却蕴含着非常明显的进攻之意。北约的作战方针虽然不提倡率先发动军事进攻，但却强调后发制人，先反击敌方军队，再摧毁其武装进攻，最后占领敌方国土。即北约在侵略方发动军事进攻后，将针对侵略方迅速展开全面报复性进攻，作战对象不仅包括军事目标，还包括民用目标。因此，北约的军事战略虽然重在战略威慑，但同样也强调实际作战，这种战略功能错位在北约的"剑与盾战略"中得到充分体现。北约及其成员国领导人对此极为自信，甚至公开放言："世界的希望寄托于剑与盾的力量，因为这种力量是苏联领导人唯一尊重的威慑。"①

北约所谓的先期防御实际上就是强调以常规武装力量为防御之盾，利用常规武装力量羁绊、牵制和削弱华约的进攻势头，节节抵抗，逐级削弱敌方的进攻力量。在其军事委员会文件中，北约曾对此做出明确说明："在区域计划小组所设计的计划中，（北约的）目标是在德国尽可能以东的地方阻止敌军，在意大利尽可能以东、以北的地区阻止敌军，在北欧的防御地区之外阻止敌军。"②

---

①　Prince Hubertus zu Löwenstein, Volkmar von Zühlsdorff, *NATO and the Defense of the West*, Westport, CT: Greenwood Press, 1960, p. 21.

②　M. C. 14 28 March 1950 North Atlantic Military Committee Decision on M. C. 14 Strategic Guidance for North Atlantic Regional Planning Note by the Secretary, http://www.nato.int/docu/stratdoc/eng/a500328c.pdf, 2016 年 3 月 17 日。

不仅如此，北约所谓的后发制人式进攻就是将核力量作为进攻之矛，不仅对华约的进攻部队实施核打击，还要对华约各成员国的民用目标实施核打击，包括敌方的道路交通枢纽、桥梁建筑设施、通信联络系统、电力供应系统、水源供给系统等，以求最大限度削弱敌方的战争潜力与综合实力等。① 由此可见，北约的防御安全政策实际上并非着眼于单纯防御，而是强调赢得胜利的全面战争。因此，北约既不限制对核武器的报复性使用，也不区分军事目标和民用目标。

总之，北约战略功能错位遇到的最大困境就是，在军事上将战略目标与战术目标混为一谈，将核战争与常规战争相互交错，将短期战争与长期战争互相易位。可见，北约的防御安全政策已经明确超出防御界限，北约的最终目标不仅要在防御作战中打败苏联和华约的进攻部队，而且还要运用核武器彻底击垮华约及其成员国的战争潜力，最终对苏联和华约各国实施占领，一劳永逸解决针对北约及其成员国的安全威胁。

第三，北约战略功能错位还表现在北约始终无法为其防御安全政策找到最佳着力点或者发力点，北约一再鼓吹的"弹性防御"（Resilient Defence），实际上就是北约战略功能错位的一种具体体现。"此处所提到的经过修订的弹性战略，就是利用欧洲各战区力量与力量比率正在转向对等，满足安全需要与国内需要……不论东欧和苏联预期变化的速度和范围，所提及战略的独一特点就是其适应性。"② 在构建北大西洋区域安全秩序的过程中，北约始终未能对北大西洋区域安全体系做出明确说明，亦未明确北约各成员国在该防御安全体系中的不同定位与功用，甚至没有说明与该体系建构直接相关的具体方针、政策、方法以及规则等。贯穿整个冷战时期，北约针对上述问题一直采

---

① Gregory W. Pedlow, "NATO Strategy Documents, 1949 – 1969", http：//www. nato. int/docu/stratdoc/eng/intro. pdf, 2017 年 3 月 20 日。

② Drew S. Nelson, Keith W. Dayton, William J. Ervin, Keck M. Barry, Philip C. Marcum, *The Future of NATO, Facing an Unreliable Enemy in an Uncertain Environment*, New York, London, Westport, CT: Praeger, 1991, pp. 11 – 14.

取比较模糊的立场和态度，各成员国也因此得以在北约总体防御安全建设中一直保持暧昧与模糊态度，在防御力量、军事开支、安全贡献等方面出工不出力，虽然政治姿态较高，但实际军事行动却较少。

按照北约的说法，虽然北大西洋区域内每个地区似乎都很重要，但是直接面对苏联与华约的中欧地区始终是北大西洋区域安全秩序的建构重点。"在北约位于欧洲的三个不同地区（北部、中部、南部）中，作为一个整体，中部对北约来说最重要。大部分欧洲人口以及主要的欧洲工业潜力，都坐落在这一地区。当前欧洲大多数技术能力以及科学知识都以这一地区为基础。"[1] 因此，北约在理论上应将中欧当作防御安全战略及其实践的发力点，准备将其绝大部分人力、资源、军费、技术手段等都用于维护这一地区安全，将中欧建成北约防御安全体系的核心地带和战略枢纽，但实际情况却不尽然。在北约防御安全体系建设进程中，由于中欧安全形态非常稳定，美苏双方在中欧实际上建立了某种力量平衡，东西双方在中欧的战略对峙亦处于相对恒定状态。

因此，北约在中欧建构局部安全秩序的进程非常平稳，少有起伏。相反，欧洲北部与南部地区的安全建构则多有波澜，常常被诉诸纸面，喧哗于舆论，一再成为媒体眼中北约防御安全体系的建构热点，似乎成为北约更多着力、更多关切的地区。与此同时，鉴于北欧在政治上存在"芬兰化"或者"中立化"的危险，北约为此不得不对其严加防范；而南欧则由于在军事上一直处于弱势状态，在文化上保持异质状态，因此也需要北约提供更多的军事支持，辅之以更大力度的文化同化。

二　北约政治与安全战略错位的消极影响

北欧、中欧以及南欧等地区安全秩序建构出现反常状况，不仅留

---

① H. F. Zeiner-Gundersen, "NATO's Northern Flank", in H. F. Zeiner-Gundersen, Sergio A. Possi, Marcel C. Daniel, Gael D. Tarieton, Milan Vego, *NATO's Maritime Flanks*: *Problems and Prospects*, Washington, D. C.: Pergamon-Brassey's International Defense Publishers, 1987, p. 10.

给北约及其成员国种种疑惑，也给世界其他国家留下一个疑问，即在北约防御安全政策中，北约区分重点或非重点地区、核心或与边缘地区的标准究竟是什么？北约究竟是按照不同地区战略地位重要与否划分防御重点？还是按照不同区域存在的防御强弱划分防御重点？一直到冷战结束，北约始终未能彻底解决北大西洋区域内不同地区安全建构存在的上述种种问题。北约所面对的上述难题以及针对性处置，实际上恰恰反映了北约防御安全政策缺乏着力点这一事实，实际上也反映了北约的战略功能错位。

与北约防御安全政策缺乏着力点相似，北约实际上并未就各成员国对北大西洋区域防御各自应该作出什么样的贡献做出明确说明，只是笼统提出一个军事开支标准：即各成员国必须使其防御安全开支达到国民生产总值的2%。这个目标实际上只是一种原则性规定，或者更多称之为一种鼓励性规定，并不带有强制性，因此对各成员国防御开支并没有特别的约束力，这就必然造成北约大多数成员国防御开支始终难以达标，尤其欧洲盟国的防御开支大多数不达标，其中既包括经济发达的成员国，也包括经济不发达的成员国，这种状况一直延续到冷战结束。

这种状况同样也造成北约整体防御安全开支一直处于供血不足状态，导致各成员国不仅在北约整体防御安全实践中难有大的作为，大多数国家所作贡献甚少，反之，这种状况也使它们各自的国防建设难以取得进展。更严重的是，这种状况也导致北约防御安全体系建设与各成员国国防建设无法达成默契。"有限的威胁或许需要区域性集体安全，区域威胁将会是北约内部团结的一种考验，因为问题在于，是否所有北约成员国都准备好在保护它们的实践中做出贡献。"①

总之，正是由于北约战略功能错位，导致北约政治与安全战略所发挥的功效极为有限，大量资源被徒劳消耗，看似齐全的功能设计却

---

① Rob de Wijk, *NATO on the Brink of the New Millennium*, *The Battle for Consensus*, London and Washington, D. C. : Brassey's, 1997, p. 140.

无法发挥作用，近乎完备的机制建设却劳而无功。贯穿整个冷战时期，北约的政治与军事行动实际上只能囿于北大西洋区域，徒劳运转，既不能对苏联与华约采取的政治与安全对策实施有效压制，也无法在双方力量比拼中赢得重大优势。虽然北约制定了为数众多的作战计划，包括军事委员会系列文件、防务委员会系列文件、核计划小组系列文件、欧洲盟军最高司令部作战计划、大西洋盟军司令部作战计划，但这些方案均未能得到落实。

虽然北约及其成员国领导人始终坚持认为，北约是历史上"最成功"的军事联盟，但在东西方冷战斗争中却一直不是主角，只能扮演类似旁观者的角色，无法发挥初始设计的功用和效力。"北约的防御开支数量差不多与华约相当，但北约的国民生产总值差不多是其对手三倍（6.8亿美元对2.6亿美元），仅仅西欧的人口基数就超过了华约……北约的人口资源差不多是苏联与东欧的两倍。"① 因此，虽然北约拥有许多资源优势，包括地理位置、经济实力、科学技术等，但却只能处在无处不在的"华约威胁"之下，而且时刻处于可能成为受害者的安全焦虑与担忧中。

正是由于北约战略功能错位，导致北约的作战计划或防御安全政策均无法发挥预想功用，同时也导致北约政治与安全战略效率相对低下，很难在国际冷战斗争、欧洲安全秩序建构、北大西洋周边危机处置中保持强势存在。因此，北约在冷战时期所做的最多工作，就是全力维护自身存在，保持惯性发展。对此，北约许多领导者或者学者是相当清醒的。"北约必须非常小心不让自己成为一个空壳，只有形式和大纲，没有实质内容。"② 北约明确提出，要在保持基本存在与发展的基础上，作用于欧洲安全体系建构，同时对国际安全秩序建设施加影响。

① Keith A. Dunn, *In Defense of NATO*, *The Alliance's Enduring Value*, Boulder, San Francisco, & London: Westview Press, 1990, p. 94.

② William Park, *Defending the West*, *A History of NATO*, Brighton, Sussex: Wheatsheaf Books Limited, 1986, p. 197.

第三节　北约及其成员国的利益、决策与行为差异

一　北约架构下的利益差异认定

贯穿冷战时期，虽然北约在国际事务中的展示度相当有限，但它同样成功经受了各种区域危机或国际危机的严峻考验，克服了北大西洋区域内部以及周边地区各种纷争与纠葛的困扰，甚至在美苏军备竞赛、北约与华约军事对峙、东西方冷战等方面赢得相当大的社会关注度。但是，这并不等于北约内部悄然无事，亦不等于各成员国彼此相安无事，更不等于欧洲从此天下太平，欧洲安全体系建构就此一帆风顺，水到渠成。"对于被冷战紧紧包围的北约究竟扮演何种角色的争论，堪称是影响欧洲安全重组全局的最关键问题，因为它关系到多重与相互联系的国际关系问题，包括世界安全支柱的变化、核心与边缘关系、将确认威胁当作安全配置的预设前提、碎片化与统一、对权力及其功效再确认、对国家视野的再认定、偏好与利益、对国际领域机构与要求展开重新评估。"①

事实上，自北约创立后，北约内部及外部就一直不得安定，充满了各种不同声音。围绕北约政治与安全战略的制定与实践，始终充斥着各种利益纠葛与政策分歧，这些矛盾与分歧横亘于多个领域和层面，集中于北约与成员国之间、各成员国之间、北约与其他区域安全组织之间、北约成员国与非北约国家之间等。这些矛盾或者源于相关各方的利益之争，或者植根于各利益方的认知错误，或者产生于某种特定的历史与现实环境，或者基于某种现实条件的变化，不一而足。北约的发展虽自有内在的方向、程序、路径以及规律，但实际上也是北约不断解决和缓解各种纷争与矛盾的一个过程，许多纷争得到圆满

---

① Fergus Carr and Kostas Ifantis, *NATO in the New European Order*, Houndmills, Hampshire and London：MacMillan, 1990, p. 154.

解决，但更多的问题得以留存，一直延续至今。

和北约政治与安全战略中存在的认知错位、功能错位相似，尽管同处一个共同的安全联盟中，北约及其成员国在彼此利益、决策以及行动中却始终难以去除差异性。在各种重大差异中，有的被各成员国的联合协作掩盖，无法被及时发现并妥善应对，有的则被北约及其成员国创建的联合机制覆盖，进而得到有效控制，无法进一步发酵。但是，矛盾各方的许多差异性却无法从根本上得到弥合，有时各方分歧甚至达到相互冲突的程度。除此以外，结构错位同样是北约政治与安全战略陷入困境的重要原因。

北约政治与安全战略并不是一种平面式架构，而是一种多层次、多领域、多区域、多要求的特殊架构，这一架构并非有序部署，而是按照多层、横向、混同的方式无序构织在一起，这种杂乱无章的架构必然会导致北约政治与安全战略发生结构性错位。此举不仅大大模糊了北约的战略方向与行动重点，而且也混淆了北约政治与安全战略所涉及的重点领域以及必须关注的重点问题。

二 北约成员国的利益差异

就北约政治与安全战略而言，北约及其成员国围绕利益、决策以及行动的差异始终存在，北约无法克服这种差异，这在很大程度上亦影响到北约的战略与政策趋向。概言之，这种差异主要表现在三个层面。

第一，美欧双方的差异在北约内部表现最为显著，不仅规模与影响最大，而且也最具代表性。跨大西洋关系一直是北约内部最重要、最核心的关系，虽然北约在一定程度上使美欧双方安全利益得到整合，在战略层面上确保双方的政治、经济、安全等目标保持一致，但双方在许多方面也有一定差别，这是不争的事实。"北约以美国与欧洲为'哑铃'或者'两个支柱'的观念，全面破坏了欧洲人和美国人长期以来一直不能接受欧洲可能联合为超级大国所涉及的问题，这会使美国最初介入欧洲变得无关紧要。"①

对双方来说，北大西洋区域拥有不同的战略含义，对欧洲盟国来说，建构一种"缓和、对话与合作"的欧洲安全秩序，是确保其安全利益最重要的目标。对美国来说，让欧洲盟国全面参与建构北大西洋区域安全秩序，共同参与针对苏联与华约的军事对抗，助力于美国的全球安全战略及其实践，这是美国控制和操纵北约的根本原因所在。美欧关系一直是北约及其成员国争论的一个焦点问题，各种质疑之声可谓层出不穷。"遇到的首个问题是，美国在多大程度上愿意投身于欧洲未来的经济、政治与军事？第二个问题就是人们会询问美国政府想要支持的对欧政策目标与政策是什么？第三个问题是美国选择履行其对欧洲承诺的方法是什么？"②

美国出于冷战政治需要而向欧洲派驻军队，欧洲盟国也支持美国的对苏冷战政策，包括提供部分武装力量、经济与社会资源、地缘战略位置等，双方各有所出，各有所需。北约政治与安全战略的认知与功能错位，大大模糊了美欧双方防御安全政策的政治界限——美国的冷战政治需求与欧洲区域安全要求的分界线。美国的全球冷战政治需求建立在全球霸权与全球冷战的基础上，相对无限。而欧洲盟国的安全需求则基本上局限于欧洲，相对有限。这种情形导致美国不仅全面掌控北约，还竭力在国际舞台上最大限度彰显北约的存在，而欧洲盟国则只能亦步亦趋，曲意逢迎，此举势必造成北约政治与安全战略被严重扭曲，进而在许多方面尽显低效以及无效之态。许多欧美学者对此深有感触，感叹北约似乎只为竞争与对抗而生，其功用似乎已经消退，甚至彻底背离其初衷。"北约作为一个反苏联的联盟而建立，但

---

① Lawrence S. Kaplan, *The United States and NATO*, *The Formative Years*, Lexington, KY: The University Press of Kentucky, 1984, p. 13.

② Klaus Schwabe, "The Origins of the United States' Engagement in Europe, 1946 – 1952", in Francis H. Heller and John R. Gillingham, eds., *NATO: The Founding of the Atlantic Alliance and the Integration of Europe*, New York: St. Martin's Press, 1992, p. 161.

却退化为与其自身相对立的一个联盟。"①

尽管美国与欧洲盟国在冷战时期的战略诉求并不完全相同，但北约却有意忽视这一区别。美国在北约内部独揽大权，竭力试图使北约服务其全球安全战略，而欧洲盟国则不得不屈从于美国的战略需要。尽管欧洲盟国对美国许多政策并不认同，尤其排斥其战争冒险政策，例如艾森豪威尔政府的"战争边缘政策"和"大规模报复战略"、肯尼迪政府的"两个半战争理论"等。许多美欧政客将北约视为美国向欧洲提供的安全保护，并不把大西洋关系视为一种美欧双方平等的合作关系。"通常的模式是，两个北美国家将会提供支援，或者只是强化而不是事实上的'参与'，或者变成一个重组的欧洲平衡体的一部分。这一机制间接构成对欧洲盟国的保护，以及对整个西半球的保护。"②

第二，北约内部欧洲盟国之间存在分歧与纠葛，这种分歧在北约内部相对含蓄，但同样构成北约内部利益、决策以及行动差异的另一个层面。与美欧双方的差异相比，欧洲盟国之间的差异相当有限。众所周知，除希腊、土耳其等个别国家外，北约大部分欧洲成员国在经济社会发展水平、社会与政治体制、文化与宗教信仰、科学技术进步等方面，都具有比较大的相似性，每个国家的具体安全利益虽然存在某些差异，无法完全统合在一起，但彼此之间较易达成一致，它们在北约政治与安全战略上也容易取得共同语言。

与北约的欧洲成员国在政治、经济、社会、文化等领域所表现相对一致相比，欧洲盟国存在的内在差异同样无法抹杀。由于它们分布在广阔的地域范围内，横贯整个欧洲大陆西半部，因此在地理环境、水文气候、传统风俗、地缘位置等方面不尽相同。这决定了它们在北

---

① Melvyn B. Krauss, *How NATO weakens the West*, New York：Simon and Schuster, 1986, p. 237.

② Alan K. Henrikson, "The North American Perspective：A Continent Apart or a Continent Jointed?", in Lawrence S. Kaplan, Victor S. Papacsma, Mark R. Rubin, Ruth V. Young, eds., *NATO after forty years*, Wilmington, DE：A Scholarly Resources Inc., 1990, p. 7.

约联盟架构上的安全要求大体上趋同，但在具体的国家安全要求上却难以完全一致，这就注定各成员国会不断发生龃龉。即使北约能够对其加诸某种统一的制度建设、组织形式、联盟结构，但很难在整体上抹平彼此之间固有的差异。

固然，北约的制度建设收效巨大，堪称是全球范围内区域安全组织所能取得的最佳成就。"北约的发展成就与建立稳固而且统一的军事与民用架构相伴，这是当前北约最能得到人们认可的（一个）方面：即创立一个民事总部——北约；任命首位秘书长；创设北约军事武装，即欧洲盟军最高司令部（Supreme Headquarters Allied Powers Europe，简称 SHAPE），任命首任欧洲盟军最高司令（Supreme Allied Commander Europe，简称 SACEUR）。"① 但是北约要想凭借其政治与安全制度以及联盟框架，深度解决欧洲各成员国之间潜藏的分歧与矛盾，似乎还存在许多困难。

相对而言，西欧各国之间的利益冲突较少，它们与其他地区的利益冲突也较少。在北约安全框架下，不论在西欧层面，还是具体到每个西欧国家，它们或者通过跨大西洋集体安全架构的政治与安全纽带相连，或者通过欧共体、欧洲自由贸易联盟、西欧联盟、欧安会等多种经济与安全管道相互联通。这种格局决定了西欧各国彼此关系相当亲密，合作密切。由于西欧一直是欧共体、北约、西欧联盟等组织一系列重大实践的核心地带，西欧与美国始终保持着密切联系，这就注定西欧各国要在欧洲一体化进程、欧洲安全体系建构、北约政治与安全实践中发挥重要作用。这既是西欧与其他地区保持密切合作的基础，也是西欧深度参与跨大西洋集体安全架构的前提。"多年来，热心的北约支持者们一直认为，将美国、加拿大与西欧连接起来的纽带不仅重要，而且非比寻常，即大西洋只应被视为将西欧与北美连接在一起而并非将两

---

① Nigel R. Thalakada, *Unipolarity and the Evolution of America's Cold War Alliances*, New York：Palgrave Macmillan，2012，p. 23.

者分割的一条水路。"①

与之相比，北欧各国由于据守斯堪的纳维亚半岛，在历史上一直自成一体，在政治上洁身自立，保持一致，因此，北欧国家之间的利益分歧相对较小，在利益、决策及其行动中比较容易达成一致。例如，在关于北约地缘政治地位的认定上，北欧各国意见空前一致。"北欧国家的问题实质是，如何使自己适应在其范围内既有苏联军事力量的强化，又有北约对此所做的回应。"②

鉴于北欧各国素有中立主义历史传统，它们对外来安全问题的关注相对较少，亦很少介入欧洲安全事务，甚至对跨大西洋集体安全架构的关注程度，也远远比不上其他欧洲盟国。这与其他欧洲国家的安全倾向大不相同，因此在欧洲安全体系中扮演着类似"平衡器"这样的角色。"'北欧平衡'理论对安全政策制定产生了积极影响，特别是对三个核心区域国家更是这样。该理论非常常见地被用于维持现状，不支持那些被认定会将新元素引入时局的措施。"③ 所以，尽管北欧各国与欧洲其他地区的利益与政策分歧不一定表现在明面上，但却是一种现实存在。但是，不论是北约与北欧盟国之间的矛盾，还是北欧盟国之间的分歧，始终都处于可控范围内，并未影响并波及北约政治与安全战略及其实践。

相对于西欧、北欧而言，南欧各国之间的利益与政策分歧相对较大，而且与其他地区各国的利益纠葛也比较大。究其原因在于，希腊、土耳其是最早入盟北约的南欧国家，这一地区虽然在地理位置上非常重要，但却属于北大西洋区域内部经济落后、政治动荡、社会发展较慢的地区，这一地区与西欧、北欧存在某种天然的政治、经济、

---

① Stanley R. Sloan, *NATO's Future*, *Towards a New Transatlantic Bargain*, Houndmills, Hampshire and London: MacMillan, 1986, p. 62.

② John C. Ausland, *Nordic Security and the Great Powers*, Boulder and London: Westview Press, 1986, p. 11.

③ Johan Jørgen Holst, "Five Roads to Nordic Security," Johan Jørgen Holst, *Five Roads to Nordic Security*, Oslo-Bergen-Tromsö: Universitetsforlaget, 1973, p. 1.

文化差别。因此，这就决定了南欧国家只能沦为北约防务体系中最薄弱的地区。

从 1960 年代到 1970 年代，希腊、土耳其围绕塞浦路斯的主权归属发生严重冲突，希土关系几近破裂。"鉴于巴尔干半岛确实存在冲突，西方观察家特别是美国的观察家，一直对由希腊和土耳其引起更广泛冲突的远景深感担忧。"① 对于巴尔干半岛国家的纠葛及其引发的混乱局面，北约长期以来深感无能为力，在大多数情况下只能在冲突各方之间扮演一个对话论坛或者谈判平台。"就像我们所看到的，北约同样一直不愿使自己卷入任何旨在解决隐藏的希腊与土耳其问题的长期计划中。"② 不仅如此，南欧国家之间不仅纷争不断，而且南欧国家与其他欧洲盟国的关系也缺少融洽。欧洲盟国曾对土耳其不断提出人权控告、双方在经贸关系上屡屡产生龃龉等，这些都加剧了南欧与其他欧洲地区在各自利益选定、决策与行动等方面存在的分歧。

第三，北约及其成员国在利益、决策与行动等方面存在差异和分歧，具体表现在北约内部不同类别国家存在某种天然分歧，即大国与小国、老成员国与新成员国、中心地带国家与边缘地带国家等各种差别。这些不同类别的国家在国土面积、自然与社会资源、综合国力、国际或区域影响力等许多方面天然存在巨大差别。虽然北约制定了相关政策与制度，试图消除或者减缓不同类别国家之间的差别，但取得的效果相当有限。虽然各类成员国在北约防御安全大方向上并无实质性差别，但它们基于各自的历史环境、传统理念以及现实需要，彼此在利益诉求、决策方式、行动内容等方面表现出较大差异性，这种差别在北约政治与安全实践中比比皆是，甚至在某些场合还特别明显。

就北约内部的大国与小国而言，综合国力较强的成员国始终处于

① Ian O. Lesser, F. Stephen Larrabee, Michele and Katia Vlachos-Dengler, *Greece's New Geopolitics*, Santa Monica, CA: Land, 2001, p. 20.
② Monteagle Stearns, *Entangled Allies, U. S. Policy Toward Greece, Turkey, and Cyprus*, New York: Council on Foreign Relations Press, 1992, p. 127.

北约贯彻其利益诉求、实施决策、采取重大行动的上层，例如美国、英国、法国、德国等。它们不仅拥有雄厚的政治、经济暨社会实力、强大的思想与意识形态影响力，而且还拥有广泛的区域或国际影响，它们把控北约政治与军事决策权，主导北约政治与安全战略，领导北约各项重大行动，实际上在北约发展中发挥引领作用。"北约一直扮演着保护伞的角色，法国、德国（包括 18 世纪以来普鲁士、奥匈帝国——笔者注）和英国的政治—军事和经济关系在保护伞下发生重大变化，这些国家在 300 多年来一直是冲突的焦点，欧洲在 1949 年后开始以新的、不可想象的方式一致行动。"① 但是这类国家实际上也存在着差别，不能完全等同。

东西两德在战后初期受到盟国占领与管制，虽然东西两个德国均获得独立地位，分别成为民主德国与联邦德国，但民主德国与联邦德国长期处于分治且敌对状态，这在一定程度上限制了联邦德国对北约政治与安全事务的影响力。为此，联邦德国的政治与安全战略并非与苏联暨东欧各国相互对抗，而是尽早实现德意志民族统一，恢复统一的德意志民族国家。因此，联邦德国在 1950 年代参加北约的目标很明确，就是以此推进民族统一进程，这与北约政治与安全战略所设定的目标相差甚远。"西德人想留在北约，但却对北约作为一个军事组织的角色越来越不感兴趣……舆论调查显示出自相矛盾之处，有相当大比例的西德人对'两个超级大国之间'保持某种形式中立表示同情。在 1950 年代和 1980 年代，平均 45% 的人持这一立场，上可达到 62% 以上（1956 年），下可达到 26%（1981 年）。"②

法国曾在"二战"中战败投降，其大国威信严重受损，因此，法国的民族意识相比其他国家更敏感，更迫切希望尽早恢复大国地位，

---

① Lawrence S. Kaplan, *NATO and the United States*, *The Enduring Alliance*, Boston, MA: Twayne Publishers, 1988, p. 2.

② Clay Clemens, "Changing Public Perceptions of NATO", in Emil J. Kirchner and James Sperling, eds., *The Federal Republic of Germany and NATO*, *40 Years After*, London and Houndmills, Basingstoke: MacMillan, 1992, p. 46.

在欧洲安全事务中获得更多话语权，尤其是在北约内部承担更多、更大的领导责任，进而在欧洲安全体系建构中发挥引领作用。"从北约建立开始，法国是北约中最不舒服的盟国，巴黎一直试图在这个统一组织中获得更多声望和更大份量，这对法国非常关键。"① 因此，法国的历史包袱、大国志向、综合国力以及现实地位等，不仅成为法国与其他盟国屡屡产生纷争的根源，亦成为北约在各成员国之间难以实现平衡的一个矛盾心结。

与法、德等西欧国家相比，美、英两国既没有历史欠账，而且国力强大，它们在欧洲安全秩序重组中掌握绝对主动权。特别是美国，更是凭借其战后超级大国地位以及超强实力，不仅全面掌控北约的安全战略决策，而且还主导北约的政治与安全实践。与美、英、法、西德等国相较，北约其他初始成员国的综合国力、决策权、国际或区域影响等都非常有限，它们既无法按照自身需要控制、影响和改变北约各项重大决策，也无法改变北约的发展方向与进程，在大多数情况下只能附和并屈从于大国利益、决策以及行动。

以加拿大为例，尽管加拿大国土面积广大，亦拥有欧洲国家比较熟悉的政治、经济与社会体制，但加拿大在北约内部的话语权却远远赶不上美国，甚至不及少数欧洲盟国。"进言之，加拿大人以紧张的眼光盯着在南面的军事和经济超级大国，他们将包括欧洲国家在内的政治联盟，视为平衡美国统治的一种力量。"② 由此可见，由于上述种种差别所在，在北约内部大国与小国之间，必然会在利益、决策、行动等方面呈现出差别，这些差别由此得以在北约政治与安全战略中持续存在并发酵。

与北约大小成员国存在的差别相仿，北约新老成员国亦在利益、

---

① Anand Menon, *France*, *NATO and the Limits of Independence*, *1981 – 1997*, New York: St, Martin's Press, 2000, p. 9.

② Joseph Sinasac, "The Three Wise Men: The Effects of the 1956 Committee of Three on NATO", in Margaeet O. MacMillan and David S. Sorenson, eds., *Canada and NATO*, *Uneasy Past*, *Uncertain Future*, Waterloo, Canada: University of Waterloo Press, 1990, p. 27.

决策、行动等方面也存在明显差异。北约初始成员国利用其先发优势，自北约创建之初就一直处于北约军事—政治联盟架构的顶端，始终把持北约政治与军事领导机构，在北约的政治与安全决策中始终占据主导对位，其中，尤其以美国与西欧盟国最具代表性。而新成员国由于处于跨大西洋联盟的边缘地带，因此只能充当初始成员国政治权力与意志的补充，始终无缘参加北约许多重大决策与行动。

北约老成员国对待新成员国的态度总体上比较矛盾，虽然前者希冀越来越多国家入盟北约，参与并支持北约的各项决策与行动，以便壮大北约力量，扩大影响。但老成员国并不喜欢新成员国分享其决策权，亦不喜欢它们干扰或影响北约既定的发展方向与进程。尽管不排除有新成员国参与北约的权力决策，但其政治象征意义远远大于现实意义，因为北约的核心利益、决策以及行动权力等，实际上牢牢掌握在北约为数极少的几个核心国家手中，它们不仅在地理位置上处于北大西洋区域的中心地带，在北约内部的权力分配上亦处于北约权力结构顶层。

总之，不论北约是否承认，北约及其成员国在利益、决策与行动等方面的分歧，实际上对北约的发展形成某种制约，成为在冷战时期限制北约发挥国际或区域影响的一个沉疴痼疾。事实上，一直到冷战结束，北约及其成员国并未找到一种有效方法，以积极推动解决北约发展进程中的这一重大障碍。

第四节　北约与其他国际或区域政治行为体的分歧与冲突

一　北约与其他国际行为体

除去北约内部存在种种差异和分歧外，北约与各种国际或区域政治行为体实际上也多有分歧，存在政策差异和利益冲突。这种分歧与冲突有时源于冷战政治与安全环境变化，有时则为北约自身政治决策与安全战略所使然。显然，这些差异和冲突不利于欧洲安全体系建构，包括制定良性的欧洲安全规则、打造结构合理的欧洲安全框架、推动有序的欧洲政治秩序等。与此同时，这些差异和冲突亦不利于北约自身发展，包括北约政治与安全实践无法得到其他国际安全行为体的支持，甚至还会遇到来自各方的竞争与争吵，北约只能在竞争和对抗中参与欧洲安全秩序建构，或者参与国际安全秩序建构，这在很大程度上影响并限制了北约功用的发挥。

众所周知，北约虽然是冷战时期欧洲安全体系建构的一支重要力量，但却并非是唯一力量，欧洲安全体系实际上存在许多国际或区域安全行为体。对北约而言，这些安全行为体大致可分为三类：合作型安全行为体、竞争型安全行为体、中立型安全行为体。作为冷战政治中的一种客观存在，这些不同类型的安全行为体拥有不同的安全目标、规则以及理念，相互之间没有隶属关系，在实践中时有交叉，时有重合，有时甚至有比较多的矛盾与竞争。但它们或多或少都与北约有较多交集，进而与北约产生许多矛盾与竞争。

第一，合作型安全行为体与北约基本上以保持合作关系为主，但双方存在竞争与矛盾。这类安全行为体包括西方联盟、西欧联盟、欧共体等在内。它们不仅存在于安全领域，同样也存在于政治、经济、社会等领域，虽然其外在身份与北约多有不同，但这并不妨碍它们从不同的角度和出发点推动欧洲安全体系构建，亦不妨碍其总体目标与北约大致相同或者相近。这些安全行为体与北约持有相同的社会文化、思想理念以及价值观，构成彼此制定相似或相近政治与安全战略的基础。

而且，这些安全行为体的成员国与北约成员国多有重合，这些身份相同的国家在大多数情况下各自利益趋近，政策趋同，因此，这些安全行为体在欧洲安全体系建构中基本上与北约正向而行。"所有军事合作必须肯定西欧联盟的作用，不仅要肯定其处于大西洋联盟中心，是大西洋联盟的支柱之一，而且还是服务于欧洲国家自身的自治组织，允许欧洲国家在着眼于共同行动的前提下协调其军事行动。"①

但这并不能说明合作型安全行为体与北约没有任何差别或矛盾，北约与这些合作型安全行为体实际上也存在许多政策分歧与战略差异。"北约有别于过去军事联盟之处就是，北约并不是一个权宜性军事联盟，它将从高层到新成员的共同观点统合在一起。北约从这种统一中吸收了相当大政治力量，因为联合军队和自由组合不可避免渗透着自由精神，很快对自己的人民产生影响。"② 例如，西方联盟和西欧联盟等组织在很大程度上反映了欧洲自身的政治与安全需求，这种需求明显有别于北约的政治与安全认知。

上述两个组织不仅始终着眼于防范来自苏联与东欧社会主义阵营的"外来侵略"，而且还着力于协调并且平衡西欧各国不同的政治追求与安全利益。"人们普遍认为，英国加入西欧联盟将会捍卫这一基本愿望：即阻止德国重新武装，给法国提供机会，'改变'其与美国和英国的联盟，以便支持建立一个大陆新联盟。而且，这将会减少德国在新机构中称霸的机会。"③

对西方联盟而言，其主要目标在于防范德国重新崛起，同时防范苏联可能发动的侵略战争，其最大的政治与安全利益是维护欧洲国家团结协作。而西欧联盟则明确要将联邦德国和意大利纳入布鲁塞尔条约组织，填补由于欧洲防务共同体失败而造成的欧洲安全真空，纠正西欧各国在防务联合实践中出现的偏差与失误。美国前国务卿杜勒斯（John Dulles）曾强调："我们理解，建立一个统一的欧洲以避免法德

① E. Balladur, Writing in Le Monde, 30 November 1994, 转引自 Anand Menon, *France, NATO and the Limits of Independence*, 1981 – 1997, New York: St, Martin's Press, 2000, p. 128.

② Prince Hubertus zu Löwenstein, Volkmar von Zühlsdorff, *NATO and the Defense of the West*, Westport, CT: Greenwood Press, 1960, p. 76.

③ Nathan Leites and Christian de la Maléne, "Paris From EDC To WEU", in Michael E-. Smith ed., *European Security, Critical Concepts in Military, Strategic and Security Studies*, Vol. I, *European Security from World War II to the Cold War*, London and New York: Routledge, 2016, p. 156.

对抗，这一行动将在北大西洋联盟的框架下进行，即将欧洲防务共同体与其周边力量连在一起。"① 很显然，以杜勒斯为代表的美国决策者们将欧洲防务共同体当作北约领导下的一种欧洲防务安全联合，将其视为北约防务战略及其实践的补充，甚至将西欧联盟直接当作为欧洲防务共同体的一个替代，这种解读虽然忽视了西欧联盟与北约的差别，将西欧联盟的存在及其功用简单化。

北约对西欧联盟等组织的误读，直接导致北约全面覆盖或者遮蔽其他欧洲安全行为体，弱化其功能，缩小其影响。西方联盟建立后，很快并入西欧联盟，而西欧联盟从 1954 年创建后，随即成为"休眠组织"（Slumber Organization），30 年间有名无实，存而不用，一直到 1984 年才开始重新启动，制定新的规程，开启西欧各成员国之间的军事合作。"西欧联盟产生之日就被当作权宜之计，其条约仍然包括绝对的互相保护条款，但是从一开始西欧联盟就将防务行动留给北约。它在巩固战后秩序中完成了一些值得称道的任务，直到 1980 年代中期才打起了精神。"②

不仅如此，就是和北约较少交集的欧共体，由于立足于推动欧洲经济一体化，而且在推动欧洲经济资源整合、构建欧洲一体化经济架构中取得巨大成就，其功用未被北约遮蔽，但亦未得到北约全心全意支持。为防止欧洲盟国分散北约极其有限的力量与资源，美国实际上对有碍北约安全利益的所有安全行为体都采取了相当谨慎的态度，排除和抑制一切公开或潜在的羁绊因素，以此确保北约政治与安全战略能取得最大效果。

第二，中立型安全行为体与北约的关系相距甚远，北约在大多数情况下针对这类安全行为体坚持机会主义态度，或者适时加以利用，或者

① Stanley R. Sloan, Defense of the West, *NATO, the European Union and the transatlantic bargain*, Manchester: Manchester University Press, 2016, p.39.

② Alyson JK Bailes and Graham Messervy-Whiting, "Death of An Institution: The End for Western European Union, a Future for European Defence?", *Egmont Paper No.46, May 2011.* http://aei.pitt.edu/32322/1/ep46.pdf. 2019 年 1 月 26 日。

有时置之不顾。对北约而言，欧洲中立型安全行为体主要是指在政治和安全立场上并不偏向北约、但亦不偏向敌对者或竞争者的安全行为体，例如联合国和欧安会。这种中立型安全行为体或是在国际安全事务中拥有绝对发言权，或者在区域安全事务中拥有较大的发言权，北约既不能完全绕过它们另行其事，也不愿意将建构欧洲安全体系的话语权拱手相让，因而在大多数情况下会采取比较灵活的政策立场与实践方式。

但是，许多欧美学者不愿北约就其原则与价值理念做出妥协，而是坚决要求北约在政治与安全实践中坚持其价值观。北约前发言人杰米·谢伊提出："北约需要向其安全利益所系做出努力，不管如何困难。北约不是致力于一些次要行动，仅仅是因为这些行动提供了阻力最小的路线，或者便于实施。"①

我们认为，联合国是战后最权威的国际政治与安全组织，在战后国际安全秩序建设中发挥主导作用，包括欧洲安全秩序建设在内。但在北约看来，联合国所维系的欧洲安全秩序过于松散，规则过于宽泛，效果难以把握，最终难以有效抑制苏联与东欧社会主义阵营对欧洲的威胁和侵略，因此需要适时调整。为此，北约对联合国相关政策、程序、架构以及规则采取适应性对策，在尊重联合国权威的基础上最大限度推进自身政治与安全利益。在许多场合，北约竭力争取联合国授权，为其安全行动披上一层合法外衣。例如，北约在塞浦路斯采取的维和行动，就是北约打着联合国旗号进行的。② 与此同时，北

① Jamie Shea, "NATO's Future Strategy: Ready for the Threats of the Future or Refighting the Battles of the Past?", in Liselotte Odgaard ed., *Strategy in NATO Preparing for an Imperfect World*, New York: Palgrave Macmillan, 2014, p. 40.

② 北约在此后多次重复这一做法，一直到冷战结束，北约仍多次在其对外干预行动中借用联合国权威，例如北约及其成员国在解决科索沃问题时所达成的"代顿协议"，就是先行动再取得授权。"在这一方案中，变得无关紧要的组织不是北约而是联合国，在自由市场的政治变量中竞争中，联合国安理会冒着失去其作为一个重大安全机构最初强大力量的风险，而宁愿选择一个更为方便的机构展开工作。在一些西欧国家政府看来，安理会所提供的一切都具有'合法性'，而北约会提供一个它所希冀的多层掩护，更少阻碍。"Bruno Simma, "NATO, the UN and the Use of Force: Legal Aspects", *European Journal of International Law*, Vol. 10, 1999, pp. 1 – 22.

约又在许多时候有意避开联合国及其规则的限制，按照自身的战略意图推进政治与安全行动。例如，为了在军事对峙中赢得优势，北约持续强化核力量和常规武装力量，频繁展开大规模军演，在欧洲前沿地带大肆部署战略武器等。就此而言，北约在尊重联合国政治与安全规则的同时，亦在一定程度上改变联合国主导下的欧洲安全秩序。

与联合国相比，北约与欧安会的关联更加密切。在欧安会成员国中，有相当数量国家均为北约成员国。欧安会虽名为欧洲区域安全组织，但在本质上属于北约与华约成员国等达成的一种政治协议。"对西欧国家来说，欧安会的目标关系到东西方关系中的人权维度，它是计划与经济委员会与欧洲经济共同体在其秘密会议中经密切磋商而订立，具有实质性影响。"①但是由于欧安会结构松散，功能相对单一，其决议缺乏有效约束力。虽然北约在名义上尊重欧安会，但并未真正履行欧安会各项决议，亦未按照欧安会的基本安全原则推进欧洲安全体系建构。

欧安会虽然是东西方缓和的产物，但北约与华约的军事对峙实际上并未因欧安会而减缓，双方反而以欧安会确立的安全原则与决议为口实，不断污蔑和攻击对方，北约尤其如此。贯穿1970年代和1980年代，北约在裁军、环境等问题上并未有大的建树，反而以人道主义、人权等为借口，大行攻击苏联与华约；反之，华约亦然。这就决定了北约与欧安会必然会产生分歧和矛盾，北约的政治与安全战略不可能真正按照欧安会要求展开，欧安会的目标最终亦无法实现。"在（赫尔辛基）最后文件中，没有几项条款能够被用来打破关键性的东西方障碍，裁军、武器控制、柏林地位、解决边界争端、意识形态排

---

① Karl E. Birnbaum and Ingo Peters, "The CSCE, A Reassessment of its role in the 1980s", in Michael E. Smith ed., *European Security*, *Critical Concepts in Military*, *Strategic and Security Studies*, *Vol. I*, *European Security from World War II to the Cold War*, London and New York：Routledge, 2016, p. 279.

斥等问题，或者在其他论坛已经得到解决，或者始终未能解决。"①

由此可见，北约与中立型安全行为体虽有合作，但也有冲突，双方虽然在欧洲安全事务上多有重叠，但亦彼此保持一定距离。在大多数情况下，北约更强调中立型安全行为体能够为己所用，双方实际上并未形成某种相对成熟的合作关系，亦未形成某种固定的对立关系。因此，北约在更多情况下一直强调与中立型安全行为体展开合作，使之能够服务北约政治与安全战略。

第三，竞争型安全行为体与北约的关系基本上以竞争和对立为主导，虽然双方偶有对话与协调，但不能从根本上改变彼此根深蒂固的竞争本质。这种竞争型安全行为体包括华约、经互会等。它们不仅在价值观、思想与文化理念、方法论上与北约截然不同，而且在政治与安全战略上也与北约针锋相对，它们与北约彼此对立，长期竞争，各自政治与安全战略及其实践构成欧洲冷战斗争的主要内容。毋庸置疑，北约堪为西方冷战组织的代表，而华约则是竞争型安全行为体的典型代表。北约与华约的政治斗争以及安全利益冲突，不仅构成欧洲军事对峙的一个主题，亦构成欧洲政治、经济、安全以及思想文化竞争的主题之一，对欧洲安全秩序建构方向产生了重大影响。

众所周知，自创建之日起，华约就一直被北约当作对立面，视之为欧洲和平的威胁者以及欧洲安全秩序的挑战者。虽然北约与华约的基本安全理念都强调防御，但彼此却一直都以抵制和对抗对方"军事入侵"为前提，它们都是对方的重点防范对象。根据苏黎世联邦理工学院安全研究中心（ETH Zurich）在 2005 年披露的华约战争计划："华约将对北约针对东欧运用优势常规武装力量的假想攻击做出反应，在这一方案中，华约将对西欧国家目标实施大规模核打击，包括生活

---

① K. J. Holsti, "Bargaining Theory and Diplomatic Reality", in Michael E. Smith ed. , *European Security, Critical Concepts in Military, Strategic and Security Studies*, Vol. Ⅰ, *European Security from World War Ⅱ to the Cold War*, London and New York: Routledge, 2016, p. 272.

在德国、荷兰、比利时和丹麦的老百姓。"[1]

在冷战时期，北约与华约不仅对欧洲安全体系建构的基本认知南辕北辙，而且在安全实践中完全背道而驰，北约与华约矛盾是如此之大，彼此分歧如此之深，以至于北约所主张的，必然会招致华约强烈反对，反之亦然。北约与华约的军事对峙，实际上全面开启了欧洲军事分裂局面，北约与华约在军事竞赛中互不相让，持续壮大武装力量规模，不断提升军事对抗烈度，严重毒化了欧洲政治与安全环境，对国际安全规则造成无法弥补的伤害，同时也挫伤了欧洲国家致力于建构欧洲安全体系的意愿与能力。

虽然有的欧美学者认定，北约与华约的军事竞争在客观上也构成一种安全体系，"北约与华约保持高昂的防务预算，在和平时期做足军事准备，在所谓的第三世界定期展开角逐，展开军备控制谈判，这些给不安全的世界带来一个安全体系"[2]。但任何人都可以看到，这一安全体系所付出的代价非常沉重，几乎是以一种"不确定性"来代替另一种"不确定性"。

二 对北约与其他国际行为体互动的思考

事实上，不论是北约还是华约，抑或美国或者苏联，都在冷战斗争中投入难以计数的人力和物力，尤其是各自防务安全开支更是令人咂舌。虽然劳师靡饷，空费钱粮，但是双方政治与安全战略与实践的实效微乎其微。1980 年出现的欧洲缓和局面或者东西方对话，只是暂时缓和了欧洲乃至世界政治与安全形势，实际上并未改变东西方关系一直深陷公开或潜在对抗的本质，亦未改变北约与华约相互敌对的状

---

① Christopher Findlay, "Poland reveals Warsaw Pact war Plans ", http：//www. css. ethz. ch/content/specialinterest/gess/cis/center-for-securities-studies/en/services/digital-library/articles/article. html/107840. 2019 年 1 月 26 日。

② Richard K. Betts, "Systems of Peace as Causes of War? Collective Security, Arms Control, and the New Europe", in Jack Snyder and Robert Jervis, eds. , *Coping with Complexity in the International System*, Boulder, San Francisco and Oxford：Westview Press, 1993, p. 270.

态。进言之，这种缓和局面的形成，与其说一切均为北约或华约所赐，毋宁说为东西方冷战中"紧张—缓和—再紧张—再缓和"规律使然。

毫无疑问，北约与竞争型安全行为体之间的分歧与对抗，在很大程度上无法通过相互协调与对话来实现，双方亦很难建立真正的合作关系。双方在冷战框架下达成的任何合作协议及对话机制，并不具备充分的现实意义，不仅不具备可行性和操作性，而且功效亦无法预期和把握。在理论上，要想解决北约与各种安全行为体之间分歧与矛盾，似乎只能着眼以下两条路径：其一是改变北约与各类安全行为体的竞争性与对抗性特质，真正束之以和平与合作的立场、态度以及实践，以合作代替竞争，以和平代替对抗；其二是全面改变国际冷战环境，其中既包括改变冷战化的政治规则、思维模式、实践方法等，亦包括改变冷战战略格局、政治力量分野、安全力量分布等，这是解决北约与竞争型安全行为体之间分歧与矛盾的最好出路，舍此别无其他。

不论何种类型的安全行为体，它们与北约的分歧与矛盾虽然在表现形式上多种多样，着力点各自不同，但它们归根到底均无法摆脱冷战政治与安全形势的影响，亦无法摆脱欧洲地缘政治规律的影响。与其他安全行为体相比，北约堪称解决上述这些分歧与矛盾的关键，它所扮演的角色可谓不可或缺。究其原因在于，北约在战后欧洲安全体系建构中一直居于中枢，关联到该体系内部及其外围各种安全行为体，可谓牵一发而动全局。但是，北约从未试着改变其政治与安全战略的单边主义属性，亦未改变利己、霸权以及以自我为中心等偏好。不仅如此，北约在制定政治与安全战略时，亦总是将自身置于其他安全行为体之上，甚至想方设法确使北约安全利益在欧洲安全体系构建中最大化。

正是由于北约围绕战后欧洲安全体系构建的方向出现偏差，导致北约与其他安全行为体的矛盾无法全面解决，进而导致欧洲安全秩序建设低效或无效。因为在欧洲安全体系构建中，北约与其他安全行为体都是平等的参与者，并不存在孰先孰后、孰优孰劣之分，由于北约的地位极为特殊，其政治与安全战略出现偏差，不仅无助于欧洲安全体系建设，亦无助于解决北约与其他安全行为体之间的分歧与矛盾。

不仅如此，北约作为战后欧美各国最具代表性的冷战组织，集冷战政治、军事、安全以及文化诸特征于一身，北约政治与安全战略亦饱受冷战浸染。就像北约前发言人杰米·谢伊所强调的："北约这一组织不仅能够适应变化，而且一直引领这一适应进程，并且设定西方国家对东西方关系态度变化的速度。"① 同样，其他安全行为体也深受冷战影响，北约与其他安全行为体之间的矛盾堪称与国际或欧洲冷战环境变化密切相连。

冷战给各类安全行为体带来压力，导致它们对欧安全体系构建的认知大相径庭，各自安全战略的定位、功用以及目标截然不同，各自表达安全利益的方法迥然有别。"所有北约持续遇到的难题，都出自利益与责任之间固有的紧张关系。以北约为例，两个新的因素给这一难题带来前所未有的戏剧效果，一个是核武器的介入，另一个是两极状态。"② 北约和其他行为体不同，追求统御和控制北大西洋区域，追求对其他安全组织的影响和控制，追求对苏东社会主义国家的打压，一直是北约安全战略及其实践的核心目标。

这种差异在很大程度上决定北约或其他安全行为体无法从根本上去除彼此之间的分歧与矛盾，虽然它们在冷战时期曾为此付出多方努力，一直致力于解决彼此之间的分歧，缓解各方矛盾，但无论北约，还是其他安全行为体的努力，实际上并未收到预期成效。除去就某些特定领域、某些具体问题有所进展外，这些分歧与矛盾始终存在，并

① Jamie Shea, *NATO 2000*, *A Political Agenda for a Political Alliance*, First Edition, London: Brassey's (UK), 1990, p. 1.

② James R. Golden, Daniel J. Kaufman, Asa A. Clark Ⅳ, and David H. Petraeus, eds., *NATO at Forty*, *Change*, *Continuity*, *& Prospects*, Boulder, San Francisco, & London: Westview Press, 1989, pp. 179 – 180.

且对欧洲安全体系构建的有序、良性发展形成阻碍，这种状况一直延续到冷战结束。

第五节 北约与冷战终结

一 冷战结束之际北约内部争论

从 1980 年代中期开始，欧洲政治与安全形势出现重大变化。以苏共总书记戈尔巴乔夫（Mikhail Gorbachev）领导的苏联政治与经济改革为起点，苏联与东欧各国开启了一场全面的政治、经济与社会变革。虽然身处苏联与东欧各国变革之外，但北约并未袖手旁观，完全置身事外，对苏联与东欧各国的变化听之任之，而是主动参与其中。尤其是北约各成员国更是推波助澜，积极推动苏联与东欧各国的变革。欧美各国政府或者相关机构向苏联大肆开具空头支票，为其经济改革背书。各类智库的知识精英与专家学者为戈尔巴乔夫出谋划策，[1]向苏联与东欧各国鼓吹和售卖多党制、议会政治、民主选举、市场经济、公民社会等理念，推动苏联与东欧各国的改革朝欧美各国预设的民主化和自由化方向发展。

1989 年 12 月初，美国总统乔治·布什（George H. W. Bush）与苏联共产党总书记戈尔巴乔夫在马耳他会晤，正式宣布结束冷战。对于所有欧洲安全行为体而言，冷战结束在客观上揭开了国际关系史的新篇章。苏联与东欧各国社会主义失败，各国政治、经济、社会、文化生活发生巨变，苏联解体，华约解散，北约与华约军事对峙的局面宣告结束。战后延续近半个世纪之久的两极冷战格局不复存在，北约

---

① 最典型的代表是美国经济学家、哈佛大学教授杰弗里·萨克斯（Jeffrey Sachs）。他提出"休克疗法"（Shock Therapy），公开主张将所有公有制经济改为私人经济，实行全面的经济自由化和私有化，通过全面紧缩财政政策，压缩消费和投资需求，使社会供求关系达到平衡。该经济理论虽然基于拉美国家的经济改制经验，但是由于欧美各国未能向苏联兑现所承诺的财政和金融援助，最终导致苏联经济全面崩溃，使苏联超出 70 亿美元的国民财富在短期内迅速流失，国家陷入持续动荡。

及其成员国在欧洲政治与安全格局中呈现一支独大的特殊局面。"1989 年 1 月 9 日柏林墙倒塌是一个动态的开始，它引发了一系列事件，最终改变了国际安全环境，特别是欧洲安全。"① 欧洲政治与安全形势发生上述变化，不仅涉及众多国际组织或者欧洲组织，而且也涉及相关的国际或区域安全规则、决策程序以及发展方向。欧洲不仅面临新一轮力量调整与组合，而且冷战时期的各种政治与安全规则也面临调整与改革。

然而，虽然冷战结束使旧的冷战政治与安全逻辑在客观上失去了存在依据，但欧美各国对此却存在重大认识误区，它们大都将北约取得的所谓成就归咎于欧美各国强劲的政治与社会制度、强有力的政治与安全战略、强大的战略与战术力量，尤其是这些政策、法律、战略以及实力背后所隐含的思想、文化、价值观以及意识形态。在其代表作《历史的终结及最后之人》一书中，美国知名学者弗兰西斯·福山（Francis Fukuyama）曾颇为自豪地提出，资本主义与自由民主的现代体制已经超越了历史和意识形态矛盾，其他的世界角落还在追赶历史，自由民主制度也许是人类意识形态发展的终点和人类最后一种统治形式。"自由民主可能形成'人类意识形态的终点'与'人类统治的最终形式'，也构成'历史的终结'。换言之，以前的统治形态有最后不得不崩溃的重大缺陷与非理性，自由民主也许没有这种基本的内在矛盾。"②

事实上，尽管福山的观点是一种学术表达，但却在欧美各国极具代表性与典型意义，这一观点几乎成为北约及其成员国的一种政治共识与安全定见。而这种政治共识与安全定见使北约及其成员国很难从更深层面反思欧洲政治与安全存在的各种问题，检讨北约自身的功过是非。

---

① Jennifer Medcalf, *Going Global or Going Nowhere? NATO's Role in Contemporary International Security*, Bern: Peter Lang, 2008, p. 47.

② ［美］弗朗西斯·福山:《历史的终结及最后之人》，黄胜强、许铭原译，远方出版社 1998 年版，第 1 页。

就像 40 年前冷战初起一样，冷战结束后风云变幻的国际形势再次将北约推上风口浪尖。北约及其成员国一度处于彷徨和逡巡中，欧美各国政界、军界以及学界出现相当激烈的争论，争论的焦点主要聚焦于以下几个问题：（1）欧美各国是否还有必要继续维系耗资巨大的北约？（2）北约除集体防御职能外，是否应该发展和完善其他职能？（3）苏联解体后，欧洲安全格局的走势究竟如何？（4）如果北约消失，欧洲成员国安全是否会继续得到保障？（5）欧洲冷战会不会重演？（6）未来欧洲安全格局能否建立行之有效的安全规则与秩序？"冷战结束后，（西方）政治领导人发现其自身受到许多羁绊，他们意识到许多政策正在逐渐与永远处于变化中的欧洲安全体系失去联系，但是他们不愿由于采取意义深远的适应行动而担负出现政治愤怒的风险。"①

　　不仅如此，世界各个国家或组织也对未来北约存留以及发展方向表示严重关切，其中不乏消除以北约代表的所有冷战组织的呼声，以求彻底去除冷战的政治印记，在欧洲乃至世界开启一个无争端的新和平时代。

　　在关于上述问题的争论中，许多欧美学者以西方阵营赢得冷战胜利为依据，进一步鼓吹扩大欧美各国在政治体制、思想文化、意识形态以及安全战略等方面的优势，美国学者福山的观点就是这些思想主张的典型代表。他们一致认为，苏联与东欧社会主义失败，既源于其制度的失败，也源于其国家体制存在的非理性。他们进而认定，西方国家之所以能够赢得冷战胜利，既源于其政治、经济与社会制度、国家法律、社会行为规则等所拥有的优越性，也主要基于其秉持的所谓民主与自由理念。

　　按照欧美学界的上述逻辑，鉴于北约集中体现了西方的价值观与意识形态，北约理应成为"最富理性"的安全组织，其内部也不存在

---

　　① Anand Menon, *France, NATO and the Limits of Independence, 1981 – 1997*, New York: St, Martin's Press, 2000, pp. 196 – 197.

根本政治矛盾与冲突，北约还应成为全世界各种政治—安全组织仿效的一种理想范式，其政治与安全规则理应成为冷战后世界普遍遵循的一种政治与安全规则。但遗憾的是，事实并非如此。

同样，欧美各国也有许多学者并不看好北约，他们对未来北约的发展大多坚持否定看法。美国斯坦福大学胡佛研究所高级研究员梅尔文·克劳斯（Melvyn Krauss）就一直声称："在当前条约下，像北约这样的组织，是为满足战后现实与需要而定制的，但是这些组织不仅失去了存在的合理性，而且会适得其反。北约从一个抗衡苏联的联盟起家，但却堕落为一个否定自身的联盟。"① 美国知名智库"大西洋委员会"（Atlantic Council，AC）的专家斯坦利·斯隆（Stanley R. Sloan）则更进一步认定，北约只是一个"保守主义者与温和分子的联盟"②，根本无法满足后冷战时期艰巨、复杂的国际政治与安全的需要。而美国芝加哥大学教授约翰·米尔斯海默对未来北约的预测则更为悲观。"苏联的威胁为北约团结提供了一种黏合力，撇开这种攻击性的威胁，美国有可能放弃欧洲大陆，同时，它领导40年之久的该防务联盟可能会就此解散。"③ 与之相对应，美国对外政策委员会委员、加州大学伯克利分校政治学教授肯尼斯·华尔兹（Kenneth Waltz）对北约的论调与米尔斯海默的观点颇为相似。"北约是一个正在消失的东西"，"问题的关键不是北约作为一个重要机构还能维持多久，而是它的名字还能徘徊多久"。④

事实上，尽管各成员国内部有如此之多唱衰北约的声音，实际上并非北约及其成员国愿意看到北约就此解散，但它们却无法完全掌控

① Melvyn Krauss, *How NATO weakens the west*, New York: Simon and Schuster, 1986, p. 237.

② Stanley R. Sloan, "European Co-operation and the Future of NATO: In Search of a New Transatlantic Bargain", *Survival*, Vol. 26, No. 6, November/December 1984, 242–251.

③ John J. Mearsheimer, "Back to the Future: Instability in Europe after the Cold War", *International Security*, Vol. 15, No. 1, Summer1990, 5–56.

④ Martin Smith, *NATO in the First Decade after the Cold War*, Dordrecht and Boston and London: Kluwer Academic Publishers, 2000, p. 174.

未来北约的发展方向，很难判断北约是否会像在冷战时期那样继续发挥作用。就像前英国外交家乔纳森·克拉克（Jonathan G. Clarke）就北约存在的必要性所做出推断的那样："从地缘战略、政治、区域以及经济的范畴考虑，北约对当前和未来美国在欧洲的安全需要，并未提供最好的答案；它也不能持续保持美国在欧洲的影响力。如果北约不是已经存在，非常让人怀疑华盛顿现在是否还会创设北约。"①

事实上，克拉克的上述说法代表了北约内部的一种主流认识，即虽然未来北约存在极大的不确定性，但北约及其成员国实际上不仅希望北约继续存在，而且还希望北约能够继续在欧洲政治、安全、外交以及军事等各个方面正常发挥作用，甚至能够在更大的国际舞台上发挥作用。北约前发言人杰米·谢伊曾就此强调："从行动这个词来看，如果北约仅仅是个冷战组织，大西洋两岸都会有感觉。如果北约只聚焦于反对斯大林或者苏联，它就不会有未来，因为一旦这些条件发生变化，北约就会失去存在的合理性。"② 因此，北约与美国想方设法拓展北约政治与安全战略范围，以便维持北约的存在，并且使之进一步发展壮大。

二　北约对冷战终结的想象与设计

诚如前文所言，北约不仅被其成员国视为一种集体安全组织，而且更将其视为美欧等国集文化与政治理念、社会价值观与意识形态等多种元素于一身的多边联盟，其作用不仅要在大西洋两岸建立一种军事联盟关系，也要在大西洋两岸建立一种牢固的政治、文化、思想观念以及意识形态联系纽带，最终以一种普世化的政治——

① Ted Galen Carpenter, "NATO's Search for Relevance", in Victor S. Papacosma, Sean Kay, Mark R. Rubin, eds., *NATO after Fifty Years*, Wilmington, DE: A Scholarly Resources Inc., 2001, p. 34.

② "How did NATO Survive the Cold War? NATO's Transformation after the Cold War from 1989 to the Present", 6 November 2003, https://www.nato.int/cps/en/natohq/opinions_20526.htm? selectedLocale = en. 2019 年 1 月 26 日。

安全模式予以展示。"政治意识形态可以在抽象和相对具体的层面上，被理解为组织各种价值观所采用的不同方法：它们提出并整理政治行为者的政治、经济、社会目标以及价值观；它们既是纲领性的，也是有行动导向的；（它们）提出国内和国际政策指示，并且推动政治行动。"①

因此，北约及其成员国的政治家们不愿北约就此退出历史舞台，更愿意让北约不仅在未来北大西洋区域防御中继续发挥作用，继续保持集体安全职能，而是还能以政治、经济、文化、意识形态、价值观以及历史传统等为纽带，确保北约及其成员国能够在冷战结束后继续保持团结一致，继续在未来欧洲安全体系建构中发挥引领作用。

1989 年 5 月，北约在布鲁塞尔召开峰会，讨论苏联与东欧各国的政治改革与社会变革。在峰会发表的政治宣言中，北约提出关于未来欧洲的一些战略构想。"（建立）一个实施自治和拥有个人自由的欧洲；一个军事力量不再威胁其他国家、没有不公正政治解决、武装力量为防御性结构且只用于保卫国家主权的欧洲；一个以合作与和平竞争来代替冲突和意识形态敌意的欧洲；一个建立在尊重个人权利基础上的新全球环境（所有国家联合起来共同努力，减少世界紧张局势、解决争端、消除贫困、寻求解决共同关心的问题，例如我们共同命运越来越依赖的环境）；一个以欧洲和北美为两大支柱的曾经强大的西方共同体。"② 上述目标看似北约为欧洲设定的目标，实际上也是北约为自身设定的战略目标。

1990 年 2 月，北约前秘书长曼弗雷德·维尔纳（Manfred Wörner）发表讲话，首次提及未来北约将要承担的安全任务。"欧洲安全是个

① Stephanie C. Hofmann, *European Security in NATO's Shadow*, *Party Ideologies and Institution Building*, Cambridge: Cambridge University Press, 2013, p. 15.

② Jamie Shea, *NATO 2000*, *A Political Agenda for a Political Alliance*, First Edition, London: Brassey's (UK), 1990, pp. 35 – 36.

问题，现在必须予以重新看待。过去几十年的刚性军事冲突，越来越让位于对强化安全的关注，让位于通过使用军事与政治元素组合，积极追求和平。我们将在未来数年内面对两大任务：（1）建设新的安全结构；（2）在欧洲创立一个新政治秩序。就长远看，对于保持和加强和平而言，这两项任务同样不可或缺。"① 事实上，维尔纳虽未明言，但欧洲安全两大任务并非泛指所有欧洲安全行为体，实际上暗含上述任务专属北约之意，即北约理所应当成为未来构建欧洲安全结构或者欧洲新政治秩序的领导者和实施者。

为此，北约开始探讨大规模构建欧洲安全架构的路径和方法，并将此与北约自身发展紧紧联系在一起。1990 年 7 月，北约各成员国召开伦敦峰会（London Summit）。会议通过"伦敦宣言"（Declaration on a Transformed North Atlantic Alliance，简称 The London Declaration），各成员国一致强调，未来北约将保持适当数量的核武器和常规武器，作为维护自身安全的有效手段。与此同时，北约还将与苏联和东欧各国一道，共同致力于欧洲和平与稳定建设。"为了维护和平，北约必须以欧洲为基地，在可预见的未来保持适当的核力量和常规力量，并且在必要时能够随时更新。但作为一个防御联盟，北约一直强调不会使用其武器，除非出于自卫，我们为了确保避免战争而寻求保持最低限度和最稳定的核力量水平。"

不仅如此，伦敦峰会还进一步强调："我们的目标是尽可能快结束'欧洲常规武装力量谈判'（Conventional Armed Forces Europe，简称 CFE）与'建立互信措施谈判'（Confidence and Security Building Measures，简称 CSBMs）后续行动的相关谈判，期待 1992 年即将于赫尔辛基召开的欧安会后续会议。我们将在欧安会框架下展开新的限制武器谈判，寻求在 1990 年代采取更有意义的措施，限制欧洲常规武装力量的进攻能力，以此阻止任何国家在欧洲大陆拥有不成比例的军

① 许海云等编译：《北约是什么——北约重要历史文献选编之二》，世界知识出版社2014 年版，第 342 页。

事力量。"①

紧随伦敦峰会，北约各成员国在 1991 年 11 月召开罗马峰会
（Rome Summit）。此次峰会通过"北约新战略概念"（The Alliance's
New Strategic Concept）、"关于和平与合作的罗马宣言"、"关于苏联的
声明"等重要文件。在峰会通过的"罗马宣言"（Declaration on Peace
and Cooperation，简称 The Rome Declaration）中，北约强调："我们无
需再面对大规模攻击的威胁，我们要保持谨慎，即保持全面战略平
衡，准备应对源于不稳定和紧张而对我们安全构成的潜在风险。在充
满不确定和不可预测挑战的环境中，北约提供了重要的跨大西洋连
接……北约保持了持久价值。我们的战略概念再次肯定了北约的核心
功能，使我们能够在急剧变化的欧洲环境中实现我们全面建立稳定与
安全的方法，其中包含了政治、经济、社会与环境因素，以及不可或
缺的防御因素。我们的安全政策有三个相互强化的因素作为基础：对
话、合作、保持集体防御的能力。"②

与之相对应，"北约战略新概念"也持续表达了未来北约的战略
方向、目标、手段以及路径等问题。"北约总是一直寻求通过政治和
军事手段，实现保卫各成员国安全与疆土完整的目标，实现在欧洲建
立一个公正、持久和平秩序的目标。这个综合方法一直是北约安全政
策的基础。"③

正是在此基础之上，北约逐渐确定了以推进战略转型、扩展联盟
模式、有效处置危机为主导的新指导方针，由此，北约在后冷战时期
以战略转型与东扩为主线的政治与安全战略开始逐渐浮出水面。虽然
伴随着国际形势急剧变化，特别是欧洲政治与安全形势跌宕起伏，欧

① "Declaration on a Transformed North Atlantic Alliance", 5 July – 6 July 1990, https：//
www. nato. int/cps/en/natohq/official_ texts_ 23693. htm? selectedLocale = en. 2019 年 1 月 28 日。

② "Declaration on Peace and Cooperation", 8 November 1991, https：//www. nato. int/
cps/en/natohq/official_ texts_ 23846. htm? selectedLocale = en. 2019 年 1 月 30 日。

③ "The Alliance's New Strategic Concept", 7 November – 8 November 1991, https：//
www. nato. int/cps/en/natohq/official_ texts_ 23847. htm? selectedLocale = en. l2019 年 1 月 30 日。

洲—大西洋区域周边地区持续出现安全危机,各种非传统安全挑战大量涌现,北约政治与安全战略的实施方向、重点以及程序不时调整和补充,以适应国际形势急剧变幻的需要,确保北约政治与安全利益最大化。但不论外部环境如何变化,以转型与东扩为主导的北约战略指导方针始终保持恒定,少有变化。"北约一直致力于协调其他多边组织,通过在军事力量上提供资源和演练,对付技术、经济、地缘政治环境变化所带来的不确定性,北约必须确保其有能力保护在全球各地的利益。"①

三 冷战结束之际的北约战略目标

迄今为止,北约新政治与安全战略初具雏形,但并未形成完整、系统的思想理论体系,其基本宗旨和发展路径不同于过去。就战略转型而言,北约在其战略转型确定了几个重点方向。

第一,北约特别强调由区域安全组织向全球安全组织拓展。即北约不再孤立看待北大西洋区域安全,而是更看重北大西洋区域与周边地区的安全关联性。为此,北约强调走出北大西洋区域局限,不仅要向更大的欧洲—大西洋区域扩展影响,还要涉足欧洲—大西洋区域周边地带。美国前助理国务卿丹尼尔·弗雷德(Daniel Fried)曾就北约这一目标强调:"作为从冷战时期到1990年代的区域典型(组织),北约一直致力于转型为跨大西洋机构,肩负全球使命,实施全球送达,拥有全球伙伴……不存在'区域内以及区域外'。极有可能的是,每一件事情都处于北约的区域范围内,这并不意味着北约就是一个全球性组织,它是一个跨大西洋组织,但是《北大西洋公约》第5条款目前拥有一种全球性运用。北约正处于能力发展的过程中,亦处于构

① Derrick J. Busse, "NATO as a Security Exporter, Resourcing Capabilities and Capacity to Shape and Protect NATO's Global Interests", in Yonah Alexander and Richard Prosen, eds., *NATO*, *From Regional to Global Security Provider*, New York and London: Lexington Books, 2015, p. 233.

建政治前景的过程中，即应对世界范围内出现的各种问题和可能发生的事件。"①

第二，北约强调不再谨守军事联盟的基本定位，亦不再局限于防御安全职能，而是强调在军事功能以外发展其他职能，例如政治、外交、民事等职能，发展并且建立综合性安全能力。"综合方法一般被认为是对重建、发展以及军事行动的结合，目的是提供长期的安全与稳定。"② 北约试图以此推动北约从单纯的军事联盟转变为政治—军事联盟，以适应后冷战时期纷繁复杂的国际形势变化需要，尤其适应冷战后欧洲安全建构的基本需要。"有两个途径可以使北约变成一个规模更大的欧洲安全组织的一部分：一是北约不受限制的扩张，最终将使北约从一个军事联盟转型为一个新生的集体安全组织；二是将一个被用于对抗外部敌人所构筑的特殊威胁的联盟，区别于一个主要聚焦于阻止各成员国冲突的集体安全组织，这非常重要。"③

北约上述转型任务实际上既给北约提供了一个新发展机遇，亦给欧洲安全建构提供了一种新选择，甚至还给前途未卜的国际安全体系带来了巨大变量。目前，我们断言北约此举是好是坏为时尚早，但北约转型给欧洲安全建构带来波动，给国际安全体系带来震荡，则已是既成事实。显而易见，冷战后的欧洲安全建构路径与将完全不同于过去，国际安全体系的建构道路亦不同以往。

第三，在有效保持集体安全能力的基础上，采取预防性军事干预行动，提前消除各种有碍或危及北约及其成员国安全利益的潜在威胁，防患于未然。为了更有效确保欧洲—大西洋区域安全，北约一改

① Mahdi Darius Nazemroaya ed. , *The Globalization of NATO* , Atlanza, GA：Clarity Press, 2012，p. 16.

② Jennifer Medcalf, *Going Global or Going Nowhere? NATO's Role in Contemporary International Security* , Bern：Peter Lang, 2008，p. 170.

③ James Chace， "Is NATO Obsolete?" , in Kenneth W. Thompson ed. , *NATO and The Changing World Order：An Appraisal by Scholars and Policymakers* , Lanham, MD and London：University Press of America, 1996，pp. 63 – 64.

冷战时期主要以"防御"为基调的防御安全方针,强调采取先发制人式的安全措施,最大限度清除或者减少可能遇到的各类安全隐患,积极阻碍欧洲—大西洋区域以外地区各类安全危机与冲突向区域内扩散和蔓延。"当前,北约'战略新概念'提到,由于不稳定而产生的不良结果,很有可能形成'多方面'和'多方向'风险;而这些不稳定可能源于严重的经济、社会、政治困难,包括中欧和东欧许多国家所面对的民族冲突与疆界纷争。"①

四 北约东扩及其影响

与战略转型并重,东扩构成北约战略指导方针的另一项重要内容,同样构成冷战后北约政治与安全实践的重要组成部分。对北约而言,东扩不啻赋予冷战后北约以一种新生命力,其意义不亚于战略转型。东扩使北约能够非常灵活地运用其优势实力、地位以及影响,充分按照自身意愿打造一种新型欧洲政治与安全秩序。

就此而言,北约东扩不同于其在冷战时期的扩张,包括了政治、安全、外交、文化以及意识形态等多重含义。

第一,就其政治意义而言,北约需要通过东扩延续并扩大冷战胜利成果,尽可能多地将苏联和东欧各国纳入北约联盟架构,对其实施政治、思想以及意识形态同化,使之与北约保持高度政治一致,形成一种在政治和意识形态上完全同质化的联盟,使北约在冷战后欧洲政治力量整合中发挥引领作用。"当前北约就像舞台一样发挥作用。'舞台的功用'在于创造了一种逻辑,即成员国和伙伴国扮演同样的角色,前提是它们都愿意承担风险,拥有相关的军事能力,而且互有关联。"②

---

① Jennifer Medcalf, *Going Global or Going Nowhere? NATO's Role in Contemporary International Security*, Bern: Peter Lang, 2008, p. 56.

② Sebastian Mayer, *NATO's Post-Cold War Politics*, *The Changing Provision of Security*, New York: Palgrave Macmillan, 2014, p. 264.

第二，就其战略意义而言，北约需要借重东扩最大程度挤压俄罗斯在欧洲的战略空间，在确使身处欧亚大陆地缘政治格局中的俄罗斯被彻底边缘化的同时，持续保持北约在欧洲—大西洋区域的绝对地缘战略优势。"俄罗斯最早的安全关注是，冷战结束并未在西方和俄罗斯之间，或者从地缘地理上讲，在横跨包括俄罗斯在内的欧亚大陆，催生一个'共同安全空间'……进言之，北约东扩被视为是全世界最强大的军事联盟正在靠近俄罗斯的边境，莫斯科对北约针对俄罗斯自身的政策没有发言权，或者对北约针对代表俄罗斯重大利益的地区相关政策也没有发言权。"[①]

第三，就其安全意义而言，北约希冀通过东扩，进一步扩大安全联盟模式，强化该安全模式在欧洲—大西洋区域内部与周边地区的示范作用，以此推动冷战后欧洲安全建构进程。因为在北约看来，东扩将会全面扩展北约的集体安全理念，让更多苏联原加盟共和国与东欧国家主动参与欧洲安全秩序建构，使之为欧洲—大西洋区域安全秩序建构发挥正向而非反向作用。北约前秘书长维尔纳曾就北约东扩所引发的安全担忧做出解释："北约没有哪个成员国看轻中欧新型民主国家的安全地位，我们对其安全绝不会漠不关心，我们看到其需求，我们想要满足这些需求……事实上，北约成员国喜欢正式的安全保障，而非成员国无法参与其中……北约不会寻求改变平衡，也不会寻求向东方扩展其军事边界。"[②]

然而，尽管北约领导人一再试图减缓东扩带给俄罗斯以及其他国家的安全担忧，但东扩固有的安全维度决定了北约不仅会打破欧洲战略平衡，而且还会尽可能多地在东欧、东南欧等地区持续保持军事存在，进而会形成北约与俄罗斯战略对峙长期化。

---

① Chester A. Crocker, Fen Osler Hampson, and Pamela Aall, eds., *Rewiring Regional Security on a Fragmented World*, Washington, D.C.: United States Institute of Peace Press, 2011, p. 309.

② Martin A. Smith, *NATO in the First Decade after the Cold War*, Dordrecht and Boston and London: Kluwer Academic Publishers, 2000, p. 104.

冷战的终结给北约带来了前所未有的发展机遇，这种机遇实际上并非停留在转型与东扩两个方面，而是体现在北约政治与安全战略及其实践所涉及的各个层面。作为冷战后北约最具典型意义的政治与安全实践，转型与东扩确实推动了北约发展壮大，但同时也带给北约许多新问题，例如，北约如何从区域安全组织走向全球性组织？北约如何建立包括军事能力在内的综合安全能力？北约如何处理新老成员国之间的关系？北约如何以自身安全方针建构欧洲安全架构？北约如何解决东扩中与俄罗斯的冲突？北约如何应对冷战后北大西洋区域的新型安全危机与挑战？等等。所有这些问题与矛盾都需要北约积极应对，妥善解决，而不是听任问题延续和扩大。

　　由此可见，冷战虽然已经终结，但是北约身处的政治与安全环境并未变得简单化，反而更趋向复杂化，更具有危险性和挑战性。北约要想在冷战后欧洲安全架构中一显身手，要想构建北约主导下的欧洲—大西洋区域安全秩序，要想确立北约版的国际或者区域政治与安全规则，客观上需要更好地了解后冷战时期国际政治与安全形势的发展规律，适应国际或区域形势发展的客观需要，而不是相反，让欧洲或者世界范围内的各种安全行为体都能被动适应或者接受北约的规则。北约只有以多边主义、合作主义以及集体主义的积极心态，参与欧洲安全架构建设，投身欧洲—大西洋区域安全秩序建设，更多地与欧洲乃至世界各种安全行为体展开平等、互利磋商，甚至是与竞争性安全行为体展开更多的对话与合作，才能更顺利地推进欧洲安全架构的建设目标，才能真正给冷战后的世界带来和平、稳定及繁荣。

参考文献

中文文献

（一）专著

陈须隆：《区域安全合作之路——欧安会/欧安组织的经验、模式及其亚太相关性研究》，世界知识出版社 2013 年版。

陈玉刚：《国家与超国家——欧洲一体化理论比较研究》，上海人民出版社 2001 年版。

戴超武主编：《亚洲冷战史研究》，东方出版中心 2016 年版。

高华：《透视新北约：从军事联盟走向安全—政治联盟》，世界知识出版社 2012 年版。

刘金质：《冷战史》上卷，世界知识出版社 2003 年版。

刘军、李海东：《北约东扩与俄罗斯的战略选择》，华东师范大学出版社 2007 年版。

秦亚青：《霸权体系与国际冲突——美国在国际冲突中的支持行为（1945—1988）》，上海人民出版社 1999 年版。

沈志华编著：《斯大林与铁托——苏南冲突的起因及其结果》，广西师范大学出版社 2002 年版。

沈志华主编：《冷战时期苏联与东欧的关系》，北京大学出版社 2006 年版。

王辑思、牛军主编：《缔造霸权：冷战时期的美国战略与决策》，上海人民出版社 2013 年版。

王立新：《踌躇的霸权：美国崛起后的身份困惑与秩序追求（1913—
　　1945）》，中国社会科学出版社 2015 年版。

王义桅等编译：《北约是什么——北约重要历史文献选编之一》，世界
　　知识出版社 2013 年版。

许海云：《锻造冷战联盟：美国"大西洋联盟政策"研究（1945—
　　1955）》，中国人民大学出版社 2007 年版。

许海云：《构建区域安全模式——国际体系中的大西洋安全模式与亚
　　太安全模式》，世界知识出版社 2018 年版。

许海云等编译：《北约是什么——北约重要历史文献选编之二》，世界
　　知识出版社 2014 年版。

　　（二）译著

［丹麦］戴维·格雷斯：《西方的敌我：从柏拉图到北约》，黄素华、
　　梅子满译，上海人民出版社 2013 年版。

［美］布莱恩·科林斯：《北约概览》，唐永胜、李志君译，世界知识
　　出版社 2013 年版。

［美］弗朗西斯·福山：《历史的终结及最后之人》，黄胜强、许铭原
　　译，远方出版社 1998 年版。

［美］汉斯·摩根索：《国家间政治：权力斗争与和平》，徐昕等译，
　　北京大学出版社 2006 年版。

［美］亨利·基辛格：《白宫岁月》（第一册），世界知识出版社 2003
　　年版。

［美］罗伯特·O. 基欧汉，约瑟夫·奈：《权力与相互依赖》，门洪华
　　译，北京大学出版社 2002 年版。

［美］罗伯特·O. 基欧汉：《局部全球化世界中的自由主义、权力与
　　治理》，门洪华译，北京大学出版社 2004 年版。

［美］罗伯特·O. 基欧汉编：《新现实主义及其批判》，郭树勇译，北
　　京大学出版社 2002 年版。

［美］莫顿·A. 卡普兰：《国际政治的系统和过程》，薄智跃译，中国

人民公安大学出版社 1989 年版。

[美] 乔治·F. 凯南：《凯南日记》，曹明玉译，中信出版集团 2016 年版。

[美] 乔治·F. 凯南：《美国大外交》，雷建峰译，社会科学出版社 2013 年版。

[美] 沃捷特克·马斯特尼：《斯大林时期的冷战与苏联的安全观》，郭懋安译，广西师范大学出版社 2002 年版。

[美] 沃伊泰克·马斯特尼：《纸板城堡？——华沙条约组织秘史》，李锐、金海译，《冷战国际史研究》第 8 辑，世界知识出版社 2009 年版。

[美] 亚历山大·温特：《国际政治的社会理论》，秦亚青译，上海人民出版社 2000 年版。

[美] 约翰·刘易斯·加迪斯：《冷战》，翟强、张静译，社会科学文献出版社 2013 年版。

[美] 约瑟夫·S. 奈：《硬权力与软权力》，门洪华译，北京大学出版社 2005 年版。

[美] 朱迪斯·戈尔茨坦、罗伯特·O. 基欧汉编：《观念与外交政策：信念、制度与政治变迁》，刘东国、于军译，北京大学出版社 2005 年版。

[挪威] 文安立：《全球冷战：对第三世界的干涉与我们时代的形成》，世界图书出版公司 2012 年版。

[英] 理查德·克罗卡特：《50 年战争》，王振西译，新华出版社 2003 年版。

英文文献

（一）著作

Alexander, Yonah, and Prosen, Richard, eds. , *NATO from Regional to Global Security Provider*, New York and London：Lexington Books,

2015.

Ali, Tariq, ed., *Masters of the Universe? NATO's Balkan Crusade*, London and New York: Verso, 2000.

Allers, Robin, Carlo Massla, Rolf Tamnes, eds., *Common or Divided Security? German and Norwegian Perspectives on Euro-Atlantic Security*, Frankfurt am Main: Peter Lang, 2014.

Allison, Roy, *Russia, the West, and Military Intervention*, Oxford: Oxford University Press, 2013.

Arkes, Hadley, *Bureaucracy, the Marshall Plan, and the National Interest*, Princeton, NJ: Princeton University Press, 1972.

Auerswald, David P., and Stephen M. Saideman, *NATO in Afghanistan, Fighting together, Fighting alone*, Princeton, NJ and Oxford: Princeton University Press, 2014.

Ausland, John C., *Nordic Security and the Great Powers*, Boulder and London: Westview Press, 1986.

Aybet, Gülnur and Rebecca R. Moore, eds., *NATO in Search of A Vision*, Washington, D. C.: Georgetown University Press, 2010.

Babkina, A. M., ed., *NATO's Role, Missions and Future*, Commack, New York: Nova Science Publishers, 1999.

Backer, John, *The Decisions to Divide Germany*, Durham, NC: Duke University Press, 1978.

Biehl, Heiko, Bastian Giegerich and Alexandra Jonas, eds., *Strategic Cultures in Europe, Security and Defence Policies across the Continent*, Potsdam, Germany: Springer VS, 2013.

Bilinsky, Yaroslav, *Endgame in NATO's Enlargement, The Baltic States and Ukraine*, Westport, CT and London: Praeger, 1999.

Borawski, John, and Thomas-Durell Young, *NATO after 2000, The Future of the Euro-Atlantic Alliance*, Westport, CT and London: Praeger,

2001.

Brzerinski, Zbigniew, and Huntington, Samuel P. , *Political Power*: *USA/USSR*, New York: The Viking Press, 1968.

Buchan, Alastair, *Europe's Futures*, *Europe's Choices*: *Models of Western in the 1970s*, New York: Columbia University Press, 1969.

Bullock, Alan, *Ernest Bevin*, *Foreign Secretary 1945 – 1951*, Oxford and New York: Oxford University Press, 1985.

Burkart, Grey E. and Susan Older, *The Information Revolution in the Middle East and North Afric*a, Santa Monica, CA: Rand, 2003.

Buteux, Paul, *The Politics of Nuclear Consultation in NATO*, *1965 – 1980*, Cambridge and London: Cambridge University Press, 1983.

Calleo, David, *The Atlantic Fantasy*: *The US*, *NATO and Europe*, Baltimore, MD and London: Johns Hopkins University Press, 1970.

Carr, Fergus and Kostas Ifantis, *NATO in the New European Order*, Houndmills, Hampshire and London: MacMillan, 1990.

Casey, Steven, ed. , *The Cold War*, *Critical Concepts in Military*, *Strategic and Security Studies*, Vol. I – Ⅳ, London and New York: Routledge, 2013.

Charles, Daniel, *Nuclear Planning in NATO*, *Pitfalls of First Use*, Cambridge, Massachusetts: Ballinger Publishing Company, 1987.

Cleveland, Harlan, *NATO*, *Transatlantic Bargain*, New York: Harper & Row, 1970.

Coffey, Joseph L. and Gianni Bonvicini, eds. , *The Atlantic Alliance and the Middle East*, Pittsburgh, PA: University of Pittsburgh Press, 1989.

Cogan, Charles G. , *Forced to Choose*, *France*, *the Atlantic Alliance*, *and NATO-Then and Now*, Westport, CT and London: Praeger, 1997.

Cohen, Saul Bernard, *Geopolitics*, *The Geography of international Relations*, Second Edition, New York: Rowman & Littlefield Publishers,

Inc. , 2009.

Crocker, Chester A. , Hampson, Fen Osler, and Aall, Pamela, eds. , *Rewiring Regional Security on a Fragmented World*, Washington, D. C. : United States Institute of Peace Press, 2011.

Daalder, Ivo H. , *The Nature and Practice of Flexible Response: NATO Strategy and Theater Nuclear Forces since 1967*, New York: Columbia University Press, 1991.

Dörfer, Ingerman, *The Nordic Nations in the New Western Security Regime*, Washington, D. C. : Wilson Center Press, 1997.

Dunn, Keith A. , *In Defense of NATO, The Alliance's Enduring Value*, Boulder, San Francisco & London: Westview Press, 1990.

Edmonds, Martin and Oldrich Cerny, eds. , *Future NATOP Security, Addressing the Challenges of Evolving Security and Information Sharing Systems and Architectures*, Amsterdam and Washington, D. C. : IOS Press, 2004.

Faringdon, Hugh, *Strategic Geography, NATO, the Warsaw Pact, and the Superpowers*, Second Edition, London and New York: Routledge, 1989.

Feld, Werner J. , and John K. *Wildgen, NATO and the Atlantic Defense, Perceptions and Illusions*, New York: Praeger, 1982.

Feld, Werner J. , *The Future of European Security and Defense Policy*, Boulder and London: Lynne Rienner Publishers, Inc. , 1993.

French, Julian Lindley-, *The North Atlantic Treaty Organization, The Enduring Alliance*, Second Edition, London and New York: Routledge, 2015.

Gaddis, John Lewis, *We Now Know, Rethinking Cold War History*, Oxford: Clarendon Press, 1997.

Gates, David, *Non-Offensive Defence, An Alternative Strategy for NATO?*

Houndmills, Basingstoke and London: MacMillan Academic and Profession LTD, 1991.

Golden, James R. , Daniel J. Kaufman, Asa A. Clark Ⅳ, and David H. Petraeus, eds. , *NATO at Forty*, *Change*, *Continuity*, *& Prospects*, Boulder, San Francisco & London: Westview Press, 1989.

Goldstein, Joshua S. , *Long Cycle*: *Prosperity and Ears in the Modern Age*, New Haven, CT: Yale University Press, 1988.

Gorman, Eduardo B. , ed. , *NATO and The Issue of Russia*, New York: Nova Science Publishers, Inc. , 2010.

Gray, Colin, *Modern Strategy*, Oxford: Oxford University Press, 1999.

Gueritz, E. F. , Norman Friedman, Clarence A. Robinson, William R. Van Cleave, *NATO's Maritime Strategy*: *Issues and Developments*, Washington, D. C. : International Defense Publishers, 1987.

Haijimu, Masuda, *Cold War Crucible*, *The Korean Conflict and the Postwar World*, Cambridge, MA and London: Harvard University Press, 2015.

Hallams, Ellen, *The United States and NATO since 9/11*, *The transatlantic alliance renewed*, London and New York: Routledge, Taylor & Francis Group, 2010.

Harrison, Michael M. , *The Reluctant Ally*: *France and Atlantic Security*, Baltimore, MD: John Hopkins University Press, 1981.

Hartley, Keith, *NATO Arms Co-operation*: *A Study in Economics and Politics*, London, Boston and Sydney: George Allen & Unwin, 1983.

Hauser, Gunther and Franz Kernic, eds. , *European Security in Transition*, Burlington, VT: Ashgate Publishing Company, 2006.

Heller, Francis H. and John R. Gillingham, eds. , *NATO*: *The Founding of the Atlantic Alliance and the Integration of Europe*, New York: St. Martin's Press, 1992.

Henderson, Sir Nicholas, *The Birth of NATO*, London: Weidenfeld and Nicolson, 1982.

Hendrickson, Ryan C. , *Diplomacy and War at NATO*, *The Secretary General and Military Action after the Cold War*, Columbia and London: University of Missouri Press, 2006.

Hoffenaar, Jan and Dieter Krüger, eds. , *Blueprints for Battle*, *Planning for War in Central Europe*, *1948 – 1968*, Lexington, KY: The University Press of Kentucky, 2012.

Hoffman, Fred S. , Albert Wohlstetter, David S. Yost, eds. , *Swords and Shields*, *NATO*, *the USSR*, *and New Choices for Long-Range Offense and Defense*, Lexington, MA and Toronto: D. C. Heath and Company, 1987.

Hofmann, Stephanie C. , *European Security in NATO's Shadow*, *Party Ideologies and Institution Building*, Cambridge, UK: Cambridge University Press, 2013.

Holst, Johan Jørgen, *Five Roads to Nordic Security*, Oslo-Bergen-Tromsö: Universitetsforlaget, 1973.

Howorth, Jolyon and John T. S. Keeler, eds. , *Defending Europe*, *The EU*, *NATO and the Quest for European Autonomy*, New York: Palgrave Macmillan, 2003.

Huntington, Samuel P. , ed. , *The Strategic Imperative*, Cambridge, MA: Ballinger Publishing Company, 1982.

Immerman, Richard H. , and Petra Goedde, eds. , *The Oxford Handbook of The Cold War*, Oxford: Oxford University Press, 2013.

Ireland, Timothy P. , *Creating the Entangling Alliance*, *The Origins of the North Atlantic Treaty Organization*, Westport, CT: Greenwood Press, 1981.

Ivanov, Ivan Dinev, *Transforming NATO*: *New Allies*, *Missions*, *and Ca-*

pabilities, Lanham, MD: Lexington Books, 2011.

Jack Snyder and Robert Jervis, eds. , *Coping with Complexity in the International System*, Boulder and Oxford: Westview Press, 1993.

Jones, David Martin, Nicholas Khoo, M. L. R. Smith, *Asian Security and the Role of China*, *International Relations in an Age of Volatility*, Cheltenham, UK and Northampton, MA: Edward Elgar Publishing Limited, 2013.

Kaplan, Lawrence S. , *The United States and NATO*, *The Formative Years*, Lexington, KY: The University Press of Kentucky, 1984.

Kaplan, Lawrence S. , *NATO and the United States*, *The Enduring Alliance*, Boston, MA: Twayne Publishers, 1988.

Kaplan, Lawrence S. , Victor S. Papacsma, Mark R. Rubin, Ruth V. Young, eds. , *NATO after Forty Years*, Wilmington, DE: A Scholarly Resources Inc. , 1990.

Kaplan, Lawrence S. , *NATO Divided*, *NATO United*, *The Evolution of an Alliance*, Westport, CT and London: Praeger, 2004.

Kaplan, Lawrence S. , *NATO 1948*, *The Birth of the Transatlantic Alliance*, Lanham, MD and New York: Rowman & Littlefield Publishers, 2007.

Kaplan, Lawrence S. , *NATO and the UN*, *A Peculiar Relationship*, Columbia and London: University of Missouri Press, 2010.

Katzenstein, Peter, ed. , *The Culture of National Security: Norms and Identity in World Policies*, New York: Columbia University Press, 1996.

Kay, Sean, *NATO and The Future of European Security*, Boston, MA: Rowman & Littlefield Publishers, Inc. , 1998.

Kennedy, Gavin, *Burden Sharing in NATO*, New York: Holmes & Meier Publishers, Inc. , 1979.

Kennedy, Robert and John M. Weinstein, eds. , *The Defense of the West*

Strategic and European Security Issues Reappraised, Boulder and London: Westview Press, 1984.

Keohane, Robert O., *After Hegemony: Cooperation and Discord in World Political Economy*, Princeton, NJ: Princeton University Press, 1984.

Keridis, Dimitris, & Robert L. Pfaltzgraff, Jr., eds., *NATO and Southeastern Europe Security Issues for the Early 21st Century*, Herndon, VA: Brassey's, 2000.

Kirchner, Emil J. and James Sperling, eds., *The Federal Republic of Germany and NATO, 40 Years after*, London, Houndmills and Basingstoke: MacMillan, 1992.

Knorr, Klaus, ed., *NATO and American Security*, Princeton, NJ: Princeton University Press, 1959.

Krauss, Melvyn B., *How NATO weakens the West*, New York: Simon and Schuster, 1986.

Kugler, Richard L., *Enlarging NATO, The Russia Factor*, Santa Monica, CA: Rand, 1996.

Lagadec, Erwan, *Transatlantic Relations in the 21st Century, Europe, America and The Rise of the Rest*, London and New York: Routledge, 2012.

Larres, Klaus, *Churchill's Cold War, The Politics of Personal Diplomacy*, New Haven, CT and London: Yale University Press, 2002.

Larson, Deborah Welch, *Origins of Containment, A Psychological Explanation*, Princeton, NJ: Princeton University Press, 1985.

Laursen, Finn, ed., *The EU, Security and Transatlantic Security Relations*, Belgium: Eurolio No. 70, P. I. E., 2002.

Leffler, Melvyn P., *A Preponderance of Power, National Security, the Truman Administration, and the Cold War*, Stanford, California: Stanford University Press, 1992.

Lesser, Ian O. , F. Stephen Larrabee, Michele and Katia Vlachos-Den-
gler, *Greece's New Geopolitics*, Santa Monica, CA: Land, 2001.

Lieven, Anatol and Dmitri Renin, eds. , *Ambivalent Neighbors*, *The EU*,
NATO, *and the Price of Membership*, Washington, D. C. : Carnegic
Endowment for International Peace, 2003.

LÖwenstein, Prince HÜbertus zu, and Volkmar von ZÜhlsdorff, *NATO
and the Defense of the West*, Westport, CT: Greenwood Press, 1960.

Lucas, Michael R. , *The Western Alliance after INF*, *Redefining U. S.
Policy toward Europe and the Soviet Union*, Boulder and London: Lynne
Rienner Publishers, 1990.

Lundestad, Geir, *The American Non-Policy towards Eastern Europe*, *1943 –
1947*, *Universalism in An Area not of Essential Interest to the Unites
States*, New York: Humanities Press, 1975.

Lundestad, Geir, *East*, *West*, *North*, *South*, *Major Developments in In-
ternational Politics*, *1945 – 1986*, Oslo and Oxford: Norwegian Univer-
sity Press, 1988.

MaCauley, Martin, ed. , *Origins of the Cold War*, *1941 – 1949*, Revised
Third Edition, London and New York: Routledge, 2013.

MacMillan, Margaret O. , David S. Sorenson, eds. , *Canada and NATO*,
Uneasy Past, *Uncertain Future*, Waterloo, Canada: University of Wa-
terloo Press, 1990.

Mastny, Vojtech, and Zhu Liqun, eds. , *The Legacy of the Cold War*:
Perspective on Security, *Cooperation*, *and Conflict*, Lanham, Mary-
land: Lexington Books, 2014.

Mattox, Gale A. , and Arthur R. Rachwald, eds. , *Enlarging NATO*,
The National Debate, Boulder and London: Lynne Rienner Publishers,
2001.

Mayer, Sebastian, ed. , *NATO's Post-Cold War Politics*, *The Charging*

Provision of Security, New York: Palgrave Macmillan, 2014.

McCormick, James M., *American Foreign Policy & Process*, Fifth Edition, Boston, MA: Wadsworth, Cengage Learning, 2010.

McCormick, Thomas J., *America's Half-Century*, *United States Foreign policy in the Cold War and After*, Second Edition, Baltimore, MD and London: The Johns Hopkins University Press, 1995.

McInnes, Colin, *NATO's Changing Strategic Agenda*, *The Conventional Defence of Central Europe*, London: Unwin Hyman Ltd, 1990.

McKenzie, Mary M., and Peter H. Loedel, eds., *The Promise and Reality of European Security Cooperation*, *States*, *Interests*, *and Institutions*, Westport, CT and London: Praeger, 1998.

Mearsheimer, John J., *The Tragedy of the Great Power Politics*, New York: W. W. Norton & Company, 2001.

Medcalf, Jennifer, *Going Global or Going Nowhere? NATO's Role in Contemporary International Security*, Bern and New York: Peter Lang, 2008.

Menon, Anand, *France*, *NATO and the Limits of Independence*, *1981 – 1997*, New York: St, Martin's Press, 2000.

Michta, Andrew A., and Paal Sigurd Hilde, *The Future of NATO*, *Regional Defense and Global Security*, Ann Arbor, MI: University of Michigan Press, 2014.

Moenon, Rajan, Yuri Federov and Ghia Nodia, eds., *Russia*, *the Caucasus and Central Asia*: *The 21st Century Security Environment*, Armonk and New York: M. E. Sharpe, 1999.

Moens, Alexlander, Lenard J. Cohen, Allen G. Sens, eds., *NATO and European Security*, *Alliance Politics from the End of the Cold War to the Age of Terrorism*, Westport, CT and London: Praeger, 2003.

Mogenthau, Hans J., *In Defense of the National Interest*: *A Critical Exam-*

ination of American Foreign Policy, New York: Knopf, 1951.

NATO Information Service, *Report of the committee of Three on Non Military Cooperation in NATO*, Paris: NATO Information Service, 1956.

NATO Information Service, *NATO: Facts and Figures*, Brussels: NATO Information Service, 1976.

NATO Information Service, *NATO Handbook*, Brussels: NATO Office of Information and Press, 2001.

Nazemroaya, Mahdi Darius, ed., *The Globalization of NATO*, Atlanza, GA: Clarity Press, 2012.

Nelson, Drew S., Keith W. Dayton, William J. Ervin, Keck M. Barry, Philip C. Marcum, T*he Future of NATO*, *Facing an Unreliable Enemy in an Uncertain Environment*, New York, London and Westport, CT: Praeger, 1991.

North Atlantic Assembly Committee, *NATO in the 1990s*, Brussels, Belgium: North Atlantic Assembly, 1988.

Odgaard, Liselotte, ed., *Strategy in NATO Preparing for an Imperfect World*, New York: Palgrave Macmillan, 2014.

Oliker, Dlga, Thomas S. Szayna, eds., *Faultlines of Conflict in Central Asia and the South Caucasus*, Santa Monica, CA: Rand Arroyo Center, 2003.

Park, William, *Defending the West, A History of NATO*, Brighton, Sussex: Wheatsheaf Books Limited, 1986.

Peterson, James W., *American Foreign Policy, Alliance Politics in a Century of War, 1914 – 2014*, New York: Bloomsbury Publishing Inc., 2014.

Pickett, William B., *Eisenhower Decides to Run, Presidential Politics and Cold War Strategy*, Chicago IL: Ivan R. Dee, 2000.

Quinlan, Michael, *European Defense Cooperation: Asset or Threat to*

NATO? Washington, D. C.: Woodrow Wilson Center Press, 2001.

Record, Jeffrey, *NATO's Theater Nuclear Force Modernization Program: The Real Issues*, Cambridge, MA: Institute for Foreign Policy Analysis, 1981.

Richey, George, *Britain's Strategic Role in NATO*, Houndmills, Basingstoke and London: Palgrave Macmillan, 1986.

Risso, Linda, *Propaganda and Intelligence in the Cold War*, *The NATO Information Service*, London and New York: Taylor & Francis Group, 2014.

Ross, Steven T. , *American War Plans*, *1945 – 1950*, *Strategies for Defeating the Soviet Union*, London and Portland, OR: Frank Cass, 1996.

Sarkesian, Sam C. , John Allen Williams, and Stephen J. Combala, *US National Security*, *Policymakers*, *Processes*, *and Politics*, London: Lynne Rienner Publishers, 2013.

Serfaty, Simon, ed. , *Visions of the Atlantic Alliance*, *The United States*, *the European Union*, *and NATO*, Washington, D. C.: The CSIS Press, 2005.

Service, Robert, *A History of Modern Russia*, *From Nicholas II to Vladimir Putin*, Cambridge, MA: Harvard University Press, 2005.

Shea, Jamie, *NATO 2000*, *A Political Agenda for a Political Alliance*, First Edition, London: Brassey's (UK), 1990.

Sherwen, Nicholas, ed. , *NATO's Anxious Birth*, *The Prophetic Vision of the 1940s*, London: C. Hurst & Co. Ltd. , 1985.

Sloan, Stanley R. , *NATO's Future*, *Towards a New Transatlantic Bargain*, Houndmills, Hampshire and London: MacMillan, 1986.

Sloan, Stanley R. , *Defense of the West*, *NATO*, *the European Union and the transatlantic bargain*, Manchester: Manchester University Press,

2016.

Smith, Martin A. , *NATO in the First Decade after the Cold War*, Dor-drecht, Boston and London: Kluwer Academic Publishers, 2000.

Smith, Michael E. , ed. , *European Security*, *Critical Concepts in Military*, *Strategic and Security Studies*, Vol. Ⅰ, *European Security from World War Ⅱ to the Cold War*, London and New York: Routledge, 2016.

Smith, Timothy S. , *The United States*, *Italy and NATO*, *1947 – 1952*, New York: St. Martin's Press, 1991.

Snyder, Jack and Robert Jervis, eds. , *Coping with Complexity in the International System*, Boulder, San Francisco and Oxford: Westview Press, 1993.

Stearns, Monteagle, *Entangled Allies*, *U. S. Policy Toward Greece*, *Turkey*, *and Cyprus*, New York: Council on Foreign Relations Press, 1992.

Steinbruner, John D. , and Leon V. Sigal, eds. , *Alliance Security*: *NATO and the No-First-Use Question*, Washington, D. C. : The Brook-ings Institution, 1983.

Stuart, Douglas and William Tow, *The Limit of Alliance*: *NATO Out-of-Area Problems since 1949*, Baltimore, MD: Johns Hopkins University Press, 1990.

Stubb, Alexander C-G. , eds. , *The European Union*: *Readings on the Theory and Practice of European Integration*, Boulder, CO: Lynne Rienner Publishers, 1994.

Tanrisever, Oktay E. , ed. , *Afghanistan and Central Asia*: *NATO's Role in Regional Security since 9/11*, Amsterdam and Washington, D. C. : IOS Press, 2013.

Thalakada, Nigel R. , *Unipolarity and the Evolution of America's Cold War Alliances*, New York: Palgrave MacMillan, 2012.

Thompson, Kenneth W. , ed. , *NATO and The Changing World Order*:

An Appraisal by Scholars and Policymakers, Lanham, MD and London: University Press of America, 1996.

Truman, Harry S. , *Memoirs of Harry S. Truman*, *Vol. Two*, *Years of Trial and Hope*, Garden City, New York: Doubleday and Company, 1956.

Tucker, Robert W. , and Linda Wrigley, eds. , *The Atlantic Alliance and its Critics*, New York: Praeger, 1983.

Walt, Stephen M. , *The Origins of Alliances*, London and Ithaca: Cornell University Press, 1987.

Waltz, Kenneth, *Man, the State and War: a Theoretical Analysis*, New York: Columbia University Press, 1959.

Webber, Mark, James Sperling and Martin A. Smith, *NATO's Post-Cold War Trajectory, Decline or Regeneration?* New York: Palgrave Macmillan, 2012.

Weber, Steve, *Multilateralism in NATO, Shaping the Postwar Balance of Power, 1945 – 1961*, University of California, Berkeley, CA: Institute of International Studies, 1991.

Weeks, Albert L. , *Myths of the Cold War, Amending Historiographic Distortions*, Lanbam, Boulder, New York and London: Lexington Books, 2014.

Westad, Odd Arne, *Reviewing the Cold War: Approach, Interpretation, Theory*, New York: Frank Cass, 2006.

Wiggershaus, Norbert, and Roland G. Foerster, eds. , *The Western Security Community, 1948 – 1950, Common Problems and Conflicting National Interests during the Foundation Phase of the North Atlantic Alliance*, Oxford and Providence: Berg Publishers, 1993.

Wijk, Rob de, *NATO on the Brink of the New Millennium, The Battle for Consensus*, London and Washington, D. C. : Brassey's, 1997.

Wittmann, Klaus, *Challenges of Conventional Arms Control, Adelphi Pa-*

pers 239, London: Brassey's Defense publishers, 1989.

Yost, David S. , ed. , *NATO's Strategic Options*, *Arms Control and Defense*, New York: Pergamon Press, 1981.

Yost, David S. , *NATO Transformed*, *The Alliance's New Roles in International Security*, Washington, D. C. : United States Institute of Peace Press, 1998.

Yost, David S. , *NATO's Balancing Act*, Washington, D. C. : United States Institute of Peace Press, 2014.

Zeiner-Gundersen, H. F. , Sergio A. Possi, Marcel C. Daniel, Gael D. Tarieton, Milan Vego, *NATO's Maritime Flanks: Problems and Prospects*, Washington, D. C. : Pergamon-Brassey's International Defense Publishers, 1987.

（二）文章

Brzezinski, Zbigniew, "The Future of Yalta", *Foreign Affairs*, Vol. 63, No. 2, Winter 1984/1985.

Gaddis, John Lewis, "The Long Peace, Elements of Stability in the Postwar International System", *International Security*, Vol. 10, No. 4, 1986.

Gerard, Holden, " 'New Thinking' and Defensive Defense: The Foreign and Domestic Policy Contexts of Gorbachev's UN Initiative", *Peace Studies Briefing*, No. 37, Bradford: Department of Peace Studies, University of Bradford, 1989.

Goodby, James E. , "Collective Security in Europe after the Cold War", *Journal of International Affairs*, Vol. 46, Winter 1993.

Gray, Colin S. , "Strategic Culture as Context: The First Generation of Theory Strikes Back", *Review of International Studies*, Vol. 25, No. 1, 1999.

Hall, Peter A. , and Rosemary C. R. Taylor, "Political Science and the

Three New Institutionalism", *Political Studies*, Vol. 44, No. 5, 1996.

Hertz, John, "Idealist Internationalism and the Security Dilemma", *World Politics*, No. 2, 1950.

Hunter, Robert E. , "Maximizing NATO, A Relevant Alliance Knows How to Reach", *Foreign Affairs*, Vol. 78, No. 3, May/June 1999.

Kanet, Roger E. , "The Superpower Quest for Empire, The Cold War and Soviet Support for 'Wars of National Liberation", *Cold War History*, Vol. 6, No. 3, 2006.

Keohane, Robert O. , "International Institutions: Two Approaches", *International Studies Quarterly*, December 1988.

Keohane, Robert O. , "Multilateralism: An Agenda for Research", *International Journal*, Vol. 45, Issue. 4, 1990.

Keohane, Robert O. , and Lisa L. Martin, "The Promise of Institutionalist Theory", *International Security*, Vol. 20, Issue. 1, 1995.

Kramer, Mark, "Ideology and the Cold War", *Review of International Studies*, Vol. 25, No. 4, 1999.

Lundestad, Geir, "Empire by Invitation? The United States and Western Europe, 1945 – 1952", *Journal of Peace Research*, Vol. 23, No. 3, 1986.

Mearsheimer, John J. , "Back to the Future: Instability in Europe after the Cold War", *International Security*, Vol. 15, Issue 1, 1990.

Parker, Jason, "The Eisenhower Administration, the Bandung Conference, and the Re-periodization of the Postwar Era", *Diplomacy History*, Vol. 30, No. 5, 2006.

Perlez, Jane, "Ukraine Walks Shaky Tightrope between NATO and Russia", *New York Times*, October 24, 1996.

Reed, Thomas, and Kramish, Arnold, "Trinity at Dubna", *Physics Today*, Vol. 49, Issue 11, 1996.

"Report on the Future Tasks of the Alliance", *NATO Letter*, Vol. 16, January 1968.

Schesinger, Arthur J., Jr., "Origins of the Cold War", *Foreign Affairs*, Vol. 46, No. 1, October 1967.

Serfaty, Simon, "Atlantic Fantasies", *Washington Quarterly*, 5, Summer, 1982.

Sloan, Stanley R., "European Co-operation and the Future of NATO: In Search of a New Transatlantic Bargain", *Survival*, Vol. 26, No. 6, November/December 1984.

Whetlen, Lawrence L., "A European View of NATO Strategy", *Military Review*, Vol. 51, No. 9, September 1971.

Zubok, Vladislav, "The Soviet Union and Détente of the 1970s", *Cold War History*, Vol. 8, No. 4, 2008.

后　　记

从 20 世纪 90 年代起，我就开始关注北约，但从未想象过要将北约作为一生的学术方向。1999 年，北约联军对南斯拉夫实施军事打击，美国军机轰炸中国驻南联盟大使馆，北约似乎正在以一种非常傲慢的方向中国靠近，这使我真切感受到研究北约的紧迫性与必要性。

为此，我开始将北约正式纳入自己的研究计划。虽然彼时国内学界对北约的研究成果相对较少，缺乏可资参考的学术著述，尤其缺乏相关的文献档案，再加上网络技术使用不普及，研究难度极大，但我还是决定迎难而上，从不同角度、层面以及资料入手，力求更加完整、系统以及真实地再现北约创立与发展史。我给自己设计的研究思路是，首先，全面挖掘并且梳理北约在冷战时期政治与安全战略的变化脉络，总结北约的联盟理念、联合机制、组织架构、军事活动的基本规律与特点；其次，在明晰北约思想、文化、理论、战略的基础上，对后冷战时期北约的各项方针、战略以及决策等作出更具说服力的解读，进而对北约未来的发展动态作出准确预判。

为了实现这一目标，我充分利用在德国莱比锡大学、美国维利诺瓦大学做访问学者的机会，尽可能多地收集与北约相关的文献档案与研究论述，同时与国外多个大学、研究机构以及智库的学者建立了比较密切的学术联系。不仅如此，通过参加各种学术讲座、论坛以及学术会议，我和国内学术界同行也建立了比较密切的联系。通过和他们的交流，我觉得自己学到了很多，对北约的认识亦不断深入。

2012 年，我申请中国人民大学"明德学者"项目——"北约政治与安全战略研究"。原设计是将北约在冷战时期与后冷战时期的政治与安全战略做一个全面、系统的梳理，但是在项目执行过程中，我发现最初设计的目标偏大。因为北约在冷战时期与后冷战时期的政治与安全战略可谓相差巨大，北约在两个时期的许多理念与指导方针无法按照一个单一体系和逻辑书写清楚，毕竟后冷战时期北约的政治与安全环境发生了巨大变化，北约也今非昔比。对此，我决定缩小自己的研究计划，将研究主题分为两个部分，即"冷战时期北约的政治与安全战略""后冷战时期北约的政治与安全战略"。《冷战时期北约的政治与安全战略》正是该项目的前部分成果。

《冷战时期北约的政治与安全战略》成书后，在中国人民大学科研处的大力支持下，该书被纳入校《百家廊文丛》出版项目。在准备出版的过程中，更是直接得到科研处常晋芳副处长、史雪柯老师的无私和宝贵的支持，包括联系出版社、下拨课题经费、出版经费转拨等。正是在他们的大力帮助下，本书才得以顺利出版。在此，我要对两位老师表示深深的谢意，真诚感谢他们质朴勤勉的工作风格、高效有力的工作内容以及认真细致的工作态度。

我还要感谢中国社会科学出版社的马明老师，马老师在繁重的出版任务中，承担起《冷战时期北约的政治与安全战略》的编辑及出版任务。在此，我要特别向马明老师表示由衷的敬意，并对他高效迅捷的工作表示感谢。

另外，我还要感谢我的博士生王勇，正是他朴实无华的个人风格、扎实认真的工作精神、不辞辛劳的费心工作，圆满完成了出版程序中的各种校内手续。另外，还有许许多多幕后老师和同学，他们都从各自的角度出发，为本书的出版提供了最大的方便，我想借这个机会一并向他们致敬。

许海云

2023 年 7 月 12 日

于北京海淀博雅西园